应用型本科经管类“十三五”规划教材

股票投资理论与实务

GUPIAO TOUZI LILUN YU SHIWU

主编 钟冬娴 聂 锋 章伟程 王春生

华南理工大学出版社
SOUTH CHINA UNIVERSITY OF TECHNOLOGY PRESS
·广州·

内容简介

本书以系统性、规范性、专业性、实用性为原则，以满足股票投资者特别是个人投资者、股票爱好者及经济管理类专业股票投资课程教学需要为目的。全书共十章，分别为：证券与股票概述；股票市场；股票交易程序；股票交易；股票投资市场主体；股票价格与价格指数；股票投资的基本分析；股票投资技术分析；股票投资收益与风险；股票投资实践。通过《股票投资理论与实务》的学习，了解和掌握股票和股票衍生品投资的知识与技能，为今后的进一步学习和股票投资奠定扎实的基础。

本书可以作为经济管理类专业股票投资课程教材，也可以作为股票投资者特别是个人投资者的初中级股票投资教程。

图书在版编目（CIP）数据

股票投资理论与实务/钟冬娴等主编．—广州：华南理工大学出版社，2015.8（2019.7 重印）

应用型本科经管类“十三五”规划教材

ISBN 978－7－5623－4656－2

Ⅰ.①股…　Ⅱ.①钟…　Ⅲ.①股票投资－高等学校－教材　Ⅳ.①F830.91

中国版本图书馆 CIP 数据核字（2015）第 176948 号

股票投资理论与实务

钟冬娴　聂锋　章伟程　王春生　主编

出 版 人： 卢家明

出版发行： 华南理工大学出版社

（广州五山华南理工大学 17 号楼，邮编 510640）

http：//www.scutpress.com.cn　E-mail：scutc13@scut.edu.cn

营销部电话：020－87113487　22236386　87111048（传真）

总 策 划： 毛润政　冯丽萍

执行策划： 冯丽萍　王柳婵

责任编辑： 朱彩翩

印 刷 者： 广州市穗彩印务有限公司

开　　本： 787mm×1092mm　1/16　**印张：** 21.5　**字数：** 497 千

版　　次： 2015 年 8 月第 1 版　2019 年 7 月第 2 次印刷

印　　数： 3 001 ～ 4000 册

定　　价： 46.00 元

应用型本科经管类“十三五”规划教材

编 写 委 员 会

总　序

2015年1月10日，由广东应用型本科院校经管教学协作会（华南理工大学广州学院为会长单位）与华南理工大学出版社联合举办的“应用型本科经管类‘十三五’规划教材出版研讨会暨广东应用型本科院校精品课教研室主任会议”在华南理工大学出版社隆重召开，研讨会围绕“建设精品课程、打造精品教材”的主题，就此搭建一个应用型本科院校经管类教师的交流平台；以“精品教材”为标杆，着眼于“十三五”规划，推出成系列的应用型本科经管类教学的优质教材。

（1）搭建应用型本科院校经管类教师交流的平台。将每年举办专业建设、课程教学等专题性的研讨交流活动，可进行交流学科与专业发展的探索；评选年度标杆学校和特色专业，提升应用型学校办学水平，促进教学协作；开展“三个一”（一门课、一堂课、一片段）的精品课程教学汇报和观摩，切磋教学技艺，分享教学经验，设立教学奖项，让年轻的教师更好、更快地成长起来。

（2）推出成系列的应用型本科经管类优质教材。以“精品教材”为标杆，着眼于未来，在“十二五”规划的基础上，推陈出新、继往开来。以“和的最优”为理念，着眼于“协同加集成”，协同创新、集成优势；教师也要改变单兵作战的方式，寻找合作伙伴，实现优势互补。合作让人更精彩，更能创造出值得世人期待的精品。

（3）面向应用型本科院校。大学教育有研究型、应用型、技能型之分，应用型本科是大学本科教育的主流。面向先进制造业、现代服务业和信息化社会，须致力于培养高素质的应用型本科经管类专业人才：一是“有人品”（思想品德与心理素质），二是“有理论”（理论功底与学习能力），三是“有专长”（基于通经管、懂技术、会外语，进而形成专长）。

（4）注重理论及其应用。这是应用型本科的显著特征，有别于研究型的学术导向，也有别于技能型的技能导向。管理是行为方式，说到底是思维方式。所谓“思路决定出路”，没有理论思维作为指导，不可能实现真正的管理现代化。面向应用型本科的在校生，教学的目标与方式将不再满足于长篇大论式的“说与记”，更期待在互动和开放的环境中“学与习”。

（5）编写出适用于经管类专业的好教材。专业的基础在课程，课程的基础在教材。一是“小课堂、大课本”，为课程提供教学的依据，更提供课外阅读材料，以支撑和弥补课堂讲授之不足；二是“教师易教，学生易学”，课程教学以教材为本，课外阅读以教材为要；三是“串讲专题，学以致用”，关注理论的思维路径，突出理论的应用导向；四是“喜闻乐见，别开生面”，以各章栏目设置为例（学习目标、引例、文字、图表、专栏（链接）、本章小结（要点回放）、关键术语、习题、案例等），另可配合提供教学支持（教学博客、专供教师用的教案PPT以及教学网站等）；五是“兼容并包，一书多用”，既可用作应用型本科生的教学用书，也可作为各行业从业人员管理培训和自学提高之用。

韩愈《师说》：“师者，所以传道授业解惑也。”旧说新解，教学的主要目的，就在于人格开发（非智能因素：EQ）、专业开发（专业意识和技能）、智能开发（知识和能力：IQ）。“师傅引进门，修行在各人”，最重要的是让学生学会学习，养成好习惯，掌握好方法，奠定立身处世之本。

创新在于借鉴和改进。没有借鉴的改进是乱来，没有改进的借鉴是抄袭。“纸上得来终觉浅，绝知此事要躬行”，陆游的这一诗句，道破了知与行的真谛。管理理论源于实践而又应用于实践，是“致用”之学，管理之道在于“行”。世界上的事，想到的未必都能做到，想不到的一定做不到。想得好才能做得好，首先要有好的想法；想到更要做到，坐言起行，身体力行！

是为总序。

黄培伦

2015-06-28

（黄培伦简介：教授、博士生导师，华南理工大学广州学院管理学院院长，历任华南理工大学工商管理学院副院长、电子商务学院副院长、华南管理案例研究中心主任、广东省人力资源管理协会副会长、广东省政府发展研究中心特约研究员等，兼任广东省本科高校专业教学指导委员会委员、广东省企业管理现代化创新成果评审委员会委员暨专家组负责人等。）

前 言

改革开放以来，随着我国市场经济的深入发展和人们理财意识的增强，股票投资逐渐成为大众的一种普遍投资方式。目前，随着全面建成小康社会、全面深化改革、全面依法治国、全面从严治党的展开，以及改革开放的进一步推进，中国经济社会发展进入了一个全新的阶段。

在我国新的经济社会发展历史阶段，金融体制改革、财政税收制度改革、投融资制度改革亦在稳步推进。然而，在股票投资操作过程中，特别是在中国经济新常态的时刻，股票市场时时会遭遇狂风骤雨。投资者特别是个人投资者，仅仅凭满腔热情和随意跟风是不够的，尤其对新进入股票市场的个人投资者而言，基本的股票投资理论知识、专业的股票投资操作技术技巧和合理的投资理念是必需的。

股票投资需要很强的实践性专业基础知识，为满足股票市场和股票投资者特别是个人股票投资者的需要，本书编者在多年股票投资教学经验与知识积累的基础上，结合长期的股票投资分析和股票投资实践，共同完成了本书的编写。

本书在编写准备和编写过程中，遵循如下原则：系统性原则，努力实现股票投资知识和理论体系的完整；专业性原则，股票投资严格来说是专业性投资，有一整套专业程序与专业方式以及专业术语需要了解和认识；可操作性原则，股票投资是实践性很强的专业能力的体现，为满足投资者需要，全书尽力较全面地体现实践层面的内容需要；新颖性原则，全书适应经济社会发展的新常态，努力把最新的宏观、中观、微观经济社会发展变化融入其中。

在本书编写过程中，作者努力做到知识体系全面、完善，思想结构科学、合理。全书内容安排力争体现不同编写者的优势和能力。第一章至第二章从现代企业制度导入证券与股票及股票投资与股票投机知识，由钟冬娴老师完成。第三章和第四章介绍和阐述股票发行市场、股票流通市场、股票衍生品市场及股票场外交易市场，同时介绍了我国新兴流通市场、股票信用交易市场及其相关交易市场与交易规则，由章伟程老师完成。第五章、第六章介绍股票投资市场主体与股票价格、价格指数，由钟冬娴老师完成。第七章和第八章由王春生老师完成，主要介绍与阐述股票投资所必需的基本分析、技术分析，王梦婵、邹影红、朱堃铭做了大量的文字工作。第九章主要介绍与阐述股票投资收益与风险、股票投资风险的预防；第十章是股票投资实践，主要通过资深股票投资人士自己的实践和思想来体现，由聂锋老师完成。

在本书的编写过程中，得到了华南理工大学、广州大学、广州大学华软软件学院、华南理工大学出版社有关领导与专家的帮助和指导。赵俊超先生提供了大量的资料和自己的成果，做出了重要贡献。编写过程中参阅了专家学者的资料文献，未能一一列出，在此一并表示感谢。

由于我们的水平有限，对股票投资问题的研究难免存在疏漏与错误之处，希望专家与读者不吝赐教。

编　者

2015 年 6 月

目　　录

第一章　证券与股票概述

【重要信息阅读】

内地与香港开展基金互认　配额3 000亿元

2015年05月22日16：24　来源：东方财富网

2015年5月22日，中国证监会与香港证监会就开展内地与香港基金互认工作正式签署《中国证券监督管理委员会与香港证券及期货事务监察委员会关于内地与香港基金互认安排的监管合作备忘录》（以下简称《备忘录》），同时发布《香港互认基金管理暂行规定》，自2015年7月1日起施行。

证监会新闻发言人表示，近年来，我国资本市场积极稳妥地推进对外开放，各项领域对外开放的广度与深度不断拓展。此次内地与香港关于基金互认《备忘录》的签署以及相关法规政策的出台，是在党中央十八届三中全会提出构建开放型经济新体制的指导思想与总要求下，我国资本市场继续推进落实党中央对外开放整体战略部署的一项重要举措，有利于我国资本市场长期健康发展。

证监会新闻发言人表示，维护资本市场的公开、公平、公正，维护投资者的合法权益，促进资本市场的健康发展，是内地与香港证券监管机构的核心职责与共同目标。在全球资本市场迅速发展的背景下，跨境投资管理和跨境基金销售活动日趋活跃，内地与香港在金融产品及服务方面的合作不断深化，有必要建立内地与香港基金产品互认的平台，促进两地基金市场的共同发展。近年来，在内地与香港基金行业持续稳健发展的背景下，两地监管机构已建立了友好的协作关系，这为互认框架下双方进一步增进互信与深入合作奠定了良好基础。《备忘录》是在两地监管机构经过长期多轮的沟通、讨论、磋商与研究的基础上审慎制定的，主要内容包括两地基金互认的基本概念、框架安排、主要原则及适用范围、信息交换与监管合作等总体安排，并在附录部分对互认基金设定了一些具体要求，包括互认基金的资格条件和种类，管理人、托管人、代理人，投资、运作、销售、信息披露、持有人权益保护等方面所需遵守的一些共同标准。根据《备忘录》，符合条件的内地与香港公募基金通过两地监管机构简易的认可或许可程序后，即可分别向香港和内地市场的公众投资者进行销售。

与此同时，为便于香港互认基金后续准入工作的实施，证监会制定了《香港互认基金管理暂行规定》，主要内容包括：一是明确了香港互认基金进入内地的资格条件及注册要求；二是明确了香港互认基金的投资运作及信息披露所需遵守的原则，以及对信息披露渠道、信息披露文件、运作事宜的特殊要求；三是明确了香港互认基金在内地销售的基本原则，以及对宣传推介材料、销售服务协议、数据交换、基金评价的特殊要求；四是鉴于境外基金管理人不能直接在境内开展业务，明确了香港互认基金在内地的代理机构的资格条件、职责范围以及代理协议的主要内容；五是明确了对香港互认基金的监督管理安排、两地监管机构监管合作的原则以及对代理人的监管。

证监会新闻发言人进一步指出，在当前的市场形势下，推出内地与香港基金互认的条件已经具备。沪港通试点以来，一直保持平稳运行态势，为基金互认的推出实施起到了良好示范作用。基金互认是“场外市场”的互通互联，每一只互认基金需经法定程序后才能实现跨境销售，两地监管机构关于“通过基金互认实现两地市场互利共赢”的出发点一致，并就稳步均衡推进互认基金准入工作以确保资金流出流入保持基本均衡达成共识。根据现有制度安排，基金互认的初始投资额度为资金进出各 3 000 亿元人民币。

证监会新闻发言人最后表示，内地与香港两地基金互认的实现，一方面通过引入境外证券投资基金，为境内投资者提供更加丰富的投资产品、更加多层次的投资渠道、更加多样化的投资管理服务，同时也有助于境内基金管理机构学习国际先进投资管理经验，促进基金行业竞争；另一方面通过境内基金的境外发售，有利于吸引境外资金投资境内资本市场，为各类海外投资者提供更加方便的投资渠道，同时也有助于推动境内基金管理机构的规范化与国际化，培育具有国际竞争能力的资产管理机构。

股票是最重要的有价证券。本章主要介绍：股份有限公司的特征及内部组织结构、股份公司治理结构有效性的前提条件；股票的类型和特征，结合影响我国证券市场发展的核心问题——股权分量进行分析和讨论；股价指数的特征、计算方法及我国沪深股市主要的股价指数。

第一节　现代企业制度

一、股份有限公司及其特征

股份公司是指公司资本分成若干股份，并使这些股份集中起来经营的法人实体。股份公司是社会化大生产的产物，是现代企业组织的主要形式。按股东对债务所负责任的方式不同，股份公司可以分为股份有限公司、有限责任公司、无限责任公司和股份两合公司，其中股份有限公司是最典型和普遍存在的股份公司。

股份有限公司，由若干人发起，其全部资本分为等额股份，股东以其所持股份为限对公司承担责任。股份有限公司的特征主要表现为以下方面。

1. 公司是法人企业

它在法律上和自然人一样可以成为权利和义务的主体，能以自己的名义占有或转让财产、进行诉讼和应诉、承担债务、签订合同等。

2. 公司通过发行股票筹资

公司通过发行股票筹资并且全部资本分为等额股份，这是它的显著特点之一。股份有限公司设立的资本总额一般由《中华人民共和国公司法》按企业性质规定最低限额，其资本总额平分为金额相等的股份，向社会公开发行股票。除在创办时发行股票外，还可根据需要继续增发股票。资本分为等额股份，主要是便于计算各个股东拥有的权利，股东按持股比例享受权利、承担义务，一股一权，一权一责一利，股权平等。

3. 股东的责任是有限的

股东对公司只负有缴清所认购股份的责任，对公司债务所负的清偿责任仅限于所认购的股份，与股东的其他财产无关。当公司因经营不善而进行破产清算时，债权人无权直接向股东起诉，只能要求公司法人以公司的全部财产对公司的债务承担有限责任。由于有限责任制度降低了股东的风险，因此使大规模筹集巨额资本成为可能。

4. 股东不能中途退股

股东不能中途退股，但股票可在证券市场上自由买卖。这样可以随时换取现金，收回投资，这种易于处置出售的特征，使股票投资更有吸引力。同时，公司不会因股东的变更而消失，在组织上和资本上具有长期稳定性和连续性。

5. 公司的账目必须公开

根据《中华人民共和国公司法》规定，公司必须在每个财政年度公布公司年度报告，包括董事会的年度报告、公司损益表和资产负债表等。

6. 公司实行专业管理

公司的所有权和经营权分离，形成一种委托经营。委托经营具有专业分工和专家管理的优势，可以使股份有限公司提高经营管理水平和绩效。法人制度确立以后，股份公司的所有权分解为最终所有权和法人所有权。投资者作为股东拥有资本的最终所有权（即股权），在股东大会上拥有表决权，间接影响企业的经营决策，而不能直接参与企业的经营。投资者可以凭股票参与企业利润的分配，但不能处置企业的财产，也不能抽回资本，只能通过转让股权收回投资本金。而股份公司则拥有法人所有权，拥有直接支配法人资产的权利，并对全部法人资产负有限责任。公司的生产经营，可聘请有专业知识的优秀经营人员担负起管理的责任，经理自主经营，并对股东资产承担保值和增值的责任，经理对因失职而造成的公司经济损失一般负有连带责任。

二、股份有限公司的设立

1. 股份有限公司设立的方式

股份有限公司的设立一般有两种方式：一是发起设立，即由发起人认购公司应有的全部股份而设立公司；二是募集设立，即由发起人认购公司应发行股份的一部分，其余部分对外募集而设立公司。

2. 股份有限公司设立的程序

各国公司法对股份有限公司的设立程序都有明文规定，一般具体程序如下。

（1）确立发起人。发起人是指负责筹建公司的人员。一般对发起人的数量、资格、权利和责任都有严格规定。发起人的数量视公司规模而定，我国规定应当有5人以上，其中有半数的发起人在中国境内有住所。国有企业改建为股份有限公司，发起人可以少于5人，但应采取募集设立方式。发起人既可以是自然人，也可以是法人，而且必须是具有行为能力的人或社会团体。发起人应承担下列责任：公司不能设立时，对设立行为所产生的债务和费用负连带责任；并对认股人已缴纳的股款，负返还股款和加算银行同期利息的连带责任。在公司设立过程中，由于发起人的过失致使公司利益受到损害的，应当对公司承担赔偿责任。发起人有享受报酬即特别利润的权利。

（2）制定公司章程。股份有限公司的章程是规范股份有限公司全部活动的具有法律约束力的文件，应包括以下内容：①公司的名称、地址、经营范围；②公司的设立方式、股份总额、每股金额和注册资本；③发起人的姓名或名称、认购的股份；④股东的权利和义务；⑤董事会的组成、职权、任期和议事规则；⑥公司的法定代表人；⑦监事会的组成、职权、任期与议事规则；⑧公司的利润分配方法、解散事由与清算办法及公司的通知和公告办法等。

（3）认购股份。制定公司章程后，就进入招股阶段。发起设立方式的公司，由发起人认购股份总额，并按股缴足股款。募集设立方式的公司，发起人只认购其中的一部分，我国规定发起人认购的股份不得少于公司股份总额的35%，其余部分对外募集。

（4）召开公司设立大会。在认购股款缴足后，发起人应当在规定日期内（我国为30日）召开公司设立大会，应有代表股份总额1/2的认股人出席，主要行使下列职权：①审议发起人关于公司设立过程的报告；②通过公司章程，选举董事会和监事会成员；③对公司的设立费用进行审核；④对发起人用来抵作股款的财产的作价进行审核；⑤在设立会上经过表决可作出公司不设立的决议。

（5）申请验资。申请验资须由具有权威和法律效力的机构进行，其内容有：①收足股金后，须将股金收据存根呈验；②股金存入银行后取得的日结单或书面证明；③设立大会通过的公司章程、选出的公司机构；④股东的分账户和股款存款的日记账册；⑤由全体公司董事签名盖章的呈请验资书。

（6）设立登记。我国规定设立大会后30日内，董事会向登记机关申请注册登记，同时出具有关文件。经批准设立并发给《企业法人营业执照》，公司即告成立。

三、股份有限公司的组织结构

股份有限公司的组织结构由股东大会、董事会、监事会及总经理为首的管理人员构成，各司其职，各负其责。

1. 股东大会

股东大会由股份有限公司的全部股东组成，它是公司的最高权力机构。股东大会对公司重大事项做出决策，选举和解除董事、监事。股东大会一般有四种形式。一是创立大会。我国《公司法》规定，发行股份的股款缴足后，发起人必须在30日内主持召开公司创立大会。创立大会由认股人组成。会议的主要任务是审议发起人关于公司筹办情况的报告；通过公司章程；选举董事会和监事会成员；对公司的设立费用进行审核，等等。二是年度大会。每年召开一次，主要任务是：选举和更换董事、监事，决定公司的经营方针和投资计划；审议批准董事会和监事会的报告；审议股息分配方案；修改公司章程；讨论增减公司资本；对发行公司债券作出决议；对公司合并、分立、解散和清算作出决议，等等。三是临时大会。四是特种股东大会。

2. 董事会

董事会是由股东大会选出的若干名董事组成的公司最高常设决策机构。

（1）董事会的权限。董事会行使的权利主要有：负责召集股东大会，并向股东大会报告工作；执行股东大会的决议；制订公司的年度财务预算方案、决算方案、利润分配方案和弥补亏损方案；制定公司增加或减少注册资本的方案及发行公司债券的方案；拟订公司合并、分离、解散的方案；决定公司内部管理机构的设置；聘任或解聘公司经理；根据经理的提名，聘任或解聘副经理、财务负责人，决定其报酬事项；制定公司的基本事项。

（2）董事长的职权。董事长为公司的法定代表人，其任期由公司章程确定，每届任期不得超过3年，但可连选连任。董事长的职权有：主持股东大会和召集、主持董事会会议；检查董事会决议的实施情况；签署公司股票、公司债券等。

（3）董事会的决策程序及方法。董事会会议有1/2以上的董事出席才可举行；各董事是一人一票，如投票时出现僵局，由董事长最后裁决；董事会会议应做记录，董事依照董事会会议记录承担责任。董事会的决议，因违反法律、法规或公司章程，致使公司遭受严重损失时，参与决议的董事对公司负赔偿责任；曾表异议并有记录的董事，可免除责任。

（4）独立董事。为了有效地改善公司的治理结构，股份有限公司引入了独立董事制度。所谓独立董事是指不在公司担任除董事外的其他职务，并与其所受聘的上市公司及其主要股东不存在可能妨碍其进行独立客观判断的关系的董事。由于独立董事独立于任一股东、不在公司内部任职、与公司或公司人员没有经济或家庭的密切关系，因此独立董事可以不受利益的局限公平地对待全体股东、董事和经理人员，维护全体股东和社会的权益。

3. 总经理

总经理是负责公司日常经营业务管理的最高行政领导。

（1）总经理的任职资格及职权。总经理必须是精通公司业务和管理的专门人才，他可以是本公司现有职工，也可以不是；可以是本公司的股东或董事长、董事兼任，也可以不是。

总经理有如下职权：主持公司的生产经营管理工作，组织实施董事会决议；拟订公司的基本管理制度、发展规划、年度生产经营计划和年度预、决算方案，以及利润分配方案和弥补亏损方案；任免或调配管理人员和工作人员；决定对本公司职工的奖励、升降级、加减薪、聘任、招用、解聘、辞退等；代表公司对外处理业务。

（2）总经理负责制度。总经理的领导指挥工作，具体通过各个主管部门来实施，包括副总经理、总经济师、总会计师、总工程师及总经理办公室、采购供应、生产、销售、财务、情报、技术开发、法律等职能部门。

总经理及其管理部门职责分明、责权统一。总经理对董事会负责，各部门主管对总经理负责；若给公司造成重大损失时，按照法规、公司章程追究其责任。

4. 监事会

监事会是由对公司财产、业务、董事会及其成员、经理层管理人员进行监督与检查的监事组成的常设机构。

（1）监事会的职权。监事会的职权主要是：检查公司财务；监督董事、经理及管理人员有无违反法律、法规、公司章程及股东大会决议的行为；提议召开临时股东大会；享有公司章程规定的其他职权。

（2）监事会的运作规范。监事会由股东大会选举产生，代表股东大会行使监督职能；为保证监事会的独立性，监事不得兼任董事和经理；监事会的人员一般较少，我国规定股份有限公司的监事会由 3 人以上组成，设主任 1 人，副主任及监事若干人；监事应该懂法律、懂业务，办事公正无私。

由上可见，股份有限公司的内部组织结构是决策权、执行权和监督权三权分支的制衡关系。虽然以董事会为决策系统，但是董事会是由全体股东通过股东大会选举产生的，因此股东可以通过对董事会的选举进而对董事会的构成及其决策权加以制约。同样，以总经理为首的管理部门为执行系统，但是总经理由董事会任命，因此总经理在股份有限公司的日常经营过程中，将受到董事会的直接制约，也受到股东的间接制约。以监事会为监督系统，监事会同样由股东大会选举产生，并代表股东利益行使监督权力，对包括经营管理层在内的公司的一切人员和活动进行监督，以达到保护股东利益的目的。这种以股东大会为最高权力机构，董事会和监事会向股东大会负责，总经理向董事会负责，而监事会对董事会及以总经理为首的管理部门进行监督的组织结构，具有权力结构平衡、稳定、管理决策效率高的特点，被认为是现代企业制度的典型模式。股份有限公司的内部组织结构如图 1－1 所示。

股份有限公司的制衡关系除了体现在股东具有“用手投票”的权力，从而实现对董事会和总经理进行内部制约以外，还体现在证券市场对公司的外部制衡关系上。只有公司经营状况良好，投资者才会踊跃购买公司股票，股价上升，吸引更多的投资者，从而在社会上形成良好的美誉度；相反，如果公司经营过程中出现问题，投资者则会争相出售股票，即通常所说的“用脚投票”，将导致股票价格下跌，投资者对公司失去信心。这种证券市场上的股票价格涨跌成为反映公司运作和发展的指示器，也成为衡量公司经营管理层治理水平的直接指标。

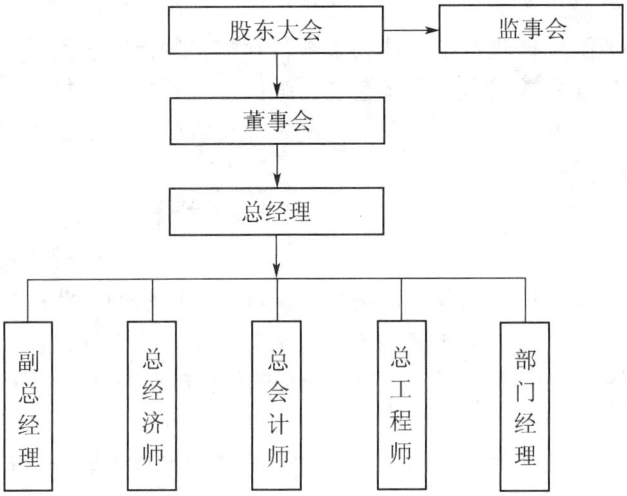

图 1－1　股份有限公司组织结构图

四、证券股票与经济发展的关系

证券与经济发展之间是一种相互影响和刺激的关系。一方面，经济发展使国民收入水平较快地提高，资本的供给量和需求量增长，尤其是对中长期资本的需求更为迫切，从而促进了债券、股票等证券的发展，加深了经济的证券化程度。另一方面，证券的发展将社会闲置资金有效地动员起来，并将其引至生产投资上来，促进了经济发展。经济的发展水平越高，经济的证券化水平也越高。

五、证券股票在经济发展中的作用

1. 证券的融资功能

证券的融资功能，使其成为经济运行的血液和经济发展的资本源。证券作为一种直接融资方式，能够较为迅速、广泛地筹集资金，有效地解决社会化大生产、大规模经营所需要的巨额资本。融资方式有直接融通和间接融通两种，它们各有特点，相互补充。但在不同的经济发展时期有其不同的侧重，如在西方发达国家，以金融机构为中介的间接融资很发达，但从融资力度和效率方面讲，直接融资的地位又日益重要。在现代社会，证券融资具有其他融资方式不可替代的重要作用。

首先，资金来源稳定，形成长期资金。在证券融资条件下，证券持有者可根据需要到证券市场卖出证券，使其变成现金，并不影响证券融资形成的资金总量，而且，若以股票形式融资，股份公司不允许退股，融资者便获得了稳定的、长期的、可用的资金。而通过金融机构的间接融资因为有期限，能够使用的只是一个相对稳定的存款余额，不能运用其全部，且流动性较强，资金来源不够稳定。

其次，证券融资具有较高的效率。在证券市场上证券价格不断变化，证券买卖频繁进行，这本身就是资源的重新配置和优化组合，提高了资源的利用效率。并且，证券投资虽有一定风险，但收益率往往高于银行存款，因此吸引无数投资者，他们从获利目的出发，选择那些前景良好、经营能力强的投资对象，这样使资金由效益不好的行业、企业流向效益好的行业、企业，有利于社会资源使用效率的提高。

2. 证券的资源配置功能

证券的资源配置功能，提高了整个经济的运作效率。证券赖以发展的物质基础——股份制企业，其产权可以在市场上自由转让和买卖，而这种产权转移完全是以证券形式进行的。也就是说，在现代市场经济条件下，股份制企业占主导，因而证券发挥着资源配置的功能。通过证券来配置资源主要有这样几点好处：

（1）打破了资产的凝固状态，使资产真正流动起来，这有利于有效地利用和配置资源。

（2）降低了存量资产流动过程中的费用，使更多的资源在生产中发挥作用。

（3）证券价格的波动，反映企业经营的好坏，这促使企业不断改善经营管理，提高经济效益。

（4）证券配置资源有利于及时调整经济结构、产业结构和产品结构，从而避免因这些问题长期改善不了而浪费有限的资源。

3. 证券的分散和转让风险功能

证券的分散和转让风险功能，发挥着类似保险市场的作用。证券投资是一种充满各种风险的金融活动，这种投资证券的风险是客观存在的，也容易为人们所理解。但是，证券最本质的功能是分散和转让风险，可以说，它是一种保险市场。

首先，从证券中最重要的股票来看，最初的企业所有者通过发行股票将未来的一系列可能的收入转换成现在的一大笔资本，根据有限责任制度，最初的企业所有者只需为自己保留一定比例的股票所有权，就能在该股份企业中行使管理决策权（在现代大公司中拥有10%股权，就可以成为大股东之一）。同时，通过发行股票吸收新股东的加入，这样筹资者就将企业的风险分散到大量的股票持有人身上，实现了投资风险的分散化，确保有一定数额的投资收益。

其次，股票持有人还可以在股票市场上转让风险。当投资者认为持有的股票未来具有亏损风险，便可适时出卖该种股票，转买其他股票，这样便把受损的风险转让出去。

当然，证券的保险作用与真正意义的保险有着本质的区别。所谓保险，是通过支付一定的固定费用，可将不确定性减至零。而股票虽能分散和转移风险，但影响股票市场的因素很多，所以股票的不确定性依然存在，这也是证券市场的投机性所在。

4. 证券的传播信息功能

证券的传播信息功能，强化了市场经济的横向沟通与联系。市场经济与计划经济不同：市场经济是一个横向经济关系密切沟通与联系的开放系统，它的信息是充分的并为社会所共享的；而计划经济则是一个纵向经济关系沟通与联系的封闭系统，它的信息不为社会共享，仅为部分单位所独享。经济发展需要有充分信息为条件，而这也是为何很多国家放弃高度集中的计划经济体制来发展市场经济的原因之一。在市场经济条件下，证券市场是各种信息产生与传播的重要场合。证券市场传播的信息包括：

（1）整个经济运行中的资金供求状况。当资金紧张、出现供不应求时，人们会抛售证券，换回现金，证券价格将呈现下跌趋势；当资金供过于求时，必然有大量游资投向证券，证券价格上涨。

（2）证券发行主体的经营状况及前景。人们可从证券市场价格的涨跌了解这方面的信息。由于证券的信息功能，使经济的横向联系和沟通更加紧密和有效。例如，投资者和筹资者通过证券市场价格运动形成监管和被监管的关系，使得双方都能根据证券的价格变化建立起双向的对应关系，促进两者之间的联系并从市场行为或企业经营行为作出反应。经济的联系和沟通越紧密，资源配置和使用的效率就会越高，这对经济发展极为有利。

【重要信息阅读】

政府发文力挺国企改革　关注主题基金投资机会

2015 年 05 月 23 日 00：29　来源：天天基金网

国务院日前批转发展改革委《关于2015年深化经济体制改革重点工作的意见》，强调2015年是全面深化改革的关键之年，是全面推进依法治国的开局之年，是全面完成“十二五”规划的收官之年，也是稳增长、调结构的紧要之年，经济体制改革任务更加艰巨。并根据《中央全面深化改革领导小组2015年工作要点》和《政府工作报告》的部署，就2015年深化经济体制改革重点工作提出8个大类共39条具体意见。

改革意见全面深入，包括持续简政放权、加快推进政府自身改革，其中涉及继续深入推进行政审批制度改革，做好已取消和下放管理层级行政审批项目的落实和衔接，加强事中事后监管。多管齐下改革投融资体制，研究制定深化投融资体制改革的决定。不失时机加快价格改革，制定加快完善市场决定价格机制的若干意见。加快形成商事制度新机制，深化落实注册资本登记制度改革方案，深入推进工商登记前置审批事项改为后置审批相关改革，推行全程电子化登记管理和电子营业执照，加快实现“三证合一、一照一码”，清理规范中介服务。制定清理、废除妨碍全国统一市场和公平竞争的各种规定、做法的意见。全面实施中央和国家机关公务用车制度改革，做好车辆处置、司勤人员安置等后续工作。推进地区生产总值统一核算改革，完善发展成果考核评价体系。

深化企业改革，进一步增强市场主体活力，包括推进国企国资改革，出台深化国有企业改革指导意见，制定改革和完善国有资产管理体制、国有企业发展混合所有制经济等系列配套文件。制订进一步完善国有企业法人治理结构方案，修改完善中央企业董事会董事评价办法，推动国有企业完善现代企业制度。出台加强和改进企业国有资产监督防范国有资产流失的意见。落实进一步深化电力体制改革的若干意见，制定相关配套政策，开展售电侧改革等试点。支持非公有制经济健康发展，全面落实促进民营经济发展的政策措施。完善产权保护制度，健全归属清晰、权责明确、保护严格、流转顺畅的现代产权制度，让各类企业法人财产权依法得到保护。

此外还涉及落实财税改革总体方案，推进金融改革，加快推进城镇化、农业农村和科技体制等改革，构建开放型经济新体制，深化民生保障相关改革，加快生态文明制度建设等多个方面。

第二节　证券与股票

一、证券

证券是各类财产所有权或债权凭证的通称，用以证明持有人有权依其所持凭证记载的内容而取得相应权益的凭证。比如，股票、债券、基金、本票、汇票、支票、借据、保险单、存款单、提货单等都是证券。从一般意义上来说，证券是指用以证明或设定权利所生成的书面凭证，它表明证券持有人或第三者有权取得该证券拥有的特定权益，或证明其曾经发生过的行为。从法律意义上来说，证券是各类记载并代表一定权利的法律凭证的统称，用以证明持有者有权凭借其所持证券记载的内容而取得相应的权益。因此，证券本身具有合法性，其所包含的特定内容也具有法律效力。

按照其性质的不同，可以将证券分为无价证券和有价证券。

（1）无价证券。无价证券是指证券本身不能使持券人或第三者取得一定收入的证券。政府或国家法律通常限制无价证券在市场上流通，并且规定持有人不得通过流通转让来增加收益，它包括证据证券和凭证证券。证据证券是指单纯地证明一种事实的书面证明文件，主要有借用证、证据等。在证据证券中，有一种具有特殊效力的证券，被称为“免责证券”，如提单等即属于这种类型。凭证证券是指认定持证人是某种合法权利者，证明持证人所履行的义务是有效的凭证，如存款单、借据、收据以及定期存款存折等。

（2）有价证券。有价证券是指在市场上自由流通转让的、具有一定票面金额、证明持有人有权按期取得一定收入的凭证，具体包括：股票、债券、基金、期货、期权、权证等。人们通常所说的证券就是指这种有价证券。从性质来讲，有价证券本身并无价值，由于它能为持有者带来一定收益，如股息、红利、资本利得等，因而它具有价格，可以在证券市场上流通。

二、证券的类型

无价证券并非证券投资学的研究对象，如无特别说明，本书所说的证券均指有价证券，依据不同的分类方法，证券可以分为多种类型。

1. 按照证券所体现的内容不同划分

按照证券所体现的内容不同，可分为商品证券、货币证券和资本证券。

（1）商品证券。商品证券是指证明持有人具有商品所有权或使用权的凭证，如提货单、运货单、购物券及仓库栈单等。取得这种证券就等于取得这种商品的所有权或使用权，持有人对这种证券所代表的商品所有权或使用权受法律保护。商品证券的价格取决于票面面值，当商品证券兑现商品后，该证券便退出流通领域。

（2）货币证券。货币证券是指能使持有人或第三者取得货币请求权的凭证，如期票、汇票、支票和本票等。货币证券主要包括两大类：一类是商业票据，主要包括商业汇票和商业本票等；另一类是银行票据，主要包括银行汇票、银行本票和支票等。货币证券的用途是代替货币作为流通手段和支付手段，主要用于单位之间商品交易、劳务报酬的支付以及债权债务的清算等经济往来。

（3）资本证券。资本证券指由金融投资或与金融投资有直接联系的活动而产生的证券，包括股票、债券、基金及其金融衍生品等。资本证券是证券的主要形式，狭义的证券通常仅指资本证券。资本证券并非实际资本，而是虚拟资本。它虽然也有价格，但自身却没有价值，形成的价格只是资本化了的收入。资本证券是独立于实际资本之外的一种资本存在形式，它只间接地反映实际资本的运动状况。资本证券与实际资本在量上也不相同。在一般情况下，资本证券的价格总额总是大于实际资本额，因而它的变化并不能真实地反映实际资本额的变化，但资本证券的活动可以促使财富的大量集中和资金的有效配置。

2. 按照证券发行主体的不同划分

按照证券发行主体的不同，可分为政府证券、金融证券和公司证券。

（1）政府证券。也称政府债券，是指政府为筹措财政资金或建设资金，凭借其信誉，采用信用方式，按照一定程序向投资者出具的一种债权债务凭证。政府债券又分为中央政府债券（即国家债券）和地方政府债券。

（2）金融证券。金融证券是指商业银行及非银行金融机构向投资者发行的承诺支付一定利息并到期偿还本金的一种有价证券。主要包括金融债券、大额可转让定期存单等，其中以金融债券为主。

（3）公司证券。公司证券是指公司等经济法人筹集投资资金或从事与筹集投资资金直接相关的活动发行的证券。公司证券包括的范围比较广泛，内容也比较复杂，主要有股票、公司债券等。

3. 按照证券上市与否划分

按照证券上市与否，可以分为上市证券和非上市证券。

（1）上市证券。又称挂牌证券，是指经证券主管机关批准，在证券交易所注册登记，获得在证券交易所内公开买卖资格的证券。证券上市可以提高证券的流动性，便于投资者认购、交易；促进上市公司股权分散化，防止股权过于集中；提高上市公司的社会知名度，增强其公司证券的吸引力，形成稳定的资本来源，在更大范围内筹集资本。对投资者来说，由于上市公司必须定期公布其经营及财务状况，因而有利于投资者做出正确的投资决策。挂牌上市为证券提供了一个连续性交易市场，证券在市场上的流通性越强，投资者就越愿意购买。证券交易由于是竞价买卖或做市商报价买卖，其价格一般都比较合理，因而有利于降低投资者的投资风险和引导资源的优化配置。

（2）非上市证券。也称非挂牌证券，是指未申请上市或不符合在证券交易所挂牌交易条件的证券。非上市证券不允许在证券交易所内交易，但可以在其他证券交易市场交易。一般来说，非上市证券的交易比上市证券的交易要多，在交易所内上市的证券种类非常有限，只占整个证券市场的很小部分。非上市证券多因不符合证券交易所规定的上市条件而未能获得上市交易的资格，但有些规模大且信誉好的公司，为了免去每年向交易所付费及公开各类公司信息，并且防止公司控制权分散，即使符合交易所规定的条件，也不愿意在交易所挂牌上市。此外，现代电子通信网络技术的不断发展，为场外非上市证券的交易提供了十分便利的条件。

4. 按照证券的收益是否固定划分

按照证券的收益是否固定，可分为固定收益证券和变动收益证券。

（1）固定收益证券。固定收益证券是指证券持有人可以在特定的时间内取得固定的收益，并预先知道取得收益的数量和时间的证券。例如，固定利率债券，其债券利息收益在发行时就已确定，不随证券市场等因素的变化而改变。一般来说，固定收益证券的收益和风险都比较低。

（2）变动收益证券。变动收益证券是指证券持有人的收益不是固定的，会因客观条件的变化其收益也随之变化的证券。例如，普通股票，其股息收益事先不确定，而是由公司税后利润的多少决定；浮动利率债券也属此类证券，这种债券在发行时规定债券利率随市场利率定期浮动。相对来说，变动收益证券的收益和风险都高于固定收益证券。

5. 按照证券发行方式的不同划分

按照证券发行方式的不同，可以分为公募证券和私募证券。

（1）公募证券。公募证券是指发行人通过中介机构，向不特定的社会公众投资者公开发行的证券。公募证券涉及众多的投资者，其社会责任和影响都很大，因而有关部门对其审核较为严格。为确保投资者的合法权益，要求发行人具备较高的条件，如必须向社会提供各种财务报表及其他有关资料等。公募证券一般可以上市流通，具有较高的流动性。

（2）私募证券。私募证券是指发行人仅向少数特定投资者发行的证券。发行对象一般是与发行人有特定关系的投资者，如发行人的职工或与发行人有密切关系的金融机构、公司或企业等。发行人的资信情况为投资者所了解，不必像公募证券那样向社会公开内部信息，也不必取得证券资信评级。私募证券对投资者的数量有一定的限制，一般不允许上市流通。

三、证券的特征

证券记载着权利人的财产权内容，代表着一定的财产所有权，拥有证券就意味着享有财产的占有、使用、收益和处置的权利。在现代经济社会里，财产权利与证券已密不可分，财产权利与证券两者融合为一体，证券已成为财产权利的一般形式。虽然证券持有人并不实际占有财产，但可以通过持有证券，在法律上拥有有关财产的所有权。

1. 收益性

所谓收益性，是指证券持有者凭借证券所获得的报酬。它是证券投资者的基本收益。证券投资的收益通常由当前收益和资本利得两个部分组成。当前收益是指以利息、股息、红利所带来的收益；而资本利得是指证券价格变动所带来的收益，也称为差价收入。

2. 流动性

流动性也称变现能力，是指证券可以随时出售得到偿付的能力。正如资本的生命在于运动、资本只有运动才能不断增值的道理一样，证券必须具备很强的流动性才会吸引投资者购买，才有生命力。影响证券流动性强弱的因素主要包括：

（1）宏观经济状况的好坏。恶化的经济形势，会使证券在短期内难以脱手。

（2）市场价格的波动程度。市场价格的波动幅度越大，风险越大，其流动性越弱；反之，则越强。

（3）偿还期。偿还期和证券的流动性成反比，偿还期越短，流动性越强；反之，则越弱。

（4）发行人的经营业绩、信誉、知名度。流动性强的证券大多为经营业绩好、信誉好、知名度高的企业证券。

3. 风险性

所谓风险性，是指投资者购买的证券不能恢复其原来投资价值的可能性。证券的风险性是客观的，是和收益性相对称的。证券投资的风险主要包括系统性风险和非系统性风险。系统性风险是指由于政治、经济及社会环境的变动而影响证券市场上所有证券的风险，主要包括市场风险、利率风险和购买力风险等，不可能通过分散投资来规避；非系统性风险是指由于市场、行业和企业自身等因素影响个别行业、企业证券的风险，主要包括行业风险、经营风险、违约风险等，可以通过优化组合、分散投资，将该类风险降至最低。

四、股票及股票类型

股票是指股份公司发行的证明股东进行投资并拥有股份资本所有权的有价证券。股票用以衡量股东在公司中拥有的权益和责任。投资者拥有了股票，也就相应拥有了股东的权益和责任。

1. 按照股东所享有的权益和承担的风险不同划分

按照股东所享有的权益和承担的风险不同，可以将股票分为普通股和优先股两种基本的类型。

（1）普通股。普通股是公司发行的无特别权利的股票。它是公司发行的一种基本股票，具有一切股票的基本性质。普通股的红利是不固定的，随着股份公司的经营状况而变动，甚至股票代表的资本价值也会波动。因此，普通股票也是风险最大的股权形式。在通常状况下，普通股股东享有以下权益。

①对公司经营管理和决策的参与权。如参加股东大会并有发言权、表决权和选举权，参与公司的管理以至控制公司，权利与股份成正比。股东如果不能参加股东大会，可以填写投票委托书，委托代理人行使投票表决权。普通股股东是通过投票来间接地参与公司的经营决策。在实践中，由于公司股东人数众多，通常只有持股数量达到规定比例的股东才能出席股东大会，其余股东可以委托与会股东行使权利，大多数的小股东在“搭便车”心理驱使和其他因素的影响下，自动放弃了该项权利。

②公司盈利分配权。普通股的收益不具有事前承诺性，公司有税后盈余是实现该项权利的基础。公司发放的股利是由董事会决定的，因此除了受到公司的盈利状况高低影响之外，还和公司的分配政策有关。股利的形式主要有现金股利和股票股利两种。所谓现金股利，是指以现金形式支付的股息和红利；股票股利则是指股份公司用增发的股票作为股利支付给投资者，通常按照公司现有股东持有股份的比例进行分配。

③公司剩余财产分配权。当公司发生解散清算时，在清偿债务后，普通股股东有权按股份比例分配剩余财产。如果公司因为资不抵债而清盘，则该项权利不再具有实际意义。当然，股东也不会被要求以其他资产对公司不能清偿的债务负连带责任。

④公司增加股本时的优先认股权。优先认股权又叫股票先买权，是普通股股东的一种有偿行使的特权。当公司增加新的普通股股票时，为保证老股东的权益，老股东享有按其持股比例，以某一特定价格优先认购一定数量新股的权利。它通过配股方式进行，是股东对公司的追加投资。赋予老股东优先认股权有两个方面的原因。一方面是为了保持其持股比例，不改变老股东对公司的控制权和享有的各项权利。例如，某股份有限公司的总股本为6 000万股，某投资者持有60万股，占总股本的1%。如果该公司增资发行2 000万股，该投资者可以优先认购新发股票的1%，即20万股，这样投资者的持股比例在公司增发股票之后继续保持在1%。另一方面，为了使原有股东的权益不至于因为新发股票引起的利润稀释而造成损害，在赋予老股东优先认股权的同时，新股配售价格通常要比市场价格低一些，以吸引老股东购买。普通股的优先认股权对投资者来说，可以有三种选择：一是股东行使权利，认购新发股票；二是有价转让此项权利；三是放弃权利。

（2）优先股。优先股是比普通股具有一定优先权的股票。优先股和普通股一样，也是公司股份资本的所有权凭证。优先股的股息通常是固定的，可以用一定数额或面额的一定比例来表示。和普通股相比，其具有两个优先权：一是优先分配股息，即在公司付给普通股股票红利之前，必须先按规定付给优先股股票股息；二是优先分配公司剩余财产。当公司解散和破产时，对公司剩余财产的分配权，优先股先于普通股。但是，优先股股票也有不利之处：一是优先股股东一般没有对公司的经营控制权和投票权；二是当公司的利润增长时，优先股股票不能像普通股股票那样享有较高的报酬，而只能按固定的股息率取得股息。

公司发行优先股股票时，为吸引投资者或出于其他原因，往往作出许多灵活多变的规定，由此形成不同种类的优先股，主要有以下五种。

①累积优先股和非累积优先股。当公司业绩不佳、无力发放股息时，累积优先股的股息可累积到下期股息之中，在发放普通股红利之前补付。而非累积优先股在本期末支付的股息，不能累积到下一期，对持有者而言这笔股息就永远丧失了。因此，累积优先股比非累积优先股受投资者青睐，但对股份公司产生较大压力。

②参与优先股和非参与优先股。当公司利润增大时，除了按规定的股息率优先分得本期股息外，还可以跟普通股共同参与剩余利润全部或部分分配的优先股，称为参与优先股。而除了享受既定股息外不得参与剩余盈利分配的优先股，称为非参与优先股。可见，参与优先股对投资者具有较大的吸引力。

③可转换优先股。可转换优先股是允许优先股持有者在规定的时间内按一定比例将优先股转为普通股。转换的比例一般是预先规定的，转换时的比价视两种股票的价格而定。

④股息率可调整的优先股。股息率不固定，而是随着其他证券或存款利率变动定期调整其股息率，有的公司还规定了年股息率的上限和下限。

⑤可赎回优先股。允许股票的发行公司按原来的价格再加上一定的补偿金将已发行的优先股收回注销。一般情况下，如果股份公司认为能够以较低股利的股票代替已发行的优先股时，就可以行使这种赎回已发行的优先股的权利。

2. 根据股票上标明股东有无公司经营决策权分类

根据股票上标明股东有无公司经营决策权而划分，可以将股票分为有表决权股票和无表决权股票。

有表决权股票多是普通股，有一股一票、一股多票和多股一票的区分。

无表决权股票是股东完全没有投票权的股票。它往往是优先股，随公司资本所有权与支配权分离的情形而产生。通常有两种：一是章定无表决权股，即在公司章程中，对某种股份完全剥夺其表决权的股票；二是法定无表决权股，即由法律规定的、在某些情况下（如公司自己持有的股票）无表决权的股票。

五、股票的特征

1. 无期限性

只要发行股票的公司存续，股票就始终伴随存在；投资者不能中途要求退股。

2. 流动性

流动性是有价证券的根本属性，投资者对股票的流动性要求更高。一方面是因为投资者投资意愿的易变性；另一方面由于股票不能中途退股，当股份公司经营状况出现异常、投资风险加大时，要求股票必须能够流通，即通过二级市场进行交易转让。但是，股票买卖所带来的股东变更并不会改变股份公司的资本存量。

3. 风险性

如果股份公司经营失败，会使其股票持有者遭受损失；即使公司的经营状况正常，也可能由于股票的交易价格受到各种因素的影响而经常变动。如果在持有期间股票价格下跌，就可能给持有者带来损失。

4. 收益性

收益和风险通常是相对应而存在的。股票投资的收益来源于两个方面：一是公司税后利润的分红派息；二是股票买卖差价所带来的收入。由于股票的风险相对较大，因此投资者对其预期收益相对较高。

【重要信息阅读】

国务院印发《中国制造2025》　明确9项战略任务重点

2015年05月19日11：00　来源：新华网　编辑：东方财富网

经李克强总理签批，国务院日前印发《中国制造2025》，部署全面推进实施制造强国战略。这是我国实施制造强国战略第一个十年的行动纲领。

制造业是国民经济的主体，是科技创新的主战场，是立国之本、兴国之器、强国之基。当前，全球制造业发展格局和我国经济发展环境发生重大变化，必须紧紧抓住当前难得的战略机遇，突出创新驱动，优化政策环境，发挥制度优势，实现中国制造向中国创造转变、中国速度向中国质量转变、中国产品向中国品牌转变。

《中国制造2025》提出，坚持“创新驱动、质量为先、绿色发展、结构优化、人才为本”的基本方针，坚持“市场主导、政府引导，立足当前、着眼长远，整体推进、重点突破，自主发展、开放合作”的基本原则，通过“三步走”实现制造强国的战略目标：第一步，到2025年迈入制造强国行列；第二步，到2035年我国制造业整体达到世界制造强国阵营中等水平；第三步，到新中国成立一百年时，我国制造业大国地位更加巩固，综合实力进入世界制造强国前列。

围绕实现制造强国的战略目标，《中国制造2025》明确了9项战略任务和重点：一是提高国家制造业创新能力；二是推进信息化与工业化深度融合；三是强化工业基础能力；四是加强质量品牌建设；五是全面推行绿色制造；六是大力推动重点领域突破发展，聚焦新一代信息技术产业、高档数控机床和机器人、航空航天装备、海洋工程装备及高技术船舶、先进轨道交通装备、节能与新能源汽车、电力装备、农机装备、新材料、生物医药及高性能医疗器械等十大重点领域；七是深入推进制造业结构调整；八是积极发展服务型制造和生产性服务业；九是提高制造业国际化发展水平。

《中国制造2025》明确，通过政府引导、整合资源，实施国家制造业创新中心建设、智能制造、工业强基、绿色制造、高端装备创新等五项重大工程，实现长期制约制造业发展的关键共性技术突破，提升我国制造业的整体竞争力。

为确保完成目标任务，《中国制造2025》提出了深化体制机制改革、营造公平竞争市场环境、完善金融扶持政策、加大财税政策支持力度、健全多层次人才培养体系、完善中小微企业政策、进一步扩大制造业对外开放、健全组织实施机制等8个方面的战略支撑和保障。

《中国制造2025》强调，各地区、各部门要充分认识建设制造强国的重要意义，加强组织领导，健全工作机制，研究制订实施方案，细化政策措施，确保各项任务落实到位。

第三节　投资与投机

一、投资

投资是经济社会中普遍存在的经济现象。美国投资学家威廉·夏普在其所著的《投资学》中指出，投资是为了获得可能的不确定的未来值而做出的确定性的现值牺牲的经济行为。从上述投资的定义可以总结出投资行为的以下基本特征。

第一，投资具有时间性。投资是现在就投入一定的价值量，而获得的价值量是将来的。从现值的支出到未来获取报酬，总要经过一个或长或短的时间间隔。这表明投资具有时间性，持续的时间越长，未来获取报酬的稳定性也越差，风险越大。

第二，投资是现在支出一定价值的经济行为。为了获得未来的报酬，所有的投资行为必须有现值的付出。

第三，投资的目的是为了获取收益。投资行为是以牺牲现值为手段，以获取未来报酬为目标。投资者期望获取未来值超过现值的部分，获得正报酬。这种报酬可以表现为各种形式的利息和股息收入，也可以表现为差价收益。

第四，投资具有风险。现值支出一定价值是确定的，而未来获取的报酬是不确定的。这种收益的不确定性，就是投资的风险。

风险是投资过程中不可避免的。风险的大小和很多因素有关。首先，因为投资具有时间性，时间间隔越长，各种政治、经济、社会因素可能产生的影响越大，收益的不确定性越高。其次，风险和预期报酬有关，预期报酬越高、风险越大。风险和收益之间呈现正向变动关系，高收益往往隐含着高风险，而高风险也可能给投资者带来高收益。但是，两者之间的关系并不绝对，追求较高的风险并不一定带来高收益。即使承担相同的风险，也无法保证具有相同的收益。因此，投资者在投资过程中要做好风险控制，尽量保证在风险一定的情况下，取得最大的收益；或者在收益一定的条件下，承担最小的风险。

根据投资范围的不同，投资有广义和狭义之分。广义投资是指为了获得未来报酬而付出一定资本的任何经济行为。狭义投资是指投资于各种有价证券，也称证券投资。

二、证券投资

1. 证券投资的定义

所谓证券投资，是指个人或法人对有价证券的购买行为。投资者在证券持有期内可以获得与其承担的风险相称的收益。

在现代社会，证券投资在整个投资活动中占据主要地位，也是当前发达国家最主要的投资方式，是筹集资金和资金资源优化配置的主要渠道。证券投资可以使社会上的闲散货币资金转化为投资资金，对促进社会资金合理流动、促进经济增长有着重要作用。

2. 证券投资和实物投资

首先，证券投资是一种金融投资，其所形成的资金运动是建立在金融资产基础上的。金融资产是一种虚拟资产，对虚拟资产投入的增加并不直接增加社会资本存量，属于一种信用活动。

其次，证券投资和实物投资存在互补性。证券投资的资金主要来源于社会闲散资金，这部分资金虽然没有直接投资于生产经营活动，而是通过证券市场间接投资于实物资产，但由于证券市场的自身调节机制，使资金在盈余单位和稀缺单位之间进行重新配置，以解决资金不足的问题，还可以促进社会资金流向经济效益好的部门和企业，提高资金的使用效率。通过证券投资，不但可以方便迅速地筹集资金，还可以引导资金流向。

最后，证券投资和实物投资互为影响。实物资产是金融资产存在和发展的基础，金融资产的收益也来源于实物资产在生产过程中的创造。所以，证券投资的资金运动和实物投资的资金运动紧密相连，实物投资对证券投资有很大的影响。企业的生产经营活动也会影响到投资者对企业证券的未来预期，也会使证券投资行为发生变化。

三、证券投机

1. 证券投机的定义

证券投机是指在证券市场上，短期内买进或卖出一种或多种证券，以获取收益的一种经济行为。它和证券投资一样，是证券市场上一种常见的证券买卖行为。投机者通过对股价走势的预测和判断，以获取最大利益为目的，并甘愿冒较大风险。

2. 证券投机的作用

在证券市场上，投机行为永远存在，而适度的投机对市场具有积极作用。首先，具有价格平衡作用。投机者在市场上通过价格波动获取利润，低吸高抛，或者高抛低吸，投机者的买卖操作会使不同时间、不同市场、不同品种的证券价格趋于平衡，使市场回复到正常的供求状况。其次。投机行为可以增强证券的流动性。投机者的操作特征表现为短期内频繁买卖，如果市场上的投资者买卖证券而没有交易对手时，投机者的大量存在保证了交易的正常延续，同时又能使投机者从中获取利润。最后，投机者的存在有助于分散价格波动风险。在证券市场上，投资者往往是风险回避型的，希望通过期货、期权等各种方式回避风险，但是如果没有交易对手的存在，这种避险方式无法实现，此时投机者成为市场风险的承担者，为了获利仍冒险投资。

四、证券投资与证券投机的区别

对实际操作户，证券投资和证券投机很难明确区分，但其实两者还是有许多不同之处。

1. 投资周期不同

投资者常常会买入证券后长期持有，更看重相对稳定的、以利息和红利等形式表现的经常性收益，所以大多选择长线投资；而投机者则更专注于快进快出，在短期内博取差价收益，热衷于短线操作。

2. 对待风险的态度不同

投资者大多回避风险，更加倾向于对收益稳定、本金安全的证券进行投资；而投机者则主动承担风险，期望在承受高风险的前提下享受可能的高回报。

3. 交易方式不同

投资者更多在现货交易条件下进行操作；而投机者则更多出现于期货、期权和信用交易过程中，买空卖空，杠杆比例较高。

4. 分析方法不同

投资者的投资理念属于价值型投资，更多从宏观经济、行业发展和企业自身角度进行基本分析；而投机者抛开所有外部因素．专注于证券价格本身，期望从价格变动的过程中找到规律，倾向于做技术分析。

证券投资和证券投机在实际操作过程中会发生相互转化，当投资者买入证券后本意是要长期持有，但是突遭市场风云变幻，或者持续快速大涨，或者抛压严重快速下跌，这时投资者都会果断出手，实现账面盈利或者止损出局，快速操作使其成了市场的投机者。同样，投机者购入证券后，如果没有好的快速操作时机，也会被动成为长线投资者。

五、股票投资

股票投资（Stock Investment）是指企业或个人用积累起来的货币购买股票，借以获得收益的行为。股票投资的收益是由“收入收益”和“资本利得”两部分构成的。收入收益是指股票投资者以股东身份，按照持股的份额，在公司盈利分配中得到的股息和红利的收益。资本利得是指投资者在股票价格的变化中所得到的收益，即将股票低价买进、高价卖出所得到的差价收益。股票投资的成本是由机会成本与直接成本两部分构成的。

1. 机会成本

当股票投资者打算进行投资时面临着多种选择，如选择了股票投资，就必然放弃其他的投资，即放弃了从另外的投资中获取收益的机会，这种因选择股票投资而只好放弃别的投资获利机会，就是股票投资的机会成本。

2. 直接成本

直接成本是指股票投资者花费在股票投资方面的资金支出，它由股票的价格、交易费用、税金和为了进行有效的投资取得市场信息所花费的开支四部分构成。

六、股票投机

股票投机者是股票交易中最为活跃的参与者，是为了高收益而敢冒大风险的特殊投资者，也是一个成熟股市的不可或缺的“润滑剂”。股票本身就是一种投机的行为，这就是为什么股票存在暴利，但有暴利的存在就一定会有风险的存在。根据持有股票时间的长短，投机可分为二类。

第一类是长线投机者，此类交易者在买入股票后，通常将股票持有几天、几周甚至几个月，待价格对其有利时才将股票卖出。

第二类是短线交易者，一般进行当日 T+0 或某几天内的股票的买卖。

【重要信息阅读】

扩大大陆资本市场对台开放

2015 年 04 月 30 日 07：34　来源：《世纪经济报道》　采编：东方财富网

据证监会副主席姜洋介绍，近年来两岸资本市场的交流与合作不断扩大和深化。截至 2015 年 3 月底，共有 30 家台资金融机构获批大陆的 QFII 资格，额度 66.70 亿美元；批准了 4 家台资金融机构在大陆设立合资基金管理公司，12 家台资证券公司在大陆设立 25 个代表处，24 家台资企业在 A 股市场上市。

值得一提的是，据台湾当地媒体 4 月 22 日的报道，姜洋在前述论坛上还表示，正在积极研究“沪台通”。与已经推出的“沪港通”类似，“沪台通”允许两岸投资人买卖上交所和台湾证交所挂牌的股票。

此前的 2014 年 8 月，上交所与台湾证券交易所已签署监管合作谅解备忘录（MOU），这是两岸交易所之间签署的首个 MOU。

预计台湾资本市场与大陆资本市场的进一步合作，将会参照‘沪港通’模式。4 月 22 日，南方基金首席策略分析师、南方小康 ETF 基金经理杨德龙对 21 世纪经济报道记者表示，“沪港通”开通后，市场成交平稳，已证明对两地交易者都是利好。

杨德龙曾于 2008 年、2014 年两次到访台湾参观其资本市场建设，在其印象中，台湾股市没有大陆这么活跃，但也曾大起大落，经历多次牛熊转换。其运营时间较长，与海外资本市场的互动较多，是一个以机构投资者为主的市场，蓝筹股估值偏高，垃圾股、绩差股则不受欢迎。

“台湾资本市场上，医疗设备、电子的企业大体而言，比大陆要好。”杨德龙表示，如果两边资本市场打通，大陆投资者在这两个板块中也可以有更多的投资选择。

据国泰君安证券的研究，台湾证券市场证券化率较高。台交所上市公司分属 28

类行业，涵盖范围较广。其中，台湾最大上市行业为半导体行业，占比 22.4%；其次为金融业，占比达 13.5%。2013 年台湾证券化率为 168.40%，高于韩国与大陆水平。

另外，可供大陆资本市场借鉴的是，台湾证券市场已形成完善的多层次资本市场体系，包含 OTC 市场（兴柜市场）、上柜（相当于创业板）以及上市市场（相当于主板），该市场呈倒金字塔结构。三个市场的总市值约为 31.86 万亿台币，约合人民币 6.36 万亿元，而沪深两市最新总市值为 60.53 万亿元。

相对于内地市场，台湾证券市场近期也较为平静。截至 2015 年 4 月 22 日，台湾加权指数（TWII.TW）近 120 日与 250 日分别上涨 9.88%、7.72%。近 10 日的日均成交额为 959.04 亿台币，约合人民币 191.53 亿元，这与 A 股近期万亿元级别的成交额亦难相比。

“两岸推动在资本市场上进一步的合作与交流，对双方都有好处。”第一创业证券首席经济学家、中国社科院金融所货币理论与政策研究室主任彭兴韵认为，台湾资本市场规模比大陆资本市场规模小很多，两者打通后，对台湾资本市场影响会更大。

第二章　股票市场

【重要信息阅读】

掘金图：紧扣大金融与地方国企改革（1）

2015年05月01日08：06　采编：东方财富网

申万宏源：央企合并是本轮国企改革的重要战略

申万宏源最新发布的策略报告认为，央企合并是本轮国企改革的重要形式，必须从战略层面非常重视这一轮轰轰烈烈的央企并购浪潮。中国南车股份有限公司和中国北车股份有限公司合并提升了央企合并的空间和预期。经济效益差的造船航运、煤炭有色，以及改革预期强烈的军工、转型需求大的房地产行业将成为央企合并主战场。

国企改革顶层设计虽延后，但“1+N”方向明确，提高效率、增强活力是重要目标，这正是央企合并的重要作用，强强联合能优化资源配置，解决重复建设、过度竞争等问题，而且不涉及国有资产流失，改革阻力相对较小，因而势在必行。

申万宏源指出，央企合并意在做强做大央企，统一管理，避免恶性竞争和人浮于事，提高央企效益、估值、证券化率和市场集中度，也为国企改革树立标杆，更好地推进国家战略。①央企合并+简政放权=提高企业效率+激发员工活力。②央企合并+互联网+=推动传统企业转型升级、去产能。③央企合并+一带一路=增强国际竞争力+推动走出去。

近期，上交所与中航工业集团签署战略合作协议。双方将在军工资产证券化、互联网+金融创新、军工企业IPO、再融资及重组并购等领域开展全面合作；中航工业下属金融企业将与上交所共同推进发行场内货币基金、军工产业股票ETF、军工债券ETF等创新产品。

媒体报道：为了保障“一带一路”通信卫星信号无障碍，国内的相关企业和政府机构已经对“一带一路”的卫星发射进行了规划和研究，未来三年到五年内，将发射多颗通信卫星。与此同时，“一带一路”途经国家的通信信号也将逐步实现全覆盖。从而在通信领域为“一带一路”铺平道路。

中国股市成立已有二十余年，随着人们生活水平的提高、思想的开放和经济的不断发展，股票投资获得了越来越多人的青睐。而股市对国家经济民生的影响也逐年增加，有一种形象的说法就是——“股市是国家经济的晴雨表”。

上至各种专家学者的点评分析，下到百姓茶余饭后的休闲话题，如今中国股市的火爆程度可见一斑。在全民股市热情高涨的现象背后，却是大部分投资者盲目跟风的事实。只有真正地了解股票，才能更好地进行股票投资。

第一节　股票发行市场

股票发行市场是指发生股票从规划到销售的全过程，发行市场是资金需求者直接获得资金的市场。新公司的成立，老公司的增资或举债，都要通过发行市场，都要借助于发行、销售股票来筹集资金，使资金从供给者手中转入需求者手中，也就是把储蓄转化为投资，从而创造新的实际资产和金融资产，增加社会总资本和生产能力，以促进社会经济的发展，这就是初级市场的作用。

发行市场的特点，一是无固定场所，可以在投资银行、信托投资公司和证券公司等处发生，也可以在市场上公开出售新股票；二是没有统一的发生时间，由股票发行者根据自己的需要和市场行情走向自行决定何时发行。

发行市场由三个主体因素相互连结而成。这三者就是股票发行者、股票承销商和股票投资者。发行者的股票发行规模和投资者的实际投资能力，决定着发行市场的股票容量和发达程度；同时，为了确保发生事务的顺利进行，使发生者和投资者都能顺畅地实现自己的目的，承购和包销股票的中介发行市场，代发行者发行股票，并向发行者收取手续费用。这样，发行市场就以承销商为中心，一手联系发行者，一手联系投资者，积极开展股票发行活动。

一、股票发行方式

股票发行的方式主要有两种：一种是自行销售，称为自销；另一种是委托他人代为销售，称为承销。

1. 自销方式

自销方式是指发行公司直接将股票推销给认购者，而排除银行、证券公司等中介机构的参与。自销方式的最大问题是，发行公司无法了解股票发行是否能按预定的那样进行，且发行风险全部由自己承担。同时，由于发行公司需要由自己制作规定发行申请书、招股说明书等有关文件，并开展征募活动，征收认缴款，所以负担相当重。

2. 承销方式

承销方式是指发行公司借助于专门的证券发行中介机构销售股票，而不是直接向投资者销售股票。一般情况下，公开发行以承销为主。承销是发行人将证券销售业务委托给专门的证券经营机构（承销商）销售。按照发行风险的承担、所筹资金的划拨以及手续费的高低等因素划分，承销方式有包销和代销两种。

（1）包销。包销是指证券承销商将发行人的证券按照协议全部购入，或者在承销期结束时将未售出的证券全部自行购入的承销方式。包销可分为全额包销和余额包销两种。全额包销是指由承销商先全额购买发行人本次发行的证券，再向投资者发售，由承销商承担全部风险的承销方式。余额包销是指承销商按照规定的发行额和发行条件，在约定的期限内向投资者发售证券，到销售截止日，如投资者实际认购总额低于预定发行总额，未售出的证券由承销商负责认购，并按约定时间向发行人支付全部证券款项的承销方式。

（2）代销。代销是指承销商代理发行人发售证券，在承销期结束时，将未售出的证券全部退还给发行人的承销方式。代销的特点是：

①发行人与承销商之间建立的是一种委托代理关系。代销过程中，未售出证券的所有权属于发行人，承销商仅是受委托办理证券销售事务。

②承销商作为发行人的推销者，不垫资金，对不能售出的证券不负任何责任，证券发行的风险基本上是由发行人自己承担。

③由于承销商不承担主要风险，相对包销而言，所得手续费也少一些。

二、股票发行价格

股票发行价格是指股票发行时所确定的价格，也是投资者认购股票时所支付的价格。它与股票面额可以是一致的，也可以是不一致的，通常由发行公司根据股票面额、市场行情以及其他有关因素决定。

1. 股票发行价格的种类

（1）平价发行。平价发行亦称面额发行或等价发行，是指股份公司在发行股票筹措资本时，直接以每股的票面金额作为发行价格。这种发行价格对发行公司而言，其所得资本与公司股本是一致的。采用平价发行的优点是股票发行时价格不受市场波动的影响，发行费用较低，股票容易销售，发行公司能够稳妥地筹集到资金。平价发行的缺点主要是缺乏市场弹性，不能针对市场的股票价格波动水平，及时、合理地确定股票发行价格，从而使那些资信高、经营业绩好、股票容易销售的发行公司，无法以自身优势获得发行的溢价收益。平价发行一般在股票的初次发行或在股东内部分摊增资的情况下采用。

（2）溢价发行。溢价发行是指股份公司在发行股票时以高于股票面额的价格发行。溢价发行是一种对发行公司十分有利的发行形式。它能够让发行公司在发行股票的过程中获得一笔创业利润，使所筹资本高于公司股本。许多国家新上市的股票一般都是采用溢价发行的形式，发行公司所获得的溢价收入列入资本公积金。

（3）折价发行。折价发行是指股份公司在发行股票时，按照股票面额一定的折扣作为发行价格。这种发行价格对发行公司来说，所得到的只是打过折扣的资本，所得资本低于公司股本。在实践中，折价发行的价格形式很少被采用，许多国家都在法律上明确规定不得采用这种方法。

2. 确定股票发行价格的方法

（1）市盈率法。市盈率法是参照拟发新股的所在行业平均市盈率，结合拟发新股的收益、净资产、成长性、发行数量、市场状况以及可比上市公司的二级市场表现来确定。按照给定的市盈率乘以公司的每股收益就得到发行价格。通常有两种方法计算每股净利润，一种是完全摊薄法，另一种是加权平均法。

（2）议价法。议价法是指股票发行人直接与股票承销商议定承销价格和公开发行价格。公开发行价格是公众购买股票时应支付的价格，承销价格是承销商支付给发行公司的价格。承销价格和公开发行价格的差额即为承销商的报酬。此项报酬的高低取决于承销商之间竞争的激烈程度。

（3）竞价法。竞价法是指股票发行人将其股票发行计划和招标文件向社会公众或股票承销商公告，投资者或股票承销商根据各自拟定的标书，以投标方式相互竞争股票承销业务，中标标书中的价格就是股票的发行价格。

（4）净资产倍率法。净资产倍率法又称资产净值法，是指通过资产评估和相关会计手段，确定发行公司拟募股资产的每股净资产值，然后根据证券市场的状况将每股净资产值乘以一定的倍率，以此确定股票发行价格的方法。

（5）询价制。询价制是指主承销商先确定新股发行的价格区间，然后召开路演推介会，根据对发行股票的需求量和需求价格信息对发行价反复修正，并最终确定发行价格的过程。询价制是一种市场化的定价机制，我国在2005年1月1日试行首次公开发行股票询价制度。按照中国证监会的规定，首次公开发行股票的公司及其保荐机构应通过向询价对象询价的方式确定股票发行价格，这标志着我国公开发行股票市场化定价机制的建立。

三、股票发行程序

股份有限公司在设立时发行股票与增资发行新股程序上有所不同，下面分别加以说明。

1. 设立时发行股票的程序

（1）提出募集股份申请。股份有限公司的设立必须经过有关部门批准。股份有限公司向社会公开发行募集股份的，还须向证券监督管理机构递交募股申请并经核准。

（2）公告招股说明书，制作认股书，签订承销协议和代收股协议。募股申请获得核准后，发起人应在规定期限内向社会公告招股说明书。发起人在公告招股说明书的同时，还要制作认股书。

（3）招认股份，缴纳股款。发起人或承销机构通常以广告或书面通知的方式招募股份。认购人认股时，需填写认股书。认购人填写了认股书，便承担了按认股书的约定缴纳股款的义务。

（4）召开创立大会，选举董事会、监事会。募足股款后，发起人应在规定的期限内主持召开创立大会。创立大会由认股人组成，应有代表股份半数以上的认股人出席方可举行。

（5）办理设立登记，交割股票。经创立大会选举产生的董事会，应在规定的期限内办理公司设立的登记事项。

2. 增资发行新股的程序

（1）股东大会做出发行新股的决议。决议包括：新股种类及数额，新股发行的价格，新股发行的起止日期，向原有股东发行新股的种类及数额。

（2）由董事会向有关部门申请并经批准。属于向社会公开募集的，须经证券监督管理部门核准。

（3）公司经核准向社会公开发行新股时，必须公告新股招股说明书和财务会计报表及附属明细表，并制作认股书。公司向社会公开发行新股，应当由依法设立的证券经营机构承销，签订承销合同。若公司发行新股不采用向社会公开募集的方式，可向特定新股认购人发出认购公告或通知。

（4）招认股份，缴纳股款。

（5）改组董事会、监事会，办理变更登记并向社会公告。

【重要信息延伸阅读】

掘金图：紧扣大金融与地方国企改革（2）

2015 年 05 月 01 日 08：06　采编：东方财富网

工信部发布《军民融合深度发展 2015 专项行动实施方案》，军民融合上升为国家战略，军工信息化、新式武器列装、定价机制改革。

中航工业集团在金融领域的动作、“一带一路”概念的中国卫星、军民融合相关方案的发布，以及近期媒体报道的国有企业重组整合新闻，都将提升军工板块的投资价值。我们认为军工板块的投资逻辑仍将围绕军队武器装备升级和信息化、军工企业改革、军工专项以及民参军等主题。围绕投资逻辑，预期未来抗战胜利 70 周年阅兵、千亿级的发动机专项，北斗新一代卫星发射、军工企业改革及科研院所改制、民参军融合相关政策的出台等有望成为军工板块的催化剂，加速企业发展并增强业绩弹性，提升军工板块的投资价值。

“一带一路”通信战略布局助力中国卫星走出去。强烈推荐卫星制造唯一标的——中国卫星（600118）。近期有媒体报道，已经有相关部门和企业对“一带一路”的卫星覆盖问题进行规划，希望把计划发射的新卫星覆盖“一带一路”，保障一带一路卫星通信安全。此外，全球对卫星发射需求呈现强劲的上涨趋势，中国卫星 2014 年卫星发射创新高。根据测算，未来 5 年全球卫星发射继续保持高速增长态势。我国首颗新一代北斗导航卫星发射，标志着新一代北斗卫星发射开始。长期投资看好卫星制造。强烈推荐中国卫星，作为卫星研制的唯一上市公司，拥有较高的市场壁垒。公司是航天五院的唯一上市平台，有着军工改制和资产注入的预期。

“发动机”预期有望落地。2015 年政府工作报告提出要实施航空发动机、燃气轮机等重大项目。以往政府工作报告提出的重点工程，后续都有相关政策落实。4 月中航动力公告与其他 7 家单位共同投资发起设立中航精密铸造科技有限公司，突破制约我国航空发动机产业发展瓶颈的精密铸造技术，至此国内发动机业务覆盖全产业链。国外发动机是独立发展的，因此，我们预期发动机产业有望进行改革，与飞机制造业进行分离，独立专注发动机制造业。我们预计千亿级的发动机专项也有望在发动机相关企业改革后落地。强烈推荐：中航动力，中航工业集团的发动机整机平台，集成了我国绝大部分航空发动机整机装置；中航动控，国内唯一的航空发动机控制企业；成发科技，实力雄厚的发动机重要零部件生产厂商。

第二节　股票流通市场

一、股票流通市场

股票流通市场是投资者买卖已经发行股票的场所。这一市场为股票提供了流动性，即变现的可能。目前，股票的流通市场可分为有组织的证券交易所和场外市场（即新兴的第三市场和第四市场）。

（1）证券交易所是由证券管理部门批准的，为证券的集中交易提供固定场所和有关设施，并制定各项规则以形成公正合理的价格和有条不紊秩序的正式组织。

证券交易所作为进行证券交易的场所，本身并不持有证券，也不进行证券的买卖，主要作用是为交易双方成交创造或提供条件，并对双方的交易行为进行监督。

（2）场外市场是相对于证券交易所而言的，广义而言，凡是在证券交易所以外进行的证券交易都可称为场外交易。由于这种交易最早是在各证券商的柜台上进行的，因此也称柜台交易（OTC）。

与证券交易所交易相比，场外市场没有固定的交易场所，其交易是由自营商来组织。其价格是通过买卖双方协议达成的。一般是由证券自营商挂出各种证券的买入和卖出价，卖者和买者以此价与自营商进行交易。

场外交易市场不像证券交易所有较高的上市条件，而且管制少，灵活方便，因而成为中小企业和具有发展潜质的公司证券流通的主要场所。

（3）第三市场是指原来在证券交易所上市的证券在场外交易所形成的市场。

第三市场最早出现在20世纪60年代的美国。在美国，长期以来，证券交易所都实行固定佣金制，而且对于大宗交易也没有折扣佣金，导致买卖大宗上市证券的机构投资者和个人投资者通过场外市场交易上市证券以降低其交易费用。但在1975年，美国的证券交易委员会宣布取消固定佣金制，由交易所会员自行决定佣金，从而使第三市场的吸引力降低了。

（4）第四市场是指大机构投资者不经过经纪人或自营商，彼此之间利用电脑网络直接进行的大宗证券交易所形成的市场。

这种交易方式最大限度地降低了交易费用，它的存在和发展一方面对证券交易所和场外市场产生了巨大的竞争压力，另一方面也给证券市场的监督带来了更大的难度。

二、证券交易所的特征与职能

1. 证券交易所的特征

证券交易所接受和办理符合有关法令规定的证券上市买卖，投资者则通过证券商在证券交易所进行证券买卖。证券交易所的产生与发展，促进了证券交易公开、公正、公平地进行。

证券交易所不仅是买卖双方公开交易的场所，而且为投资者提供多种服务。交易所随时向投资者提供关于在交易所挂牌上市的证券交易情况，如成交价格和数量等；提供发行证券企业公布的财务情况，供投资者参考。交易所制定各种规则，对参加交易的经纪人和自营商进行严格管理，对证券交易活动进行监督，防止操纵市场、内幕交易、欺诈客户等违法犯罪行为的发生。交易所还要不断完善各种制度和设施。以保证正常交易活动持续、高效地进行。一般来说，交易所具有如下特征。

（1）公平性。证券交易所本身既不持有证券，也不参与证券买卖，更不能决定证券价格。在证券交易过程中，买卖双方一般都不直接参与交易，主要是通过证券交易所的经纪人代理买卖，或者成为交易所的会员，才能进入交易所进行自营或代客买卖证券。证券价格是由经纪人根据委托人限定的价格范围通过激烈竞争而形成的，证券交易所只为买卖双方创造成交条件，提供服务，并对双方进行监督。或者说，证券交易所为证券买卖双方提供一个公平地进行交易的有效率的市场，以保证交易合理，资金和证券的转移及时、准确。

（2）公开性。为便于投资者做出投资选择和证券持有者对证券转移做出决定，以及为交易者随时掌握证券行情，证券交易所对证券发行者的信息披露做出了一定的要求，即要求他们进行初始信息披露和持续信息披露。所谓初始信息披露，是指证券交易所要求所有申请上市的发行者必须真实公布其经营情况和财务状况，并符合上市标准才允许在交易所内挂牌，进行公开买卖。持续信息披露，指证券交易所要求已经上市的公司必须继续提供公司的经营信息，交易所对公司所披露的信息的充分性和及时性都做出了一定的规定。

定期与不定期的信息披露也是信息披露的一个重要方面。证券交易所会经常公布各种证券行情状况的统计表，即时传送证券行情，提供公开的信息。在交易所市场中，除了交易所定期与不定期进行信息披露之外，证券交易所还要求上市公司定期与不定期地进行信息披露。定期信息披露是指上市公司必须定期发布年报、半年报和季报，公布公司的经营信息。不定期的信息披露是指上市公司在发布年报、半年报和季报之外，还不定期地向市场公布一些突发事件。因此，证券交易所市场是买卖完全公开的市场。

（3）组织性。证券交易所必须按照有关法令，经政府特许才能成立。它有严密的组织性，有专门的立法和规章制度及运行程序，并对证券上市的审批、进场交易的人员、成交单位、成交金额和成交后的结算等都有严格的规定。此外，对交易所内部人员利用内部情报进行非法交易、操纵价格、垄断、欺诈等行为，也制定有严厉的措施予以制裁。

2. 证券交易所的职能

证券交易所应当创造公开、公平的市场环境，提供便利条件，以保证证券交易的正常进行。交易所市场是证券流通市场的最重要的组成部分，也是交易所会员、证券自营商或证券经纪人在证券市场内集中买卖上市证券的场所，是二级市场的主体。具体来说，它具有固定的交易场所和固定的交易时间。接受和办理符合有关法律规定的证券上市买卖，使原证券持有人和投资者有机会在市场上通过经纪人进行自由买卖、成交、结算和交割。证券公司也是二级市场上重要的金融中介机构之一，其最重要的职能是为投资者买卖股票等证券，并提供为客户保存证券、为客户融资融券、提供证券投资信息等业务服务。

根据我国证券委发布的《证券交易所管理暂行办法》的规定，我国证券交易所的职能有以下 8 点。

（1）提供证券交易的场所和设施。

（2）制定证券交易所的业务规则。

（3）审核批准证券的上市申请。

（4）组织、监督证券交易活动。

（5）根据《股票发行与交易管理暂行条例》及证券交易所业务规则的有关规定对公司进行监督。

（6）依照证券交易所章程、业务规则的规定对会员的证券交易活动进行监督。

（7）提供和管理证券交易所的证券市场信息。

（8）证券委许可的其他职能。

三、证券交易所的组织管理形式

1. 证券交易所的组织形式

证券交易所是证券交易集中性的高度组织化的中心市场。证券交易所采取什么组织形式，各个国家是不同的，从世界各国证券交易所创建以来的历史和演进过程来看，证券交易所有两种组织形式。

（1）公司制证券交易所。

公司制证券交易所是由股东出资组成的、以盈利为目的的股份有限公司。交易所的股东可以是银行、证券公司、投资信托机构及各类其他公司。交易所的股东不一定参加证券交易所的证券交易。

公司制证券交易所的特点：

①公司制证券交易所是以盈利为目的的公司法人，是独立的经济实体。交易所本身不参加证券交易，只是为证券商提供集中交易证券的场所、设施和服务，保证证券交易的顺利进行。

②只有经注册的证券商才能进入证券交易大厅直接参加证券买卖。证券商要与证券交易所签订合同，并交纳营业保证金。

③公司制证券交易所的最高权力机构是股东大会。股东大会的常设机构是董事会，董事会是交易所的最高决策机关，它由股东大会选举产生。董事会聘请总经理和副总经理负责交易所的日常管理。此外，还设立监事会，负责监督董事和经理。监事会也由股东大会选举产生。

④公司制证券交易所有权向证券发行公司收取证券上市费，并向证券商收取成交费等其他费用。

（2）会员制证券交易所。

会员制证券交易所是一个由会员自愿出资共同组成的、不以盈利为目的的社团法人。目前，世界上许多著名的证券交易所都采取会员制证券交易所形式。

会员制证券交易所的特点：

①会员制证券交易所是不以盈利为目的的社团法人。

②会员制证券交易所由会员组成，会员主要由经纪人会员、自营商会员和专业股票商会员组成。只有会员才能进入证券交易大厅直接参加证券交易活动。

③会员制证券交易所的最高权力机关是会员大会。会员大会的常设机构是理事会，它是交易所日常活动的最高决策机关，由会员大会选举产生。大部分理事是从会员中选举产生的，也有极少部分理事是从非会员中选举产生的。

④会员需缴纳会费，但收取费用较低。

⑤会员制证券交易所强调自律性原则的管理方式。所谓自律性，是指证券交易所以自行确定规则的方式实现对证券交易所的管理，政府和立法机关多不加干预。

根据2005年修订后的《中华人民共和国证券法》的规定，我国证券交易所是为证券集中交易提供场所和设施、组织和监督证券交易、实行自律管理的法人。进入证券交易所参与集中交易的，必须是证券交易所的会员。证券交易所的财产积累归会员所有，其权益由会员共同享有，在其存续期间不得将其财产积累分配给会员。证券交易所的设立和解散，由国务院决定。

2. 证券交易所的组织管理

作为一个重要的证券交易市场组织形式，证券交易所在组织管理方面也具备其他交易市场所具有的特征。

（1）证券交易所的管理机构。

证券交易所是由交易所的股东或会员大会选出一个权力机构进行管理，权力机构下设若干个职能部门处理日常事务。但是，由于各国情况不同，证券交易所的组织形式又有股份制和会员制的区别，各国和地区证券交易所的管理机构的设置和名称也不一样。如有的是股东大会选出董事会管理，有的是会员大会选出理事会为权力机构进行管理。证券交易所的权力机构，瑞士和香港叫证券交易所委员会，英国和荷兰称理事会，美国的纽约证券交易所的权力机构是董事会。虽名称有别但其职能相同，机构也大同小异。以会员制为例，证券交易所的内部组织结构是：①会员大会，主要任务是选举理事会，提出经营管理方针。凡经批准并在交易所登记的会员都可参加会员大会；②理事会，其主要职责是制定经营管理方针、任命或解聘经理、审核会员资格、审定财务报告、处理交易纠纷等；③总经理，是负责组织、指挥、协调交易所的一切日常业务的最高层管理者；④交易所服务部；⑤证券上市部；⑥投资者情报服务部；⑦监事室或稽核室等。

荷兰的阿姆斯特丹证券交易所理事会，下面直接设立日常业务执行委员会、内务委员会、准许证券开拍委员会、开价委员会及仲裁委员会等5个职能部门。

（2）证券交易所的时间组织和空间环境设置。

证券交易所作为有价证券常设的有组织的中心交易市场，是繁忙、喧嚣而有序的。为使交易迅速而有序进行，它有严格的时间组织和科学完备的空间设置及设备。

从证券交易所的时间组织上看，开市和闭市也很严格。交易所一般开市叫开盘，闭市叫收盘。每天第一笔交易称开盘（开市），最后一笔交易称收盘（闭市），一天两盘，早市和晚市（也有叫前市和后市）。例如，东京证券交易所假日一般休业，平常每天开两盘交易，上午盘称早市，是9点至13点，下午盘称晚市，从13点至15点；星期六只开上午盘，每月的第三个星期六全天休市。上海证券交易所每周一至周五开市，每日分前、后市，上午9点30分至11点30分为前市，13点至15点为后市，法定假日不开市。证券交易所如遇特殊情况可以关市暂停营业，如1987年10月19日的“黑色星期一”，世界股市价格狂跌，一片惊恐，香港证券交易所为防止狂跌风潮袭击的危害，决定关市3天以避风险和灾难。

在空间环境组织和设备上，一般有宽敞的交易大厅，厅内设有许多组交易柜台，有的按行业、产业分类设专项股票、债券交易柜台。日本东京证券交易所有14个分类交易柜台，纽约证券交易所有19个交易柜台。此外，还设有经纪人席、监理交易席、清理交易席等。交易大厅四周上空是完备灵通的电视电传网络系统，能及时地把场内交易情报传出和把外面的信息传入。总之，证券交易所是一个空间组织设置得非常科学、紧凑、严密，设备齐全完备、效率很高的证券交易的中心市场。

（3）证券交易所的权力。

证券交易所不同于一般企业，不能随意集资成立。各国的证券交易所都是按照法律规定并经过政府严格审查、获准后建立起来的。交易所在营业中，依照交易所法的规定，有如下的权力。

①对交易过程进行监督，并有对交易中的违约行为的经纪人进行处分的权力。处罚的办法主要是纠正犯规违约行为并处以罚款。严重违约者将被处以停业整顿和“市场禁止进入”。

②有仲裁、调解权。在交易过程中，经纪人之间、经纪人与委托人之间发生争议时，对不需去法庭的争议，交易所仲裁会可以进行调解、仲裁。经仲裁后，交易双方不得再有争议，理屈一方应缴仲裁费。若双方各执一词，仲裁费共同负担。

③制订和执行交易规则和制度。为保障交易所依法有秩序地交易，证券交易所必须制定交易细则并严格执行。如果发生不当的交易行为，将给予惩罚，如中止会员资格、限制进入市场、停止交易、罚金、除名、停职等。

（4）证券交易所的管理原则。

证券交易所在进行有效的管理中，一般坚持下列原则：

①完全公开原则。即向投资者提供发行证券的公司的全面、正确的资料，如公司的资本结构、资金运用、资产负债、损益、财产目录、成本、开支等，以利投资者的决策选择。

②信用原则。为防止欺诈、垄断、操纵及其他违法行为发生，交易双方和交易所本身接受政府的监督和管理。

③场内交易原则。即交易所会员必须在交易所内，进行上市证券集合竞价交易。

四、股票上市及其原则

股份公司发行的股票，在经有关部门批准后，就可以在股票市场（证券交易所）公开挂牌进行上市交易活动。股票要上市交易必须具备一定的条件，并按一定的原则和程序进行操作与运转。

1. 股票上市的原则

在股票交易中，为了有效保护投资者的利益，不损害公共利益，股票在上市过程中一般要遵循以下几个原则。

（1）公开性原则。公开性原则是股票上市时应遵循的基本原则。它要求股票必须公开发行，而且上市公司需连续、及时地公开公司的财务报表、经营状况及其他相关的资料与信息，使投资者能够获得足够的信息进行分析和选择，以维护投资者的利益。

（2）公正性原则。指参与证券交易活动的每一个人、每一个机构或部门，均需站在公正、客观的立场上反映情况，不得有隐瞒、欺诈或弄虚作假等致他人误解的行为。

（3）公平性原则。指股票上市交易中的各方，包括各证券商、经纪人和投资者，在买卖交易活动中的条件和机会应该是均等的。

（4）自愿性原则。指在股票交易的各种形式中，必须以自愿为前提，不能硬性摊派、横加阻拦，也不能附加任何条件。

2. 股票上市的条件

各证券交易所规定的股票上市条件各不相同，但都包括以下项目：

（1）资本额。一般规定上市公司的实收资本额不得低于某一数值。

（2）获利能力。一般用税后净收益占资本总额的比率来反映获利能力，这一比率一般不得低于某一数值。

（3）资本结构。一般用最近一年的财产净值占资产总额的比率来反映资本结构，这一比率一般不得低于某一数值。

（4）偿债能力。一般用最近一年的流动资产占流动负债的比率（即流动比率）来反映偿债能力，这一比率一般不得低于某一数值。

（5）股权分散情况。一般规定上市公司的股东人数不得低于某一数值。

【重要信息阅读】

证监会：让中小投资者在资本市场享有更加公平的权利

2015 年 05 月 24 日 18：36 来源：新华网 记者：赵晓辉

中国证监会日前启动“公平在身边”投资者保护专项活动。此项活动的意义何在？中小投资者将如何从中受益？证监会投资者保护局副局长赵敏近日就此接受记者采访。

资本市场涉及上亿投资者、数千家市场经营主体，是一个利益多元、诉求多元的市场，公平尤为重要。“能否让资本市场成为广大投资者看得懂的市场、受公平保护的市场，成为市场经营主体有效竞争、迸发活力的市场，成为合理配置资源、汇聚强大正能量的市场，将直接影响所有市场参与者对市场的信心，从而影响着资本市场的健康发展。”赵敏说。

回顾资本市场二十多年的发展历程，我国在建设公平的市场环境方面取得了积极成效，但规则设计还不够合理、信息公开还不够对称、教育服务不够平等、行权维权不够顺畅、赔偿救济尚不够有效等市场不公平问题依然存在。

赵敏说，要通过“公平在身边”投资者保护专项活动，让投资者特别是中小投资者公平享有信息知情权，公平参与决策和管理，公平获得投资收益，在合法权利受到侵害时公平获取救济和补偿。

根据专项活动安排，证监会 12386 热线已于 5 月 15 日实现了全国直拨，免除投资者长途话费，降低投诉成本。赵敏透露，在此基础上，证监会将进一步优化投诉处理机制，健全投诉回访制度，提高投资者满意度。在热线开设调解和法律援助窗口，拓展热线服务功能。对存在蓄意欺瞒、拖沓敷衍等情形的被投诉对象，将依法采取监管措施。鼓励市场经营主体对投诉处理情况开展自主评价，并向市场发布。

赵敏介绍说，在纠纷协调方面，证监会将推动建立全国性证券期货纠纷调解组织，继续发挥行业协会和地方性调解组织的作用，形成纠纷调解工作多元发展局面。以申请便捷、程序简化、专业权威、实施有效为目标，研究有利于中小投资者利益保护的特殊的纠纷调解机制。采用远程调解方式，方便投资者参与。协同各方力量，提升证券期货市场调解工作的权威性和公信力。

在持股行权试点方面，证监会将通过专门机构持股行权，发挥示范效应，强化中小投资者权利意识，引导和支持其依法行权维权，督促上市公司完善治理，公平对待所有股东。积极探索通过智能终端、移动互联网等工具，提供便利投资者行权服务。

为了更加便利投资者，证监会还将建设中国投资者网站，形成全方位、多功能的投资者服务平台。建设好投资者自己的网站，为广大投资者提供知识普及、一站式查询、监测调查等基本功能，以及网上调解、行权和法律支持等全新服务平台。同时探索运用移动互联网、云计算、大数据等新技术，构建投资者信息数据库，提供便利投资者的信息服务。

赵敏还透露，专项活动将建设实体和虚拟的投资者教育基地，发挥知识普及、培训宣传、投资服务等功能。以基地建设促进开发推广有影响力的投教产品，带动投资者教育纳入国民教育体系。鼓励各市场主体主动开展投资者教育服务工作，便利投资者获得更加公平的教育服务。

此外，专项活动中还将开展投资者保护状况评估评价工作，分类发布评估评价报告。研究建立科学的评估评价体系，发布反映投资者保护水平和状况的评估评价报告，提供权威信息，让投资者和社会各方真实了解投资者权益保护状况，并通过评估评价发现工作中存在的问题和不足，督促相关各方改进工作，提升投资者保护水平。

“专项活动是一项系统工程，需要全行业、全市场和全社会共同努力。希望社会各方都能关注投资者保护，在全社会形成有效保护投资者合法权益的良好局面。”赵敏说。

第三节　股票衍生品市场

一、股票期货市场

股票期货是指以单只股票作为标准的期货，属于股票衍生品的一种。在股票衍生品中，股票指数期货与期权诞生于20世纪80年代初；而股票期货则是20世纪80年代后期才开始出现，至今成交量不大，市场影响力较小。但进入21世纪后，股票期货作为一个相对较新的产品越来越受到人们的关注。

期货的英文为Futures，是由“未来”一词演化而来，其含义是：交易双方不必在买卖发生的初期就交收实货，而是共同约定在未来的某一时候交收实货，因此中国人就称其为“期货”。

最初的期货交易是从现货远期交易发展而来。最早的现货远期交易是双方口头承诺在某一时间交收一定数量的商品，后来随着交易范围的扩大，口头承诺逐渐被买卖契约代替。这种契约行为日益复杂化，需要有中间人担保，以便监督买卖双方按期交货和付款，于是便出现了1570年伦敦开设的世界第一家商品远期合同交易所——皇家交易所。为了适应商品经济的不断发展，1985年芝加哥谷物交易所推出了一种被称为“期货合约”的标准化协议，取代原先沿用的远期合同。使用这种标准化合约，允许合约转手买卖，并逐步完善了保证金制度，于是一种专门买卖标准化合约的期货市场形成了，期货成为投资者的一种投资理财工具。

1. 股票期货交易的特点

（1）高效率。相对于股票现货，交易股票期货可以减少所需的资金，有可能提高回报率；股票期货进行卖空时可以避免现货股票借空带来的成本和管理负担，可以利用股票下跌赢利；股票期货可以使投资者迅速改变组合而不必对持有的股票现货头寸进行调整；可以从股票之间的相对表现来获利，也可以从个股相对于大盘走势差异来获利。

（2）低成本。投资者不需要支付全部款项，经纪公司只要求存一笔保证金，如LIFFE 的 USF 一般为股票价值的 7%～15%，杠杆效应明显；交易成本比交易实际股票成本低。税收优惠，如英国交易股票需要缴纳印花税，而交易股票期货不需缴纳印花税。

（3）便利性。如 LIFFE 的 USF 可以使投资者在一个交易平台上交易许多以世界知名公司股票为标的的期货合约，而如果交易股票现货则要在许多国家的证券交易所进行。

2. 股票期货与股票的区别

期货的特点是以小博大、买空卖空、双向赚钱，风险很大，因此我国对期货交易的开放十分慎重。期货的炒作方式与股市十分相似，但又有十分明显的区别。

（1）以小搏大。股票是全额交易，即有多少钱只能买多少股票，而期货是保证金制，即只需缴纳成交额的 5% 至 10%，就可进行 100% 的交易。比如投资者有一万元，买 10 元一股的股票能买 1 000 股，而投资期货就可以成交 10 万元的商品期货合约，这就是以小搏大。

（2）双向交易。股票是单向交易，只能先买股票，才能卖出；而期货既可以先买进也可以先卖出，这就是双向交易。

（3）时间制约。股票交易无时间限制，如果被套可以长期平仓，而期货必须到期交割，否则交易所将强行平仓或以实物交割。

（4）盈亏实际。股票投资回报有两部分，其一是市场差价，其二是分红派息，而期货投资的盈亏在市场交易中就是实际盈亏。

（5）风险巨大。期货由于实行保证金制、追加保证金制和到期强行平仓的限制，从而使其更具有高报酬、高风险的特点，在某种意义上讲，期货可以使你一夜暴富，也可能使你顷刻间一贫如洗，投资者要慎重投资。

（6）信息披露。期货信息主要是关于产量、消费量、主产地的天气等报告，专业报纸都有报告，透明度很高。股票最主要的是财务报表，而作假的上市公司达 60% 以上。

（7）标的物。期货合约所对应的是固定的商品如铜、大豆等（股指期货的标的物是股票价格指数）。股票是有价证券。

3. 期货交易所

期货交易所是买卖期货合约的场所，是期货市场的核心。它是一种非营利机构，但是它的非营利性仅指交易所本身不进行交易活动，不以营利为目的不等于不讲利益核算。在这个意义上，交易所还是一个财务独立的营利组织，它在为交易者提供一个公开、公平、公正的交易场所和有效监督服务的基础上实现合理的经济利益，包括会员会费收入、交易手续费收入、信息服务收入及其他收入。它所制定的一套制度规则为整个期货市场提供了一种自我管理机制，使得期货交易的“公开、公平、公正”

原则得以实现。

目前，中国国内拥有四家期货交易所，分别是：大连商品交易所、上海期货交易所、郑州商品交易所和中国金融期货交易所，主要交易品种有大豆、豆粕、豆油、棕榈油、玉米、塑料、铜、铝、锌、天然橡胶、燃料油、小麦、白糖、棉花、PTA、菜籽油等。

二、股票期权市场

股票期权指买方在交付了期权费后即取得在合约规定的到期日或到期日以前按协议价买入或卖出一定数量相关股票的权利。是对员工进行激励的众多方法之一，属于长期激励的范畴。

股票期权作为企业管理中一种激励手段，源于20世纪50年代的美国，20世纪七八十年代走向成熟，为西方大多数公众企业所采用。中国的股票期权计划始于20世纪末，曾出现了上海仪电模式、武汉模式及贝岭模式等多种版本，但都是处于政策不规范前提下的摸索阶段，直到2005年12月31日，中国证监会颁布了《上市公司股权激励管理办法（试行）》，我国的股权激励特别是实施股票期权计划的税收制度和会计制度才有章可循，有力地推动了我国股票期权计划的发展。

1. 股票期权的作用

从股票投资者的角度来说，股票期权的作用在于：

（1）可以为投资者开拓投资渠道，扩大投资的选择范围，适应了投资者多样性的投资动机、交易动机和利益的需求，一般来说能为投资者提供获得较高收益的可能性。

（2）可以增强投资的流动性和灵活性，有利于投资者股本的转让出售交易活动，使投资者随时可以将股票出售变现，收回投资资金。股票市场的形成、完善和发展为股票投资的流动性和灵活性提供了有利的条件。

目前我国尚未开放期权，也没有实体的期权交易所。但是老百姓可以通过两种渠道进行期权投资。一是银行渠道，银行里可以买卖期权。很多银行都有期权交易。二是国外渠道，可以通过国外一些期权交易平台来进行期权交易。

中国证监会2015年1月9日宣布，作为股票期权的首个试点品种，上证50ETF期权将于2月9日在上海证券交易所上市交易。这意味着起步24年后，中国内地股市迎来了“期权时代”。

2. 股票期权的特征

（1）同普通的期权一样，股票期权也是一种权利，而不是义务，经营者可以根据情况决定购不购买公司的股票。

（2）这种权利是公司无偿赠送给它的经营者的，也就是说，经营者在受聘期内按协议获得这一权利，而一种权利本身也就意味着一种“内在价值”，期权的内在价值表现为它的“期权价”。

虽然股票期权和权利是公司无偿赠送的，但是与这种权利联系的公司股票却不是如此，即股票是要经营者用钱去购买的。

三、股票开放式基金市场

1. 基金市场的概念

基金按照其投资于股票的份额不同分为股票型、债券型和货币型。股票型的多用于投资股票，它的波动性相对大些。

此外，基金又可分为开放式和封闭式。开放式的基金是在存续期内可以接受申购和赎回，即它的总份额不是一成不变的。而封闭式基金的总份额在发行时就固定了，只有有人卖出它时你才可以买进，类同于股票买卖。

开放式基金是指基金发起人在设立基金时，基金单位或者股份总规模不固定，可视投资者的需求，随时向投资者出售基金单位或者股份，并可以应投资者的要求赎回发行在外的基金单位或者股份的一种基金运作方式。投资者既可以通过基金销售机构买基金使得基金资产和规模由此相应增加，也可以将所持有的基金份额卖给基金并收回现金使得基金资产和规模相应减少。

根据投资对象的不同，开放式基金可分为股票基金、债券基金、混合基金、货币市场基金、期货基金、期权基金、认股权证基金等。

股票基金是指以股票为投资对象的投资基金（股票投资比重占60%以上）；债券基金是指以债券为投资对象的投资基金（债券投资比重占80%以上）；混合基金是指股票和债券投资比率介于以上两类基金之间可以灵活调控的投资基金；货币市场基金是指以国库券、大额银行可转让存单、商业票据、公司债券等货币市场短期有价证券为投资对象的投资基金；期货基金是指以各类期货品种为主要投资对象的投资基金；期权基金是指以能分配股利的股票期权为投资对象的投资基金；认股权证基金是指以认股权证为投资对象的投资基金。

另外，根据不同的投资风格，股票基金可以分为成长型、价值型和混合型基金。成长型股票基金是指主要投资于收益增长速度快、未来发展潜力大的成长型股票的基金；价值型股票基金是指主要投资于价值被低估、安全性较高的股票的基金。价值型股票基金风险要低于成长型股票基金，混合型股票基金则介于两者之间。

2. 基金市场的特点

开放式基金，是指基金规模不是固定不变的，而是可以随时根据市场供求情况发行新份额或被投资人赎回的投资基金。

开放式基金不上市交易，它既可以由基金公司直销；也可以由基金公司的代理机构，如商业银行或证券营业部等代销；还可以通过基金公司的网站在网上进行申购和赎回，而且费用还可以优惠；其规模不固定，基金单位可随时向投资者出售，也可应投资者要求买回。开放式基金包括一般开放式基金和特殊的开放式基金。特殊的开放式基金就是LOF，英文全称是“Listed Open - ended Fund”或“Open - end Funds”，汉语称为“上市型开放式基金”。上市型开放式基金发行结束后，投资者既可以在指定网点申购与赎回基金份额，也可以在交易所买卖该基金。

开放式基金的灵活性较大，资金规模伸缩比较容易，所以适用于开放程度较高、规模较大的金融市场。开放式基金一般是到银行或基金管理公司购买。只要到银行去开一个账户即可。

四、股票封闭式基金市场

1. 封闭式基金市场的概念

封闭式基金（Close－end Funds）是指基金的发起人在设立基金时，限定了基金单位的发行总额，筹足总额后，基金即宣告成立，并进行封闭，在一定时期内不再接受新的投资。基金单位的流通采取在证券交易所上市的办法，投资者日后买卖基金单位，都必须通过证券经纪商在二级市场上进行竞价交易。

由于封闭式基金成立之后不能赎回，除了成立之时投资者可以在基金公司指定的单位购买之外，整个封闭期都只能在二级市场上进行交易，直到到期日。

封闭式基金发行结束后，就不能按基金净值买卖，投资者可委托券商（证券公司）在证券交易所按市价（二级市场）买卖。购买封闭式基金，首先要开一个股票账户，然后到二级市场上购买。

2. 封闭式基金市场的特点

封闭式基金有固定的存续期，期间基金规模固定，一般在证券交易场所上市交易，投资者通过二级市场买卖基金单位。封闭式基金就是在一段时间内不允许再接受新的股票以及退出股份，直到新一轮的开放。开放的时候可以决定你提出多少或者再投入多少，新人也可以在这个时候入股。一般开放时间是 1 周，而封闭的时间是 1 年。

3. 开放式基金市场与封闭式基金市场的区别

开放式基金的基金单位的总数不固定，可根据发展要求追加发行，而投资者也可以赎回，赎回价格等于现期净资产价值扣除手续费。由于投资者可以自由地加入或退出这种开放式投资基金，而且对投资者人数也没有限制，所以又将这类基金称为共同基金。大多数的投资基金都属于开放式的。

封闭式基金发行总额有限制，一旦完成发行计划，就不再追加发行。投资者也不可以进行赎回，但基金单位可以在证券交易所或者柜台市场公开转让，其转让价格由市场供求决定。

（1）基金规模的可变性不同。开放式基金发行的基金单位是可赎回的，而且投资者可随时申购基金单位，所以基金的规模不固定；封闭式基金规模是固定不变的。

（2）基金单位的交易价格不同。开放式基金的基金单位的买卖价格是以基金单位对应的资产净值为基础，不会出现折价现象；封闭式基金单位的价格更多地会受到市场供求关系的影响，价格波动较大。

（3）基金单位的买卖途径不同。开放式基金的投资者可随时直接向基金管理公司购买或赎回基金，手续费较低；封闭式基金的买卖类似于股票交易，可在证券市场买卖，需要缴手续费和证券交易税。一般而言，费用高于开放式基金。

（4）投资策略不同。开放式基金必须保留一部分基金，以便应付投资者随时赎回，进行长期投资会受到一定限制；而封闭式基金不可赎回，无须提取准备金，能够充分运用资金，进行长期投资，取得长期经营绩效。

（5）所要求的市场条件不同。开放式基金的灵活性较大，资金规模伸缩比较容易，所以适用于开放程度较高、规模较大的金融市场；而封闭式基金正好相反，适用于金融制度尚不完善、开放程度较低且规模较小的金融市场。

五、股票分级基金市场

1. 股票分级基金市场的概念

分级基金又叫“结构型基金”，是指在一个投资组合下，通过对基金收益或净资产的分解，形成两级风险收益表现有一定差异化基金份额的基金品种。通常分为低风险收益端（约定收益份额）子基金和高风险收益端（杠杆份额）子基金两类份额。通俗的解释就是，A 份额和 B 份额的资产作为一个整体投资，其中持有 B 份额的人每年向 A 份额的持有人支付约定利息，至于支付利息后的总体投资盈亏都由 B 份额承担。

分级型基金分为普通级和优先级。普通级风险相对于优先级风险大，但收益也要大。而优先级的基金可以优先获得红利分配并且有一定的本金保护机制，适合对风险要求较低的投资者，这与股票的优先股和普通股的概念有点相近。

分级股票型基金就是将封闭式基金产品分成优先级份额与普通级份额。

2. 股票分级基金市场的特点

优先级份额的目标投资者是风险收益偏好较低的投资者。而普通级份额则定位于期望通过融资增加其投资资本额，进而获得超额收益，有较高风险收益偏好的投资者。

优先级份额享有优先分配权，分级基金可以为优先级份额提供多种收益分配及本金保护机制。但基金收益分配满足优先级份额收益分配后的大部分将分配给普通级份额。支付给优先级份额的优先收益分配，对于普通级份额而言相当于借贷成本。

普通级份额将在交易所上市交易，优先级份额则可通过场外的其他方式提供进入或退出的安排。

从结果来看，优先级份额的收益现金流将呈现相对稳定、持续的特点，其风险收益特征与低等级债券相似。普通级份额则通过对优先级份额基准收益优先分配权的让渡，获取较高比例的超额收益分配权。

在牛市环境中，普通级份额上市后的交易折价可得到极大的抑制，并极可能出现溢价交易。这是因为分级结构中的普通级份额包含了看涨期权。不过，如果市场看跌，普通级份额也容易出现折价现象。

六、股票可转换债券市场

1. 股票可转换债券市场的概念

可转换债券（Convertible Bond，简称可转债或转债），是一种介于债券和股票之间的可转换融资工具。它可以转换为债券发行公司的股票，通常具有较低的票面利率。从本质上讲，可转换债券是在发行公司债券的基础上，附加了一份期权，并允许购买人在规定的时间范围内将其购买的债券转换成指定公司的股票。

1843 年，美国的 NEW YORK ERIE 公司发行了世界上第一张可转换公司债券，之后，可转换债券独特的金融性质逐渐为投资者们所熟悉并受到了广泛的欢迎。目前，在美国、欧盟、日本和东南亚等国家和地区，可转换债券市场已经成为金融市场中不可或缺的重要组成部分，为这些国家和地区金融市场的繁荣和企业竞争力的提升起到了积极的推动作用。中国的可转换债券市场最初的发展与股票市场基本上是同步的。

2. 股票可转换债券市场的特点

可转换债券具有债权和期权的双重特性。可转换债券兼有债券和股票的特征，具有以下三个特点。

（1）债权性。与其他债券一样，可转换债券也有规定的利率和期限，投资者可以选择持有债券到期，收取本息。

（2）股权性。可转换债券在转换成股票之前是纯粹的债券，但在转换成股票之后，原债券持有人就由债权人变成了公司的股东，可参与企业的经营决策和红利分配，这也在一定程度上会影响公司的股本结构。

（3）可转换性。可转换性是可转换债券的重要标志，债券持有人可以按约定的条件将债券转换成股票。转股权是投资者享有的、一般债券所没有的选择权。可转换债券在发行时就明确约定，债券持有人可按照发行时约定的价格将债券转换成公司的普通股票。如果债券持有人不想转换，则可以继续持有债券，直到偿还期满时收取本金和利息，或者在流通市场出售变现。如果持有人看好发债公司股票的增值潜力，在宽限期之后可以行使转换权，按照预定转换价格将债券转换成为股票，发债公司不得拒绝。正因为具有可转换性，可转换债券利率一般低于普通公司债券利率，企业发行可转换债券可以降低筹资成本。

可转换债券持有人还享有在一定条件下将债券回售给发行人的权利，发行人在一定条件下拥有强制赎回债券的权利。

可转换债券兼有债券和股票双重特点，对企业和投资者都具有吸引力。1996 年我国政府决定选择有条件的公司进行可转换债券的试点，1997 年颁布了《可转换公司债券管理暂行办法》，2001 年 4 月中国证监会发布了《上市公司发行可转换公司债券实施办法》，极大地规范、促进了可转换债券的发展。

可转换债券具有双重选择权的特征。一方面，投资者可自行选择是否转股，并为此承担转债利率较低的机会成本；另一方面，转债发行人拥有是否实施赎回条款的选择权，并为此要支付比没有赎回条款的转换债券更高的利率。双重选择权是可转换公司债券最主要的金融特征，它的存在使投资者和发行人的风险、收益限定在一定的范围以内，并可以利用这一特点对股票进行套期保值，获得更加确定的收益。

七、股票 ETF 和 LOF 市场

1. 概念及特点

（1）股票 ETF 的概念及特点。

ETF 是英文（Exchange Traded Fund）的简称，常被译为“交易所交易基金”，上海证券交易所则称之为“交易型开放式指数基金”，ETF 是一种在交易所上市交易的、基金份额可变的一种基金运作方式。

交易型开放式指数基金属于开放式基金的一种特殊类型，它结合了封闭式基金和开放式基金的运作特点，投资者既可以向基金管理公司申购或赎回基金份额，同时，又可以像封闭式基金一样在二级市场上按市场价格买卖 ETF 份额，不过，申购赎回必须以一揽子股票换取基金份额或者以基金份额换回一揽子股票。由于同时存在证券市场交易和申购赎回机制，投资者可以在 ETF 市场价格与基金单位净值之间存在差价时进行套利交易。套利机制的存在，使得 ETF 避免了封闭式基金普遍存在的折价问题。

根据投资方法的不同，ETF 可以分为指数基金和积极管理型基金，国外绝大多数 ETF 是指数基金。目前国内推出的 ETF 也是指数基金。ETF 指数基金代表一揽子股票的所有权，是指像股票一样在证券交易所交易的指数基金，其交易价格、基金份额净值走势与所跟踪的指数基本一致。因此，投资者买卖一只 ETF，就等同于买卖了它所跟踪的指数，可取得与该指数基本一致的收益。通常采用完全被动式的管理方法，以拟合某一指数为目标，兼具股票和指数基金的特色。

（2）股票 LOF 的概念及特点。

英文全称是“Listed Open - Ended Fund”，汉语称为“上市型开放式基金”。上市型开放式基金发行结束后，投资者既可以在指定网点申购与赎回基金份额，也可以在交易所买卖该基金。如果投资者是在指定网点申购的基金份额，想要上网抛出，须办理一定的转托管手续；同样，如果是在交易所网上买进的基金份额，想要在指定网点赎回，也要办理一定的转托管手续。根据深圳证券交易所已经开通的基金场内申购赎回业务，在场内认购的 LOF 不需办理转托管手续，可直接抛出。

LOF 主要有三个特点。

①上市开放式基金本质上仍是开放式基金，基金份额总额不固定，可以在基金合同约定的时间和场所申购、赎回。

②上市开放式基金发售结合了银行等代销机构与深交所交易网络两者的销售优势。银行等代销机构网点仍沿用现行的营业柜台销售方式，深交所交易系统则采用通行的新股上网定价发行方式。

③上市开放式基金获准在深交所上市交易后，投资者既可以选择在银行等代销机

构按当日收市的基金份额净值申购、赎回基金份额，也可以选择在深交所各会员证券营业部按撮合成交价买卖基金份额。

LOF 兼具封闭式基金交易方便、交易成本较低和开放式基金价格贴近净值的优点，为交易所交易基金在中国现行法规下的变通品种，被称为中国特色的 ETF，其具有与 ETF 相同的特征：一方面可以在交易所交易；另一方面又是开放式基金，持有人可以根据基金净值申购赎回。由于 LOF 不同于普通的基金产品创新，它的推出意味着在交易所开设了新的交易品种，而且对未来的开放式基金都可以效仿，这是对基金交易流通方式的一个重大改变，所以各方都需要非常谨慎，截至 2007 年底，已经有 25 只 LOF 在深圳证券交易所上市交易。

2. 区别

在交易方式上，ETF 与股票完全相同。投资人只要有证券账户，就可以在盘中随时买卖 ETF，交易价格依市价实时变动，相当方便并具有流动性。

ETF 比直接投资股票的好处在于：

（1）和封闭式基金一样没有印花税。

（2）买入 ETF 就相当于买入一个指数投资组合。例如，对于以上证 50 指数为标的的 ETF，其价格走势应会与上证 50 指数走势一致，所以买入上证 50 指数 ETF，就等于买进 50 只绩优的股票，对中小投资人来说可达到分散风险的效果。

（3）在投资组合透明度方面，上证 50 指数由权威机构编制，ETF 对应的标的，上证 50 指数成分相当透明，投资人可直接投资一只 ETF 来取代投资一篮子股票组合。

（4）除了正常的市场交易外，投资人还可以选择对 ETF 进行申购、赎回。

（5）LOF 与 ETF 不同的是，LOF 的申购、赎回都是基金份额与现金的交易，可在代销网点进行；而 ETF 的申购、赎回则是基金份额与一揽子股票的交易，且通过交易所进行。

【重要信息阅读】

祁斌：未来五年是资本市场双向开放的重要窗口期

2015 年 05 月 25 日　来源：《上海证券报》［微博］马婧妤

中国证监会国际合作部主任祁斌昨日在“2015 清华五道口全球金融论坛”上表示，未来五年是中国经济社会发展转型的关键时期，也是资本市场实现高质量双向开放的重要窗口期和成长为世界一流市场的难得机遇期。

他说，资本市场开放立足点应该是服务于经济社会总目标，并制定清晰战略和路径图，“我们目前正在制定这么一个战略和路径图”。

他表示，资本市场创新和开放密不可分，创新是资本市场发展的源泉，开放是资本市场创新的动力。作为后发市场，我国市场的创新往往源于开放和借鉴，而改革、开放又是中国资本市场创新发展的两个驱动轮，改革、开放、创新交替发生。

祁斌说，以沪港通开通为标志，资本市场迎来了一个开放的新时代，其主要特点是从简单引进来变成走出去，从简单对外开放变成双向开放。

但就目前而言，资本市场的开放还存在三方面不足。一是资本进入有很多限制和管制，便利性不足；二是金融服务业开放有很大提高空间，比如有很多合资公司经营不善、本土投行国际化水平不足、服务能力不够等；三是国际认可度不够，例如A股仍未纳入全球指数，与我国市场规模和经济发展总体水平不匹配。

“总体而言，因为开放程度和市场法制化、市场化程度高度相关，所以我国资本市场总体还是处在新兴+转轨阶段，与世界一流市场有一定距离。”

祁斌表示，当前各国资本市场都在加快开放，都在寻求新的增长点。未来中国资本市场开放过程中也要借鉴其他国家的先进经验。

他谈到，我国资本市场的开放是自上而下的，按照总体部署，非常主动。与很多新兴市场国家的开放不同，我国不仅对发达市场开放，还对新兴市场开放，在“一带一路”规划下，很多产能输出和资本输出都可以走向新兴经济体。同时，我国资本市场不仅能引进来，还能走出去，这形成了我国资本市场的独特优势。

祁斌指出，未来五年是中国经济社会发展转型的关键时期，也是资本市场实现高质量双向开放的重要窗口期和成长为世界一流市场的难得机遇期。

“我们目前正在制定这么一个战略和路径图”。祁斌表示，2008年证监会曾出版了《中国资本市场发展报告》，2010年也曾制定了一个愿景或者规划，“我们完全有机会实现规划中的愿景，相信在不断开放、发展的过程中，资本市场也能得到极大繁荣。”

第四节　股票场外交易市场

场外交易市场是指在证券交易所外进行证券买卖的市场，它主要由柜台交易市场、第三市场和第四市场组成。它与交易所共同构成一个完整的证券交易市场体系。

一、场外交易市场简介

场外交易市场实际上是由千万家证券商行组成的抽象的证券买卖市场。在场外交易市场内，每个证券商行大都同时具有经纪人和自营商双重身份，随时与买卖证券的投资者通过直接接触或电话、电报等方式迅速达成交易。作为自营商，证券商具有创造市场的功能。证券商往往根据自身的特点，选择几个交易对象。作为经纪商，证券商替顾客与某证券的交易商行进行交易。在这里，证券商只是顾客的代理人，它不承担任何风险，只收少量的手续费作为补偿。

场外交易市场在证券流通市场的地位，并不是所有国家都一样，场外交易市场在美国比在其他国家都发达。其主要原因是，美国的证券交易委员会对证券在交易所挂牌上市的要求非常高，一般的中小企业无法达到。这样，许多企业的证券不可能甚至不愿意在交易所挂牌流通，它们的证券往往依靠场外交易市场，所以比其他国家的都要发达得多。欧洲国家如英国，则有所不同，其场外交易市场远不如美国场外交易市场那样发达。原因很简单，就是交易所非常发达。在交易所交易的股票不仅包括所有上市的股票，还包括许多非上市的中小企业的股票。总之，场外交易市场具有三个特点：（1）交易品种多，上市不上市的证券都可在此进行交易；（2）场外交易市场是相对的市场，不挂牌，自由协商形成的价格；（3）场外交易市场是抽象的市场，没有固定的场所和时间。

二、场外交易市场的组成

场外交易市场没有固定的场所，其交易主要利用电话进行，交易的证券以不在交易所上市的证券为主，在某些情况下也对在证券交易所上市的证券进行场外交易。

场外交易市场中的证券商兼具证券自营商和代理商的双重身份。作为自营商，可以把自己持有的证券卖给顾客或者买进顾客的证券，赚取买卖价差；作为代理商，又可以客户代理人的身份向别的自营商买进卖出证券。近年来，国外一些场外交易市场发生很大变化，它们大量采用先进的电子化交易技术，使市场覆盖面更加广阔，市场效率有很大提高。这方面以美国的纳斯达克市场为典型代表。国外各种场外交易市场有一个共同特点，就是它们都是在国家法律限定的框架内，由成熟的投资者参与，接受政府管理机构的监管。目前我国的证券市场还处在发展初期，法律不健全，监管力量和监管经验不足，缺乏成熟的理性投资者，应该首先办好证券交易所市场，而不能盲目发展其他非交易所市场，以免引发市场风险。根据场外交易市场交易方式、交易对象和交易主体的不同，场外交易市场可以分为不同的类型。

1. 柜台交易市场

柜台交易市场又称店头市场，它是通过证券公司、证券经纪商的柜台进行证券交易的市场。柜台交易市场是证券流通最早形成的市场。早在股票、债券等有价证券产生之时，就有了柜台交易市场。因此，柜台交易市场比证券交易所的历史悠久得多。

证券交易所产生并迅速发展后，柜台交易市场之所以依然能够存在并进一步发展，其原因有以下两点：

（1）证券交易所的交易容量有限，而且存在严格的上市条件，使许多证券不能进入证券交易所内买卖。但客观上，这些证券需要流动，需要有可以进行买卖的交易场所，这就要求柜台交易市场作为证券交易所的一种补充而存在。

（2）柜台交易市场的交易比较简便、灵活，既没有交易所那样烦琐的上市程序，也不需填写复杂的委托书，而且可以随时在众多的证券交易柜台网点进行证券买卖，这在很大程度上弥补了证券交易所市场的不足，满足了投资者的需要。

随着现代技术的发展，柜台交易市场的交易方式、交易设备、交易程序也在不断改进，其交易效率与证券交易所不相上下。

柜台交易与证券交易所相比，主要有以下特点：①交易对象不同。柜台交易市场主要交易对象是未上市的证券，而证券交易所则以挂牌上市的证券为交易对象。②交易的分散程度不同。柜台交易活动不是由一个或少数几个统一的机构来组织，而是由很多各自独立经营的公司分别进行。因此，这些交易活动分散于各家证券公司，而无一个集中交易的场所。它的证券交易不是在固定的场所和固定的时间内进行，而是主要通过电话成交。③确定交易价格的方式不同。柜台交易市场采用协议价格成交，即参加交易双方的经纪人或自营商，或是客户与自营商之间直接讨价还价，先报价、后还价，协商定价，而股票交易所的证券价格则是公开拍卖的结果。

2．第三市场

第三市场是指在柜台市场上从事已在交易所挂牌上市的证券交易所形成的场外交易市场。第三市场的交易原属于柜台市场范围，近年来由于交易量增大，其地位日益提高，以致许多人都认为它实际上已变成独立的市场。第三市场产生于20世纪60年代的美国，它主要是为适应大额投资者的需要而发展起来的，至今已形成一个比较完整的、新型的证券买卖市场。第三市场的出现是与证券交易所固定佣金制密切相关的。固定佣金制使证券交易的成本非常昂贵，而交易所之外的证券商则不受证券交易所佣金的约束，因而大量上市证券交易都在交易所之外的第三市场进行。一方面，机构投资家买卖证券的数量往往以千万计，如果将这些证券的买卖由交易所的经纪人代理，这些机构投资家就必须按交易所的规定支付相当数量的标准佣金。机构投资家为了减低投资的费用，于是便把目光逐渐转向了交易所以外的柜台市场。另一方面，一些非交易所会员的证券商为了招揽业务，赚取较大利润，常以较低廉的费用吸引机构投资家，在柜台市场大量买卖交易所挂牌上市的证券。正是由于这两方面的因素相互作用，才使第三市场得到充分的发展。第三市场的交易价格，原则上是以交易所的收盘价为准。

第三市场并无固定的交易场所，场外交易商收取的佣金是通过磋商来确定的，因而使同样的股票在第三市场交易比在股票交易所交易的佣金要便宜一半，所以第三市场一度发展迅速。直到1975年美国证券交易管理委员会取消固定佣金比率，交易所会员自行决定佣金，投资者可选择佣金低的证券公司来进行股票交易，第三市场的发展才有所减缓。

第三市场交易属于场外市场交易，但它与其他场外市场的主要区别在于，第三市场的交易对象是在交易所上市的股票，而其他场外交易市场主要从事未上市的股票在交易所以外的交易。

投资者如果想买卖某些公司发行的、没有在股票交易所登记上市的股票，可以委托证券商进行。他们通过电脑、电话网或电报网直接联系完成交易。在场外交易市场买卖股票有时需付佣金，有时只付净价。场外交易市场的股票通常有两种价格：①公司卖给证券公司的批发价格；②证券公司卖给客户的零售价格。在这种市场上，股票的批发和零售价格的差价不大，但当市场平淡时，差价就要大一些，一般来说，差额不得超过买卖金额的5%。

3．第四市场

第四市场是指投资者和筹资者不经过证券商，彼此之间利用电子计算机网络进行大宗股票交易的场外交易市场。这是近年来国际上流行的场外交易方式。第四市场是投资者直接进行证券交易的市场。在这个市场上，证券交易由买卖双方直接协商办理，不用通过任何中介机构。同第三市场一样，第四市场也是适应机构投资家的需要而产生的，当前第四市场的发展仍处于萌芽状态。由于机构投资者进行的股票交易一般都是大数量的，为了保密，且不因大笔交易而影响价格，也为了节省经纪人的手续费，一些大企业、大公司在进行大宗股票交易时就通过电子计算机网络，直接进行交易。第四市场的交易程序是：用电子计算机将各大公司股票的买进或卖出价格输入储存系统，机构交易双方通过租赁的电话与机构网络的中央主机联系，当任何会员将拟买进或卖出的委托储存于计算机记录上以后，在委托有效期间，如有其他会员的卖出或买进的委托与之相匹配，交易即可成交，并由主机立即发出成交证实，在交易双方的终端上显示并打印出来。出于第四市场的保密性及节省性等优点，对第三市场及证券交易所来说，它是一个颇具竞争性的市场。

第四市场的吸引力在于以下四个方面：

（1）交易成本低。这是因为买卖双方直接交易而不需要中间人，即使有时需要中间人安排，其佣金比其他市场小得多。

（2）可以保守交易秘密。由于第四市场是买卖双方通过电讯手段成交的，没有采取公开方式，因此不易暴露目标。

（3）不冲击股票市场。由于第四市场所进行的一般都是大宗证券的买卖交易，如果在证券交易所市场公开进行，可能会给证券流通市场的价格造成很大的影响，不利于证券市场的稳定。

（4）信息灵敏，成交迅速。第四市场充分利用了电子技术，可以广泛搜集和储存大量信息。通过电子计算机的自动报价系统，把分散的场外交易行情集中地反映出来，有利于客户的选择决策，一旦合意便可迅速成交。

三、我国场外交易市场的组成

我国的场外交易市场是随着我国股份制改革的发展而产生的。早在 1986 年 8 月，沈阳就开设了股票柜台市场。同年 9 月，中国工商银行上海信托投资公司静安证券部也开设了股票柜台交易市场。20 世纪 90 年代初，全国各地的股票（股权证）交易场所及证券交易中心纷纷建立，如山东淄博柜台市场、四川乐山柜台市场、武汉证券交易中心、沈阳证券交易中心和天津证券交易中心等。为了促进股份制改造和证券市场的完善，中国证券市场研究设计中心和中国证券交易系统有限公司在北京于 1992 年 7 月和 1993 年 4 月先后开办了全国证券交易自动报价系统（Securities Trading Automated Quotations System，简称为 STAQ）和全国电子交易系统（National Electronic Trading System，简称为 NET），进行法人股流通的试点工作，形成了法人股的交易市场。到 1998 年清理整顿前，全国已设立股票（股权证）交易场所 41 家，挂牌公司 520 家，投资者约 340 万人。

由于缺乏有效的监管，当时场外交易市场投机严重。1997 年亚洲金融危机爆发后，为了防范金融风险，1998 年我国证监会对场外交易市场进行了清理整顿，关闭了所有地方股票柜台交易市场和包括 STAQ 与 NET 在内的各地的证券交易中心。2001 年 10 月证监会下发《关于规范上市公司非流通股协议转让活动的通知》，2003 年证监会办公厅下发《关于处理非法代理买卖未上市公司股票有关问题的紧急通知》，严厉打击沪、深两市以外的地下场外交易活动。

为妥善解决原 STAQ、NET 系统挂牌公司流通股的转让问题，2001 年 6 月 12 日经中国证监会批准，中国证券业协会发布《证券公司代办股份转让服务业务试点办法》，同年 7 月 16 日第一家股份转让公司挂牌。后来，为解决退市公司股份转让问题，2002 年 8 月 29 日起，从沪、深交易所退市的公司也纳入代办股份转让试点范围。此后，我国场外交易市场的发展又出现了新趋势，开始形成三个层次的场外交易市场：第一层次是经过制度改革完善后的“新三板”，主要为科技创新型企业服务；第二层次是区域性股本转让市场，旨在为微小企业提供股份转让服务，支持地方实体经济，其服务的企业并不局限于高新技术产业，也包括传统产业企业；第三个层次是地方性产权交易场所。

【重要信息阅读】

中国制造 2025　未来 10 年最强音（1）

2015 年 05 月 03 日 08：40　来源：《证券市场红周刊》　采编：东方财富网

“中国制造 2025”，是未来 10 年最强音。将于近期正式印发的《中国制造 2025》，即“中国版工业 4.0”，将成为未来贯穿行业全局发展的又一投资主线。其主线是信息化与工业化的深度融合，“云联网 + 传统工业”的融合有望成为中国新一轮制造业发展的制高点，并驱动中国制造向中国智造加速转变。

不同于之前的产业规划战略，“中国制造 2025”是我国第一次从国家战略层面为建设制造强国而制定的一个长期战略性规划。目前我国已成为全球第一制造大国，据工信部统计数据显示，2013 年，中国装备制造业产值规模突破 20 万亿元，占全球比重超三分之一；机床产量 95.9 万台，占全球比重 38%。在巨大的制造业体量规模背后，则是我国制造业技术品质工艺的相对落后与严重的产能过剩，我国制造业一直以来“大而不强”的现状急需改变。另外，全球范围内新兴的云联网信息技术向各领域的渗透，正不断加速新的变革的产生，近年来中国在云联网领域的快速发展所取得的一些局部优势，有望成为制造业变革的助推器。

据 GE 预测，应用工业云联网（美国版工业 4.0）后，企业效率将提高约 20%，成本下降约 20%，节能减排下降近 10%；未来工业云联网有望影响 46%（约 32.3 万亿美元）的全球经济。据工信部和相关权威机构估计，未来 20 年中国工业云联网的发展有望带来 3 万亿美元以上的 GDP 增量。

第五节　新兴流通市场

随着现代科学技术的发展，证券流通市场也出现了一些新的变化。从西方主要发达国家证券流通市场的发展情况来看，创业板市场和网络市场构成了流通市场的两个重要组成都分。

一、创业板市场

严格地说，创业板市场是与主板市场相对的概念，它与场外交易市场并没有必然的联系。但是，在创业板市场的发展过程中，大多数国家的创业板市场都采用了场外市场的交易模式，因此我们在这一节对创业板市场做简单介绍。

创业板市场又称另类股票市场。在国外，对创业板市场的内涵尚没有规范的定义。就其广义来说，凡是与针对大型成熟公司的主板市场相对应，面向中小公司的证券市场都是创业板市场。就其狭义来说，则仅指针对中小型公司和新兴企业，协助高增值成长公司及科技公司集资的市场。

1. 创业板市场的特征

就狭义的创业板市场而言，其有如下特征。

（1）前瞻性市场。创业板市场对公司历史业绩要求不严，过去的表现不是融资的决定性因素，关键是公司是否有发展前景和成长空间，是否有较好的战略计划与明确的主题概念，市场认同的也是公司的独特概念与高成长性。以 Nasdaq 市场的@Home Network 公司为例，该公司于 1996 年 7 月发行，其主要业务是利用公司在技术上的突破，通过自己的网络提供因特网服务，使下载信息的速度大大超过传统的拨号方式。独特的概念刺激了投资者的需求，公司因此扩大了发行规模，并将发行价提高到 9 至 11 美元之间。发行日公司股票涨幅超过 130%，市值达 15 亿美元，随后，超过 20 亿美元。但是，公司第一季度只有 8 万美元的收入，开支却达 1 100 万美元。显然，投资者购买的是一家“概念”公司而不是一家盈利丰厚的成熟公司。从这个意义上来讲，创业板市场并非只是主板市场之外的一个市场，它具有很强的针对性，主要是吸纳那些能提供新产品与新服务，或公司运作有创意，具有较大增长潜力的公司。

（2）上市标准低。因为创业板市场是前瞻性市场，因此其上市的规模与盈利条件都较低，大多对盈利不做较高要求。如美国 NASDAQ 小盘股市场仅需要 10 万股，香港创业板也仅要求公众持股的最低量为 3 000 万港元，并且均不要求有盈利记录。

（3）高风险市场。创业板市场是高风险市场。与主板相比，创业板市场公司规模小、业务属于初创时期，有关企业业务属于新兴行业，缺乏盈利业绩，面临较大的技术风险、市场风险、经营风险及内幕交易和操纵市场风险，上市公司破产倒闭的概率比主板要高。

（4）针对熟悉投资的个人投资者与机构投资者。由于投资高风险的特性，创业板市场主要针对寻求高回报、愿意承担高风险、熟悉投资技巧的机构和个人投资者，包括：专项基金，如小盘股基金、高科技、电信或生物科技等行业基金；创业投资公司；共同基金；有经验的私人投资者。

2. 创业板市场的组织模式

国际上创业板市场的运作通常采用两种模式。

（1）非独立的附属市场模式。创业板市场作为主板市场的补充，与主板市场组合在一起共同运作，使用共同的组织管理系统相交易系统，甚至采用相同的市场监管标准，所不同的是上市标准的差异。

（2）独立模式。创业板市场与主板市场分别独立运作，拥有独立的组织管理系统和交易系统，并且大多数采用不同的上市标准，采用的监管标准也有所不同。

3. 创业板市场与主板市场的主要区别

创业板市场与主板市场的区别有以下四点。

（1）主体资格的区别。与主板市场相比较，创业板市场上市公司除了要符合我国公司法和证券法的相关要求外，公司章程还必须符合创业板上市规则的有关要求。

（2）股本规模的区别。创业板市场上市公司一般处于初创阶段，资本金规模较小，所以对其股本规模要求比主板上市公司低，以便为企业资本规模的扩大和业绩的增长留下空间；另外，由于创业板上市公司成长迅速，对融资的频率要求高，因此可能缩短其再次发行的时间间隔，如取消主板市场对增资发行所需求的一年间隔期，有助于保证股本与业绩的同步良性增长。

（3）经营记录的区别。由于经营记录对于投资者分析企业状况、预测发展前景来说是必不可少的，主板市场上市条件中，要求申请上市的企业有三年以上的经营记录。而创业板上市的公司通常创立时间短，经营记录有限，因此对创业板市场上市公司的经营记录一般为两年。创业板市场选择上市时更侧重于公司的发展潜力，而不同于主板市场所要求的经营现状。香港创业板对上市公司盈利没有要求，正是考虑到新兴企业在创业初期少有或几乎没有盈利的实际情况，美国 NASDAQ 市场虽然上市标准有三套，但总体上对盈利也基本不作要求。因此，未来国内创业板市场也不会将上市公司盈利记录作为基本条件。此外，公司主营业务应突出，不宜多元化经营。与主板市场相比较，创业板市场上市公司要求有高度集中的业务范围、严密的业务发展计划、完整清晰的业务发展战略和较大的业务增长潜力。

（4）股权结构的区别。由于创业板市场上市公司规模相对较小，对发起人数量及持股比例要求不必像主板市场那样严格。如美国 NASDAQ 等海外创业板市场对上市公司发起人数量不作明确限定，香港创业板市场只要求社会公众股东比例不低于15%。这就使得创业板市场股份集中度相对较高。股份集中度提高形成三方面市场影响：一是市场炒作变得容易，提高了市场投机成分；二是企业并购更为方便，资本动作空间大；三是企业的退出难度下降，一旦丧失上市资格，摘牌的后果对市场影响较小。

4. 我国创业板市场上市要求

目前，发行人申请股票在深圳创业板上市，应当符合下列条件：

①股票已公开发行；②公司股本总额不少于3 000万元；③公开发行的股份达到公司股份总数的25%以上；公司股本总额超过四亿元的，公开发行股份的比例为10%以上；④公司股东人数不少于200人；⑤公司最近三年无重大违法行为，财务会计报告无虚假记载；⑥交易所要求的其他条件。

二、中小企业板市场

中小企业板是流通盘1亿元以下的创业板块，它是创业板的一种过渡，在中国的中小企业板的市场代码是002开头的。自从2004年6月2日首只中小企业板股票新合成发行以来，截至2014年1月17日，已经有721只股票上市。

中小企业板的建立是构筑多层次资本市场的重要举措，也是创业板的前奏，虽然2004年6月25日终于揭幕的中小企业板在现阶段并没有满足市场的若干预期，比如全流通等，而过高的新股定位更是在短时期内影响了指数的稳定，但中小企业板所肩负的历史使命必然使得这个板块在未来的制度创新中显示出越来越蓬勃的生命力。

引入“风险偏好”的概念，投资者应对个人的投资偏好有所定位。中小企业板与主板的区别除了交易制度的修订外，更重要的是其总股本较小，据统计显示，目前主板市场中约95%的上市公司总股本超过4亿元。对主板市场的历史数据整理分析，小盘股的波动性和风险系数均高于指数，这意味着投资于中小企业板块就必须能够承担其更大的波动性。

深圳证券交易所2004年5月20日公布了《中小企业板块交易特别规定》《中小企业板块上市公司特别规定》和《中小企业板块证券上市协议》。同时，中小企业板上市企业与主板市场上市企业同样受约束于我国证券法和公司法。

目前，中国资本市场层次单一，对于服务中小企业而言，问题和矛盾还较突出。虽然中小企业板块已经推出，但《中华人民共和国公司法》规定，申请上市的股份有限公司的股本总额不得少于5 000万元、最近三年持续盈利，所以诸多中小企业仍然难以借助发行上市实现创业资本的退出。

但随着资本市场自身的改革深化和国务院“九条意见”的出台，建立多层次资本市场的条件正逐步成熟，逐步放宽创业型企业发行上市在股本总额和持续盈利记录等方面的限制，在条件成熟时，将中小企业板块从现有市场中剥离，正式建立创业板市场是趋势所向。

三、B股市场

B股的正式名称是人民币特种股票。它是以人民币标明面值，以外币认购和买卖，在中国境内（上海、深圳）证券交易所上市交易的外资股。B股公司的注册地和上市地都在境内。

B股市场于1992年建立，2001年2月19日前，仅限外国投资者买卖。2001年2

月19日后，B股市场对国内投资者开放。现阶段B股的投资人，主要是上述几类中的机构投资者。

B股上市应该符合以下条件。

（1）以募集方式设立公司时，发行境内上市外资股（B股）的条件：

所筹资金用途符合国家产业政策；符合国家有关固定资产投资立项的规定；符合国家有关利用外资的规定；发起人认购的股本总额不少于公司拟发行股本总额的35%；发起人出资总额不少于1.5亿元人民币；拟向社会发行的股份达公司股份总数的25%以上；拟发行的股本总额超过4亿元人民币的，其拟向社会发行股份的比例达15%以上；改组设立公司的原有企业或者作为公司主要发起人的国有企业，在最近3年内没有重大违法行为；改组设立公司的原有企业或者作为公司主要发起人的国有企业，最近3年连续盈利。

（2）已设立的股份有限公司增加资本，申请发行B股时应具备的条件：

所筹资金用途符合国家产业政策；符合国家有关固定资产投资立项的规定；符合国家有关利用外资的规定；公司前一次发行的股份已经募足，所得资金的用途与募股时确定的用途相符，并且资金使用效益良好；公司净资产总值不低于1.5亿元人民币；公司从前一次发行股票到本次申请期间没有重大违法行为；公司最近3年连续盈利；原有企业改组或者国有企业作为主要发起人设立的公司，可以连续计算。

（3）境内上市外资股公司增资发行B股，应当符合下列条件：

①具有完善的法人治理结构，与对其具有实际控制权的法人或其他组织及其他关联企业在人员、资产、财务上分开，保证上市公司的人员、财务独立以及资产完整。

②公司章程符合我国公司法和上市公司章程指引的规定。

③股东大会的通知、召开方式、表决方式和决议内容符合我国公司法及有关规定。

④本次新股发行募集资金用途符合国家产业政策的规定。

⑤本次新股发行募集资金数额原则上不超过公司股东大会批准的拟投资项目的资金需要数额。

⑥不存在资金、资产被具有实际控制权的个人、法人或其他组织及其关联人占用的情形，或其他损害公司利益的重大关联交易。

⑦公司有重大购买或出售资产行为的，应当符合中国证监会的有关规定。

⑧中国证监会规定的其他要求。

四、网络交易市场

随着信息技术的不断进步和互联网的广泛使用，网络技术在证券交易中得到了广泛应用。众多的网络交易联结成了一个统一的整体，即网络市场。

网络市场具有许多优点。例如，在网络市场上进行交易不受地域限制，极大地提高了投资选择的自由度，网上交易安全可靠，可降低投资者的操作风险；网络市场资源丰富，可提高证券市场信息的流通速度；在网络市场交易可以大大降低交易成本；

网上交易的互动性更强，使投资者有一个较好的投资顾问，并快速便利地以相对低廉的交易成本完成整个交易；网络市场在信息披露与股东行使权利、上市公司与股东交流方面具有得天独厚的优势；网络市场的发展有利于券商争取更多的客源。

美国网络证券市场的发展在全球居于领先地位。早在1994年，以查尔斯·斯沃伯公司为代表的贴现经纪商开始了网上证券经纪业务。由于互联网的迅猛发展，通过互联网进行金融交易的系统和网站越来越多。1998年12月17日，Nasdaq-Amex（全美交易商协会自动报价系统和美国证交所）和HKSE（香港证交所）在网上发布信息，双方联合为投资者建立了一个网站，通过该网站，投资者可以进行网上证券交易。

我国网上证券交易起步较晚，明显落后于发达国家，甚至与一些发展中国家和地区相比，也存在较大差距。我国券商发展出5种自己的网上交易模式。

1. 证券公司下属网上交易中心（券商独立网站）模式

在这种模式下，证券公司的交易和服务网站是隶属于证券公司的一个服务部门（中心）。这一模式的优点在于证券公司可以直接将其在传统市场上的服务通过网站提供给网络客户，这样可使证券公司的服务优势充分地发挥出来。其缺陷在于专用网站的建设需要大量资金投入，中小券商难以承受。

2. 纯粹的金融证券服务类网站

这些网站上的证券交易是各证券公司营业部租用网上交易平台来实现的。这一模式的优点在于网站建设的规模和技术优势得以充分体现。其缺陷在于证券服务的内容和专业水平的信任度会受到客户的质疑。

3. 商业银行的银证通服务类网站模式

这是指商业银行利用其现有的服务网络设施建立的网上交易平台。其优点在于网络证券服务与网络银行服务紧密结合，专业网站建设的规模优势得以充分体现。但其缺陷同样在于证券服务的内容和专业水平的信任度会受到质疑。

4. 证券公司与IT公司合资组建网上证券委托通道

该网站可以经营证券经纪业务，但网站的股东及其持股比例都有一定的规定。这种模式的优点是证券在拥有控股地位的前提下，充分利用了专业网站的资源。

5. 证券公司收购网上委托交易通道

这种模式可以方便网站进入原本不能进入的证券业务领域，同时为证券公司提供了进入网络证券市场的捷径。

五、三板交易市场

三板交易市场，即代办股份转让业务，是指经中国证券业协会批准，由具有代办非上市公司股份转让业务资格的证券公司采用电子交易方式，为非上市公司提供的特别转让服务，其服务对象为中小型高新技术企业。三板交易市场能够发挥证券公司的中介机构作用，充分利用代办股份转让系统现有的证券公司网点体系，方便投资者的股份转让，为投资者提供高效率、标准化的登记和结算服务，保障转让秩序。依托代办股份转让系统的技术服务系统，可以避免系统的重复建设，降低市场运行成本和风险，减轻市场参与者的费用负担。三板交易市场正式名称是“代办股份转让系统”，于2001年7月16日正式开办。作为中国多层次证券市场体系的一部分，三板交易市场一方面为退市后的上市公司股份提供继续流通的场所，另一方面也解决了原STAQ、NET系统历史遗留的数家公司法人股的流通问题。

但是，我国三板交易市场创建后，挂牌的股票品种少且多数质量较低，转到主板上市难度也很大，长期被冷落。为了改变我国资本市场柜台交易落后局面，同时为更多高科技成长型企业提供股份流动的机会，2006年初，北京中关村科技园区建立新的股份转让系统，因与“老三板”标的明显不同，被称为“新三板”。截至2011年末，新三板挂牌公司已突破100家，涵盖了软件、生物制药、新材料、文化传媒等新兴行业。新三板市场对挂牌企业没有明确的财务指标要求，满足了以高新技术为主导、处于成长阶段的企业的需求。

【重要信息延伸阅读】

中国制造2025　未来10年最强音（2）

2015年05月03日　08：40　来源：《证券市场红周刊》　采编：东方财富网

云联网+智能制造的三重奏

近期，政府“云联网+”行动计划和“智能专项”实施方案的提出，明确了“中国制造2025”未来的两个主攻方向，一是全面提升制造业的绿色数字化智能化水平；二是着力推进云联网、云平台、大数据等信息技术在制造业中的应用。智能制造和“云联网+”将成为“中国制造2025”战车的双轮驱动，数字化和绿色制造将构成中国制造2025乐章的动听音符。“中国制造2025”内生外延的图景可勾勒为以下三个维度的变革：①产业链条的革新—绿色数字化智能化—环；②产业闭环的融合—信息云网无缝衔接—链；③产业生态的集合——站式服务型平台—圈。

江潮涌动下的四叶风帆

“中国制造2025”的大幕即将开启，展望未来10年，制造业的变革由近及远将依次是“点、线、面”的重构——以嵌入式、传感器、RFID组成的网络智造基础单元将率先普及，以PLM、ERP、MES为核心的工厂流程管理软件将加速渗透，以云联网物流—回收、一站式服务为代表的工业网络平台将逐步完备。在未来的产业变革梯次中，我们建议优先把握以下4个领域的投资机会：工业云联网、数控机床、工业机器人、绿色制造。工业软件构建企业数字化平台的根基；数控机床能实现高品质少量多样的定制化生产；工业机器人能实现由制造到智造的质变；绿色制造打造集研发、供应、生产、营销、回收及物流于一体的绿色价值链。

“中国制造2025”的核心要义，是提升制造业的智能化程度，从而实现中国制造的由大变强。2013年中国万名工人的机器人拥有量是25台，全球平均水平是58台。工信部规划到2020年中国万名工人的机器人拥有量达100台以上，工业机器人市场有望在未来6年成长近3倍，潜在增量空间巨大。

2000年以来，我国汽车行业新线的不断投产及电子行业固定投资增速的持续居于高位，带动我国工业机器人市场规模迅速提升，2008—2013年年均复合增长达36%。据IFR统计，2013年我国取代日本成为全球第一大工业机器人市场；2014年，国内工业机器人销量约5.6万台，同比增长54%，占全球销量的近四分之一。据IFR预计，到2017年中国工业机器人保有量将达40万台，2014年底达18万台，也即意味着未来3年存有22万台的增量空间。目前全球工业机器人的均价在30万元，考虑到价格的下行趋势，按未来均价25万元计，2015—2017年我国工业机器人本体的市场规模近550亿元，机器人系统的市场规模达1 650亿元（系统集成包含软件的价格一般是本体的3倍），机器人市场总容量近2 200亿元。

选择技术壁垒与先发优势兼具公司

建议投资者抓住“内生-智能制造，外延-网络连接”这条由内而外的投资主线。未来在智能制造领域，掌握工业自动化核心技术，同时具备各种资源（诸如软件系统、供应链物流、金融渠道）的整合能力，可开创性构建一体化服务网络的平台型公司有望深度受益。

2015年4月28日，国新办就2015年一季度工业通信业发展情况举行新闻发布会，工业和信息化部新闻发言人、总工程师王黎明透露，“中国制造2025”总体方案已获国务院常务会议审议通过。目前已经启动实施工业强基、智能制造试点示范、推进军民融合深度发展、工业绿色发展、宽带中国2015、扶助小微企业等6个专项行动。

对此，分析人士表示，智能制造，能让企业实现产品批量生产、缩短生产周期、提高产品质量、资源更加优化、提升能源效率以及投资回报率等种种利好。国际机器人联盟预测，到2017年中国的工业机器人保有量将达到40万台，成为全球第一。在政策的推动下，未来几年行业集中度将不断提升，龙头企业迎来历史性发展机遇。

事实上，2015年3月27日，工信部副部长苏波在国务院政策例行吹风会上曾表示，《中国制造2025》将于近期正式出版发行。此外，苏波还透露，为实现《中国制造2025》确定的目标，官方将成立国家制造强国建设领导小组，并制定“1+X”的实施方案和规划体系。据了解，规划提出了九大任务、十大重点领域和五项重大工程。其中，九大任务包括提高国家制造业创新能力等；十大重点领域包括新一代信息通信技术产业、高档数控机床和机器人、生物医药等领域；五项重点工程包括国家制造业创新中心建设、智能制造等。

第三章　股票交易程序

【重要信息阅读】

“一带一路”规划即将出台　交通网络率先张弓布局（1）

2015年03月14日07：19　来源：《上海证券报》　采编：东方财富网

中国走在“一带一路”上

“我们的道路洒满阳光，我们的歌声传四方；我们的朋友遍及全球，五洲架起友谊桥梁”。驼铃声响，我们走在大路上。曾经雄浑激昂的乐曲，如今依旧能唱出民族复兴的情怀与期望。现在，中国走在“一带一路”上，是数十个省市自治区走在“一带一路”上，也是五十六个民族走在“一带一路”上，更是沿线近六十个国家、多种人类文明走在“一带一路”上。古代丝绸之路，是中华文明强盛的独奏曲；今日“一带一路”，是世界共赢新格局的交响乐。

改革末梢走到开放前沿

各地对“丝绸之路经济带”和“21世纪海上丝绸之路”的憧憬和期许，两会是最好的表达平台。

包括新疆、陕西、黑龙江、江苏、福建、云南、广东等多个地方代表团的媒体开放日，无不热议“一带一路”战略。地方大员并不讳言，这是国家战略带来的机遇和布局。

风沙、黄土裹挟的西北五省区，正由昔日改革末梢变为开放前沿。

“新疆是物理意义上的亚洲中心，是向西开放的桥头堡。向东国内市场有13亿人口，向西同样有13亿人口。既可以服务国内，又可以服务丝绸之路经济带向西开放的沿线国家，是一个天然的核心区。”全国人大代表、新疆维吾尔自治区党委书记张春贤如是说。

全国人大代表、陕西省发改委主任方玮峰接受《上海证券报》记者采访时介绍，今年陕西将开通七条国际航线，完善跨境电子商务区试点，继续提升交通枢纽功能；重点推进贸易便利化，全力申请丝绸之路经济带陕西自贸试验区落地；加快面向中亚走出去和引进来；此外，全力申请建立新的合作平台。

西部——曾经是经济落后、产业低端、交通闭塞的代名词，在国家“一带一路”战略提出后，新疆喀什综合保税区、兰州新区综合保税区、西安国际港务综合保税区等政策高地频现，电子通关便利化程度不断提升；渝新欧、郑新欧铁路和直通欧洲腹地“长安号”班列的开通，大大缩短了西部向中亚以及欧洲出口货物的直线距离。

所《上海证券报》记者了解，目前，吉利、三一重工、东风汽车等高端装备制造企业纷纷入驻西北工业园，产业集聚颇成气候。

第一节　开　户

一、证券账户

投资证券市场首先要开户，建立自己的账户。而开户又分开立证券账户和资金账户两种，只有两种账户均开齐了才能进行证券的买卖。

首先开立证券账户，证券账户又叫股东账户、股东卡，它相当于一个股票存折，一旦开立，就可以在证券交易所里拥有一个证券账户，通过交易所对投资者的证券交易进行准确高效的记载、清算和交割。投资者买卖证券，都会在证券账户中如实地反映出来。如果投资者要同时买卖在上海、深圳两个证券交易所上市的股票，就需分别开设上海证券交易所证券账户和深圳证券交易所证券账户。开设上海、深圳证券账户必须到各地证券登记公司或被授权开户代理处办理。

证券账户有不同种类，目前，上海、深圳两交易所证券账户主要分为自然人证券账户、法人证券账户；A 股证券账户；B 股证券账户以及基金账户等。

上海 A 股证券账户可以买卖在上海证券交易所挂牌交易的股票、基金、债券；深圳 A 股证券账户可以买卖在深圳证券交易所挂牌交易的股票、基金、债券；基金账户可以买卖基金和债券，但不能买卖股票；B 股证券账户只能买卖上市交易的 B 股股票。

境内个人开立 A 股证券账户时，须持本人身份证，如委托他人代为办理，必须同时出示委托人和被委托人身份证原件。境内法人开立法人 A 股证券账户时，需持营业执照原件及复印件（加盖公章）、法人代表证明书、法人授权委托书和经办人身份证等。

开设上海证券交易所 B 股证券账户，一般须到具有代理 B 种股票交易资格的证券商处办理，开设深圳证券交易所 B 股证券账户，须到深圳市证券登记结算公司办理。B 股投资者为个人开户者，须提供外籍身份证、定居证、护照或同类有效证件及其复印件一式两份；投资者为机构投资者，须提供合资或独资企业营业执照证件及其复印件一式两份。开户时填写开户申请并缴纳开户费。上海、深圳证券交易所的证券账户一旦开立，即可使用，且全国通用。

根据国家有关规定，下列人员不得开设 A 股证券账户：

（1）证券主管机关中管理证券事务的有关人员；

（2）证券交易所管理人员；

（3）证券经营机构中与股票发行或交易有直接关系的人员；

（4）与发行人有直接行政隶属或管理关系的机关工作人员；

（5）其他与股票发行或交易有关的知情人；

（6）未成年人或无行为能力的人以及没有公安机关颁发身份证的人员；

（7）由于违反证券法规，主管机关决定停止其证券交易，期限未满者；

（8）其他法规规定不得拥有或参加证券交易的自然人，包括武警、现役军人等。

另外，证券从业人员及国家机关处级以上干部等不得参与股票交易，但可以开立基金账户，买卖基金和债券。

证券账户卡是股民进行证券投资交易活动的重要依据，利用证券账户卡可进行合法的证券交易及卡内持有的证券均受法律保护，因此投资者必须妥善保管，防止丢失，并勿将证券账户卡号（股东代码）泄露给他人，以免引起不必要的纠纷。

二、资金账户

客户在开立证券账户后，还要开立资金账户。资金账户一般在证券经纪商处开立，投资者委托买入证券时，必须事先在证券账户中存入交易所需资金。投资者存入的资金、证券交易后的资金交收及资金余额等情况，全部存储在证券经纪商独立的电脑系统内，并反映在投资者的资金账户中。投资者在资金账户中的存款可随时提取，证券经纪商按活期存款利率定期给付利息并自动转入投资者的资金账户。

投资者在证券营业部的资金存取主要有三种方式：

（1）证券营业部自办资金存取。这一方式就是证券营业部自设资金柜台来办理客户的资金存取。这是证券市场发展初期证券经纪商最常用的一种方式。

（2）委托银行代理资金存取。这一方式是将证券营业部的资金柜台或资金存取业务委托给银行代理，由银行负责办理投资者的现金收付、登记客户明细账和证券营业部在银行开立的客户交易结算资金总账。证券营业部每日与代理银行对账并进行相应账务核算。

（3）银证联网转账存取。这一方式是将证券营业部的资金核算电脑系统与银行储蓄账户实现联网，投资者可在银行开立储蓄账户，申领借记卡，并在向证券营业部和银行申请开通银证转账功能后，可以通过银行的 POS 机或电话银行等功能，实现证券交易结算资金账户和银行储蓄账户之间的转账。

客户证券交易结算资金目前实行第三方存管：

①第三方存管的含义。客户证券交易结算资金第三方存管是指按照“券商托管证券，银行存管资金”的原则，将客户证券交易结算资金由过去的券商管理，转为现在由银行管理。证券公司将客户证券交易结算资金交由银行等独立的第三方存管，证券公司将不再接触客户证券交易结算资金，而由存管银行负责投资者交易清算与资金交割。

②我国证券市场是在体制转轨过程中建立和发展起来的新兴市场。由于证券市场法律体系不完善，交易管理制度设计存在缺陷，证券公司法人治理结构不健全和自我遵守法律法规意识不强等因素，一些证券公司出现了挪用、质押客户证券交易结算资金，占用客户资产等违法违规现象，给客户造成了巨大经济损失。因此，证监会推行“第三方存管”制度，旨在从源头上切断证券公司挪用客户证券交易结算资金的通

道，从制度上杜绝证券公司挪用客户证券交易结算资金现象的发生，从根本上建立起确保客户证券交易结算资金安全运作的制度，达到控制行业风险、防范道德风险、保护投资者利益、维护金融体系稳定的目的。

③操作程序。实施客户证券交易结算资金第三方存管制度后，客户可以在存管银行网点或证券公司的营业网点办理开户业务，在存管银行的系统中生成客户证券交易结算资金账号，在证券公司的系统中生成客户号。遵循“证券公司管交易、商业银行管资金、登记结算公司管证券”的原则，由证券公司负责客户证券交易买卖，由登记结算公司负责交易结算并托管股票，由商业银行负责客户证券交易结算资金账户的转账、现金存取以及其他相关业务。

【重要信息延伸阅读】

“一带一路”规划即将出台　交通网络率先张弓布局（2）

2015 年 03 月 14 日 07：19　来源：《上海证券报》　采编：东方财富网

巴山蜀水间，西南边陲因开放之路生机勃发

全国人大代表、广西壮族自治区发改委主任黄方方在代表团开放日时说，广西已在编制实施意见，提出了中国－东盟八大合作，包括海陆空互联互通、经贸合作等。最近又提出中国东盟信息港建设的项目，现在由国家发改委牵头 13 个部委制定中国东盟信息港建设的规划。

全国人大代表、人民银行昆明中心支行行长杨小平 12 日独家对《上海证券报》记者表示，云南备战“一带一路”建设，已提出五网建设，包括路网、水网、航空网、能源网、互联网＋。其中，路网方面，云南将打造辐射南亚和东南亚的大通道，计划中的项目包括连接缅甸、老挝的公路，以及各种铁路、港口和码头工程，届时丝路基金和亚投行都将参与，而近期投入资金将上千亿元。

中国与东南亚国家的合作素来友好，中国－东盟自由贸易区，中印缅孟、中巴经济走廊规划基本完成，即将或已进入实施阶段。在“一带一路”的合作框架下，政府间的合作层级因此提升，在全国一盘棋的开放格局中占据更重要的地位。

东部省市依傍海上丝绸之路，步子迈得更大

“海上丝绸之路战略提出后，海丝国家在福建几个东南沿海城市的投资成倍增长。”全国人大代表、福建省泉州市市长郑新聪如是描述。他介绍，福建省政府根据国家“一带一路”战略规划，正进一步研究具体的丝绸之路实施意见。

全国人大代表、连云港市委书记杨省世说，连云港作为“一带一路”的交汇点，下一步从提高装卸效率等方面提升出海口服务功能；加强产业合作，打造中哈（中国－哈萨克斯坦）物流合作基地产业园。

丝路风光，和而不同。根据顶层规划，一带一路沿线省份都是对外合作的新起点，多条线形成合力，东部在系统工程中更能发挥龙头作用，经贸、产业升级辐射范围成几何级增长。

第二节　交易准备

一、资金准备

为使资金账户有足够的余额，需将交易用资金从存管银行转入证券资金账户。银证转账通常有以下几种方式：

（1）通过网上交易系统“银证转账”菜单操作。

（2）通过证券公司电话交易系统操作。

（3）通过存管银行的电话或网上操作系统操作。

（4）通过营业厅热自助系统操作。

二、选择交易方式

1. 电话委托

拨打开户营业部的委托电话进行操作。

2. 磁卡自助委托

投资者在进行磁卡委托时，通常是在营业部大厅里的磁卡委托机上刷磁卡，输入个人密码后即可进入交易主菜单，投资者可以根据电脑的提示完成委托买卖、撤单、资金、证券以及成交的查询等操作。

3. 电脑热自助委托

在营业部的自助委托终端上输入个人密码后即可进入交易主菜单，投资者可以根据电脑的提示完成委托买卖、撤单、资金、证券以及成交的查询等操作。

4. 柜台委托

柜台委托即投资者亲自到证券营业部填写委托单，签章后将委托单、股东卡、身份证交给营业部工作人员办理，工作人员将投资者委托输入电脑并签章后完成，委托单一式两份，双方各持一份。

5. 网上交易

网上交易即登录所开户证券下载交易软件进行操作。随着证券公司网上交易委托服务器处理能力及客户接入数量峰值的增强，目前网上交易量的占比已经超过其他委托方式，位列交易量占比之首。

6. 手机委托（移动证券）

手机委托业务是由证券公司与无线通信网络公司共同打造的证券业务综合服务平台。通过下载并安装手机证券业务客户端软件，完成证券业务的相关操作。

第三节　交易费用

股票交易费用就是指投资者在委托买卖证券时应支付的各种税收和费用的总和。通常包括委托手续费、佣金、印花税、过户费和其他费用几个方面内容。

一、委托手续费

委托手续费是投资者在办理委托买卖证券时所缴纳的一项费用，一般用于单据、通信方面的开支，按委托买卖的笔数计算。

委托手续费的收费标准主要是由交易所和证券经纪商共同制定并征得主管机关认可，所以委托手续费的收费标准不固定，一般交易所所在地较低，异地则较高，原因是异地通信费用较高一些。如上海本地每笔手续费为1元，而异地为5元。现在出于应对竞争的考虑，许多证券公司不再收取此项费用。

二、佣金

佣金是证券经纪商的业务收入，是投资者在委托买卖成交以后按规定向证券经纪商支付的费用。

佣金的收费标准是按实际成交金额的规定比例收取的，而且不同的交易品种、交易场所，其佣金比例也不同。根据国家的有关规定，从2002年5月1日开始，A股、B股、证券投资基金的交易佣金实行最高上限向下浮制度，证券公司向客户收取的佣金不得高于证券交易所金额的3‰。A股、证券投资基金每笔交易佣金不足5元人民币的，按5元收取；B股每笔交易佣金不足1美元或5港元的，按1美元或5港元收取。

此外，从实际业务角度来看，证券公司出于竞争的考虑，对于采取不同委托方式、不同资金量或不同交易量的客户征收不同比例的佣金。例如，对于证券公司来说，不同的委托方式成本不同，柜台委托成本最高，网上委托成本最低，佣金水平也最低。

三、过户费

过户费是委托买卖的股票、基金成交以后，买卖双方为变更股权登记所支付的费用。这笔收入属于结算公司的收入，由证券公司在同投资者结算交割时代为扣收。

在上海证券交易所，A股的过户费为成交金额的1‰，起点为1元；在深圳证券交易所，免收A股的过户费；对于B股，这项费用称为结算费用，在上海证券交易所为成交金额的0.5‰，在深圳证券交易所亦为成交金额的0.5‰，但最高不超过500港元；基金交易目前不收过户费。

四、印花税

印花税是国家税法规定的一项税种。按现行印花税法规定，股份制企业公开发行的股票，因购买、继承、赠与等方式发生股权转让行为的，均以股权转让时的实际成交价格，由买卖股票的双方当事人分别依规定税率缴纳的一项税金。印花税一般由证券经纪商在同证券投资者交割中代为扣收，然后，经纪商在同证券交易所或所属中央结算公司的清算交割中进行结算，之后，由结算公司统一向国家税务机关缴纳。

2013 年 4 月 1 日后，A 股交易和 B 股交易的印花税都按成交金额的 1‰计取，单向征收（只向卖方征收）。表 3－1 为股票交易费用表。

表 3－1　股票交易费用表

收费项	深证 A 股	上海 A 股	深证 B 股	上海 B 股
印花税	1‰，向卖方单边征收	1‰，向卖方单边征收	1‰，向卖方单边征收	1‰，向卖方单边征收
佣金	≤成交额 3‰；起点 5 元	≤成交额 3‰；起点 5 元	3‰，起点 5 港元	3‰，起点 1 美元
过户费	无	1‰（按股数计算，起点 1 元）	无	无
委托费	无	无	无	无
结算费	无	无	0.5‰，上限 500 港元	0.5‰

第四节　委　托

投资者开立了股票账户和资金账户后就可以在证券营业部办理委托买卖。委托买卖，从证券商的角度来看，是指证券商接受投资者的买卖委托后，按投资者的指令以本公司的名义在证券交易所进行的买卖。

委托买卖的整个过程是：投资者报单给证券商；证券商通过其场内交易员将委托人的买卖指令输入计算机终端；各证券商的场内交易员发出的指令一并输入交易所计算机主机，由主机撮合成交；成交后由证券商代理投资人办理清算、交割和过户手续。

一、委托指令的基本要素

委托指令是委托人与受托人之间的委托合同，是保护双方权益的法律依据，因此，投资者必须认真填写委托指令，经纪商必须按规定提供交易所认可的空白委托单。委托指令主要包括下列基本要素。

1. 日期、时间

填写委托单的年、月、日，当时填单的时点。

2. 证券名称和代码

这是指客户委托买卖证券的品种，而证券代码是与证券名称对应的一组数字。

3. 交易数量

这是指客户委托买入或卖出证券的数量。在证券交易所的规则中，交易数量必须满足交易单位的要求。100 元面值股票为一手，1 000 元债券票面为一手。

4. 交易价格

这是指客户委托买入或卖出证券的价格。客户委托价格可分为市价委托和限价委托。市价委托是指客户发出的要求证券商按交易所当时的价格买入或卖出证券的委托。限价委托则是指客户要求证券商按限定的价格买入或卖出证券的委托。对限价委托，证券商必须按限价或低于限价买进证券，按限价或高于限价卖出证券。

5. 委托有效期

委托有效期一般可分为当日有效和约定日有效两种。当日有效是指委托的当天在交易所交易的时间内有效；约定日有效是指在委托执行的期限内每天都有效。

6. 签名

投资者为了对所做的委托负责，必须签名。

7. 其他

主要包括：买卖区分，即是买进还是卖出；委托人的身份证号码、股东账号以及资金账号。

二、委托形式

投资者发出委托指令的形式主要有柜台委托、电话委托、自助委托和网上委托等形式。

1. 柜台委托

柜台委托是指委托人亲自或由其代理人到证券营业部交易柜台，根据委托程序和必需的证件采用书面方式表达委托意向，由本人填写委托单并签章的形式。

2. 电话委托

电话委托是指把计算机系统与普通电话联结起来，构成一个电话自助委托系统，投资者通过普通双音频电话，按照该系统发出的指示输入委托指令，以完成证券买卖的一种委托形式。

3. 自助委托

随着计算机技术和通信技术的成熟发展，证券交易条件不断得到改善，各种方便投资者高效率下达委托指令的自动化系统被开发出来，如条形码、磁卡、触摸屏、计算机终端等。自助委托就是指投资者自己使用这些系统，按照系统提示或操作程式，输入委托指令来完成证券交易的委托形式。证券经纪商的委托系统应对自助终端委托过程有详细记录，并在代理协议中充分说明自助终端委托的风险，以确定证券商与投资者各自的责任。

4. 网上委托

网上委托是指证券公司通过互联网，向在本机构开户的投资者下达证券交易指令，获取成交结果的一种服务形式。

1995 年底，美国的 Lombard 公司首先推出了网上证券交易系统，掀开了证券经纪历史新的一页。1997 年 3 月，华融信托和闽发证券在我国率先推出了网上证券委托系统，标志着网上证券经纪业务在我国诞生。2000 年 4 月，中国证监会正式颁布了《网上证券委托系统管理暂行办法》，我国网上证券经纪业务取得了快速发展。2007 年 8 月网上委托交易量占总交易量的 60%。

网上证券经纪业务之所以获得突飞猛进的发展，是因为它突破了时空的限制，与传统经纪业务相比，具有便捷、快速、安全等诸多优点。此外，网上证券委托系统不仅可以从事网上委托业务，还可以开展银证通业务、网上委托证券投资服务等，发展前景广阔。

三、委托执行

证券商将客户委托传达至证券交易所交易撮合主机称为申报或报盘。

申报时应遵循“时间优先、客户优先”的申报原则。时间优先是指证券商应按委托时间的先后次序为委托人申报。客户优先是指证券商自营买卖申报与客户委托买卖申报在时间上相冲突时，应让客户委托买卖优先申报。

此外，应注意的是，当证券商同时接受两个以上委托人的买进委托与卖出委托，且种类、数量、价格相同时，不得自行对冲完成交易，仍应向证券交易所申报竞价。

在委托未成交之前，委托人有权变更或撤销委托。证券商申报竞价成交后，买卖即告成交，成交部分不得撤销。

【重要信息延伸阅读】

“一带一路”规划即将出台　通网络率先张弓布局（3）

2015 年 03 月 14 日 07：19　来源：《上海证券报》　采编：东方财富网

产业张弓唱主角

国家“一带一路”战略，蕴藏着无限商机。

“政策沟通、道路联通、贸易畅通、货币流通和民心相通”，是国家主席习近平提出“一带一路”国家战略时的五点要求。

作为连接各国最重要的基础设施，交通网络率先张弓布局。

《上海证券报》记者获悉，在即将出台的“一带一路”国家规划中，将有交通的细分子规划。国家发改委综合运输研究所副所长汪鸣告诉《上海证券报》记者，打造中国向丝路国家的交通枢纽，向东、向西、东北、西南等多个方向均会打造交通大动脉，沿线的东部和中西部城市都会参与其中。

港口枢纽首当其冲。全国人大代表、上海国际港务（集团）股份有限公司董事长陈戌源对《上海证券报》记者表示，“一带一路”战略中，上海港是个重要的枢纽点。目前上港集团正在谋划一个“一带一路”沿线港口论坛，拟在海上丝绸之路沿线各个国家的港口之间建立合作机制，谋求建立信息平台网络、物流平台、贸易便利平台等。

“日照港是山东省多方向的出海口，国家‘一带一路’战略给公司发展带来重大机遇。”全国人大代表、日照港股份有限公司董事长杜传志告诉《上海证券报》记者，去年以来，公司专门到吉尔吉斯斯坦、蒙古、哈萨克斯坦、土耳其等“一带一路”沿线国家，对经过日照港的物流运输进行推介，达成一系列合作意向，包括与韩国、哈萨克斯坦国家铁路集团签署跨境物流协议。

“国家‘一带一路’战略提出后，连云港的枢纽地位明显提升。”全国人大代表、连云港港口集团董事长白力群如是对《上海证券报》记者说。连云港市委书记杨省世也说，连云港的出海口功能体现在：中亚货物通过过境集装箱，从连云港出境的货物占到了全国出境货物的90%，对境内的中西部地区的货物大概是60%。

走出去，才有路

协鑫集团董事局主席朱共山接受《上海证券报》记者专访时说：“协鑫在非洲、南亚、中东和发达国家如美国都走得不错，光非洲一年销售额就几百亿。”根据“一带一路”战略，公司已将走出去规划做出调整。

兵马未动，粮草先行

拥有400亿美元的丝路基金在2014年年底设立，由中国倡导成立的亚洲基础设施投资银行计划2015年年底投入运营。一系列的金融顶层设计安排表明，这是一盘大棋。

全国政协委员、中国人民保险集团股份有限公司董事长吴焰建议，将保险作为制度性安排纳入“一带一路”的顶层设计之中，加大对装备出口、营运责任等基础设施互联互通相关险种的支持。

此外，来自文化、医疗、农业等多个产业的提案、建议均提到，相关产业应纳入“一带一路”国家规划。

第五节　成　交

证券市场的市场属性集中体现在竞价成交环节上，特别是在高度组织化的证券交易所内，会员经纪商代表众多的买方和卖方按照一定规则和程序公开竞价，达成交易。正是这种竞价成交机制使证券市场成为公开、公平、公正的市场，也使市场成交价格成为合理公正的价格。

一、竞价机制

证券交易所实行证券交易的集中竞价成交，竞价原则是：价格优先、时间优先。

1. 价格优先

买入申报时，买价高的申报优先于买价低的申报；卖出申报时，则卖价低的申报优先于卖价高的申报。

2. 时间优先

同价位买卖申报时，依照申报的时间顺序进行“排队”，这里的关键是申报时间的确定：电脑申报竞价时按计算机主机接受的时间顺序排列；书面申报竞价时，按中介经纪人接到的书面凭证顺序排列；口头申报竞价时按经纪人听到的顺序排列。

在申报价格、时间都相同时，一般按申报的交易股份的规模排序，规模越大，其次序就越靠前。之所以如此，是因为大额交易所面临的风险较大，而且给市场提供的流动性也高。有时人们把这种现象归结为竞价交易方式的第三个原则：规模优先原则。

二、竞价方式

证券交易所的竞价方式有两种，即集合竞价和连续竞价，这两种方式在不同的交易时段上采用。集合竞价在每个交易日开盘前一段时间用于产生开盘价。产生开盘价之后，则以后的正常交易就采用连续竞价方式进行。

1. 集合竞价

所谓集合竞价，是在每个交易日上午9：25，证券交易所对上午9：15至9：25之间接受的全部有效委托进行一次集中撮合处理，得出开盘价的过程。

集中竞价确定开盘价的原则是：高于此价格的买入申报和低于此价格的卖出申报必须能全部成交；与参考价格相同的一方（卖方或买方）必须能全部成交；参考价格为成交量最大时的价位；如有两个或多个价位满足以上条件，则上海证券交易所取其中间价为开盘价，深圳证券交易所选取离上日收盘价最近的价位为成交价。

2. 连续竞价

在集合竞价结束后，正式开始当天的交易，即开始连续竞价，直到收市。

连续竞价过程中，成交价格的决定原则是：最高买进申报价格等于最低卖出申报价格，则该价格即为成交价格；买入（卖出）申报价格高（低）于市场即时的最低（高）卖出（买入）申报价格时，以即时提示的最低（高）卖出（买入）申报价格为成交价格。

连续竞价除了上述的时点型以外，还有时段型。所谓时段型连续竞价，是指每隔若干时间竞价一次，时间一般为几十秒至几分钟，成交价格的确定原则和集合竞价一样。中国台湾地区的证券交易就采用这种方式。其优点是竞价更充分，控制价格更难，可防止股价的人为拔高和打压，价格的连续性较好。

第六节　清算交割与过户

一、清算

证券交易完成后，对买卖双方应收应付的证券和价款进行核定计算，并完成证券由卖方向买方的转移和相对应的资金由买方向卖方转移的全过程称为证券清算。证券清算包括证券的清算和资金的清算两个方面，它是证券交易的最后一个环节。更为重要的是，清算是进行下一轮交易的前提，清算能否顺利进行，直接关系到交易后买卖双方权责关系的了结，从而直接影响交易的正常进行和市场的正常运转。

证券交易所的清算业务按“净额交收”原则办理，即每一证券商在一个清算期（每一开市日为一清算期）中，证券交易所清算部首先要核对场内成交单有无错误，为每一证券商填写清算单。对买卖价款的清算，其应收、应付价款相抵后，只计轧差后的净余额。对买卖股票的清算，其同一股票应收、应付数额相抵后，只计轧差后的净余额。清算工作由证券交易所组织，各证券商统一将证券交易所视为中介人来清算，而不是各证券商和证券商相互间进行轧抵清算。交易所作为清算的中介人，在价款清算时，向股票卖出者付款，向股票买入者收款；在股票清算交割时，向股票卖出者收进股票，向股票买入者付出股票。

二、交割

清算结束后，需要完成证券由卖方向买方转移和对应的资金由买方向卖方转移，这个过程称为交割。清算和交割是证券结算的两个方面。

1. 证券交易的交割时间

（1）当日交割

当日交割，指买卖双方成交后当日就办理完交割事宜。适用于买方急需股票或卖方急需现款的情况。上海证券交易所目前采用此种方式。

（2）次日交割

次日交割，指成交后的下一个营业日正午前办理完成交割事宜，如逢法定假日，则顺延一天。

（3）第二日交割

第二日交割，即自成交的次日起算，在第二个营业日正午前办理完成交割事宜。如逢休假日，则顺延一天。这种交割方式很少被采用。

（4）例行交割

例行交割，即自成交日起算，在第五个营业日内办完交割事宜。这是标准的交割方式。一般地，如果买卖双方在成交时未说明交割方式，即一律视为例行交割方式。

（5）例行递延交割

例行递延交割，指买卖双方约定在例行交割后选择某日作为交割时间的交割。买方约定在次日付款，卖方在次日将股票交给买方。

（6）卖方选择交割

卖方选择交割，指卖方有权决定交割日期。其期限从成交后5天至60天不等，买卖双方必须订立书面契约。凡按同一价格买入“卖方选择交割”时，期限最长者应具有优先选择权。凡按同一价格卖出“卖方选择交割”时，期限最短者应具有优先成交权。我国目前仍未采用此种交割方式。

2. 交割的方式

证券结算的方式一般分为逐笔交割和净额交割两种。

逐笔交割是指买卖双方在每一笔交易成交后对应收应付的证券和资金进行一次交割，它可以通过结算机构进行，也可以由买卖双方直接进行，比较适合以大宗交易为主、成交笔数较少的证券市场和交易方式。

净额交割是指买卖双方在约定的交收期限内，以买卖双方进行证券交易后计算出的证券和资金的净额进行交割，它必须通过结算机构进行，比较适合于投资者较为分散、成交笔数较多、每笔成交的数量较小的证券市场和交易方式。净额交割通常需要经过两级结算完成，即首先由交易所与证券商之间进行结算（一级结算），然后由证券商与投资者之间进行结算（二级结算）。我国上海、深圳证券交易所的证券结算采取净额交割方式，但又有着各自不同的特点。在上海，两级结算实际上是由上海证券中央登记结算公司集中一次性进行的，结算公司直接完成证券在投资者之间的转移；在深圳，在由深圳证券结算公司集中进行证券结算的同时，由证券商进行与投资者之间的结算，而不是通过两级结算来完成证券在投资者之间的转移。

3. 交割的程序。

交割分为以下两个程序：

（1）证券商的交割。

证券交易所清算部每日闭市时，依据当日“场内成交单”所记载各证券商买卖各种证券的数量、价格，计算出各证券商应收应付价款相抵后的净额及各种证券应收、应付相抵后的净额，编制当日“清算交割汇总表”和各证券商的“清算交割表”，分送各证券商清算交割人员。各证券商清算人员接到“清算交割表”并核对无误后，须编制本公司当日的“交割清单”，办理交割手续。

在办理价款交割时，依下列规定完成交割手续：

第一，应付价款者，将交割款项如数开具划账凭证至证券交易所在人民银行营业部的账户，由交易所清算部送去营业部划账。

第二，应收价款者，由交易所清算部如数开具划账凭证，送营业部办理划拨手续。

在办理证券交割时，依下列规定：

第一，应付证券者，将应付证券如数送至交易所清算部。

第二，应收证券者，持交易所开具的“证券交割提领单”，自行向应付证券者提领。

由于交易所设立了集中保管制，所以证券的交割可通过交易所库存账目划转完成。

（2）证券商送客户买卖确认书。

证券商的出市代表在交易所成交后，应立即通知其证券商，填写买进（卖出）确认书。

深圳证券交易所规定，买卖一经成交，出市代表应尽快通知其营业处所，以制作买卖报告书，于成立后的第二个营业日通知委托人（或以某种形式公告），并于该日下午办理交割手续。买卖报告书应按交易所规定的统一格式制备。买进者以红色印制，卖出者以蓝色印制。买卖报告书应记载委托人姓名、股东代码、成交日期、证券种类、股数或面额、单价、佣金、手续费、代缴税费、应收或应付金额、场内成交单号码等事项。

三、过户

对于不记名证券而言，完成了清算和交割，证券交易过程即告结束。而对于记名证券而言，完成了清算和交割，还有一个登记过户的环节。所谓过户，就是办理清算交割后，将原卖出证券的户名变更为买入证券的户名。只有完成登记过户的环节，记名证券的交易过程才告结束。

1. 证券过户的种类

证券过户包括证券交易过户和证券非交易过户。

证券交易过户是指通过证券买卖的形式所形成的过户，包括流通股交易过户、非流通股交易过户以及其他证券的交易过户。

证券非交易过户是指非因买卖的原因而形成的过户。根据规定，证券持有人有下列情形之一的，可以向证券登记结算机构办理非交易过户登记：

（1）根据公证书所作的继承、赠与及其他形式的财产分割与转移；

（2）因证券账户灭失办理的挂失过户；

（3）国家法律、法规规定可以办理非交易过户的其他情况，如司法执行。

2. 证券过户的一般程序

（1）交易过户的一般程序。

投资者在买入某种股票时，在原股票上已由原股票持有人加盖了印鉴。因此，股票投资者只要带好买进的股票、成交通知单到发行公司专门办理过户手续的机构办理更改就行了。这种交易过户方法适用于一级或一级半市场的交易。

在股票二级交易市场上，股票持有者的过户，一般由证券交易所发给投资者的成交过户交割凭单确认完成，投资者只需缴一定的过户费用，即可由交易所自动完成股权转换的过程。

（2）非交易过户的一般程序。

①办理非交易过户，股票受让人在当地证券登记机构要出具区、县级以上公证部

门开出的公证书，法院裁定需要由区、县级以上由法院出具财产判决书，此外，还要提供双方人员的身份证件。

②开立受让人股票账户卡。出让人的股份可以转让给受让人，但出让人的股票代码卡不能转让给受让人。如果受让人没有股东代码卡，就需重新开立一个股东代码卡，用于受让股份的存储。

③填写一份非交易过户申请书，一式三联。第三联加盖业务章后，交受让人留存，作为受让凭证。

④缴纳手续费，按面额2%缴纳。

3. 证券过户的手续

（1）由原股东填写股票过户单，并将本人身份证件、股东名片、证券交割通知书，交委托机构审查。

（2）在原股东股票背面背书栏中盖章或签字，使该股票成为可转让的股票。

（3）新股东持有关证明，到证券交易所提出过户申请。

（4）证券交易所查验所有过户手续齐备后，即可正式履行变更股东的过户手续。

【重要信息延伸阅读】

“一带一路”规划即将出台　交通网络率先张弓布局（4）

2015年03月14日07：19　来源：《上海证券报》　采编：东方财富网

奏响承古开今的交响乐

“一带一路”既古老又年轻。

说其古老，是因为古代丝绸之路始于西汉，兴于唐代，有2 000多年的历史。彼时，陆上丝绸之路经甘肃、新疆，到中亚、西亚，并联结地中海各国陆上通道。由其衍生的海上丝绸之路亦连东南亚，通南亚，到阿拉伯，达东非，覆盖欧亚非三洲之地。上至王公贵族，下至商贾驿客，都在这条路上留下自己的足迹。

古代丝绸之路不仅是“丝绸”往来的商贸之路，同时也是文化互通互连之路；它不仅是中国联系东西方的“国道”，同时也是古代中外经济、文化交流的国际通道。

说其年轻，缘于“一带一路”诞生于全球化时代。随着改革开放步伐的加快，中国迅速融入全球化潮流，加入世贸组织，重返世界银行、国际货币基金组织等重要国际金融组织。与此同时，中国还加入亚太经合组织和上海合作组织等区域性组织，为推动区域一体化提供中国智慧、奉献中国力量。

“一带一路”的提出正是中国顺历史潮流，应国际大势的宏大战略，旨在推动全球化发展的新理念、新机制、新构建。

国际舆论则说，中国构建“一带一路”国家战略，事实上是对抗美国的“跨太平洋伙伴关系协议”，被称为中国版的马歇尔计划。

2015年3月8日，外交部部长王毅在答记者问时铿锵回应：2015年中国外交的一个重点就是全面推进“一带一路”。“一带一路”比马歇尔计划古老得多，又年轻得多，两者不可同日而语。“不是地缘政治的工具，更不能用过时的冷战思维去看待。注重与现有的地区合作机制相辅相成。它不是中方一家的独奏曲，而是各方共同参与的交响乐”。

历史上，“丝绸之路”在互通有无中缔结了沿线各国的深厚友谊，在文明交流中创造了光辉灿烂的历史文化。

如今，“一带一路”重新焕发生机，为现有机制注入新内涵，为沿线各国开拓共同利益，为世界各国寻找共同梦想而凝聚共识。

优势互补，政通人和，互利互惠，共同发展。“一带一路”及其承载的中华文明，正以崭新姿态向世界走来。

第四章　股票交易

【重要信息阅读】

常用的股票发行方式简介

1. “预交款项、比例配售、余额即退”的方式。认购者须在规定的时间内（如3天），预先交付一定金额的款项（款项的多少由认购者自己确定），然后以认购者交付的全部款项除以股票的发行价格，得出认购者欲购股数，再以这个股数除以股份公司拟将发行的股票数额，得出一个百分比，这一百分比即为配售股票的比例，然后各个认购者根据其预交款项、股票的发行价格及配售比例计算出各自的认购股数，购得股票后，将余额款项退还给认购者。

例如，“鲁北化工”股份三日内累计预交款为65.283 5亿元，此股票的发行价格为每股6.48元，拟将发行2 700万股，则配售比例为2.68%（2 700÷65.283 5÷6.48×100%）。若某认购者预交款项6 000万元，则其可购得股票24.8万股（6 000万元÷6.48×2.68%），余额5 839.2万元（6 000－24.8×6.48）将退还给认购者。这种发行方式的优点是发行速度较快；缺点是过于集中，认购者大多为机构或法人，个人很少买得到。个人散户只有待其上市后才能买到。

2. “上网定价”发行方式。这种发行方式是股份公司将要发行的股票在证交所的网络上以固定的价格（即发行价格）发行。凡认购者必须持有自己的股票账户申购，且每个股票账户只能申购规定数量（通常为股份公司发行股数的百分之一）而不能超过（这样做的目的是为了扩大股东覆盖面，防止股份过于集中）。申购结束后，再根据全体认购者所申购的总股数与股份公司拟发行的总股数，确定配售比例。认购者根据申购的股数与配售比例来确定自己所能够购买的股票数额。

第一节　股票发行市场交易

一、股票发行的条件

在我国，股票发行分为首次公开发行和增发新股两种方式。这两种方式有不同的发行条件和要求。

1. 首次公开发行（IPO）

首次公开发行股票，是指股份公司透过证券交易所首次公开向投资者发行股票募集资金的行为。根据《中华人民共和国证券法》《股票发行与交易管理暂行条例》和《首次公开发行股票并上市管理办法》的有关规定，首次公开发行股票并上市的有关条件与具体要求如下：

（1）主体资格。A 股发行主体应是依法设立且合法存续的股份有限公司；经国务院批准，有限责任公司在依法变更为股份有限公司时，可以公开发行股票。

（2）公司治理。发行人已经依法建立健全股东大会、董事会、监事会、独立董事、董事会秘书制度，相关机构和人员能够依法履行职责；发行人董事、监事和高级管理人员符合法律、行政法规和规章规定的任职资格；发行人的董事、监事和高级管理人员已经了解与股票发行上市有关的法律法规，知悉上市公司及其董事、监事和高级管理人员的法定义务和责任；内部控制制度健全且被有效执行，能够合理保证财务报告的可靠性、生产经营的合法性、营运的效率与效果。

（3）独立性。应具有完整的业务体系和直接面向市场独立经营的能力；资产应当完整；人员、财务、机构以及业务必须独立。

（4）同业竞争。与控股股东、实际控制人及其控制的其他企业间不得有同业竞争；募集资金投资项目实施后，也不会产生同业竞争。

（5）关联交易。与控股股东、实际控制人及其控制的其他企业间不得有显失公平的关联交易；应完整披露关联方关系并按重要性原则恰当披露关联交易，关联交易价格公允，不存在通过关联交易操纵利润的情形。

（6）财务要求。发行前三年的累计净利润超过 3 000 万人民币；发行前三年累计净经营性现金流超过 5 000 万人民币或累计营业收入超过 3 亿元；无形资产与净资产比例不超过 20%；过去三年的财务报告中无虚假记载。

（7）股本及公众持股。发行前不少于 3 000 万股；上市股份公司股本总额不低于人民币 5 000 万元；公众持股至少为 25%；如果发行时股份总数超过 4 亿股，发行比例可以降低，但不得低于 10%；发行人的股权清晰，控股股东和受控股股东、实际控制人支配的股东持有的发行人股份不存在重大权属纠纷。

（8）其他要求。发行人最近三年内主营业务和董事、高级管理人员没有发生重大变化，实际控制人没有发生变更；发行人的注册资本已足额缴纳，发起人或者股东用作出资的资产的财产权转移手续已办理完毕，发行人的主要资产不存在重大权属纠纷；发行人的生产经营符合法律、行政法规和公司章程的规定，符合国家产业政策；最近三年内不得有重大违法行为。

2. 增发新股

增发新股是指上市公司向社会公开发行新股的行为，包括向原股东配售和向全体社会公众发售。为完善对上市公司增发新股行为的约束机制，《中国证券监督管理委员会关于上市公司增发新股有关条件的通知》中对上市公司增发新股的有关条件做出补充规定。上市公司申请增发新股，除应当符合《上市公司新股发行管理办法》的规定外，还应当符合以下条件：

（1）最近三个会计年度加权平均净资产收益率平均不低于 10%，且最近一个会计年度加权平均净资产收益率不低于10%。扣除非经常性损益后的净利润与扣除前的净利润相比，以低者作为加权平均净资产收益率的计算依据。

（2）增发新股募集资金量不超过公司上年度末经审计的净资产值。

（3）发行前最近一年及一期财务报表中的资产负债率不低于同行业上市公司的平均水平。

（4）前次募集资金投资项目的完工进度不低于70%。

（5）增发新股的股份数量超过公司股份总数20%的，其增发提案还须获得出席股东大会的流通股（社会公众股）股东所持表决权的半数以上通过。股份总数以董事会增发提案的决议公告日的股份总数为计算依据。

（6）上市公司及其附属公司最近12个月内不存在资金、资产被实际控制上市公司的个人、法人或其他组织（以下简称“实际控制人”）及关联人占用的情况。

（7）上市公司及其董事在最近12个月内未受到中国证监会公开批评或者证券交易所公开谴责。

（8）最近一年及一期财务报表不存在会计政策不稳健（如资产减值准备计提比例过低等），或有负债数额过大、潜在不良资产比例过高等情形。

（9）上市公司及其附属公司违规为其实际控制人及关联人提供担保的，整改已满12个月。

（10）符合《关于上市公司重大购买、出售、置换资产若干问题的通知》（证监公司字［2001］105号）规定的重大资产重组的上市公司，重组完成后首次申请增发新股的，其最近三个会计年度加权平均净资产收益率不低于6%，且最近一个会计年度加权平均净资产收益率不低于6%，加权平均净资产收益率按照本通知第一条的有关规定计算；其增发新股募集资金量可不受本通知第二条的限制。

在股票市场中，上市公司通过证券交易所按照交易所的流程发行新股。股民和机构都可以根据自己的需要，按照固定的发行价格进行申购。

申购有网上申购、网下申购等主要申购方式。网上申购，就是通过证券交易所网上交易系统进行的公开申购。网下申购又叫网下配售，是指不在股票交易网内向一些机构投资者配售股票，这部分配售的股票上市日期有一个锁定期限。规定的锁定期限是三个月。

二、股票发行申购价格

股票发行价格是指上市公司发行新股票时，在一级市场上对外销售的价格。股票发行价格的确定是股票发行计划中最基本的内容。股票发行价格的高低将直接影响到发行人与投资人的利益以及股票上市后的表现。

股票发行价格过高，将会增大投资者的风险，抑制投资者的认购热情，增加证券承销商的发行压力，并将影响股票上市后的市场表现，这意味着将来会影响上市公司的市场表现。若股票发行价格过低，满足不了发行者筹资的需求，甚至会影响原有股东的利益。因此，上市公司及证券承销商必须综合考虑市场因素、公司因素后确定合理的发行价格。

从国际股票发行的经验看，股票发行价最常用的方式有固定价格方式、询价方式、累计订单和固定价格相结合的方式。

1. 固定价格方式

固定价格是指上市公司和主承销商在公开发行前协商确定一个固定的价格，依据此价格进行公开发售。为了保证成功发行股票，股票发行价格通常定得较低。固定价格方式是我国香港地区、日本和欧洲通常采用的方式。

2. 询价方式

询价方式又叫累计订单方式，是指承销商先与发行公司拟定一个价格区间，再通过市场促销征集在每个价位上的需求量。在分析各个价位的需求量后，由主承销商与发行公司确定最终的发行价格。这种方式是美国证券市场经常采用的方式。

3. 累计订单和固定价格相结合的方式

累计订单和固定价格相结合的方式主要适用于国际筹资，一般是在国际推荐的同时，在主要发行地进行公开募集，投资者的认购价格为推荐价格区间的上限。待国际推荐结束，最终价格确定后，再将多余的认购款退还给投资者。

上市公司发行股票，可以通过询价的方式确定发行价格，也可以与主承销商协商确定发行价格。

我国确定股票发行价格多采用两种方式：

一是固定价格方式，即在发行前由主承销商和发行人根据市盈率法来确定新股发行价格：

$$\text{新股发行价} = \text{每股税后利润} \times \text{发行市盈率}$$

二是区间寻价方式，又叫“竞价发行”方式。即确定新股发行的价格上限和下限，在发行时根据集合竞价的原则，以满足最大成交量的价格作为确定的发行价。

例如，某只新股竞价发行时的上限是 10 元，下限是 6 元，发行时认购者可以按照自己能够接受的价格进行申购。如果 8 元可以满足所有申购者最大的成交量，那么 8 元就成了最终确定的发行价格。所有高于和等于 8 元的申购均可以认购到新股，而低于 8 元的申购则不能认购到新股。这种发行方式，多在增发新股时使用。新股的发行价主要取决于每股税后利润和发行市盈率这两个因素。2001 年新股发行实施核准制以来，发行市盈率一般在 50 倍以上。

三、股票发行申购程序

1. 股票发行程序

（1）发行人董事会应当依法就本次股票发行的具体方案、本次募集资金使用的可行性及其他必须明确的事项作出决议，并提请股东大会批准。

（2）发行人股东大会就本次发行股票做出决议，必须经出席会议的股东所持表决权的三分之二以上通过。向本公司特定的股东及其关联人发行证券的，股东大会就发行方案进行表决时，关联股东应当回避。

（3）发行人应当按照中国证监会的有关规定制作申请文件，由保荐人保荐，并向中国证监会申报。

（4）中国证监会收到申请文件后，在5个工作日内做出是否受理的决定。

（5）中国证监会受理申请文件后，由相关职能部门对发行人的申请文件进行初审，并由发行审核委员会审核。

（6）中国证监会依照法定条件对发行人的发行申请做出予以核准或不予核准的决定，并出具相关文件。

（7）自中国证监会核准发行之日起，发起人应在6个月内发行股票；超出6个月未发行的，核准文件失效，须重新经中国证监会核准后方可发行。

（8）股票发行申请未获核准的，自中国证监会做出不予核准决定之日起6个月后，发行人可再次提出股票发行申请。

股份公司股票上市发行基本程序如图4－1所示，新股发行及申购基本流程如图4－2所示。

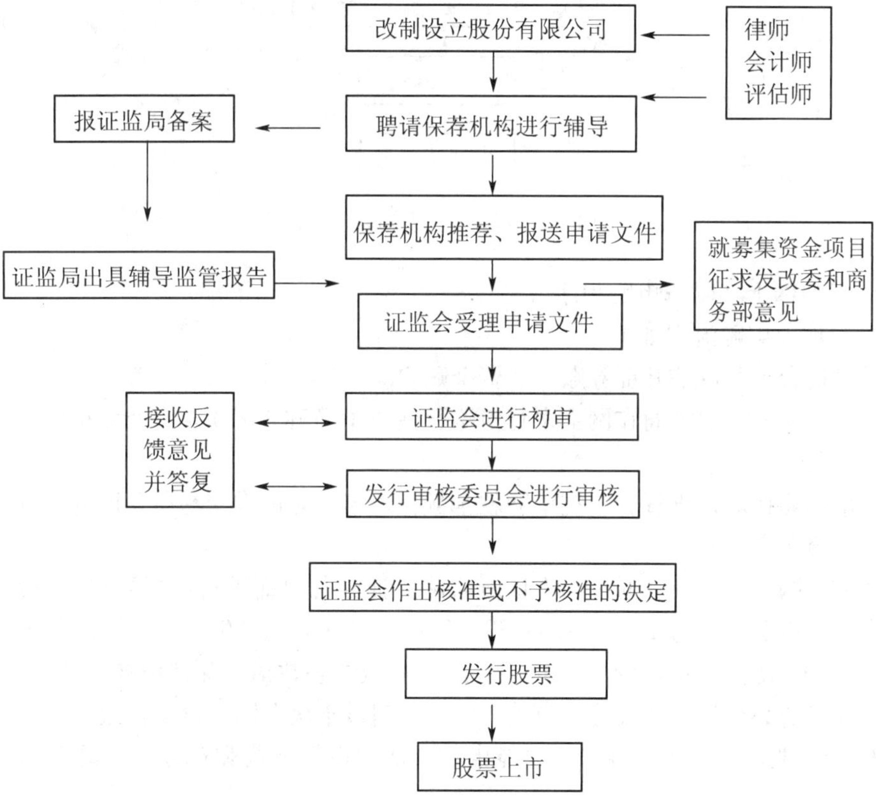

图4－1　股份公司股票上市发行基本程序

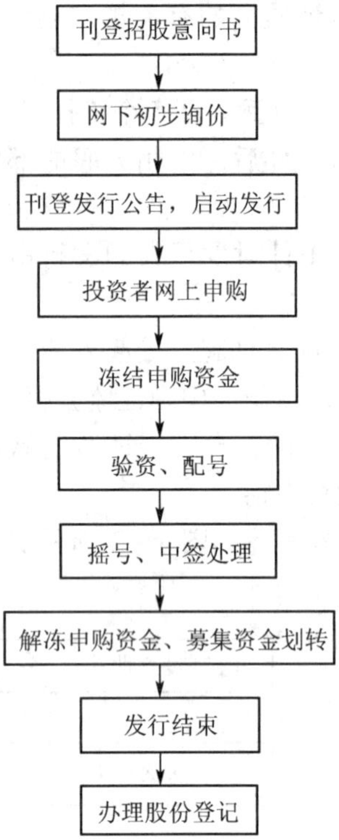

图 4－2　新股发行及申购基本流程

2. 股票网上、网下申购程序

（1）网上申购流程如下：

①投资者到营业部开证券账户、资金账户。

②发行人和主承销商在网上发行申购日（以下简称 T 日），一个交易日之前刊登网上发行公告。

③申购委托前，投资者应把申购款全额存入与上海证券交易所联网的证券营业部指定的资金账户。

④在申购日，投资者通过与上证所联网的证券营业部进行申购委托，一经申报，不得撤单。申购时间为 T 日上午 9：30—11：30，下午 1：00—3：00。沪市每一申购单位为 1 000 股，超过 1 000 股的必须是 1 000 股的整数倍；深市申购单位为 500 股，超过 500 股的必须是 500 股的整数倍，均不得超过本次上网定价发行数量，且不超过 999 999 500 股。每一个证券账户只能申购一次，重复申购和资金不实的申购一律视为无效申购。

⑤申购配号。申购配号根据实际有效申购进行，每一有效申购单位配一个号，对所有有效申购单位按时间顺序连续配号。

⑥资金冻结。申购日后的第一天（T＋1 日），由中国结算上海分公司将申购资金冻结。

⑦验资及配号。T+2 日，中国结算上海分公司配合上海证券交易所指定的具备资格的会计师事务所对申购资金进行验资，以实际到位资金作为有效申购，当有效申购总量大于该次股票发行量时，则上证所按照每 1 000 股配一个号。

⑧摇号抽签。主承销商 T+3 日公布中签率，并根据总配号量和中签率组织摇号抽签，于 T+4 日公布中签结果。

⑨资金解冻。T+4 日，对未中签部分的申购款予以解冻。新股认购款集中由中国结算上海分公司划付给主承销商，再划给上市公司，发行结束。

（2）网下申购流程如下：

①投资者申购（T 日）。投资者在申购时间内缴足申购款，进行申购委托。

②资金冻结（T+1 日）。由中国结算公司将申购资金冻结。

③验资及配号（T+2 日）。交易所将根据最终的有效申购总量，按每 1 000 股（深圳 500 股）配一个号的规则，由交易主机自动对有效申购进行统一连续配号。

④摇号抽签（T+3 日）。公布中签率，并根据总配号量和中签率组织摇号抽签，于次日公布中签结果。

⑤资金解冻（T+4 日）。对未中签部分的申购款予以解冻。

第二节　股票流通市场交易

一、股票流通市场交易的产生与发展

1. 股票流通市场的产生

股票至今已有将近 400 年的历史。股票是社会化大生产的产物。随着人类社会进入了社会化大生产的时期，企业经营规模扩大与资本需求不足的矛盾日益突出，于是产生了以股份公司形态出现的、股东共同出资经营的企业组织；股份公司的变化和发展产生了股票形态的融资活动；股票融资的发展产生了股票交易的需求；股票的交易需求促成了股票市场的形成和发展；而股票市场的发展最终又促进了股票融资活动和股份公司的完善和发展。所以，股份公司、股票融资和股票市场的相互联系和相互作用，推动着股份公司、股票融资和股票市场的共同发展。

股票最早出现于资本主义国家。在 17 世纪初，随着资本主义大工业的发展，企业生产经营规模不断扩大，由此而产生的资本短缺、资本不足便成为制约资本主义企业经营和发展的重要因素之一。为了筹集更多的资本，于是出现了以股份公司为形态、由股东共同出资经营的企业组织，进而又将筹集资本的范围扩展至社会，产生了以股票这种表示投资者投资入股、并按出资额的大小享受一定的权益和承担一定的责任的有价凭证，并向社会公开发行，以吸收和集中分散在社会上的资金。

股票交易市场远溯到 1602 年，荷兰人开始在阿姆斯特河大桥上买卖荷属东印度公司股票，这是全世界第一只公开交易的股票，而阿姆斯特河大桥则是世界最早的股

票交易所。在那里挤满了等着与股票经纪人交易的投资人，甚至惊动警察进场维持秩序。荷兰的投资人在第一个股票交易所投资了上百万荷币，只为了求得拥有这家公司的股票，以彰显身份的尊荣。

而股票市场起源于美国，至少已有200年以上的历史，至今仍十分活跃，其交易的证券种类非常繁多，股票市场是供投资者集中进行股票交易的机构。大部分国家都有一个或多个股票交易所。纽约证券交易所是美国最大、最老、最有人气的市场。纽约证券交易所有200多年的历史，大部分历史悠久的“财富500强”都曾在纽约证券交易所挂牌。1773年，在伦敦柴思胡同的约那森咖啡馆正式成立了英国第一个证券交易所，以后演变为伦敦证券交易所。1878年，东京股票交易所正式创立，它是东京证券交易所的前身。1891年。香港成立了香港股票经纪协会，后发展为香港证券交易所。1914年，中国当时的北洋政府颁布证券交易所法，1917年成立了北京证券交易所。

2. 股票流通市场的发展

进入20世纪之后，股票市场发展迅速，大致经历了以下三个阶段：

（1）自由放任阶段（1900—1929年）。20世纪前30年中，美、英等国的股份公司迅速增加，使股票市场规模和筹资能力迅速扩大。一方面发行市场迅速扩大，流通市场空前繁荣，交易量直线上升。另一方面由于缺乏监管，股票欺诈和市场操纵时有发生，自由放任带来了严重的过度投机。当时主要股票市场的股票价格普遍被抬高到极不合理的程度，远远超过其实际价值。1929年10月29日，资本主义世界发生了严重的金融危机，作为经济晴雨表的各国股票市场相继出现了暴跌，投资者损失惨重。

（2）法制建设阶段（1930—1969年）。1929年经济危机之后，各国政府对股票市场开始全面加强法制和规范化建设。以美国为例，政府开始从法律上对证券市场加以严格管理，制定了《1933年证券法》《1934年证券交易法》等一系列严密可行的证券法律。美国1934年成立了证券交易管理委员会，直接对股票市场进行监督和管理，为美国证券市场成为世界上最大的证券市场奠定了基础。其他有关国家的证券法制建设也不断加强，股票市场逐渐规范。

（3）迅速发展阶段（自1970年以来）。进入20世纪70年代之后，随着西方工业发达国家经济规模化和集约化程度的提高，东南亚和拉美发展中国家经济的蓬勃兴起，以及现代电脑、通信和网络技术的进步，股票市场步入了迅速发展的阶段。

二、股票流通市场交易的特征与职能

1. 特征

（1）有一定的市场流动性，但主要取决于当日交易量（交易量取决于投资人心理预期）。

（2）股票市场只在纽约时间早上的9：30到下午4：00（中国市场为下午三点）开放，收市后的场外交易有限。

（3）成本和佣金并不是太高，适合一般投资人。

（4）卖空股票受到政策（需要开办融资融券业务）和资本（约 50 万元）的限制。

（5）完成交易的步骤较多，增加了执行误差和错误。

2. 职能

股票流通市场包含了股票流通的一切活动。股票流通市场的存在和发展为股票发行者创造了有利的筹资环境，投资者可以根据自己的投资计划和市场变动情况，随时买卖股票。由于解除了投资者的后顾之忧，它们可以放心地参加股票发行市场的认购活动，有利于公司筹措长期资金，股票流通的顺畅也为股票发行起了积极的推动作用。对于投资者来说，通过股票流通市场的活动，可以使长期投资短期化，在股票和现金之间随时转换，增强了股票的流动性和安全性。股票流通市场上的价格是反映经济动向的晴雨表，它能灵敏地反映出资金供求状况、市场供求、行业前景和政治形势的变化，是进行预测和分析的重要指标，对于企业来说，股权的转移和股票行市的涨落是其经营状况的指示器，还能为企业及时提供大量信息，有助于它们的经营决策和改善经营管理。可见，股票流通市场具有重要的作用。

三、股票流通市场交易组织管理形式

根据市场的组织形式划分，股票市场可分为场内交易市场和场外交易市场。

1. 股票场内交易市场

股票场内交易市场是股票集中交易的场所，即股票交易所。有些国家最初的股票交易所是自发产生的，有些则是根据国家的有关法规注册登记设立或经批准设立的。今天的股票交易所有严密的组织、严格的管理，并有进行集中交易的固定场所。在许多国家，交易所是股票交易的唯一合法场所。在我国，1990 年底，上海证券交易所正式成立，深圳证券交易所也开始试营业。

2. 股票场外交易市场

股票场外交易市场是在股票交易所以外的各证券交易机构柜台上进行的股票交易市场，所以也叫作柜台交易市场。随着通信技术的发展，一些国家出现了有组织的、并通过现代化通信与电脑网络进行交易的场外交易市场，如美国的全美证券商协会自动报价系统（NASDAQ）。由于我国的证券市场还不成熟，目前还不具备发展场外交易市场的条件。

四、股票流通市场上市交易及其交易规则

根据我国证券法的有关规定，股份公司申请股票上市必须符合下列条件：

（1）股票经中国证监会核准已公开发行。

（2）公司股本总额不少于人民币三千万元。

（3）公开发行的股份达到公司股份总数的 25% 以上；公司股本总额超过人民币四亿元的，公开发行股份的比例为 10% 以上。

(4) 公司最近三年无重大违法行为，财务会计报告无虚假记载。

为了满足不同规模的公司的上市需要，《证券法》明确证券交易所经中国证监会批准后，可以规定高于上述标准的上市条件，从而为证券交易所建立多层次的市场预留了空间。

我国股票上市流程如图 4－3 所示。

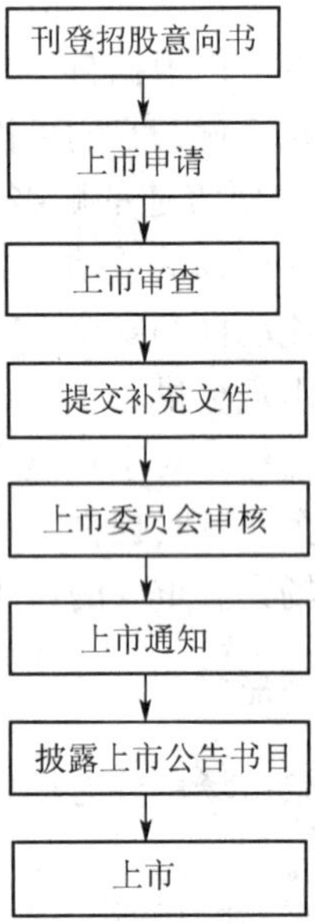

图 4－3　我国股票上市流程图

【重要信息阅读】

上交所关于新股上市初期交易监管有关事项的通知

来源：上海证券交易所

各市场参与人：

为加强对首次公开发行股票（以下简称“新股”）上市初期（上市后的前 10 个交易日，不含全天停牌日）的交易监管工作，防控新股炒作，维护市场交易秩序，保护投资者合法权益，根据《上海证券交易所交易规则》《上海证券交易所证券异常交易实时监控细则》等有关规定，上海证券交易所（以下简称“本所”）对新股上市初期的交易监管工作做了进一步规定。现将有关事项通知如下：

一、新股上市首日，投资者的申报价格应当符合以下要求，超出有效申报价格范围的申报为无效申报：

（一）集合竞价阶段，有效申报价格不得高于发行价格的 120% 且不得低于发行价格的 80%；

（二）连续竞价阶段，有效申报价格不得高于发行价格的144%且不得低于发行价格的64%。

有效申报价格范围的计算结果按照四舍五入的原则取至0.01元。

集合竞价阶段未产生开盘价的，以当日第一笔成交价格作为开盘价。

二、新股上市首日连续竞价阶段，盘中成交价格较当日开盘价首次上涨或下跌超过10%的，本所对其实施盘中临时停牌；盘中成交价格较当日开盘价上涨或下跌超过20%的，本所不再对其实施盘中临时停牌。

因前款规定停牌的，停牌持续时间为30分钟，如停牌持续时间达到或超过14：55，当日14：55复牌。

实施盘中临时停牌后，本所将通过官方网站（www.sse.com.cn）和卫星传输系统，对外公告具体的停牌及复牌时间。

三、新股上市初期，本所对单一或者涉嫌关联的多个证券账户的下列异常交易行为予以重点监控：

（一）通过大额申报、高（低）价申报、连续申报或虚假申报等手段，影响新股交易价格；

（二）通过日内反向交易或频繁隔日反向交易等手段，影响新股交易价格；

（三）利用市价委托进行大额申报，影响新股交易价格；

（四）本所认为需要重点监控的其他异常交易行为。

四、新股上市初期，出现下列情形之一的，属于本通知第三条第（一）项规定的大额申报、高（低）价申报、连续申报、虚假申报：

（一）集合竞价阶段，以高于（低于）前收盘价（上市首日为发行价）3%的价格申报买入（卖出）的数量超过新股当日实际上市流通量的5‰；

（二）连续竞价阶段，以高于（低于）申报时点最新成交价3%的价格申报买入（卖出）的数量超过新股当日实际上市流通量的5‰；

（三）连续竞价阶段，当最新成交价为当日最高成交价时，以不低于该成交价申报买入的数量超过新股当日实际上市流通量的2‰；

（四）连续竞价阶段，1分钟内单边申报次数超过3次且申报价格高于（低于）申报时点最优买价（卖价）的；

（五）连续竞价阶段，以实时最优5档价位申报买入（卖出）的数量超过当时该最优5档价位市场总申报买入（卖出）数量的30%并有撤单行为，且当日该情形发生3次以上的。

五、根据市场需要，本所可以对本通知规定的有效价格申报范围、异常波动标准和异常交易行为认定标准进行调整。

六、本所在新股上市首日收盘后公布该股当日各类投资者的交易信息。各市场参与人可以登录本所官方网站“交易信息披露”栏目的“新股首日交易信息”项目进行查询。

七、对存在本通知规定的异常交易行为的证券账户，本所可以单独或同时对其采取下列监管措施：

（一）口头或书面警示证券账户持有人；

（二）要求证券账户持有人提交合规交易承诺；

（三）盘中暂停证券账户当日的交易；

（四）本所规定的其他监管措施。

对于情节严重的，本所将给予限制证券账户交易、认定证券账户持有人为不合格投资者等纪律处分，并计入诚信档案；涉嫌违法的，将上报中国证监会查处。

八、本所会员应当做好本通知的宣传工作，向客户充分揭示新股交易的风险，加强客户新股交易行为的管理，发现客户有本通知规定的异常交易行为之一的，应当予以提醒，并及时采取措施予以制止。

对存在严重异常交易行为、经提醒仍不改正的客户，会员可以依据《上海证券交易所会员客户证券交易行为管理实施细则》的有关规定，拒绝其交易委托，或者终止与客户的证券交易委托代理关系，并向本所报告。

九、本所会员应当积极配合本所加强对新股交易的协同监管，对本所提供的新股交易重点监控账户，应当采取有效措施规范和约束其新股交易行为。

会员总部应当指定专人负责新股交易监管工作，各证券营业部负责人是其所在营业部新股交易协同监管的直接责任人。

十、本所将对会员贯彻和执行本通知的情况进行专项检查。对贯彻和执行不力的会员，本所将对其采取下列监管措施和纪律处分：

（一）对一年内有3个以上客户因新股异常交易行为被本所限制证券账户交易或者认定证券账户持有人为不合格投资者的，约见会员相关高管谈话；

（二）对一年内有5个以上客户因新股异常交易行为被本所限制证券账户交易或者认定证券账户持有人为不合格投资者的，视情况向会员发出监管警示函；

（三）对一年内有10个以上客户因新股异常交易行为被本所限制证券账户交易或者认定证券账户持有人为不合格投资者的，视情况在会员范围内予以通报批评；

（四）本所规定的其他监管措施和纪律处分。

十一、基金、保险、券商等专业机构投资者，应当严格按照本通知要求，坚持自律、规范原则，强化价值投资理念，理性参与新股交易。

十二、本通知所称“以上”“超过”含本数，“高于”“低于”不含本数。

十三、新股上市初期交易监管的其他事宜，适用《上海证券交易所交易规则》《上海证券交易所证券异常交易实时监控细则》等业务规则的规定。本所其他业务规则的规定与本通知不一致的，以本通知为准。

十四、本通知自发布之日起施行。本所2013年12月13日发布的《关于进一步加强新股上市初期交易监管的通知》（上证发〔2013〕20号）同时废止。

特此通知。

上海证券交易所

二〇一四年六月十三日

第三节　股票衍生品市场交易

一、股票期货市场交易

1. 股票期货交易的基本概念与内容

股票期货是指以单只股票作为标的的期货，属于股票衍生品的一种。在股票衍生品中，股票指数期货与期权诞生于20世纪80年代初；而股票期货则是20世纪80年代后期才开始出现，至今成交量不大，市场影响力较小。但进入21世纪后，股票期货作为一个相对较新的产品越来越受到人们的关注。

股票期货合约是一个买卖协定，注明于将来既定日期以既定价格（立约成价）买入或卖出相等于某一既定股票数量（合约成数）的金融价值。所有股票期货合约都以现金结算，合约到期时不会有股票交收。合约到期时，相等于立约成价和最后结算价两者之差乘以合约乘数的盈亏金额，会在合约持有人的按金户口中扣存。最后结算价是按照最后交易日该合约所代表的股票在现货市场每五分钟最高买入价及最低卖出价的中间价格的平均值计算。如果股票期货的投资者希望在合约到期前平仓的话，原先沽空的投资者只需买回一张期货合约，而买入合约的投资者则卖出一张期货合约。在进行期货交易时，买卖双方均需要先缴付一笔基本按金，作为履行合约的保证。结算所在每日收市后会将所有未平仓的合约按市价计算盈亏，作为在投资者按金户口中扣存的依据。如果市况不利使投资者蒙受亏损，令按金下降到低于规定的水平，交易所会要求投资者在指定时限内补款，使按金维持在原来的基本按金水平。

2. 股票期货交易特点与方式

股票期货交易的特点与其他商品期货交易的特点一样，这就是买卖双方关于股票所有权的转让与货款的交割都有一段时间距离。在期货交易中，买卖双方只要交纳少量的保证金签订一份合同，其股票的所有权就从买方转与了卖方，但不必立即付款和交付股票，而只有到了约定的交割期时，买方才付货款，卖方才交出股票。

按交易性质来分，股票期货交易的参加者可分为套期保值者和投机者，其中套期保值者的目的主要是想将股票的价格固定，以减少投资风险，而投机者则通过自己对市场的预测来购买股票期货合约，如果其预测错误，则投资者的风险就被转嫁给投机者；如果其估计正确，则套期保值者少赚的利润就被投机者获取。

如某投资者从股票现货市场上以每股10元的价格买进N手A种股票，由于银行利率存在着上调的可能性，未来几个月里股市行情就可能下跌。为了避免股票价格因利率调整而贬值，该投资者便在期货交易市场上与某投机者签订了一份期货合约，在3个月后将股票以每股10元的价格全部转让给投机者。在期货合约到期后将会有两种结果，其一是利率果真上调而导致股票价格的大幅下跌，如股票价格跌至每股8元，由于投资者已约定此时将股票以每股10元的价格转让与投机者，而市场上的现货价格只有8元，投资者可将以10元卖出的股票在市场上补回，除了保持原有的股票数量外，每股还能盈利2元。由于投机者在3个月前对行情预测的错误，此时他将以高于现货市场的价格将投资者的股票全部买入，每股股票将损失2元。其二是在这一时段中利率没有调整，在期货合约到期时，股票的价格不跌反涨至每股12元，此时投资者仍将履行期货合约所规定的义务，将股票以每股10元的价格交与投机者，而投机者由于事先预测正确，他可将以10元买入的股票立即以市价卖出，在每股股票的期货交易中便获取了2元的利润。在上面的期货交易中，合约到期后投资者与投机者之间也不一定非要进行实物的交割不可，他们只要按照市场价格将其价差补齐即可。如当股票价格涨至每股12元时，投资者也不一定非要将股票以每股10元的价格交出，他只需将每股2元的价差补给投机者就可以了，而对手中的股票，投资者愿意继续持有就保留下来，愿意卖出也可以每股12元的价格在现货市场抛售即可。

3. 股票期货交易过程

期货交易一般都在专门的期货交易所里集中进行，并采取由投资人委托其经纪人相互公开竞价的方式。交易价格在竞争中形成并随时公开报道。交易买卖双方可以根据价格行情的变化来调整他们的索价和开价。最后出价最高的买主与报价最低的卖主达成交易。成交之后，交易双方都要通过各自的经纪人向证券交易所缴纳5%～20%的保证金，一般按照成交额计算。因为期货合同所买卖的对象并不直接是现货股票，而只是一种期货合同，是典型的买空卖空，因此，给付一定比例的保证金，以防期货合同到期后一方的失约，从而能够起到一定的履约保证的作用，它同时也使投资者权衡得失，慎重考虑，并可以避免由于买空卖空带来的市场失去平衡的风险。在期货交易中，保证金的比例都由证券交易所确定。此外，买卖双方还要向各自的经纪人交纳一定数额的手续费。

4. 股票期货交易的实质

股票期货交易和现货交易相比较，其最大的优势在于投资者能够用更长的时间来分析股票价格行情的变化，并随之调整自己的投资策略，同时也可固化股票价格，减少投资风险。另一方面，由于期货交易提供了股票的保值功能，它使得现货市场上的交易更为活跃，而现货交易的发展兴旺也能促进期货交易。

股票期货交易目前已成为发展最快的市场，其交易金额不断增长，同时市场波动性也很大，投机性得到进一步的强化。在股票期货交易里，股票仅仅是一种象征，买卖对象只是期货交易合同而非股票现货。在期货合约的买卖过程中，交易的双方并不需要持有股票或者说股票并不出面，也无需全额的资金，就可以进行股票的买卖。只要交易双方确定了交割日期的价格，签订期货合同就算成交。到了结算日，交易双方只要根据股票行市的变动情况，对照自己预测的结果之间产生的差额进行结算即可。由于股票期货交易中买空卖空的投机性，许多国家都在法规中对买空卖空特别是卖空交易进行限制。因为在卖空时，投资者手里无需有股票，他觉得有利时可以从证券经纪商借入股票来卖空投机，这就有可能导致股市行情下跌，不利于股市的稳定、健康运行，也容易使其他投资者不敢轻易投资，影响资金筹集。但另一方面，卖空交易时，投资者先行卖出，在股价下跌时再买回，不仅能减少风险，也可使投资者在股市下跌情况下仍有利可图，同时在一定程度上也可稳定股市下跌局面。

5. 股票期货交易的风险

虽然股票期货具有独到之处，使得投资市场琳琅满目，但其弊端和可能造成的伤害也是显而易见的。作为一柄双刃剑，其风险性要显著高于股票交易、期权交易以及指数期货。

（1）股票期货的风险性比股票交易大。其主要原因如下：

①期货交易的杠杆效应会放大股票价格变化所带来的影响，从而使得投资者差之毫厘，失之千里。通常保证金限额越低，杠杆效应也越大，投资风险性也越高。

②衍生性金融产品具有价格变化的持续性与迅速性特点。股票期货的价格既受到基础股票价格的影响，也受到其他因素的干扰，如到期日的长短与利率的高低等。因此，即便股票价格稳定不变，股票期货的价格也有可能因其他因素的推动而导致股票期货的波动性会远在股票交易之上。

③股票交易无到期日的限制，而股票期货具有明确的到期日，股票期货投资者比股票投资明显有更大的支付压力。

④股票期货的有效期通常只有两到三个月，因此投资者必须采取接力递进的方式，在到期日来临时转入下一轮期货，并周而复始，直至策略周期的结束。这就需要投资者对于期货交易及其接力机制具有充分的了解，以降低期货交易所特有的递进风险。同时，连续递进的接力过程也要求投资者对股价判断应准确，以免陷入“一子落错，满盘皆输”的窘困。

（2）股票期货的风险比股票期权大。

期权与期货虽然均属于衍生性产品的范畴，都具有到期日和杠杆效应，但两者的概念与运作截然不同，风险性更是迥然不一。例如，买入待买期权时，投资者只需支付数目确定的少量款额，买到的是在未来到期日前以某一确定价格购买基础股票的权利。这笔款额也是投资者可能损失的最大金额，也就是说投资者在整个期权交易过程中无须再度注入资金。

但股票期货却完全不同。股票的期货与现货价格时刻处于变化之中，到期日必然会合二为一，而且投资者毫无放弃权利之说。在到期日来临之时，他们或者要以现金结算，或者要履行买进或卖出基础股票的承诺。同时，虽然投资者在购买期货时只需支付20%的保证金，但如果股票价格的运动与投资者的预测背道而驰，那么投资者在催促保证金的压力之下就不得不继续贴钱作为追加保证金，也就是说其损失额是难以预测且毫无止境的。

（3）股票期货的风险性比指数期货大。

指数是多种股票的集合，大多符合投资分散化的原则与要求。因此与个别股票相关的特殊风险已经所剩无几，唯一残存的风险性就是投资分散化所无法消除的系统性风险或市场风险。而股票期货是以单一股票为基础，集特殊风险和市场风险于一体，因而其价格波动的剧烈性无疑会高于指数期货。股票期货的交易量与流通性还远不如指数期货，致使其买卖价差与交易费用要高于指数期货。

二、股票期权市场交易

股票期权市场交易（Stock Options Trading）是指期权交易的买方与卖方经过协商之后以支付一定的期权费为代价，取得一种在一定期限内按协定价格购买或出售一定数额股票的权利，超过期限，合约义务自动解除。期权一般有两种形式：一种是看涨期权，另一种是看跌期权，即投资者可以以协议价格卖出一定数量的某种股票的权利。

1. 股票看涨期权

股票看涨期权即购买者可以在规定期限内按协定价格购买若干单位的股票（芝加哥期权交易所规定一个合同为 100 股，伦敦证券交易所规定为 1 000 股）。当股票价格上涨时，可按合约规定的低价买进，再以市场高价卖出，从而获利；反之，若股票价格下跌，低于合约价格，就要承担损失。由于买方盈利大小视涨价程度高低而定，故称作看涨期权。

例如，某期权买方与卖方签订一个 6 个月期的合约，买卖 100 股某公司股票，股票面值每股 10 美元，每份合同 100 股，期权费每股 1 美元共 100 美元，协定价格每股 11 美元。如果在合约期内股价上涨，为每股 13.5 美元，这时买方有两种选择：

第一种，执行期权。即按 11 美元买入 100 股，支付 1 100 美元，然后再将这 100 股在交易所以每股 13.5 美元卖出，收入 1 350 美元，利润为 250 美元，扣除期权费后，净利达 150 美元。

第二种，转让期权。如果在股价上涨时，期权费也上升，如本例升为每股 3 美元，则买方可出让该看涨期权，收入 300 美元，净赚 200 美元，收益率高达 200%。

以较小的代价就能获取极大的利润，正是期权的魅力所在。

如果股市走势与买方预测相反，买方就要承担损失。这时买方也可有两种选择：

第一种，不执行期权，亦即使期权自动到期，买方损失 100 美元期权费。

第二种，削价出售期权，亦即买方在合约有效期内对行情上涨已失去信心，于是就中途削价出售期权，以每股 0.5 美元出售，损失 50 美元。

2. 股票看跌期权

股票看跌期权指在规定期内按协议价格出售若干单位的股票。当股票价格下跌时，期权买方就按合约规定价格把期权卖给卖方，然后在交易所低价购进从中获利。因买方盈利大小视股价下跌程度而定，故称“看跌期权”。

例如，期权买方与卖方签订一份 6 个月期的合约，协定价格每份股票 14 元，出售股数 100 股，期权费每股 1.5 美元，共 150 美元，股票面值每股 15 美元。买方在这个交易中有两种选择：

第一种，执行期权。如果在规定期内股价果然下降，降为每股 12 美元，这时买方就执行期权，即按协定价格卖给卖方 100 股，收进 1 400 美元，然后在交易所按市场价买入 100 股，支付 1 200 美元，获利 200 美元，扣除期权费 150 美元，净利 50 美元。

第二种，出卖期权。当股价下跌，同时看跌期权费也升高，如涨至每股3.5美元，则买方就出售期权，收进350美元，净利200美元。反之，如果股价走势与预测相反，买方则会遭受损失，损失程度即为其所付的期权费。

三、股票开放式基金市场交易

1. 股票开放式基金的基本概念与内容

根据不同标准，可以将证券投资基金划分为不同的种类。根据基金单位是否可增加或赎回，可分为开放式基金和封闭式基金。开放式基金是指基金发起人在设立基金时，基金份额总规模不固定，可视投资者的需求，随时向投资者出售基金份额，并可应投资者要求赎回发行在外的基金份额的一种基金运作方式。

股票基金是指以股票为投资对象的投资基金（股票投资比重占60%以上）。股票基金是最主要的基金品种，以股票作为投资对象，包括优先股股票和普通股股票。股票基金的主要功能是将大众投资者的小额资金集中起来，投资于不同的股票组合。根据不同的投资风格，我们把股票基金分为成长型、价值型和混合型基金。成长型股票基金是指主要投资于收益增长速度快、未来发展潜力大的成长型股票的基金；价值型股票基金是指主要投资于价值被低估、安全性较高的股票的基金。价值型股票基金风险要低于成长型股票基金，混合型股票基金则介于两者之间。

开放式基金所发行的基金单位是可赎回的，而且投资者在基金的存续期间也可随意申购基金单位，导致基金的资金总额每日均不断地变化。换言之，它始终处于“开放”的状态。

投资者投资于开放式基金时，则可以随时向基金管理公司或销售机构申购或赎回。

2. 开放式投资基金的交易程序

投资者到基金管理公司或选定的基金代销机构开设基金账户，按照规定的程序申请申购和赎回基金。投资者购买基金的过程称作申购；投资者将所持有基金卖出并收回现金，也就是基金管理公司应投资者的要求买回基金的过程，称为赎回。

（1）申购程序。通常，投资人通过直接销售渠道还是代理销售渠道申购基金，都须通过下列步骤：

第一，开立账户。投资人须携带营业执照、法人委托书、身份证、结算用银行账户、预留银行印鉴卡等。

第二，确认申购金额。开放式基金的申购价格是以申购当日原基金净值为准。客户在申购基金时，只能填写购买多少金额的基金。在申购次日早上公布前一天的基金净值，客户才会知道最终是买到了多少个基金单位。

第三，支付款项。国外一般申购基金的付款方式是通过银行汇款支付。客户在支付或汇款时，还要加上申购的手续费用。各个市场的申购手续费不一样，我国《开放式证券投资基金试点办法》规定，申购费不得超过申购金额的5%。

第四，申购确认。携带基金账户卡、结复用银行账户等，基金管理公司在交易日后会为客户提供成交确认书。客户也可以通过语音电话查询，确认最终申购的基金单位数。

(2) 赎回程序。基金的赎回是基金申购的反过程，即卖出基金、收回现金。与申购过程一样，投资人可以通过直销和代销机构向基金公司发出赎回指令，其中较关键的事项是：

第一，发出赎回指令。客户可以通过传真、电话、互联网，或者到基金公司柜台或代销机构等下达基金赎回指令。

第二，赎回价格基准。国际市场上，基金的赎回价格是赎回当日的基金净值。有些基金公司会加计赎回手续费，成为买进和赎回两种报价。

第三，领取赎回款。投资人赎回基金时，无法在交易当天拿到款项，一般会在交易日的 3～5 天后付出款项。投资人可以指示基金公司将赎回款项直接汇入其在银行的户头，或是寄发支票给投资人。

四、股票封闭式基金市场交易

1. 封闭式基金的基本概念

封闭式基金是指基金的发起人在设立基金时，限定了基金单位的发行总额，筹足总额后，基金即宣告成立，并进行封闭，在一定时期内不再接受新的投资。

基金单位的流通采取在证券交易所上市的办法，投资者日后买卖基金单位，都必须通过证券经纪商在二级市场上进行竞价交易。

2. 封闭式基金的特点

封闭式基金均有明确的存续期限（我国为不得少于 5 年），在此期限内已发行的基金单位不能被赎回。虽然特殊情况下此类基金可进行扩募，但扩募应具备严格的法定条件。因此，在正常情况下，基金规模是固定不变的。

封闭式基金发起设立时，投资者可以向基金管理公司或销售机构认购；当封闭式基金上市交易时，投资者又可委托券商在证券交易所按市价买卖。

在我国，封闭式基金一般是折价交易，所以投资者可以利用这部分折价进行到期套利。例如，某投资者现在同时购买净值为 1 元的开放式基金和净值为 1 元、折价率为 20% 的封闭式基金，由于开放式基金是按净值进行申购和赎回，所以投资者的成本为 1 元，而对于封闭式基金来说，投资者的成本仅为 0.8 元。投资者将两只基金持有到期，由于现在封闭式基金转为开放式基金已有先例，两只基金均按净值赎回，假设净值没有任何增长，开放式基金依旧按 1 元赎回，投资者的收益为 0 元，而封闭式基金也按 1 元赎回，投资者的收益为 $(1-0.8) \div 0.8 = 25\%$，这就是封闭式基金的到期套利收益。但是对于封闭式基金来说，它的净值是每周公布一次，因此，信息透明度不如开放式基金，同时，对于那些到期时间还很长的大盘封闭式基金来说，可能面临进一步的折价风险。

五、股票分级基金市场交易

1. 分级基金的基本概念与特点

分级基金又叫“结构型基金”，是指在一个投资组合下，通过对基金收益或净资产的分解，形成两级（或多级）风险收益表现有一定差异化基金份额的基金品种。它的主要特点是将基金产品分为两类份额，并分别给予不同的收益分配。

从基金类型来看，分级基金有股票型与债券型两类，股票型基金又包括主动管理型与被动指数型。从目前已经成立和正在发行的分级基金来看，通常分为低风险收益端（优先份额A）子基金和高风险收益端（进取份额B）子基金两类份额。A份额和B份额的资产作为一个整体投资，其中持有B份额的人每年向A份额的持有人支付约定利息，至于支付利息后的总体投资盈亏则都由B份额承担。母基金份额，又称基础份额，是指未拆分的基金份额，获得基金投资的全部收益，和普通的基金没有区别。母基金份额只能申购、赎回、分拆、合并，不能够上市交易。

母基金净值与子基金净值的关系是：

母基金净值 = A类份额子基金净值 × A份额所占比例 + B类份额子基金净值 × B份额所占比例

2. 股票分级基金的市场交易方式与风险

母基金只能按净值办理申购赎回业务，可通过直销网站及代销机构（银行及证券公司场内外）办理，不能上市交易，需交纳基金的申购赎回费。子基金则只能使用证券账户按即时交易价格在二级市场买卖，不能按净值单独申购赎回，交易时由证券公司收取交易费用。

分级基金形式多样，能分别满足低风险偏好和高风险偏好投资者的需求，投资者能方便地根据自身投资特点和市场走势进行灵活的资产配置，投资方式也较方便，成本相对较低。

但是，分级股票基金的进取份额是一把双刃利器，具有杠杆特性。在上涨过程中，涨幅较大，是良好的投资品种，但是在下跌过程中也会放大损失，蕴含着比较大的风险。例如，股市上升1%，进取类份额净值可能上升2%，同样，股市下跌1%，进取类份额净值也可能会下跌2%，体现了进取类份额的杠杆特征。因此投资股票分级基金，应根据市场大势来定。在股市大跌、溢价率较小的时候，提前买入股票分级基金进取份额是较好的方式。一旦股市回暖，进取份额往往上涨过度之后会有较大的调整而产生较大风险。

3. 股票分级基金的交易策略

从交易的角度出发，分级基金有三种交易策略：第一是长期持有一定的场外份额或者配对购入高低两类份额，依据对后市的判断与其折溢价水平，卖出一类份额而长期持有另一类份额；第二是根据市场判断和基金的折溢价水平变化情况进行场内场外份额之间的转换，实现短期套利；第三是进行“长短结合”的投资方式，并不完全按照份额配比持有两类份额，而是保持其中一类份额的一定多头头寸，根据分级基金的市场表现和预期，选择性地在两类份额之间转换，长期持有。当分级基金整体场外场内份额出现较大折溢价时，进行配对转换交易的操作，实现套利，并可以避免临时买入份额所承担的市场风险。除此之外，投资分级基金还要先确定自己的风险收益偏好，低风险的投资者可选择股票型分级基金的低风险份额，根据自己对于后市的判断，利用股票型分级基金的高杠杆份额获取更高收益。

六、股票可转换债券市场交易

1. 股票可转换债券的基本概念与特点

可转换债券是可转换公司债券的简称，又简称可转债。它是一种可以在特定时间、按特定条件转换为普通股票的特殊企业债券。可转换债券兼具债权和期权的特征。

可转换性是可转换债券的重要标志，债券持有人可以按约定的条件将债券转换成股票。转股权是投资者享有的、一般债券所没有的选择权。可转换债券在发行时就明确约定，债券持有人可按照发行时约定的价格将债券转换成公司的普通股票。如果债券持有人不想转换，则可以继续持有债券，直到偿还期满时收取本金和利息，或者在流通市场出售变现。如果持有人看好发债公司股票增值潜力，在宽限期之后可以行使转换权，按照预定转换价格将债券转换成为股票，发债公司不得拒绝。正因为具有可转换性，可转换债券利率一般低于普通公司债券利率，企业发行可转换债券可以降低筹资成本。

可转换债券具有双重选择权的特征。一方面，投资者可自行选择是否转股，并为此承担转债利率较低的机会成本；另一方面，转债发行人拥有是否实施赎回条款的选择权，并为此要支付比没有赎回条款的转债更高的利率。双重选择权是可转换公司债券最主要的金融特征，它的存在使投资者和发行人的风险、收益限定在一定的范围以内，并可以利用这一特点对股票进行套期保值，获得更加确定的收益。

大多数情况下，发行人都规定一个特定的转换期限，在该期限内，允许可转换债券的持有人按转换比例或转换价格转换成发行人的股票。我国《上市公司证券发行管理办法》规定，可转换公司债券的期限最短为1年，最长为6年，自发行结束之日起6个月方可转换为公司股票。

2. 股票可转换债券的投资价值

可转换债券对投资者具有强大的市场吸引力，其有利之处在于：

（1）可转换债券使投资者获得最低收益权。

可转换债券与股票最大的不同就是它具有债券的特性，即便当它失去转换意义后，作为一种低息债券，仍然会有固定的利息收入；这时投资者以债权人的身份，可以获得固定的本金与利息收益。如果实现转换，则会获得出售普通股的收入或获得股息收入。可转换债券对投资者具有“上不封顶，下可保底”的优点，当股价上涨时，投资者可将债券转为股票，享受股价上涨带来的盈利；当股价下跌时，则可不实施转换而享受每年的固定利息收入，待期满时偿还本金。

（2）可转换债券当期收益较普通股红利高。

投资者在持有可转换债券期间，可以取得定期的利息收入，通常情况下，可转换债券当期收益较普通股红利高，如果不是这样，可转换债券将很快被转换成股票。

（3）可转换债券比股票有优先偿还的要求权。

可转换债券属于次等信用债券，在清偿顺序上，同普通公司债券、长期负债（银行贷款）等具有同等追索权利，但排在一般公司债券之后，同可转换优先股、优先股和普通股相比，可得到优先清偿的地位。

3. 股票可转债的交易方式

可转债实行T+0交易，其委托、交易、托管、转托管、行情揭示、交易时间参照A股办理。可转债在转换期结束前的十个交易日终止交易，终止交易前一周交易所予以公告。可以转托管，参照A股规则。

深市投资者应向券商交纳佣金，标准为总成交金额的2‰，佣金不足5元的，按5元收取。沪市投资者委托券商买卖可转换公司债券须交纳手续费，上海每笔人民币1元，异地每笔3元。成交后在办理交割时，投资者应向券商交纳佣金，标准为总成交金额的2‰，佣金不足5元的，按5元收取。

投资者可通过几种方式直接或间接参与可转债投资。第一，可以像申购新股一样，直接申购可转债。可转债的发行面值都为100元，申购的最小单位为1手1 000元。第二，除了直接申购外，投资者通过提前购买正股获得优先配售权。由于可转债发行一般会对老股东优先配售，因此投资者可以在股权登记日之前买入正股，然后在配售日行使配售权，获得可转债。第三，在二级市场上，投资者只要拥有了股票账户，也就可以买卖可转债。具体操作与买卖股票类似。

七、股票ETF和LOF市场交易

1. 交易型开放式指数基金（ETF）

（1）ETF的概念与特点。

ETF（Exchange Traded Fund）即交易型开放式指数基金，是一种在交易所上市交易的证券投资基金产品。它具有以下特点：

①被动操作的指数基金。ETF以某一选定的指数所包含的成分证券为投资对象，依据构成指数的股票种类和比例，采取完全复制或抽样复制，进行被动投资的指数基金。ETF不但具有传统指数基金的全部特色，而且是更为纯粹的指数基金。

②独特的实物申购、赎回机制。实物申购、赎回机制，是指投资者向基金管理公司申购ETF，需要拿这只ETF指定的“一篮子”股票来换取；赎回时得到的不是现金，而是相应的“一篮子”股票；如果想变现，需要再卖出这些股票。实物申购、赎回机制是ETF最大的特色，使ETF省却了用现金购买股票以及为应付赎回卖出股票的环节。此外，ETF，有“最小申购、赎回份额”的规定，只有资金达到一定规模的投资者才能参与ETF一级市场的实物申购、赎回。

③实行一级市场与二级市场并存的交易制度。在一级市场上，只有资金达到一定

规模的投资者（基金份额通常要求在50万份以上），在交易时间内可以随时进行以股票换份额（申购）、以份额换股票（赎回）的交易，中小投资者被排斥在一级市场之外。在二级市场上，ETF与普通股票一样在市场上挂牌交易。无论是资金在一定规模以上的投资者还是中小投资者，均可按市场价格进行ETF份额的交易。一级市场的存在使二级市场交易价格不可能偏离基金份额净值很多，否则两个市场的差价会引发套利交易。因此，正常情况下，ETF二级市场价格与基金份额净值总是比较接近，可有效防止类似封闭式基金的大幅折价。

（2）ETF的套利交易。

ETF本质上是一种指数基金，因此对ETF的需求主要体现为对指数产品的需求上。目前，在我国的证券市场上，大多数投资者仍然是中小投资者，对于那些想赚取指数红利而又没有大量资金的中小投资者而言，ETF具有一定的吸引力。

当同一商品在不同市场上价格不一致时就会存在套利交易。传统上，数量固定的证券会在供求关系的作用下，形成二级市场价格独立于自身净值的交易特色，如股票、封闭式基金即是如此。而数量不固定的证券，如开放式基金则不能形成二级市场价格，只能按净值进行交易。ETF的独特之处在于实行一级市场与二级市场交易同步进行的制度安排，因此，投资者可以在ETF二级市场交易价格与基金份额净值两者之间存在差价时进行套利交易。

具体而言，当二级市场ETF交易价格低于其份额净值，即发生折价交易时，大的投资者可以通过在二级市场低价买进ETF，然后在一级市场赎回（高价卖出）份额，再于二级市场上卖掉股票而实现套利交易。相反，当二级市场ETF交易价格高于其份额净值，即发生溢价交易时，大的投资者可以在二级市场买进“一篮子”股票，于一级市场按份额净值转换为ETF（相当于低价买入ETF）份额，再于二级市场上高价卖掉ETF而实现套利交易。套利机制的存在将会迫使ETF二级市场价格与份额净值趋于一致，使ETF既不会出现类似封闭式基金二级市场大幅折价交易、股票大幅溢价交易现象，也克服了开放式基金不能进行盘中交易的弱点。

折价套利会导致ETF总份额的减少，溢价套利会导致ETF总份额的扩大。但正常情况下，套利活动会使套利机会消失，因此套利机会并不多，通过套利活动引致的ETF规模的变动也就不会很大。ETF规模的变动最终取决于市场对ETF的真正需求。

2. 上市型开放式基金（LOF）

（1）LOF的概念与特点。

LOF（Listed Open－ended Fund），是指在证券交易所上市交易的开放式证券投资基金，称为“上市型开放式基金”。投资者既可以通过基金管理人或其委托的销售机构以基金净值进行申购、赎回，也可以通过证券交易所市场以交易系统撮合成交价进行买入卖出。LOF实质上是开放式基金发行方式和交易方式的创新，具有以下特点：

①降低交易者交易成本，提高交易效率。LOF产品的交易成本相对较低，持有人通过证券交易所买卖LOF基金单位的双边交易费用最高为0.5%，远低于在一级市场

（银行或基金管理公司）申购或赎回的双边 1.5%～2% 的平均交易费用。通过证券账户，利用交易所电话、网络方式交易 LOF 基金等，比在银行通过面对面的柜台式服务更为方便和快捷。

②改变传统开放式基金“一对一”的交易模式。开放式基金上市后，投资者可以像买卖封闭式基金一样，在二级市场买卖已存在的开放式基金份额，也可以通过基金的代销或直销网点进行一级市场的申购与赎回。

③减轻甚至消除基金的折价问题。一旦在交易所挂牌交易的开放式 LOF 基金出现较高折价时，就会有套利者在二级市场上买入、经转托管后再到银行等一级市场以基金净值赎回，套利行为将减小甚至消除折价。

④为封闭式基金转型开放式后继续上市交易提供了模式。LOF 基金为我国封闭式基金转为开放式基金提供了转型后的运作方式，目前，我国深圳证券交易所上市的封闭式基金到期转型为开放式基金后，均成为 LOF 基金继续留在深圳交易所上市。

⑤提高基金的运作透明度。LOF 一旦在交易所上市后，除了像传统的开放式基金一样公布每日净值等信息外，还必须遵守交易所的信息披露规则。为了便于二级市场投资者的操作，目前 LOF 基金一般在每天证券交易时间内四次披露实时净值，这大大提高了基金运作的透明度，有助于开放式基金的规范运作。

（2）LOF 的套利交易。

LOF 的问世，不仅带来了基金发行方式和交易方式的创新，而且可以满足投资者不同的投资风格，为投资者带来全新的套利模式——跨市场套利。由于 LOF 既在交易所上市，又可以办理申购赎回，所以存在基金的二级市场交易价格与一级市场的申购赎回价格产生背离的可能，由此产生了套利的机会。当二级市场价格高于基金净资产的幅度超过手续费率时，投资者就可以从基金公司或代销机构申购 LOF 基金份额，再转到二级市场卖出基金份额；如果二级市场价格低于基金净资产的幅度超过手续费率时，投资者可以先在二级市场买入基金份额，再转到基金管理公司办理赎回业务，完成套利过程。

【重要信息阅读】

黄金 ETF

所谓黄金 ETF 基金，是指一种以黄金为基础资产、追踪现货黄金价格波动的金融衍生产品。国内投资者对于黄金 ETF 基金知之甚少，但在境外市场，黄金 ETF 基金异常火爆。

黄金 ETF 的运行原理为：由大型黄金生产商向基金公司寄售实物黄金；随后由基金公司以此实物黄金为依托，在交易所内公开发行基金份额，销售给各类投资者；商业银行分别担任基金托管行和实物保管行，投资者在基金存续期间可以自由赎回。

第四节　股票场外交易市场交易

一、场外交易市场简介

除了证券交易所市场（场内交易市场）外，还有一些交易市场因为没有集中统一的交易制度和交易场所，因而把它们统称为场外交易市场。

场外交易市场是证券交易所以外的证券交易市场的总称。场外交易市场是证券流通市场不可缺少的重要组成部分，它又分为柜台交易市场或店头交易市场、第三市场、第四市场。

在证券发展初期，由于证券交易所尚未建立或完善，大部分有价证券的买卖都是直接在柜台上进行，因此称为柜台交易市场或店头交易市场。随着证券交易所的产生和发展，证券市场上的交易方式有了一定程度的改进，但场外交易市场仍然能够存在和发展，这主要有以下几个原因：

（1）证券交易所可以容纳的上市证券十分有限，很大一部分证券只能在场外进行交易。同时证券交易所规定的上市条件比较严格，不符合上市标准的证券不能进入证券交易所买卖，而这些证券也需要流通，所以为了规避较严格的法律条件只能在场外完成交易。

（2）由于申请上市的手续比较复杂，而且上市后必须通过交易所的会员才能买卖，为此还要向经纪会员交付一定数额的佣金，而场外交易市场不必经过烦琐的上市程序，也不需要填写委托书，所以有些发行公司即使符合上市条件，也不愿申请上市，而只在场外进行交易。

（3）随着科技、通信技术的发展，场外交易市场的交易方式、交易程序和交易设备都有了很大的改进，目前许多场外交易并不直接在证券经营机构的柜台前进行，而是由客户与证券经营机构通过电话、电传、计算机网络等进行交易，交易效率大大提高。

二、场外交易市场的特点

场外交易市场具有以下特征：

1. 场外交易市场是一个分散的无形市场

场外交易市场没有固定集中的交易场所，也没有固定的交易时间，而是由许多各自经营的证券经营机构依靠电话、电报、电传和计算机网络联系分别进行交易。

2. 场外交易市场的组织方式采取做市商制

场外交易市场中证券交易通常在证券经营机构之间或是在证券经营机构与投资者之间直接进行，不需要中介人。证券经营机构先行垫入资金买进若干证券作为库存，然后开始挂牌对外进行交易。它们以较低的价格买进，再以略高的价格卖出，从中赚取差价，但其加价幅度一般受到限制。证券商既是交易的直接参加者，又是市场的组织者，它们制造出证券交易的机会并组织市场活动，因此被称为“做市商”（market maker）。

3. 场外交易市场的交易证券品种多

上市或不上市的证券都可以在此进行交易，以未能或无须在证券交易所批准上市的股票和债券为主。

4. 场外交易市场是一个以议价方式进行证券交易的市场

在场外交易市场上，证券买卖采取一对一的交易方式，对同一种证券的买卖不可能同时出现众多的买方和卖方，也就不存在公开的竞价机制。场外交易市场的价格决定机制不是公开竞价，而是买卖双方议价。具体来说，是证券公司对自己所经营的证券同时挂出买入价和卖出价，并无条件地按买入价买入证券和按卖出价卖出证券，最终的成交价是在挂牌价基础上经双方协商决定的不含佣金的净价。券商可根据市场情况随时调整所挂的牌价。

5. 场外交易市场的交易规则灵活、手续简便、市场管理比证券交易所宽松

由于场外交易市场分散，缺乏统一的组织和章程，因此不易管理和监督，其交易效率也不及证券交易所。但美国的纳斯达克市场借助计算机将分散于全国的场外交易市场联成网络，在管理和效率上都有很大提高。

三、我国场外交易市场的规则

我国场外股权交易市场泛指在上海、深圳证券交易所之外进行非上市股票或股权交易的市场，主要包括产权交易市场、代办股份转让系统和股权交易市场。受我国经济发展历程和国企改革影响，中国的场外股权交易市场并不是一个统一的市场，而是由数百个市场组成。各市场相互独立，呈现出不同的发展特点。

目前，中国的场外股权交易尚没有完善和系统的法律规范。《中华人民共和国证券法》规定“依法公开发行的股票、公司债券及其他证券，应当在依法设立的证券交易所上市交易或者在国务院批准的其他证券交易场所转让”，但并未具体指出其他证券交易场所有哪些，对交易的规则、监管、信息披露等交易细节的相关规定有待完善。产权交易市场中，国有产权、股权交易的规则相对比较规范，但是非国有股权转让的准入条件、交易和信息披露的规则还基本没有制订；一些地方政府出台的“非上市股份有限公司股权登记托管业务”相关规定，也多为地方政府的独立行为，缺乏统一的标准和规范。中关村股份报价系统目前设立的规则仅适用于园区内企业，而一旦该系统业务突破地域范围，原规则将不再适用，需要重新修改

代办股份转让系统由中国证券业协会负责自律性管理，以契约明确参与各方的权利、义务和责任。证券公司以其自有或租用的业务设施，为非上市股份有限公司提供股份转让服务。证券公司依据契约，对挂牌公司的信息披露行为进行监督、指导和督促，中国证券业协会委托证券交易所对股份转让行为进行实时监控，并对异常转让情况提出报告。中国证券业协会履行自律性管理职责，对证券公司代表股份转让服务业

务实施自律管理。

第五节　新兴流通市场交易

一、中小企业板市场交易

2004 年 5 月，经国务院批准、中国证监会批复同意，深圳证券交易所在主板市场内设立了中小企业板市场。设立中小企业板块的宗旨是为业绩突出、具有成长性和科技含量的中小企业提供直接融资平台，是我国多层次资本市场体系建设的重要内容。

1. 中小企业板块的设立目的与作用

中小企业板块的设立要点主要表现在以下四个方面：

（1）暂不降低发行上市标准，而是在主板市场发行上市标准的框架下设立中小企业板块，这样可以避免因发行上市标准变化带来的风险。

（2）在考虑上市企业的成长性和科技含量的同时，尽可能扩大行业覆盖面，以增强上市公司行业结构的互补性。

（3）在现有主板市场内设立中小企业板块，可以依托主板市场形成初始规模，避免直接建立创业板市场初始规模过小带来的风险。

（4）在主板市场的制度框架内实行相对独立运行，目的在于有针对性地解决市场监管的特殊性问题，逐步推进制度创新，从而为建立创业板市场积累经验。

2. 中小企业板块交易规则与监管措施

中小企业板块的总体设计可以概括为“两个不变”和“四个独立”。“两个不变”是指中小企业板块运行所遵循的法律、法规和部门规章与主板市场相同；中小企业板块的上市公司符合主板市场的发行上市条件和信息披露要求。“四个独立”是指中小企业板块是主板市场的组成部分，同时实行运行独立、监察独立、代码独立、指数独立。

同时，中小企业板块在监管方面采取了两个措施：一是改进交易制度，完善开盘集合竞价制度和收盘价的确定方式，在监控中引入涨跌幅、振幅及换手率的偏离值等指标，完善交易异常波动停牌制度等；二是完善中小企业板块上市公司监管制度，推行募集资金使用定期审计制度、年度报告说明会制度和定期报告披露上市公司股东持股分布制度等措施。

二、创业板市场交易

创业板市场，是指为具有高成长性的中小企业和高科技企业融资服务的资本市场，有的也称为二板市场、另类股票市场、增长型股票市场等。

1. 创业板市场特点

创业板市场与大型成熟上市公司的主板市场不同，是一个前瞻性市场，注重于公司的发展前景与增长潜力。其上市标准要低于成熟的主板市场。创业板市场是一个高风险的市场，因此更加注重公司的信息披露，主要具有以下特点：

（1）在上市条件方面对企业经营历史和经营规模有较低的要求，但注重企业的经营活跃性和发展潜力。

（2）买者自负的原则。创业板需要投资者对上市公司营业能力自行判断，坚持买者自负原则。

（3）保荐人制度。对保荐人的专业资格和相关工作经验提出更高要求。

（4）以“披露为本”作为监管方式。它对信息披露提出全面、及时、准确的严格要求；

（5）以增长型公司为目的。上市条件较主板市场宽松。

2. 创业板市场的功能

创业板市场的功能主要表现在两个方面：一是在风险投资机制中的作用，即承担风险资本的退出窗口作用；二是作为资本市场所固有的功能，包括优化资源配置、促进产业升级等作用。而对企业来讲，上市除了融通资金外，还有提高企业知名度、分担投资风险、规范企业运作等作用。因而，建立创业板市场，是完善风险投资体系、为中小高科技企业提供直接融资服务的重要一环，也是多层次资本市场的重要组成部分。

经国务院同意、中国证监会批准，我国创业板市场于 2009 年 10 月 23 日在深圳证券交易所正式启动。我国创业板市场主要向成长型创业企业，重点支持自主创新企业，支持市场前景好、带动能力强、就业机会多的成长型创业企业，特别是支持新能源、新材料、电子信息、生物医药、环保节能、现代服务等新兴产业的发展。

三、B 股市场交易

B 股即人民币特种股票，它是以人民币标明面值，以外币认购和买卖，在境内上海证券交易所、深圳证券交易所上市交易的股票。B 股不是实物股票，依靠无纸化电子记账，实行“T + 3”交割制度，有涨跌幅（10%）限制，参与投资者为香港、澳门、台湾地区居民和外国人，持有合法外汇存款的内地居民也可投资。基本交易规则如下：

1. 交易品种

分为深圳 B 股和上海 B 股。

2. 交易时间

每周一至周五上午 9：30—11：30，下午 13：00—15：00（北京时间）。法定节假日不交易。

3. 交易原则

价格优先、时间优先。

4. 成交顺序

（1）价格优先：较高价格买进申报优先于较低价格买进申报，较低价格卖出申报优先于较高价格卖出申报；

（2）时间优先：买卖方向、价格相同的，先申报者优先于后申报者。先后顺序按交易主机接受申报的时间确定。

5. 价格最小变化档位

深交所 B 股为 0.01 港元；上交所 B 股为 0.001 美元。

6. 交易单位

B 股购买数额以一手即 100 股或其整数倍为单位（卖出则无此下限）。

7. 交易方式

深市 B 股交易方式分为集中交易和对敲交易。

（1）集中交易：指在交易时间内通过交易所集中市场交易系统达成的交易。

（2）对敲交易：证券商在开市后至闭市前 5 分钟将其接受的同一种 B 股买入委托和卖出委托配对后输入，经交易所的对敲交易系统确认后达成的交易。对敲交易仅限于股份托管在同一证券商处且不同投资者之间的股份协议转让。每笔交易数量须达到 50 000 股以上。

8. 涨跌幅限制

与 A 股一样，B 股交易实行价格涨跌幅限制，涨跌幅比例为 10%，其中 ST 股票价格涨跌幅比例为 5%。股票上市首日不受涨跌幅限制。

9. 申报限制

买卖有价格涨跌幅限制的证券，在价格涨跌幅限制以内的申报为有效申报。超过涨跌幅限制的申报为无效申报。

10. 上市首日申报限制

深交所 B 股上市首日无涨跌幅限制，但 B 股上市首日集合竞价范围为发行价的上下 150 元，连续竞价的有效范围为最近成交价的上下 15 元。上交所无此限制。

11. 竞价时间

（1）集合竞价：上午 9：15—9：25。

（2）连续竞价：上午 9：30—11：30，下午 13：00—15：00。

12. 开盘价和收盘价

（1）开市价（开盘价）：为当日该股第一笔成交价。B 股的开盘价通过集合竞价方式产生，不能产生开盘价的，以连续竞价方式产生。

（2）收市价（收盘价）：为当日该股最后一笔交易前一分钟所有交易的成交量加权平均价（含最后一笔交易）。当日无成交的，以前日收盘价为当日收盘价。

13. 交易与交收

（1）交易：B 股实行 T+1 交易。

（2）交收：B 股的清算交收也与 A 股不同，B 股的交收期为 T+3，即在成交日后的第三日完成。在此之前，投资者不能提取卖出股票款和进行买入股票的转托管。

四、网络、移动市场交易

网络证券也称网上证券，是证券行业以 Internet 为媒介向客户提供的全新的商业服务。它是一种大规模、全方位、体系化、新型的证券经营模式，是证券营业部为大量远离证券营业部的证券投资者提供的服务。

随着网上证券业务的不断推广，证券市场逐渐从“有形”的市场过渡到“无形”的市场，现在的证券交易营业大厅将会逐渐失去其原有的功能，远程终端交易、网上交易成为未来证券交易方式的主流。

网上证券具有以下优势：

（1）便捷。网上证券交易对投资者来说方便、迅速，可获得券商多种多样的网上服务。

（2）不受地域限制。只要能够连上 Internet，在任何一个地方都可以看到股市行情，并可以下单交易。

（3）行情数据免维护。网上交易的行情数据是由券商和电信局共同维护的，不需要投资者维护。所以在任何时候打开计算机都可以看到完整的行情走势，既不需要整天联系，也不需要做收盘作业。

（4）行情分析、下单委托、查询资料方便、直观。网上交易可提供直观的图形走势，下单委托也十分方便，而且可以查询个人的股票、资金、成交等资料。

（5）互联网上资源丰富。提供给投资者的信息比比皆是，许多上市公司也在网上开辟了自己的站点，这些信息要比任何一家券商提供的都多，也更为客观准确。

（6）安全性有保障。许多券商网上交易使用强加密算法，利用网关和并口隔离技术等安全保障措施，确保网上交易的安全。

我国证券行业正在向集中交易、集中清算、集中管理以及规模化和集团化的经营方式转换。网上交易采用这一经营模式，更有利于整合券商的资源，实现资源共享，节约交易成本与管理费用，增强监管和风险控制能力。可见，集中式网上交易模式符合未来券商经营模式的发展方向。

WAP（无线应用协议）为互联网和无线设备之间建立了全球统一的开放标准，是无线信息技术发展的主流。WAP 技术可以使股票交易更方便，通过 WAP 可实现多种终端的服务共享和信息交流，包容目前广泛使用的和新兴的终端类型，如手机、PDA 等设备。用户通过手机对券商收发各种格式的数据报告来完成委托、撤单、转账等全部交易手续。由此可见，基于互联网的移动证券交易市场将有巨大的发展空间。

五、三板市场交易

代办股份转让系统又称三板市场，是指经中国证券业协会批准，具有代办系统主办券商业务资格的证券公司采用电子交易方式，为非上市股份有限公司提供规范转让服务的股份转让平台，后被称为“老三板”。

目前，在代办股份转让系统挂牌的公司大致可分为两类：一类是原STAQ、NET挂牌公司和沪、深证券交易所退市公司；另一类是非上市股份有限公司的股份报价转让，目前主要是中关村科技园区高科技公司。原STAQ、NET挂牌公司和沪、深证券交易所退市公司的股份转让以集合竞价的方式配对撮合，股份转让价格不设指数，实行5%的涨跌幅限制。股份实行分类转让，股东权益为正值或净利润为正值的，股份每周转让五次；二者均为负值的，股份每周转让三次；未与主办券商签订委托代办股份转让协议，或不履行基本信息披露义务的，股份每周转让一次。中关村科技园区高科技公司的股份转让主要采取协商配对方式进行成交。截至2012年3月，代办股份转让系统共有160家挂牌企业，挂牌企业市值合计约100亿元。

代办股份转让系统的主要功能是为非上市中小型高新技术股份公司提供股份转让服务，同时也为退市后的上市公司股份提供继续流通的场所，并解决了原STAQ、NET系统历史遗留的数家公司法人股的流通问题。

代办股份转让系统是一个以证券公司及相关当事人的契约为基础，依托证券交易所和中央登记公司的技术系统和证券公司的服务网络，以代理买卖挂牌公司股份为核心业务的股份转让平台。代办股份转让系统由中国证券业协会负责自律性管理，以契约明确参与各方的权利、义务和责任。证券公司以其自有或租用的业务设施，为非上市股份有限公司提供股份转让服务。证券公司依据契约，对挂牌公司的信息披露行为进行监督、指导和督促，中国证券业协会委托证券交易所对股份转让行为进行实时监控，并对异常转让情况提出报告。中国证券业协会履行自律性管理职责，对证券公司代办股份转让服务业务实施自律管理。

六、新三板市场交易

1. 新三板扩容

新三板市场又称全国中小企业股份转让系统（以下简称全国股份转让系统），是经国务院批准，依据我国证券法设立的全国性证券交易场所，2012年9月正式注册成立，是继上海证券交易所、深圳证券交易所之后第三家全国性证券交易所。新三板市场交易的目的在于促进中小型科技企业利用资本市场吸引风险资本投入、引入战略投资者、重组并购和提高公司治理水平。新三板是主板市场和中小企业板市场的基础和前提，在场所性质和法律定位上，其与证券交易所是相同的，都是多层次资本市场体系的重要组成部分。

全国股份转让系统与证券交易所的主要区别在于：

一是服务对象不同。《国务院关于全国中小企业股份转让系统有关问题的决定》（以下简称《国务院决定》）明确了全国股份转让系统的定位主要是为创新型、创业型、成长型中小微企业发展服务。这类企业普遍规模较小，尚未形成稳定的盈利模式。在准入条件上，不设财务门槛，申请挂牌的公司可以尚未盈利，只要股权结构清晰、经营合法规范、公司治理健全、业务明确并履行信息披露义务的股份公司均可以经主办券商推荐申请在全国股份转让系统挂牌。

二是投资者群体不同。我国交易所市场的投资者结构以中小投资者为主，而全国股份转让系统实行了较为严格的投资者适当性制度，未来的发展方向将是一个以机构投资者为主的市场，这类投资者普遍具有较强的风险意识与承受能力。

三是全国股份转让系统是中小微企业与产业资本的服务媒介，主要是为企业发展、资本投入与退出服务，不是以交易为主要目的。

证监会在 2013 年 12 月 27 日发布了《关于修改〈非上市公众公司监督管理办法〉的决定》《股东人数超过 200 人的未上市股份有限公司申请行政许可有关问题的审核指引》《公开转让说明书》《公开转让股票申请文件》《定向发行说明书和发行情况报告书》《定向发行申请文件》以及证监会关于实施行政许可工作的公告等 7 项配套规则。这些配套规则的发布，标志着全国中小企业股份转让系统试点扩大至全国工作正式启动。

三类个股分享到新三板扩容带来的巨大利益。首先是高新园区类上市公司；其次是拥有未上市公司股权的创投概念公司；再次是承担代办转让及做市商功能的券商。境内符合条件的股份公司，均可提出股票在全国中小企业股份转让系统挂牌公司公开转让、定向发行证券的申请，并解决了股东人数超过 200 人未上市股份公司的上市问题。

2. 相关投资规则

备受关注的个人投资者参与新三板交易的门槛也首次明确。根据规则，个人投资者需要有两年以上的证券投资经验，或具有会计、金融、投资、财经等相关专业背景，并且要求投资者本人名下前一交易日日终证券类资产市值在 300 万元人民币以上。

（1）委托时间：报价券商接受投资者委托的时间为每周一至周五，报价系统接受申报的时间为上午 9：00 至 11：30，下午 13：00 至 15：00。

（2）委托数量限制：委托的股份数量以“股”为单位，每笔委托的股份数量应不低于 3 万股，但账户中某一股份余额不足 3 万股时可一次性报价卖出。投资者在递交卖出委托时，应保证有足额的股份余额，否则报价系统不予接受。

（3）交割时间：股份过户和资金交收采用逐笔结算的方式办理，股份和资金 T + 1 日到账。证券登记结算机构不担保交收，交收失败的（如买卖双方的资金、股份不足或被司法冻结将导致交收失败），由买卖双方自行承担不能交收的风险。

【重要信息阅读】

关于完善首次公开发行股票上市首日交易机制有关事项的通知

来源：深证会〔2014〕54 号

各会员单位：

为切实防范首次公开发行股票（以下简称“股票”）上市首日交易风险，维护证券市场秩序，保护投资者的合法权益，根据《中国证监会关于进一步推进新股发行体制改革的意见》和《深圳证券交易所交易规则》等有关规定，经中国证监会批准，现就完善股票上市首日交易机制的有关事项通知如下：

一、股票上市首日全日投资者的有效申报价格不得高于发行价的144%且不得低于发行价的64%，超过有效申报价格范围的申报为无效申报。

有效申报价格范围的计算结果按照四舍五入的原则取至0.01元。

二、股票上市首日开盘集合竞价阶段有效竞价范围为发行价的上下20%。

超过开盘有效竞价范围，但未超过有效申报价格范围的申报不能参加开盘集合竞价，暂存于交易主机，当连续竞价成交价波动使其进入有效竞价范围时，交易主机自动取出申报，参加连续竞价。

集合竞价阶段未产生开盘价的，以当日第一笔成交价作为开盘价。

三、股票上市首日连续竞价阶段出现盘中成交价较当日开盘价首次上涨或下跌达到或超过10%的，本所对其实施盘中临时停牌，临时停牌时间为30分钟。

临时停牌期间，投资者可以申报，也可以撤销申报。复牌时，对已接受的申报进行复牌集合竞价。

盘中临时停牌具体时间以本所公告为准，临时停牌时间跨越14：57的，于14：57复牌并对已接受的申报进行复牌集合竞价。

四、股票上市首日14：57至15：00采用收盘集合竞价，收盘价通过集合竞价的方式产生。

收盘集合竞价阶段不允许撤销申报。

五、股票上市首日连续竞价、盘中临时停牌复牌集合竞价、收盘集合竞价的有效竞价范围为最近成交价的上下10%，但不得超过全日有效申报价格范围。

六、股票上市首日不接受市价申报。

七、本通知自发布之日起施行。本所2013年12月13日发布的《关于首次公开发行股票上市首日盘中临时停牌制度等事项的通知》（深证会〔2013〕142号）同时废止。本通知未做规定的，适用本所《交易规则》及其他相关规定。

特此通知

深圳证券交易所

2014年6月13日

第六节　股票信用交易

一、信用交易的概念

股票信用交易，又叫“保证金交易”“垫头交易”“融资融券交易”，是指投资人向经纪人交付一定数量的保证金，并由经纪人自己提供融资或融券的交易方式。这一交易的主要特点在于经纪商向投资者提供了信用，即投资者买卖证券的资金或证券有一部分是从经纪商借入的。由于投资者交付的保证金小于实际进行交易的证券的金额，信用交易具有杠杆调节作用，可使投资者超出自身所拥有的资金力量进行大宗交易，这样投资者就有了以较小资本获取较大利润的机会。信用交易相当于投资者借款进行证券投资，因此其风险大于现货交易，一旦证券行情未按投资者预料的方向变动，投资者会受到更大的损失。

股票信用交易以现货交易为原则，股票信用交易虽然有其特殊的买卖方式，但是从交割方式的角度来讲，这种交易方式与现货交易基本一致。垫头交易成交之后，买卖双方都必须即时清结交割，另外在交割期买卖双方都以现款或现货（股票）进行交割，这与现货交易的方式一样。其差别只是在现款（或股票）中有一部分是借来的。例如美国纽约证券交易所规定的“例行日”交割结算，即指在成交之后第五天下午进行交割，如果投资人全部以自己的钱和股票进行买卖，结算时当然也以自己的钱和股票交割，这就是现货交易。如果投资人自己出一部分钱，其余不足由经纪人垫付，或者没有足够股票而由经纪人垫付的，那么这时就属于信用交易。

我国证券市场还处于发展的初级阶段，为保障市场健康、稳定地发展，减少市场风险，2005 年以前我国的证券交易严禁进行信用交易。2005 年 10 月，重新修订后的《中华人民共和国证券法》取消了证券公司不得为客户交易额融资融券的规定。随后，中国证监会发布了《证券公司融资融券业务试点管理办法》，2008 年 10 月 5 日，正式宣布重启融资融券试点工作。

二、信用交易中的信用关系

股票信用交易最显著的特点是借钱买股票和借股票卖股票。通俗地讲，本钱少的也可以炒股票，手里没股票的也可卖股票。这同投资办实业时投资者手中的自有资本金有限、大部分资金都必须向银行申请贷款有类似之处。股票信用交易存在双重信用关系，缺少一层，股票信用交易就没有成立的可能。

1. 经纪人与投资人之间

股票交易者以部分的价款以及向经纪人借入的其余部分买入，其不足部分（即向经纪人借入的垫付款）是建立在信用的基础上的。而经纪人垫付部分的差价款，是以日后投资者能够偿还这部分差额价款及垫付部分价款利息为前提的。这是经纪人同投资人双方之间的一层信用关系。

2. 经纪人与银行之间

经纪人垫付的差额价款是如何得来的呢？为此，经纪人需要向银行等金融机构借款以支付这部分的金额，这样银行与经纪人之间同时也存在一层信用关系。银行在放贷时，也以日后作为贷款借入方的经纪人能够偿还这部分款项及由本金所孳生的借款利息为信任基础。

三、信用交易中的保证金

保证金是投资者信用交易的财力保证，可以使经纪商免受其他损失，也可以通过对保证金账户的清算及时向投资者提出预警信号，使投资者免受更大的投资损失。保证金的种类有现金保证金、权益保证金等。

进行保证金信用交易，交易者必须交纳一定数量的现款（交股票也按当时市价折算成现款）作为保证金。

$$融资保证金比例=\frac{保证金}{融资买入证券数量\times 买入价格}\times 100\%$$

沪深交易所规定，融资保证金比例不得低于50%。

投资者以现金作为保证金时，可以全额计入保证金金额；以证券充抵保证金时，应当以证券市值或净值按交易所规定的下列折算率进行折算：

（1）上证180指数成份股股票的折算率最高不超过70%，非上证180指数成份股股票的折算率最高不超过65%；

（2）交易所交易型开放式指数基金折算率最高不超过90%；

（3）国债折算率最高不超过95%；

（4）其他上市证券投资基金和债券折算率最高不超过80%；

（5）被实行特别处理和暂停上市的A股为0；

（6）权证为0。

需要指出的是，证券公司可以在不高于上述标准的基础上，根据证券流动性、波动性等指标自行确定各类充抵保证金证券不同的折算率。

例如，某投资者信用账户内有100元现金和100元市值的证券A，假设证券A的折算率为70%。那么，该投资者信用账户内的保证金金额为170元（100元现金×100%+100元市值×70%）。

四、保证金交易

股票的信用交易可分为保证金多头交易和保证金空头交易。

1. 保证金多头交易

保证金多头交易及融资交易，亦称多头交易。当投资人预料股票行情将上涨，他想立即买入而后在合适的时机以更高的价格卖出，但他手中现金不够，于是通过股票信用交易方式，按照规定比例预交一部分价款，其余的差额部分由经纪人设法垫付，这就是保证金多头交易。在保证金多头交易中，投资人可以少许的现款买入价值较大的股票。当股票行情上涨后，投资者可将股票抛出，再将借款本息偿还与经纪人，从而获得较多的盈利。

在股票的信用交易中，做保证金多头交易的前提是投资者预测行情上涨，如股票后市不像投资者预测的那样乐观，则投资者的损失也将加倍。

如某投资者认为某种股票的价格将上涨，其市价为每股100元，但其手中只有1万元资金，只能购入1手。他想大量买进然后在上涨时抛出以获取高额价差，就决定做保证金多头交易，于是该投资者与券商签订信用交易协议，言明保证金比例为

25%。这样，该投资者便以每股100元的价格购得股票4手。不久之后，股票价格上涨到每股120元，该投资者便抛出股票并与经纪人清算，在扣除各种费用后，该投资者每手股票赚得价差1 700元，4手股票累计赚取利润6 800元。如果不采取信用交易方式，该投资者用自己的资金也就只能买1手股票，能赚得的利润也就1 700多元。

如果投资者的预测错误，其损失将比不做信用交易要大得多。如上例中，投资者购入股票后价格不涨反而急剧下跌，为了避免股价进一步下跌造成更大的损失，该投资者决定以每股80元的价格将股票抛出，这样每手股票就造成亏损2 300元。如果投资者仅用自有资金购入股票，其亏损也就2 300元，但由于采取了信用交易，该投资者累计损失9 200元，几乎把自己的本钱都赔了进去。

2. 保证金空头交易

保证金空头交易即融券交易，也称卖空交易。当投资者预期股票价格将下降时，想从股票的下跌中得到好处，但其手中股票不多甚至一点都没有，在这种情况下，可借助于信用交易方式，向经纪人交纳一定比例的保证金，而后由该经纪人垫付股票，同时将股票出售，这就是保证金空头交易。当一段时间股价下跌后，投资人再以市价买进同等数额的股票归还与经纪人，扣除佣金和垫款的利息后，其余额就是投资人卖出买进差价利润。

在保证金空头交易中，其前提条件是投资者预测行情下跌并被证实，如股票后市不像投资者预测的那样下跌，则投资者的损失也将加倍。

例如，某种股票的市价为每股100元，投资者认为它的价格已处高位，其不久将下跌。但其手中只有1万元资金且未持有该种股票。想大量抛售该种股票，然后在价格下跌后补进以获取高额价差，于是决定做保证金空头交易。该投资者与券商签订信用交易协议，保证金比例为25%，这样，该投资者便从券商处借得股票4手并以市价抛出。其后不久，该股票价格果然跌至每股80元，该投资者便将股票买回交与券商并与其结算。在扣除各种费用后，该投资者每手股票赚得价差1 700元，4手股票累计赚取利润6 800元。

相反，如果预测错误，投资者将因股票价格的上涨而遭受损失。

假设上述投资者抛出股票后价格不跌反涨，为了避免股价进一步上涨带来更大的损失，该投资者决定以每股120元的价格将股票买回，这样每手股票就造成亏损2 300元，4手就一共造成亏损9 200元。

【重要信息阅读】

首次公开发行股票并在创业板上市管理办法

为了规范首次公开发行股票并在创业板上市的行为，促进自主创新企业及其他成长型创业企业的发展，保护投资者的合法权益，维护社会公共利益，2009年我国证监会出台了《首次公开发行股票在创业板上市管理办法》。与在主板上市不同，在创业板发行股票的条件主要是在公司财务规模方面的要求有所降低，简述如下：

①发行人是依法设立且持续经营三年以上的股份有限公司。有限责任公司按原账面净资产值折股整体变更为股份有限公司的，持续经营时间可以从有限责任公司成立之日起计算。

②最近两年连续盈利，最近两年净利润累计不少于一千万元，且持续增长；或者最近一年盈利，且净利润不少于五百万元，最近一年营业收入不少于五千万元，最近两年营业收入增长率均不低于30%。净利润以扣除非经常性损益前后孰低者为计算依据。

③最近一期末净资产不少于两千万元，且不存在未弥补亏损。

④发行后股本总额不少于三千万元。

第五章　股票投资市场主体

【重要信息阅读】

国务院力挺跨境电商　借力“互联网+”推动外贸复苏（1）

2015 年 06 月 21 日 07：31　来源：东方财富网

在外贸形势低迷的当下，国务院下发文件，推进跨境电子商务快速发展。2015 年 6 月 20 日，国务院对外发布《关于促进跨境电子商务健康快速发展的指导意见》。

意见提出，支持国内企业更好地利用电子商务开展对外贸易；鼓励有实力的企业做大做强；优化配套的海关监管措施；完善检验检疫监管政策措施；明确规范进出口税收政策；完善电子商务支付结算管理；提供积极财政金融支持；等等。

2015 年 6 月 10 日国务院曾召开常务会议，决定进一步加大对跨境电商领域的政策扶持力度。国联证券认为，政策背景是不容乐观的外贸形势。今年前五个月，出口增速有四个月是负增长。在国内产能过剩、产业转型受困急需外贸带动境外市场的背景下，有必要发动各种路径推动外贸恢复，而跨境电商作为新兴的贸易途径可望为中国外贸打下一片新天地。5 月，中国出口增速连续第三个月下跌；进口同比下滑 17.6% 远差于预期，且为连续第五个月以两位数速度下跌，这都凸显外需持续疲软，国内需求低迷。

近年来，我国跨境电子商务快速发展，已经形成了一定的产业集群和交易规模。支持跨境电子商务发展，有利于用“互联网＋＋外贸”实现优进优出，发挥我国制造业大国优势，扩大海外营销渠道，合理增加进口，扩大国内消费，促进企业和外贸转型升级；有利于增加就业，推进大众创业、万众创新，打造新的经济增长点；有利于加快实施共建“一带一路”等国家战略，推动开放型经济发展升级。

股票市场主体是指在股票市场上参与股票买卖行为的股票投资者。股票投资过程实际上是股票投资者一系列投资活动的综合，而不同类别投资者的投资行为有较大的差别。这些差别主要是由于个人禀赋、经历、经验、知识、性格、资金来源与规模，以及投资的动机与目的等的不同造成的。按照不同的标准，股票市场主体可以分为不同的类别，但一般来说，股票市场主体由个人投资者和机构投资者组成。其中机构投资者又包括投资基金、社保基金和保险基金等，他们对股票市场的影响要远远大于个人投资者。

第一节 个人投资者

一、个人投资者的概念

在股票市场发展的初期，市场参与者主要是个人投资者，即以自然人身份从事股票买卖的投资者。一般的股民就是指以自然人身份从事股票买卖的投资者。在股票市场上，凡是出资购买股票、债券等有价股票的个人即为个人投资者，主要是相对于机构投资者而言。个人投资者（无论资金的多少）都可以称为散户。

基金公司和券商日前收到的《关于首次公开发行股票询价对象及配售对象备案工作有关事项的通知》，该通知首次明确了个人投资者成为推荐类询价对象的程序。

通知规定，主承销商可推荐不多于 10 名个人投资者成为推荐类询价对象。主承销商筛选个人投资者的条件，应当包括但不限于投资资金规模、专业技能、投资经验、信用记录、投资偏好、抗风险能力等方面的要求。被推荐的个人投资者应当具备 5 年以上投资经验，无违法违规记录，其用于投资的资金应确系自有资金，主承销商应对其投资资金来源的合法性进行核查。在选择个人投资者时，主承销商应当优先考虑具备较强研究能力和风险承受能力、其投资资金规模与新股申购业务的特性相适应，且与本单位具有长期合作关系并相互了解的自有客户。

二、个人投资者的特点

由于存在资金规模、投资水平和目标方面的区别，个人投资者和机构投资者在投资行为方面表现出不同的特征。

居民个人作为股票投资的主体就称为个人投资者，也称散户投资者。居民个人买卖股票是对其剩余、闲置的货币资金加以运用，实施个人资产组合调整的重要手段。居民拥有的剩余资金，除保持一部分现金以用于交易性需求和预防性需求外，大部分用于购买金融资产，以实现资产的保值和增值。居民的大部分剩余资金通过购买金融资产流入金融市场，成为政府和企业筹集资金的重要源泉。一般来说，居民个人是一个国家中最大的净资金供应者。

股票资产在个人整个金融资产中所占的比重，受到各种因素的影响和制约。人们在各种金融资产中进行选择，必须以资产的三性即流动性、安全性和收益性作为准则。此外，还会受到其他方面因素的制约。

（1）收入水平。个人收入水平的高低不仅决定了他们购买金融资产的能力，而且还影响着他们购买金融资产的动机和目的。人们用于购买股票的货币数量随着收入水平的提高而增加，并且其增长幅度往往高于收入的增长速度。

（2）股票供应。股票供应的规模制约着股票投资的规模，随着我国股票市场的迅速发展，居民的投资意识也在不断增强。

（3）股票流通市场状况。只有股票流通市场法规健全、秩序良好、交易方便，才会吸引更多的人参与股票投资。

第二节　机构投资者

一、机构投资者的概念

机构投资者主要是指一些金融机构，包括银行、保险公司、投资信托公司、信用合作社、国家或团体设立的退休基金等组织。机构投资者的性质与个人投资者不同，在投资来源、投资目标、投资方向等方面都与个人投资者有很大差别。

在中国，机构投资者是指在金融市场从事股票投资的法人机构，主要有保险公司、养老基金和投资基金、股票公司、银行等。

在股票市场上，凡是出资购买股票、债券等有价股票的个人或机构，统称为股票投资者。机构投资者从广义上讲是指用自有资金或者从分散的公众手中筹集的资金专门进行有价股票投资活动的法人机构。在西方国家，以有价股票投资收益为其重要收入来源的股票公司、投资公司、保险公司、各种福利基金、养老基金及金融财团等，一般称为机构投资者。其中最典型的机构投资者是专门从事有价股票投资的共同基金。在中国，机构投资者主要是具有股票自营业务资格的股票经营机构，符合国家有关政策法规的投资管理基金等。

从机构投资者发展的历程来看，机构投资者在中国发展有三个重要的时间点。

第一个是封闭式基金成立并开始运作的 1998 年 3 月。封闭式基金的成立引入了真正意义上具有专业优势的机构投资者。

另一个重要的时间点是 1999 年，三类企业资金和保险公司资金入市。其中保险公司投资于股票投资基金的总额增长了 13 倍，从开放初的 14.79 亿元上升到 2001 年的 208.99 亿元。保险资金成为机构投资者最大的资金来源。

第三个关键的时间点是中国开放式基金成立的 2001 年 9 月底。自此，基金产品差异化日益明显，基金的投资风格也趋于多样化。

二、机构投资者的特点

机构投资者与个人投资者相比，具有以下几个特点。

1. 投资管理专业化

机构投资者一般具有较为雄厚的资金实力，在投资决策运作、信息搜集分析、上市公司研究、投资理财方式等方面都配备有专门部门，由股票投资专家进行管理。1997 年以来，国内的主要股票经营机构，都先后成立了自己的股票研究所。个人投资者由于资金有限而高度分散，同时绝大部分都是小户投资者，缺乏足够时间去搜集信息、分析行情、判断走势，也缺少足够的资料数据去分析上市公司经营情况。因此，从理论上讲，机构投资者的投资行为相对理性化，投资规模相对较大，投资周期相对较长，从而有利于股票市场的健康稳定发展。

2. 投资结构组合化

股票市场是一个风险较高的市场，机构投资者入市资金越多，承受的风险就越大。为了尽可能降低风险，机构投资者在投资过程中会进行合理投资组合。机构投资者庞大的资金、专业化的管理和多方位的市场研究，也为建立有效的投资组合提供了可能。个人投资者由于自身的条件所限，难以进行投资组合，相对来说，承担的风险也较高。

3. 投资行为规范化

机构投资者是一个具有独立法人地位的经济实体，投资行为受到多方面的监管，相对来说，也就较为规范。一方面，为了保证股票交易的“公开、公平、公正”原则，维护社会稳定，保障资金安全，国家和政府制定了一系列的法律、法规来规范和监督机构投资者的投资行为。另一方面，投资机构本身通过自律管理，从各个方面规范自己的投资行为，保护客户的利益，维护自己在社会上的信誉。

三、机构投资者对股票市场和企业治理的影响

机构投资者作为特殊的投资者对股票市场和上市公司会产生独特的影响。作为股票市场主体，机构投资者必然也要以利润最大化作为自己的经营目标，在这一点上，机构投资者和其他市场主体没有本质的区别。但是由于机构投资者必须向其收益人保证一定的收益，它们在具体的投资策略上还是具有一些独特之处。一般来说，机构投资者不以追逐市场短期收益为目标，而且由于它们的资金庞大，它们难以像其他市场主体那样在股票市场频繁买卖，只能以追求稳定的长期收益为目标。因此，机构投资者对市场的影响在很大程度上受市场的规范程度、上市公司能否向投资者提供稳定的长期收益等因素影响。如果股票市场法制不健全，或者法律法规没有得到有效的实施，机构投资者就很可能利用自己资金实力雄厚、信息收集和分析能力强等优势，损害收益人和股票市场其他投资者的利益。同样，如果上市公司无法向投资者提供稳定的长期收益，那么在盈利的压力下，机构投资者也会参与到市场的短期投机交易中去，它们的加入将会加剧市场的波动性，提高市场风险。相反，如果股票市场法律法规健全，实施状况良好，同时上市公司能够向投资者提供稳定的长期回报，那么在获取稳定的长期收益的动机下，机构投资者将采取长期投资策略，它们的市场行为反而能够提高股票市场的稳定性。

20 世纪 80 年代以来，美国机构投资者开始改变过去不积极参与公司经营管理的做法，积极介入公司的生产经营管理，从而引发了所谓的“共同基金革命”。“共同基金革命”的发生，标志着机构投资者理念的改变，从而揭开了机构投资者积极市场行为的新篇章。

机构投资者介入企业治理的前提是社会各界对机构投资者市场作用的看法发生了改变。在很长的一段时期里，由于机构投资者的资金实力雄厚、专业知识丰富，人们

认为机构投资者持有太多的公司股票、参与企业经营管理，将导致机构投资者在企业治理中以股票赢利的短期目标取代企业赢利的长期目标，从而侵犯其他投资者的利益。因此，美国很早就通过了一系列法律限制机构投资者持有过多的企业股票、禁止其参与企业的经营管理。如1906年禁止长期涉足公司治理的人寿保险公司持有股票；1940年的投资公司法要求机构投资者持有的股票必须分散化，持有单一公司股票不得超过全部社会股份的50%；1979年的雇员退休收入保障法规定，养老基金不得将10%以上的资产投向交纳养老费的公司，否则将失去免税待遇。近20年，特别是进入20世纪80年代以来，机构投资者逐渐改变从短期投机中牟利的做法，成为积极股东。在这种情况下，针对机构投资者介入企业经营管理的一系列限制性规定开始放松。

机构投资者的介入也是建立在资本市场结构改变的前提之上的。在美国，机构投资者已成为资本市场的主导力量，他们持有的股票占总量的50%以上。由此产生了两个后果。第一，当机构投资者介入企业经营管理时，他们的对手也是拥有强大的实力和专业知识的机构投资者，而不是中小投资者，这样，他们通过操纵企业股价，获取短期利润的可能性就大大降低。第二，当企业股票价格下跌时，持有大量股票的机构投资者就不能像中小投资者那样简单地抛出股票，因为这样将引起股价大跌，导致机构投资者损失惨重。因此，机构投资者实力增强使得积极介入企业治理成为机构投资者的最优选择，特别是在企业重组的关键时期，积极介入是保护机构投资者自身利益的最好选择。

机构投资者积极介入企业治理也是企业发展的要求。20世纪80年代后期以来，发达国家资本市场上针对经营不善公司的敌意接管逐渐减少，但公司仍为委托——代理问题所困扰。在这种情况下，机构投资者积极介入企业的经营管理，对改善企业内部治理、减少企业经理层的机会主义行为有不可替代的作用。

企业重组是对企业原先的生产、管理资源的优化组合，通常采用的方式是收购和兼并。重组过程是企业生产方式发生改变的过程，从而也将影响分配方式，势必造成各方利益的直接冲突。各方利益的相互冲突、相互影响最终将形成一个新的治理结构。在此过程中，如果某一方的应得利益不能得到切实保障，所形成的治理结构必然是不完善的。作为企业的一个重要的利益相关者，投资基金拥有企业所不具有的信息、知识甚至资金优势，在重组过程中，机构投资者的积极介入对保护机构投资者自身利益、完善企业治理结构有着极其重要的作用。

【重要信息延伸阅读】

国务院力挺跨境电商　借力“互联网＋”推动外贸复苏（2）

2015年06月21日07：31　来源：东方财富网

“如果没有国务院出台的一系列政策措施，今年外贸的情况将不堪设想。”在6月18日的商务部例行新闻发布会上，商务部新闻发言人沈丹阳对媒体表达了他对外贸形势的忧虑。

统计数据显示，2015 年 5 月，全国进出口 1.97 万亿元，同比下降 9.7%。5 月份外贸进出口依然出现双降，而进口降得更多一些。据悉，在传统进出口下滑的情况下，跨境电商成为中国推进外贸发展的新渠道。

沈丹阳认为，就出口而言，外需持续低迷、传统竞争优势减弱、部分主要市场国家的货币兑美元大幅度减值，成为当前我国出口稳定增长中面临的三个最大压力。他透露，现在商务部正在会同有关部门制定新的措施，重点是帮助企业减负。

外贸形势持续严峻态势之下，大众目光盯在外贸政策所能施展的利好空间上。早在 2015 年全国“两会”期间，商务部部长高虎城便表示，今年将特别加强对转型升级和结构调整企业的支持，增加中国出口产品的附加值和通过创新驱动来继续巩固中国企业的竞争力，发展和鼓励新型的出口营销模式，如国际电子商务等。

《每日经济新闻》记者梳理最近几次重大外贸施力政策发现，在刺激外贸的政策着力点上，政府一直在“便利化”和“自由化”上加码，改变中央和地方关于出口的分担机制，建立收费的正面清单，进一步提高贸易便利化。

在进出口环节，外贸企业所受的束缚已在逐渐松开，在 2014 年下发的《关于支持外贸稳定增长的若干意见》中，提出了“整顿和规范进出口环节经营性服务和收费，减轻企业负担”。今年 3 月 4 日，国务院发布《关于完善出口退税负担机制有关问题的通知》，明确自 2015 年 1 月 1 日起出口退税全部由中央财政负担，地方 2014 年原负担的出口退税基数，定额上解中央。而在全国外贸工作电视电话会议上，更是提出了加强进出口收费整治的举措，即建立收费项目“正面清单”制度。

然而 2015 年 1—5 月的外贸数据依然难言乐观。沈丹阳认为，前 5 个月在全球主要经济体和新兴市场国家出口都是负增长的情况下，我国外贸累计出口仍保持来之不易的正增长，实际上得益于国务院这一系列政策的积极作用。

“互联网 + +”的概念之下，外贸亦被寄予乘风而起的厚望。

在今年“两会”期间，高虎城明确表示今年将不断发展和鼓励新型的出口营销模式，如国际电子商务、市场采购、综合性的外贸服务公司等。2015 年 6 月 10 日的国务院常务会议指出，促进跨境电子商务健康快速发展，用“互联网 + + 外贸”实现优进优出，有利于扩大消费、推动开放型经济发展升级、打造新的经济增长点。

沈丹阳透露，商务部正在会同有关部门制定新的措施助力企业外贸发展。

据了解，现在企业反映比较多的需要政策措施加以推进的主要存在于三个方面，一是进出口环节的各种收费要进一步减免，有一些减免政策已经定了，但是落实得不太好，要继续推进；二是融资难和融资贵的问题还没有得到很好解决；三是贸易便利化，这和营商环境有关，包括跨境电子商务方面都希望有一些进一步的政策措施出台。商务部围绕这几个方面，正在想方设法采取措施。

中国海关数据显示，今年前 5 个月，中国进出口总值 9.47 万亿元人民币，比去年同期下降 7.8%，与第一大贸易伙伴欧盟的贸易总值 1.37 万亿元，下降 7.1%。在传统进出口下滑的情况下，跨境电商成为中国推进外贸发展的新渠道。

2013 年底，中国政府开展跨境贸易电子商务服务试点工作。据商务部预测，2016 年中国跨境电商进出口额将增长至 6.5 万亿元，年增速超 30%。

而现在，政策也在试图帮助外贸站上“互联网 +”的风口。国务院常务会议提出，中国将优化通关流程，落实跨境电子商务零售出口货物退免税政策；鼓励开展跨境电子支付；鼓励外贸综合服务企业为跨境电子商务提供通关、仓储、融资等服务；鼓励跨境电子商务零售出口企业通过海外仓、体验店等拓展营销渠道，培育自有品牌和自建平台。

第三节　股票投资基金

一、股票投资基金的概念

投资基金（Investment Funds）是一种利益共享、风险共担的集合投资制度。投资基金集中投资者的资金，由基金托管人委托职业经理人员管理，专门从事投资活动。人们平常所说的基金主要是指股票投资基金。股票市场价格判断和预测的方法主要有两种：基础分析和技术分析。因两种方法的使用者在理论上和操作上完全不同，因此，又把他们称为两大学派。其中基本分析主要应用于投资标的物的选择上，技术分析和演化分析则主要应用于具体投资操作的时间和空间判断上，作为提高投资分析有效性和可靠性的重要补充。

在股票市场品种不断增多、交易复杂程度不断提高的背景下，普通人与专业人士在经营业绩方面的差距越来越大。将个人不多的资金委托给专门的投资管理人集中运作，也可以实现投资分散化和降低风险的效果。投资基金是一种由众多不确定投资者自愿将不同的出资份额汇集起来，交由专家管理投资，所得收益由投资者按出资比例分享的一种金融组织。资金来源于公众、企业、团体和政府机构。居民个人投资，可以在基金募集发行时申请购买，也可以在二级市场上购买已挂牌上市的基金。

投资基金的投资领域可以是股票、债券，也可以是实业、期货等，而且对一家上市公司的投资额不得超过该基金总额的 10%（这是中国的规定，各国都有类似的投资额限制）。这使得投资风险随着投资领域的分散而降低，所以它是介于储蓄和股票两者之间的一种投资方式。

二、投资基金的构成主体

1. 基金发起人

基金发起人是指按照共同投资、共享收益、共担风险的基本原则和股份公司的某些原则，运用现代信托关系的机制，以基金方式将投资者分散的资金集中起来以实现预先规定的投资目的的投资组织机构。中国规定股票投资基金发起人为股票公司、信托投资公司及基金管理公司。

2. 基金托管人

基金托管人是指安全保管基金财产；按照规定开设基金财产的资金账户和股票账户；对所托管的不同基金财产分别设置账户，确保基金财产的完整与独立；保存基金托管业务活动的记录、账册、报表和其他相关资料；按照基金合同的约定，根据基金管理人的投资指令，及时办理清算、交割事宜；办理与基金托管业务活动有关的信息披露事项等的机构。

3. 基金管理人

基金管理人是指依法募集基金，办理或者委托经国务院股票监督管理机构认定的其他机构代为办理基金份额的发售、申购、赎回和登记事宜，办理基金备案手续，对所管理的不同基金财产分别管理、分别记账，进行股票投资，进行基金会计核算并编制基金财务会计报告，编制中期和年度基金报告等事项的机构。

4. 基金份额持有人

基金份额持有人即基金的投资者。

三、投资基金的类别

按照不同的分类方法，投资基金分别可以分为如下类别。

1. 按法律地位划分，可以分为契约型和公司型

契约型基金，是根据一定的信托契约原理组建的代理投资制度。委托者、受托者和受益者三方订立契约，由经理机构（委托者）经营信托资产；银行或信托公司（受托者）保管信托资产；投资人（受益者）享有投资收益。

公司型基金是按照股份公司方式运营的，投资者购买公司股票成为公司股东。公司型基金涉及四个当事人：投资公司，是公司型基金的主体；管理公司，为投资公司经营资产；保管公司，为投资公司保管资产，一般由银行或信托公司担任；承销公司，负责推销和回购公司股票。公司型基金分为封闭式和开放式两种。封闭式基金发行的股票数量不变，发行期满基金规模就封闭起来，不再增加或减少股份。开放式基金，也称为共同基金，其股票数量和基金规模不封闭。投资人可以随时根据需要向基金购买股票以实现投资，也可以回售股票以撤出投资。

2. 按资金募集方式和来源划分，可以分为公募和私募

公募基金是以公开发行股票募集资金方式设立的资金；私募基金是以非公开发行方式募集资金所设立的基金。

私募基金面向特定的投资群体，满足对投资有特殊期望的客户需求。私募基金的投资者主要是一些大的投资机构和一些富人。如美国索罗斯领导的量子基金的投资者，或是金融寡头，或是工业巨头；量子基金的投资者不足100人，每个投资者的投资额至少100万美元。

3. 按收益和增长可以分为收益基金和增长基金

按照对投资收益与风险的设定目标划分，投资基金可以分为收益基金、增长基金，也会有两者的混合型。

收益基金追求投资的定期固定收益，因而主要投资于有固定收益的股票，如债券，优先股股票等。收益基金不刻意追求在股票价格波动中可能形成的价差收益，因此投资风险较低，同时，投资收益也较低。

增长基金追求股票的增值潜力。通过发现价格被低估的股票，低价买入并等待升值后卖出，以获取投资利润。

在机构投资者中，投资基金是其中最为重要的一种。在所有的投资基金中，以公众的社会保障资金为来源的社会保障基金和以保险人投保资金为来源的保险基金是其中两个特别的组成部分。

四、社会保障基金

社会保障基金的建立是社会保障体系有效运行的基础，而基金的投资与保值增值同样是社会保障体系有效运行的重要组成部分。要保证社会保障基金的购买力水平，不断地增强社保基金的支付能力，必须要实现社会保障基金的保值与增值。社会保障基金的建立与功能的有效发挥，要求有一个稳定而有效的资金筹集体系，即通过建设社会化的、法律化的资金组织渠道来组建一个基金系统，而作为基金体系，它的有效运作还需要使这个基金融入金融体系，能够通过金融化的运作形成保值与增值的功能。这是社会保障基金运作与传统财政收支账户的根本区别。社会保障基金是在安全与保证支付的前提下来从事基金的金融运作的，社会保障基金的性质既不同于财政预算资金，也不同于金融性资金。其资金的来源是一种基金的性质，筹集用于专门的项目。而且，基金的筹集与基金的使用在时间和年代上有差异。社保基金不是商业性的储蓄资金，基金的运作也不是以盈利为目标的，其基金性质要求运作具有高度的安全性，并具有较高的资金流动性要求。从基金投资运作的角度看，它是以基金的增值与盈利为目标的，在保证资金安全运行的前提下，社会保障基金的投资运作是金融化的，但在金融资金运作体系中，也具有特殊性。因为相对于社会保障基金的整体功能，其投资与增值功能是从属性的。与其他投资基金相比，安全性是社会保障基金运作的首位目标，增值是其次的目标。社会保障基金的投资运作不能离开这个基本的目标。

众所周知，任何投资和金融活动都会带来相应的风险，风险的程度和投资收益要求是正相关的。对较高收益率的要求必然要承担较高的风险。不同的投资人和机构对风险的承受能力是不同的。非金融性的投资人和投资性的金融机构的风险承受能力是以其全部资本为限的，而银行等存款性金融机构的风险承受能力要低得多，因为其资本的比例较低。而相对于商业性的金融机构，社会保障基金是非商业性的机构，基金来源于社会统筹，担负着社会保障的职能，因而其风险承受能力比金融机构还要低，对资金的安全性要求更高。这个安全性要求既包括了资金运用的安全保障，也包括了资金的流动性要求。因为资金的损失不是涉及个别机构的资产，而是整个社会保障体系的安全与稳定问题。显然，安全问题是对社会保障基金投资入市的最大限制。

投资的风险与收益的要求一直是并存的，不承担风险的资金是不可能获得任何实际收益的，社会保障基金如出于安全性的考虑不介入风险性的投资，则不可能获得任何的收益，资产保值也就不可能。银行存款和国债认购等投资渠道的名义收益率极低，考虑到通货膨胀因素和利率波动因素，基金保值的难度很大。但是，社会保障基金投资入市，成为股票市场主体，必须要解决基金的收益和投资风险之间的矛盾。社会保障基金投资入市的基本思路是要在风险得到有效控制的前提下使基金资产获得最大限度的增值。客观地说，投资领域的风险是无处不在的，要回避风险是不可能的，即使是银行存款也存在着一定的风险。因此，从这一角度看，社会保障基金的投资是要在风险得到有效控制的条件下，寻找一个有效的投资途径。这包括了基金投资的组织管理体系的建设、投资渠道的选择、投资形式与投资方式的选择、投资的监督和管理体系的完善。

此外，由于社会保障基金自身的特点，社会保障基金的投资还应尽量遵循社会性和多样性原则。投资应当能够实现相应的社会效益，并实现不同资产间的合理分散，保证流动性和安全性。在金融市场发展程度和国家政策法规的制约下，社会保障基金必须在保证安全性的情况下进行投资，这就使得社会保障基金的投资活动面临许多约束。总的来说，社会保障基金的投资决策必须以安全性为核心，在此基础上最大限度地满足流动性和营利性的要求。

五、保险基金

保险基金是指保险公司所持有的投保人的投保资金中暂时不需要偿付的部分所形成的基金。一般来说，保险公司可以根据过去理赔的概率计算出需要以高流动性资产形式持有的部分，剩余部分就可以进行投资。在保险资金的投资中，很大一部分可以以基金形式投资股票市场，保险基金也就成为股票市场主体之一。保险基金入市不仅可以扩大保险基金的投资领域，增加投资选择，还能有效地提高保险基金的投资收益，分散投资风险，保证保险基金的安全性和流动性。另外，保险基金金额巨大，它们对股票市场的影响很大。

从西方国家保险公司资金运用的实践看，根据世界经济合作与发展组织（OECD）对保险公司的资金运用分类，即房地产、抵押贷款、股份、固定收益债券、抵押贷款以外的贷款和其他投资方式等六类，OECD 国家保险公司的资金运用以固定收益债券（包括国债、企业债券、金融债券等）为主，比例一般在 20%～40% 之间，很少有超过 70% 的；股份投资（包括股票和实业投资等）一般在 10%～30% 之间，产险投资于股份的比例相对于寿险要高一些。以美、日、英三国为例。美国寿险投资于股票的比重 1997 年达到 23.3%，日本 1994 年为 26.6%，英国 1996 年为 43.5%。各国保险公司持上市公司股票占整个股票市场市值的比重为：美国 29.4%，欧洲 40%，日本 50%。以上数据表明，由于股票和债券具有较高的投资收益率，保险资金入市是提高保险资金投资绩效的必要途径。

从西方发达国家股票市场来看，保险基金是推动股市长期发展的重要力量。以美国为例，在 20 世纪 90 年代以前，美国保险资金投资股市不到保费的 10%，即相当于我国目前的水平，期间股市指数上升缓慢，从20世纪50年代中期到80年代初期，年均增长只有2%左右。20世纪90年代后，随着一系列投资型保险品种的推出，美国保险公司的保费大幅度增长，保费入市比例亦大幅度增加，保险基金的大规模入市对美国股票市场的繁荣产生了促进作用，道·琼斯指数年均上涨幅度达16%左右。一个健康发展的股票市场是保险基金直接入市的前提，保险基金直接入市是股票市场发展的必然趋势，但是保险基金入市，必须要有健全完善的股票市场法规和经验丰富的股票监管。

成熟保险业的保险资金主要运用于债券和股票。保险资金运用应坚持安全性、收益性、流动性、多样性的国际通行原则。以此为标准，保险资金进入股市的收益性和流动性是没有问题的，关键在于安全性。股市是高风险的市场，这是被公认的。然而任何投资风险和收益总是共存的，不能盲目追求高收益而忽视高风险，也不能因为有风险而放弃大好的投资机会。在认清风险的基础上，理性投资股市，进行合理的投资组合，将在一定程度上分散风险，提高收益。以安全为第一的保险资金应当选择恰当时机入市，稳健操作。

六、私募基金

私募基金是通过非公开方式、向社会特定公众募集资金而设立的投资基金。其方式基本有两种：一是基于签订委托投资合同的契约型投资基金，二是基于共同出资入股成立股份公司的公司型投资基金。

1. 私募基金的发展及其特点

私募基金在国际上发展迅速，其形式多样，主要包括对冲基金，是为投资者设计的合伙制私募发行的投资工具。对冲基金因其合伙私人投资性质，在运作上无需满足政府关于投资基金投资运作的监管要求。一般而言，外部有债权人（贷款银行）的监督，内部有合伙投资人的监督。对冲基金发展至今全球超过4 000种，总规模超过4 000亿美元，虽然数量与规格还比不上共同基金，但发展势头强劲。

与公募基金相比，私募基金主要有以下三个特点。

第一，由于私募基金是向少数特定对象募集的，因此其投资目标可能会更有针对性，更能满足客户特殊的投资要求。

第二，政府对私募基金的监管相对宽松，因此私募基金的投资方式更加灵活。

第三，私募基金不必像公募基金那样定期披露详细的投资组合，因此其投资更具隐蔽性，受市场追踪的可能性较小，投资收益可能会更高。

此外，私募基金内部治理结构也有较大特点。私募基金一般实行合伙人制，能有效降低所有权与经营权分离下的委托代理风险。合作制的私募基金由有限合伙人与一般合伙人组成。有限合伙人（委托人）是真正的出资人；一般合伙人由投资专家组成，投入的主要是人力资本及少量现金。当基金盈利时，有限合伙人获得收益分配的较大部分。当投资失败时，一般合伙人的出资将首先受到损失。丰厚的投资收益分配成为激励一般合伙人的巨大动力，另一方面，对一般合伙人而言，首先承担损失的责任可缓解委托代理问题。

2. 私募基金与公募基金的区别

私募基金与公募基金的最大区别在于募集方式，即是面向所有投资者公开发布招募书，还是对特定投资者发布投资意向书。此外，私募基金与公募基金在发起人和投资人关系及监管法规方面也有区别。

第一，发起人和投资人的关系方面。由于私募基金面向特定投资者，满足特定基金投资群体特殊的投资需求，基金发起人必然推出为某些定向客户定制的基金产品。投资者可以与基金发起人协商并共同确定基金的投资方向及目标，而不是由基金发起人单方决定，私募基金更注重特定投资者的需求。

第二，监管法规方面的差异。一般来讲，公开募集资金面向广大的普通投资者，国家法律法规为保护众多的中小投资者的利益，对公开募集行为（无论是股票还是基金）都实施更为严格的监管措施及更详细的信息披露要求。而私募基金由于投资者只是部分特定的群体，可以是个别协商的结果，一般法规要求可以不如公募基金严格详细，如单一股票的投资限制放宽，某一投资者持有基金份额可以超出一定比例，对私募基金规模的最低限制更低，不必定期公布投资组合等。

七、投资基金与股票债券的差异

1. 反映的经济关系不同

股票反映的是一种所有权关系，是一种所有权凭证，投资者购买股票后就成为公司的股东；债券反映的是债权债务关系，是一种债权凭证，投资者购买债券后就成为公司的债权人；基金反映的则是一种信托关系，是一种受益凭证，投资者购买基金份额就成为基金的受益人。

2. 所筹资金的投向不同

股票和债券是直接投资工具，筹集的资金主要投向实业领域；基金是一种间接投资工具，所筹集的资金主要投向有价股票等金融工具或产品。

3. 投资收益与风险大小不同

通常情况下，股票价格的波动性较大，是一种高风险、高收益的投资品种；债券可以给投资者带来较为确定的利息收入，波动性也较股票小，是一种低风险、低收益的投资品种；基金投资于众多股票，能有效分散风险，是一种风险相对适中、收益相对稳健的投资品种。

八、投资基金与存款的差异

目前，由于开放式基金主要通过银行代销，许多投资者误认为基金是银行发行的金融产品，与银行储蓄存款没有太大区别。实际上，两者有着本质的不同，主要表现在以下几个方面：

1. 性质不同

基金是一种受益凭证，基金财产独立于基金管理人；基金管理人只是受托管理投资者资金，并不承担投资损失的风险。银行储蓄存款表现为银行的负债，是一种信用凭证；银行对存款者负有法定的保本付息责任。

2. 收益与风险特性不同

基金收益具有一定的波动性，投资风险较大；银行存款利率相对固定，投资者损失本金的可能性很小，投资相对比较安全。

3. 信息披露程度不同

基金管理人必须定期向投资者公布基金的投资运作情况；银行吸收存款之后，不需要向存款人披露资金的运用情况。

【重要信息延伸阅读】

国务院力挺跨境电商　借力“互联网+”推动外贸复苏（3）

2015年06月21日07：31　来源：东方财富网

随着“618”年中大促进入24小时倒计时，各大电商平台的宣传战已进入白热化。到今年，“618”年中大促活动已经进入第6个年头，也早已不再是京东一家的独角戏，天猫、苏宁易购、国美、一号店、当当等电商平台也相继宣布了促销方案。与以往不同的是，过去各大电商们过招，低价促销是基本招式，今年，海外购物成为各家比拼的重点。

或许是看到了参与海外购物的消费者日益增多，国内电商平台纷纷摩拳擦掌加速布局跨境电商领域。与国内购物相比，海外购物对电商平台们的物流、供应链等环节有更加严格的考验，直接影响着消费者的购物体验。在促销大战之下，电商们的“全球购”如何保证消费者能买得开心、用得舒心才是关键。

我国的跨境电子商务规模逐年增高，海外购物成为此次各大电商的一大争夺点。

作为“618”的主角，京东在线发起了一场包括“全球直供、智能生活、网络金融、移动社交、全民娱乐和便利到家”六大主题的狂欢派对，“全球直购”是首推的亮点。为了备战年中大促，京东商城提前近一个月就进入大促销活动。此后，多家电商平台紧随其后，纷纷跟进。

5月25日，天猫宣布全面启动2015年年中促销活动，“天猫”在其官方微博上力推海外商品、免税包邮。28日，号称拥有来自25个国家、30多万进口商品的天猫国际正式进入年中促大战。

苏宁也推出了横跨母婴、美妆、食品保健、进口电器、3C数码多品类的“海外购”特惠，部分商品的价格低至5折。同时，借助3月获批的苏宁报关公司打通物流环节，实现海外购商品实现最快72小时出库配送，解决了买手们关心的时效问题。

国美在线也集中发力年中大促。不过，与京东、天猫等全品类电商平台不同的是，今年的国美有些剑走偏锋。国美宣称将通过海外直采的方式，引入法国、德国、澳大利亚、美国等数十个国家酒庄的品牌名酒，为消费者提供货真价实的海外名酒直采。

此外，亚马逊、当当网、唯品会、网易考拉海购、1号店等多家电商平台也都积极参与到海外购物促销大战中。

“全球购”成为电商新出口，被寄予厚望。一直以来，“全网最低价”是电商平台们过招的惯用手法，大大小小的电商大促本质上就是一场打折促销。业内普遍认为，单纯的价格战难以奏效。困则思变，电商平台必须紧跟潮流，想办法提供更多的服务来满足消费者不断变换的需求。今年大热门的“全球购”不可避免地成为诸多电商平台的突破口。

随着国内跨境电子商务规模逐年增高，以及国家对跨境电商扶持力度的不断加大，跨境电商在电商平台未来布局的战略地位凸显无疑。中国电子商务研究中心数据显示，2014年，中国跨境电商交易规模约为4.2万亿元，同比增长33.3%。2020年，中国有望成为全球最大的跨境消费市场。

国内消费者海外购物热情也日益高涨。海外商品品质好、价格低廉的优势吸引了越来越多的消费者。中国电子商务研究中心预计，到2018年，中国跨境网购人数将达到3 560万人。

中国消费者的购买力也吸引了亚马逊等国外电商平台。亚马逊中国高层近日表示，在过去短短6个月时间内，亚马逊“海外购”的发展速度已非“互联网+速度”所能形容的了，而是真正的爆炸式增长。在这个“三个月河东三个月河西”的行业，各大电商必须审时度势，谨慎把握机会，否则一不留神就有可能被抢占先机。

专家表示，京东、阿里等电商在跨境电商领域的比拼已经不可避免。不过，跨境电商虽然火热，但仍处于发展期，存在各种不完善因素。

跨境电商首先面临的是质量问题。2014年7月被曝光的祎鹏恒业公司，向多家电商平台销售所谓海淘而来的假冒奢侈品，影响甚广，牵连多家电商平台，包括聚美优品、亚马逊、1号店等。对此，跨境电商平台应花费大量的时间和精力确保销售的均为正品。一旦出现假货，消费者与电商平台建立的信誉就会瞬间倾塌。

其次是时效问题。传统海淘的龟速一直困扰着消费者，跨境电商的物流时效成为海外购消费者关心的问题。如果缺乏一个完善的物流体系，就会产生发货速度慢、货品被损坏等诸多问题，直接影响消费者的购物体验，也是未来成败的关键。因此，国内跨境电商在扩大市场的同时，要注意练好基本功。

此外，供应链也是考验跨境电商的关键。6月7日，在2015年中国（济南）跨境电子商务国际峰会上，未来的跨境电商一定要往供应链发展，成为各大电商平台的共识。目前，国内跨境电商并非涵盖所有品类，主要集中于母婴、化妆品、食品和保健品等刚需商品，品类的选择仍受到限制，而货品的多寡直接影响消费者的选择。随着各大电商对生态链布局的日益重视，没有能力建立和完善生态圈的电商企业将面临被市场淘汰的风险。

应该看到，目前国内的跨境电商平台还处在开发、推广阶段，跨境贸易中物流、质量和海关等问题都有待解决。作为热衷于海外购物的消费者，则需擦亮双眼，谨慎选择购物平台；同时，要保持理性的消费心态，避免“冲动消费”。

第六章　股票价格与价格指数

【重要信息阅读】

三部委力推社会资本合作　预计今年 PPP 签约率可达 80%

2015 年 05 月 25 日 07：27　来源：《证券日报》

专家表示，引入社会资本最大的好处是盘活社会资本存量，避免公共资本投资不足所带来的基础设施发展不足等问题。

“引入社会资本建设水利设施，有利于保增长与调结构，还将惠及民生，可谓‘一石三鸟’。”复旦大学公共经济研究中心主任石磊在接受《证券日报》记者采访时表示。

近日，国家发改委、财政部、水利部联合印发了《关于开展社会资本参与重大水利工程建设第一批试点工作的通知》，选择 12 个项目作为国家层面联系的试点，启动第一批社会资本参与重大水利工程建设运营试点工作，计划通过 2 年左右的时间，探索可复制、可推广的经验，推动完善政府与社会资本合作（PPP）机制的相关政策。

水利部副部长矫勇曾向媒体表示，往年社会资本参与水利工程建设的比重大概在 20% 左右。目前中国防洪减灾体系尚不完善，部分地区城乡供水能力严重不足，农业用水效率不高，需要集中力量建成一批打基础、管长远、惠民生的重大水利工程。除了加大财政投入，还要创新水利投融资机制，调动社会资本参与水利工程建设的积极性。

石磊称，引入社会资本最大的好处是盘活社会资本存量，避免公共资本投资不足所带来的基础设施发展不足等问题。公共投资之所以要引导社会资本来参与投资，是公共投资以及其他民生方面投入的需要，只有把社会资本吸收进来，共同参与重大基础设施投资，才既有助于保增长，又有助于调结构，同时又有利于惠民生。

中投顾问咨询顾问崔瑜在接受《证券日报》记者采访时表示，2015 年 PPP 项目的实际签约率会较 2014 年有较高幅度的增长。2015 年 7% 的经济增长目标需要社会投资的拉动，需要企业的积极参与。相关 PPP 项目规划和优惠政策也开始逐渐落实，预计 2015 年 PPP 项目实际签约率可以达到 80%，只有这样才能扭转宏观经济的颓势。

据《证券日报》记者了解，截至 2015 年 4 月底，中央财政已下达 2015 年重大水利工程投资计划，总投资规模达到 494 亿元，下达率为 81%。2015 年前 4 个月在建水利工程完成投资较去年同期增长 42.2%。

股票本身没有价值，但它可以被当作商品出卖，并且有一定的价格。股票价格(Stock Price) 又叫股票行市，是指股票在证券市场上买卖的价格。股票价格分为理论价格与市场价格。股票的理论价格不等于股票的市场价格，两者甚至有相当大的差距。但是，股票的理论价格为预测股票市场价格的变动趋势提供了重要的依据，也是股票市场价格形成的一个基础性因素。

第一节　股票价格及影响因素

一、股票价格的分类

股票有市场价格和理论价格之分。

1. 股票的市场价格

股票的市场价格即股票在股票市场上买卖的价格。股票市场可分为发行市场和流通市场，因而，股票的市场价格也就有发行价格和流通价格的区分。股票的发行价格就是发行公司与证券承销商议定的价格。股票发行价格的确定有三种情况：

(1) 股票的发行价格就是股票的票面价值。

(2) 股票的发行价格以股票在流通市场上的价格为基准来确定。

(3) 股票的发行价格在股票面值与市场流通价格之间，通常是对原有股东有偿配股时采用这种价格。国际市场上确定股票发行价格的参考公式是：

$$\begin{aligned}\text{股票发行价格} = &\text{市盈率还原值} \times 40\% + \text{股息还原率} \times 20\% + \text{每股净值} \times 20\% \\ &+ \text{预计当年股息与一年期存款利率还原值} \times 20\%\end{aligned}$$

这个公式全面地考虑了影响股票发行价格的若干因素，如利率、股息、流通市场的股票价格等，值得借鉴。

股票在流通市场上的价格，才是完全意义上的股票的市场价格，一般称为股票市价或股票行市。股票市价表现为开盘价、收盘价、最高价、最低价等形式。其中收盘价最重要，是分析股市行情时采用的基本数据。

2. 股票的理论价格

股票代表的是持有者的股东权。这种股东权的直接经济利益，表现为股息、红利收入。股票的理论价格，就是为获得这种股息、红利收入的请求权而付出的代价，是股息资本化的表现。

静态地看，股息收入与利息收入具有同样的意义。投资者是把资金投资于股票还是存于银行，这首先取决于哪一种投资的收益率高。按照等量资本获得等量收入的理论，如果股息率高于利息率，人们对股票的需求就会增加，股票价格就会上涨，从而股息率就会下降，一直降到股息率与市场利率大体一致为止。按照这种分析，可以得出股票的理论价格公式为：

股票理论价格＝股息红利收益÷市场利率

计算股票的理论价格需要考虑的因素包括：预期股息和必要收益率。

二、股票的价值

从本质上讲，股票仅仅是一种凭证，其作用是用来证明持有人的财产权利，而不像普通商品一样包含有使用价值，所以股票自身并没有价值，也不可能有价格。但当持有股票后，股东不但可以参加股东大会，对股份公司的经营决策施加影响，且还能享受分红和派息的权利，获得相应的经济利益，所以股票又是一种虚拟资本，它可以作为一种特殊的商品进入市场流通转让。而股票的价值，就是用货币的形式来衡量股票作为获利手段的价值。所谓获利手段，即凭借着股票持有人可取得的经济利益。利益愈大，股票的价值就愈高。

在股票的价值中，有面值、净值、清算价值、市场价值和内在价值等五种。

1. 股票的面值

股票的面值，是股份公司在所发行的股票上标明的票面金额，它以元/股为单位，其作用是用来表明每一张股票所包含的资本数额。股票的面值一般都印在股票的正面且基本都是整数，如百元、拾元、壹元等。在我国上海和深圳证券交易所流通的股票，其面值都统一定为壹元，即每股 1 元。股票票面价值的最初目的，是在于保证股票持有者在退股之时能够收回票面所标明的资产。随着股票的发展，购买股票后将不能再退股，所以股票面值现在的作用一是表明股票的认购者在股份公司投资中所占的比例，作为确认股东权利的根据。如某上市公司的总股本为一千万元，持有一股股票就表示在该股份公司所占的股份为千万分之一。第二个作用就是在首次发行股票时，将股票的面值作为发行定价的一个依据。

一般来说，股票的发行价都会高于面值。当股票进入二级市场流通后，股票的价格就与股票的面值相分离了，彼此之间并没有什么直接的联系，股民爱将它炒多高，它就会有多高，如前些年上海股市有些股票的价格曾达到 80 多元，但其面值也就仅为 1 元。

2. 股票的净值

股票的净值，又称为账面价值，也称为每股净资产，指的是用会计的方法计算出来的每股股票所包含的资产净值。其计算方法是将公司的注册资本加上各种公积金、累积盈余，也就是通常所说的股东权益，将净资产再除以总股本就是每股的净值。股票的账面价值是股份公司剔除了一切债务后的实际家产，是股份公司的净资产。

由于账面价值是财会计算的结果，其数字准确程度较高，可信度较强，所以它是股票投资者评估和分析上市公司经营实力的重要依据之一。股份公司的账面价值高，则股东实际拥有的财产就多；反之，股票的账面价值低，股东拥有的财产就少。股票的账面价值虽然只是一个会计概念，但它对于投资者进行投资分析具有较大的参考作用，也是产生股票价格的直接根据，因为股票价格愈贴近每股净资产，股票的价格就愈接近于股票的账面价值。

在股票市场中，股民除了要关注股份公司的经营状况和盈利水平外，还需特别注意股票的净资产含量。净资产含量越高，公司自己所拥有的本钱就越大，抗拒各种风险的能力也就越强。

3. 股票的清算价值

股票的清算价值，是指股份公司破产或倒闭后进行清算之时每股股票所代表的实际价值。从理论上讲，股票的每股清算价值应当与股票的账面价值相一致，但企业在破产清算时，其财产价值是以实际的销售价格来计算的，而在进行财产处置时，其售价都低于实际价值。所以股票的清算价值就与股票的净值不相一致，一般都要小于净值。股票的清算价值只是在股份公司因破产或因其他原因丧失法人资格而进行清算时才被作为确定股票价格的根据，在股票发行和流通过程中没有什么意义。

4. 股票的市场价值

股票的市场价值，又称为股票的市值，是指股票在交易过程中交易双方达成的成交价。股票的市值直接反映着股票市场的行情，是股民买卖股票的依据。由于受众多因素的影响，股票的市场价值处于经常性的变化之中。股票的市场价值是与股票价格紧密相连的，股票价格是股票市场价值的集中表现，前者随后者的变化发生相应的波动。在股票市场中，股民是根据股票的市场价值（股票行市）的高低变化来分析判断和确定股票价格的，所以通常所说的股票价格也就是股票的市场价值。

5. 股票的内在价值

股票的内在价值，是在某一时刻股票的真正价值，它也是股票的投资价值。计算股票的内在价值需用折现法。由于上市公司的寿命期、每股税后利润及社会平均投资收益率等都是未知数，所以股票的内在价值较难计算，在实际应用中，一般都是取预测值。

三、影响股票价格的因素

1. 经营业绩

炒股票，虽然有各种各样的题材，但总的来说，一般都是炒经营业绩或与经营业绩相关的题材。所以在股市上，股票的价格与上市公司的经营业绩呈正相关关系。业绩愈好，股票的价格就愈高；业绩差，股票的价格就要相应低一些。但这一点也不绝对，有些股票的经营业绩每股就那么几分钱，其价格就比业绩胜过它几十倍的股票还高，这在股市上是非常正常的。

由于股票的价格是由竞争决定的，只要股民愿意、有足够的资金，且在股票交易过程中遵纪守法，其最后的成交价就由出价最高的一方决定。

从理论上来讲，经营业绩对股价的影响通常用两个公式来表达，一个是股价的静态计算公式，另一个是动态计算公式。静态的计算公式如下：

$$P = L/i$$

式中　P——股票的价格；

L——每股股票的税后利润；

i——股民进行其他投资时可取得的平均投资利润率，一般用储蓄利率代替，因为储蓄是当前股民所能从事的最普通和最便利的投资方式。

这个公式的意义是，当股民从事其他投资每元可获得收益 i 时，若在投资股票时要取得收益 L，股民所必须支付的资金量就为 P，此时，投资股票的收益就与其他投资相等。

如一年期定期储蓄存款利率为 10.98%，现某只股票的税后利润为每股 0.66 元，按上述公式计算，则该股票的价格就为 6.01 元。此时，将 6.01 元投资于股票或将其存银行，其投资收益都一样。

在上式中，股票的价格与经营业绩成正比，与其他投资的平均利润率成反比。如果上市公司的经营业绩提高或储蓄的利率降低，都会导致股票的价格上升。如 1996 年 5 月之后，中国人民银行两次调低居民储蓄利率，就导致上海股市股票价格上涨一倍多。

但用这个公式来计算股价并不准确。事实上股票市场上的股价也不是因此而确定的，影响股票价格变化的因素也不仅是经营业绩和平均投资利润率两项。另外，上市公司的经营业绩也会随着经营环境及产品市场的竞争而变化。上例中，如果下一年上市公司的经营业绩降到每股 0.55 元，按此公式计算，其股票价格就会下跌到 5 元多。如果股民在本年度就预测到上市公司下年度的业绩会降低，则就不会用每股 6.01 元的价格去购买股票，而只会用 5 元多的价格去购买这只股票。

上面这种计算股票价格的方法是一种静态法，它假定所选用的参数如股票的税后利润及储蓄利率是一成不变的，其结果肯定会有相当的误差。

2. 平均利润率

平均利润率是关于资金流动的一条客观定律，其大意为：

当两个部门间投资利润率存在差别时，资金就会从利润率低的部门向利润率高的部门流动，直到两部门的投资利润率基本相等。用一句通俗的话来表述平均利润率规律就是：水往低处流，资金向利润率高的地方走。

股票的价格是直接受资金的供给情况影响的，当进入股市的资金增加时，股票的价格就会上涨，如利多消息出台时，外围资金就纷纷进入股市，从而引起股票价格的上涨。

1994 年 7 月底公布“三大政策”及 1995 年 5 月 17 日公布暂停国债期货的消息后，都诱使了大量资金入市，不同程度地导致了股市的暴涨。而当股市资金向外撤出时，股价就会下跌。

当某个领域的投资利润率发生变化时，股市和该领域间的投资利润率就会产生一个位差。根据平均利润率规律，股市和该投资领域之间就会出现资金的流动，而资金流动的结果就会引起股票的价格发生变化。

股民投资于股市，其期望就是获得超额利润，即获得超过社会平均投资利润率水平的收益。而股民在股市中的一切操作（买进和卖出）都是平均利润率规律的集中表现。综合起来，平均利润率规律对股票价格的影响有以下三个方面：

（1）给股价定位

绝大部分股民购买股票的动机就是认为股价会上涨，且一年之内的涨幅肯定要高于自己能涉足的投资领域，否则，股民会将资金投入到其他利润率高的领域。而股民将资金源源不断地投入股市的结果，就会驱使股价逐步攀升，从而导致股价收益率的下降。当资金运动的结果使股价收益率接近于其他领域的平均水平时，股民购买股票与进行其他投资的收益就基本相等，此时资金的流动就会趋向于平缓，股价就会维持在一个相当的水平，既不上涨，也不下跌。所以平均利润率规律有给股价定位的作用。

对于普通市民来说，其资金实力较小，又要兼顾工作，其在现阶段的主要投资渠道也就是银行储蓄、购买债券和股票投资。由于银行储蓄几乎无风险可言，又不耗费多少时间和精力，所以银行储蓄是一般市民的首选投资工具。若要进行股票投资，一般都会将银行利率作为股票投资的预期收益。当投资于股票的收益要大于银行存款利率时，人们将选择股票；反之，当银行存款利率高于股票的投资收益率时，人们将会选择储蓄。所以，当一个股市的股民较为理性和成熟时，股市的投资收益基本上就会与所在地一年期的储蓄利率相等，因而其股价也就稳定在与此相适应的水平。

衡量一个股市的投资利润率通常是用股价收益率的倒数——股市的平均市盈率来衡量，由于股市的投资利润率与平均市盈率之间是倒数关系，当股价收益率与银行一年期的储蓄利率相等时，也就有：

$$\text{股市的平均市盈率} \times \text{一年期银行存款利率} = 1$$

当银行的存款利率确定以后，股市的市盈率也就稳定在一个相对应的水平，股票价格也随之确定。

$$\text{股市的平均市盈率} = \frac{1}{\text{一年期银行存款利率}}$$

（2）引起股价涨跌

根据平均利润率规律，当股市周边领域的投资利润率发生变化时，资金总是要从利润率低的部门向利润率高的部门流动，从而导致资金的转移。在现阶段，影响股市资金的主要领域是银行储蓄、债券市场、期货市场、房地产等，另外，商贸、实业投资及收藏业对股市也有一定的影响。

①银行储蓄和债券市场。当储蓄和债券的利率调整时，股市与储蓄或债券市场上的收益平衡就会打破，资金就会转移以追逐较高的利润。具体就是当储蓄或债券发行利率上调时，股市的投资价值会相应降低，股民就会抛售股票而将资金投向储蓄或债券，从而引起股票价格的下跌；反之，当储蓄或债券的发行利率下调时，人们就会从储蓄或债券市场抽出资金而投入股市，最终导致股票价格的上升。

在我国居民所拥有的金融资产中，90%以上为储蓄存款，其次为债券，这两个领域吸收的资金量最大。所以银行利率或债券发行利率的调整对股票价格的影响是最大的。如1996年中国人民银行曾两次调低居民存款利率，就导致了沪深股市股价的大幅上扬。

②期货。由于期货具有高风险和高收益的特点，所以我国的期货市场也吸收了大量的游资，且我国的证券营业部门中许多都代理期货业务，资金在股市与期货之间的转移极其方便。

当期货市场行情火爆的时候，它往往将股市的资金吸引过去，从而导致股市的低迷和股价的下行；而当期货市场行情清淡的时候，股市的资金就比较充盈，股价就比较坚挺。如1995年5月18日中国证监会宣布暂停一切国债期货业务时，大量的资金就迅速涌入股市，最终导致了股市的暴涨，沪深股市在这一天分别上扬了31%和23.5%。

③其他。当股市周边的房地产业、收藏业、商贸及实业投资等领域比较兴旺时，由于高利润率的诱惑，这些领域也会从股市吸引一些资金。如我国的温州地区，由于当地居民擅长于商贸及实业投资，且在这些行业能取得较高的利润率，即使在行情火爆时，相对于其他城市，其证券买卖业务也较为冷清。

相应地，股市内部资金的转移也可导致股价的涨跌。当股民认为某只股票具有投资价值时，相当的资金便会涌入该股票，从而促使其价格上扬；而当一只股票的前景不佳时，股民便会抛售该股票而从中抽出资金，从而导致该股票价格的下跌。如1996年的中期年报公布时，某只股票的业绩每股还亏损0.70元以上。在信息披露的当天，其价格便下跌了30%左右。

（3）导致股价的回归

当一个股市的股价上涨过快时，股票的价差收益就会明显超过其他领域。在高额利润的诱惑下，外围的资金就会纷纷涌入，从而进一步抬高股价，推动股指的上涨。而由于涌入资金的惯性，股指往往会涨到一个相对高点。此时，进入股市的资金已相对过剩，市盈率偏高，过高的股价对资金已不再具有吸引力。相对于周边投资市场，股市的投资收益率已明显偏低。这时，平均利润率规律又将作用于股市，它将引导资金从股市向其他投资市场流动，一些较为理智的投资者就会率先撤出资金，股价开始下跌，从而引起连锁反应，最终导致股市的暴跌，使股指又回到一个与周边领域投资利润率相适应的水平，这也就是股票市场暴涨之后必有暴跌的原因所在。反之，当股市暴跌而出现股价过低时，股价收益率提高，市盈率降低，股票的投资价值就会明显高于其他投资市场。此时，在平均利润率的作用下，资金又会从周边市场向股市转移，导致股价的回升。

20世纪80年代后期的日本东京股市，其上涨幅度连续几年超过30%，股市的价差收益远远高过其他行业，于是进入股市的资金像雪球一样越滚越大，将日经指数从1986年的13 000多点推向1989年39 000多点的高峰，其市盈率达100倍左右，造成了严重的泡沫经济。在其后的几年里，东京股市一蹶不振而进入艰难的调整阶段。1995年，日经指数曾跌到14 000多点，只及最高点的38%，几乎从终点又回到了起点。至今，日经指数还在20 000点左右徘徊。同样，香港股市在1993年的涨幅曾超过100%，在1994年初创下12 000多点的高峰，但今天的恒生指数依然在12 000点上下徘徊。而我国股市5年来的历程也基本如此，沪深股市分别从1990年12月和1991年的4月开始计点，由于受炒股发财效应的影响，我国居民在短短的两年内向股市倾注了大量的资金，从而导致了股票价格的暴涨。至1992年底，上海证券指数（简称上证指数）和深圳证券指数（简称深证指数）就从100点分别涨到了780点和241点，其平均年涨幅分别达179%和68%，而在1993年上半年沪深股市的股票指数达到历史的最高水平1 558点和368点后，股市便进入调整阶段，4年后的今天，虽深证综合指数再创新高，但上证指数却仍在1 558点之下徘徊。

3. 净资产

股票的净资产是上市公司每股股票所包含的实际资产的数量，又称股票的账面价值或净值，指的是用会计的方法计算出的股票所包含的资产价值。它标志着上市公司的经济实力，因为任何一个企业的经营都是以其净资产数量为依据的。如果一个企业负债过多而实际拥有的净资产较少，意味着其经营成果的绝大部分都用来还债；如负债过多出现资不抵债的现象，企业将会面临破产的危险。

股票投资与银行储蓄有所不同。因为储蓄的利息率是事先固定的，所以储蓄的收益是与储蓄额成正比的，存得愈多，获利越大。而股票投资的收益只与所持股票的多寡成正比，投入得多并不意味着收获就大，即使股民投入的资金量相同，但由于所购股票数量不等，其投资收益就有可能差异很大。

由于股票的收益取决于股票的数量而并非股票的价格，且每股股票所包含的净资产决定着上市公司的经营实力，决定着上市公司的经营业绩，每股股票所包含的净资产就对股价起决定性的影响。

股票价格与每股净资产之间的关系并没有固定的公式。因为除了净资产外，企业的管理水平、技术装备、产品的市场占有率及外部形象等都会对企业的最终经营效益产生影响，而净资产对股票价格的影响主要来自平均利润率规律的作用。

前一节已表述，由于平均利润率规律的作用，企业的净资产收益率都会围绕在一个平均水平上波动。对于上市公司来说，由于经过了较为严格的审查，且经营机制较为灵活，管理水平比一般企业要高，所以其盈利能力普遍要高于普通企业。

如最近几年，我国企业的平均利润率在10%左右，而上市公司1993年的平均净资产收益率为16%，1994年为13.5%，1995年宏观经济趋紧，工业企业的经营收益较低，但上市公司的净资产收益率仍然接近11%。

研究表明，各国上市公司的平均净资产收益虽然普遍都高于当地的平均投资利润率，但都不会超过150%这个范围。所以，只有当股票的平均价格不超过每股净资产的1.5倍时，投资于股市的收益才能和银行储蓄或其他投资的平均值相当。而当股价超过上市公司平均净资产值的1.5倍以后，购买股票的收益就不如其他投资了。

以上结论是相对股市的整体平均而言的，对一个或少量几个上市公司并不适用。如果某个上市公司管理水平出众、产品的市场占有率较高且能长期稳定、生产手段和技术装备比较先进，对股价当然可看高一线，但也不宜超过净资产的三倍。从1994

年的统计资料来看，上市公司净资产收益率超过36%的只有2家，超过平均水平达3倍以上的还占不到总数的1%，1995年的情况也基本如此。

通过净资产含量也可确定股票价格的下限。只要一个上市公司经营范围不属于国家政策限制发展的产业或是夕阳产业，当其股价降到其净资产含量以下时，购买这种股票就物有所值了。当股价降到净资产含量以下时，上市公司就面临着被收购和兼并的问题。对于投资者来说，与其用同样的资金建设一个和这种上市公司规模相当的企业，还不如在股市上收购来得方便，它不但省去许许多多的项目前期工作如申报、选址、可行性研究等，收购一个现成的上市公司还可节省建设所用时间，且上市公司还有现成的员工、销售网络可以利用等。上市公司被并购后，收购企业还可对其生产进行重组，如通过调整管理人员和产品结构等措施来迅速提高其经营效益。由此可以认为，股票的最低价格可定在每股净资产的80%以上。

对于理性的投资者来说，购买股票的平均价格可控制在平均净资产值的80%与150%之间，即：

$$0.8\times\text{平均每股净资产}<\text{股票的平均价格}<1.5\times\text{平均每股净资产}$$

在这个范围内，购买股票将具有较高的投资价值。超出这个范围，购买股票将具有较大的风险，市场的投机气氛可能要浓厚一些，被套牢的可能性就会大一些。

而对于个股来说，如上市公司经营确实有方，对其股价可看高一线，但最高价还是应限定在每股净资产的3倍以内，即：

$$0.8\times\text{每股净资产}<\text{股票价格}<3\times\text{每股净资产}$$

由于我国的资产评估工作还存在着不少的问题，在挂牌以前，有些上市公司的净资产含量明显是被高估了的，比如一些上市公司的净资产收益率连年都在10%以下，明显低于行业水平。这种企业的净资产含量就可能包含有较大的水分，股民在选股时应加以注意。

有些研究者把股票的价格与上市公司利润的增长联系起来，认为股价应与利润的增长率成正比。这种联系尤其对沪深股市是不适宜的，因为许多上市公司发展是属于数量型的而不是质量型的，其利润的增长主要是因为不断配股而增加净资产投入的结果，但其单位资产的收益率并未有丝毫的提高，股民也难以从这类公司的发展中得到任何实惠。这正像银行储蓄，利率是固定的，只要储户多存，其利息总额肯定会同步增长。而即使上市公司的净资产收益率每年都有所增长，但它是有极限的。对于股市整体来说，其平均净资产收益率不会超过其他领域平均投资收益率（一年期存款利率）的50%。

对于个别上市公司来说，其净资产收益率的极限水平也就是一年期存款利率的3倍。相应地，如果购买股票的价格超过每股净资产的3倍，等量的资金所获效益就比不上银行存款利率。

设一年期银行存款利率为i，某上市公司的净资产收益率为$3i$，是银行存款利率的3倍，其股票价格为P，每股净资产为J。当股票的价格分别为净资产的2.9倍、3

倍及 3.1 倍时，判断等量的资金在投资股票与银行存款上的优劣。

无论股票的价格如何，由于它不影响每股股票的净资产，其一年产生的投资收益将是恒定的，其收益为：

$$R = \text{净资产收益率} \times \text{每股净资产} = 3J \times i$$

（1）当每股股票的价格为其净资产 J 的 2.9 倍时，将等量的资金 $2.9J$ 存入银行，可获得存款利息 $2.9J \times i$，同等的资金购买股票将比存银行合算。

（2）当每股股票的价格为其净资产 J 的 3 倍时，将等量的资金 $3J$ 存入银行，可获得存款利息 $3J \times i$，同等的资金购买股票所获收益与银行存款相同。

（3）当每股股票的价格为其净资产 J 的 3.1 倍时，将等量的资金 $3.1J$ 存入银行，可获得存款利息 $3.1J \times i$，同等的资金购买股票所获收益将比银行利息要低。

在购买股票时，如上市公司的净资产收益率为同期储蓄利率的 a 倍，若要使股票的投资收益不低于同期储蓄存款的利息，则股票的价格不能超过每股净资产的 a 倍。

4. 心理因素

投资者的心理活动对其投资决策具有很大的影响，其中有些心理倾向对股价有着明显的不利影响。

（1）从众心理。

服从多数是现代社会生活及经济生活的一项准则。在证券市场上，绝大部分股民都认为多数的决定是合理的，于是就在自己毫不了解市场行情及股票情况的状况下，盲目依从他人跟风操作和追涨杀跌，这就是股市中的从众心理。从众心理对股价主要起着放大的作用。在牛市阶段，有些股民看见别人购进股票，就轻易地认为股票行情一定看好，唯恐落后，失去获利的机会，在对市场前景毫无把握的情况下就急忙购进，从而导致股票价格的上涨。而由于买入股票盈利的影响，越来越多的股民受他人的影响，也不管实际的宏观经济形势如何，对上市公司的经营也不作分析研究，就开始买进股票，推动股价的进一步上涨。随着炒股发财效应的逐渐扩大，入市的股民越来越多，最后连一些平常对股市和金融都漠不关心的市民都入市了，从而将股价推向一个不合理的高度，形成了一个短期牛市。在牛市向熊市转换阶段，一些较为理智的股民会率先将资金从股市上撤出，引起股价的下跌，其他股民看见别人卖出股票，又认为股市行情一定看跌，生怕自己遭受损失，跟着别人立刻做出售出的决定。随着股票下跌幅度的进一步加深，越来越多的股民就跟着卖出股票，最后引起股市的暴跌。

（2）预期心理。

预期心理是指股民对未来股价走势以及各种影响股价因素变化的心理预期。在股市低迷时，股价已跌至相当低的水平，大部分都跌至每股净资产以内，但绝大多数股民都无动于衷，持谨慎观望态度，致使股价进一步下跌。而一旦行情翻转，股民在预期心理的作用下，却愿以较高的价格竞相买入股票，果然促使股价一路上扬。相反，在股价的顶部区域，股民都不愿出售，等待股价的进一步上涨，而当股价开始下跌时，又认为股价的下跌空间很大，便纷纷加入抛售队伍。

由于股民对股价的未来走势过于乐观，就可能将股价抬高到空中楼阁的水平，比如将股价抬高到平均净资产的3倍甚至5倍的水平，使股价明显脱离其内在价值。

（3）偏好心理。

偏好心理是指股民在投资的股票种类上，总是倾向于某一类或某几种股票，特别是倾向于自己喜欢或经常做的股票。当机构大户偏好某种股票时，由于其购买力强或抛售的数量多，就会造成股票的价格脱离大势，呈现剧烈振荡现象。如沪市某些股票，其每年的税后利润也就0.1元左右，由于一些机构大户的偏好，就将股价拉到接近30元的价格，而一旦大户出货，其价格便大幅下跌，导致一些跟风的散户惨遭损失。

（4）博傻心理。

在股市上有一种流行的说法，就是股票交易是傻子与傻子竞技，不怕自己稀里糊涂以高价买进或低价卖出，只要有人比自己更傻，愿意以更高价买走或更低价抛售，自己就能有所盈利，这种心理就是博傻心理。由于博傻心理，许多股民并不研究上市公司的财务状况和股票的投资价值，只要有人买就跟着买，有人卖就跟着卖，造成股价的大幅振荡，市场风险极大。如我国的沪深股市，由于我国股民尚不成熟，追涨杀跌之风盛行，股价常常出现大幅振荡，这就是股民的博傻心理在作怪：只要我买，就会有人出更高的价格买走我的股票；只要我卖，就会有人在更低的价格出售，使自己能在低价补进。

5. 股市操纵

上市公司经营业绩、股价与平均利润率、股价与净资产含量的关系都是股价变动的理性动因。因为这些动因，股民才会调动资金买入股票或抛售股票以追求更高的投资收益。但实际上，股票的涨跌是由于资金运动的结果，有了某些动因以后，才有人买进或者卖出，引起供求关系的变化，从而导致股价的涨跌。在股市上，有些机构大户干脆就利用自己雄厚的资金实力来拉抬或打压股价，这就是股市的操纵。其主要做法是通过大批量的买进或抛出，引起某只股票资金供应量的变化，导致股价的急剧涨跌。

在股市上，只要股民拥有的资金或股票的数量达到一定的比例，就能令股价的走势随心所欲，从而控制住股价以从中渔利。如沪市的某上市公司曾经在一天之内将自己的股价炒高了一倍，而更有甚者，深市的一家券商在临收市前的几分钟之内就将某只股票的价格拉高一倍多。所以股价是某时段内资金实力的体现，散户股民对股市的这种操纵行为应多加提防，而不宜盲目跟风，以免吃亏上当。

机构大户操纵股价的行为能够得逞，其原因就是中小散户的直线思维，即看到股票价格上涨以后就认为它还会涨，而看到股价下跌时认为它还会跌。而机构大户将股票炒到一定价位必然要抛，将股价打压到一定程度后必然要买。

在股市中，机构大户操纵股价的常用手段有以下几种。

（1）垄断。机构大户为了宰割散户，常以庞大的资金收购某种股票，使其在市面上流通的数量减少，然后放出谣言，引诱散户跟进，使市场形成一种利多气氛，哄抬市价，待股价达到相当高度时，再不声不响地将股票悉数抛出，从中牟利。而由于机构大户持有的股票数量较多，一旦沽出，必定导致股价的急剧下跌，造成散户的套牢。还有一种方式就是机构大户先卖出大量股票，增加市面股票筹码，同时放出利空消息，造成散户的恐慌心理，跟着大户抛售，形成跌势，此时大户再暗中吸纳，高出低进，获取利润。

（2）联手。两个以上的机构大户在私下串通，同时买卖同一种股票，来制造股票的虚假供求关系，以影响股票价格的波动。

联手通常有两种方式：一是联手的大户同时拿出大量的资金购入某种股票或同时抛出某种股票以使价格上涨或下跌；另一种方式就是以拉锯方式进行交易，即几个大户轮流向上拉抬价格或向下打压价格。如大户 A 先以 10 元价格买进，大户 B 再以 11 元的价格买进，然后大户 A 再以 12 元的价格买进，将价格轮流往上拉。

（3）对敲。两个机构大户在同一只股票上作反向操作，一方卖，另一方买，从而控制股价向自己有利的方向发展，当股价到达其预定的目标时，再大量买进或抛出，以牟取暴利。

（4）转账。一个机构大户同时在多个券商处设立账户，一个账户卖，另一个账户就买。通过互相对倒的方法进行虚假的股票交易，制造虚假的股市供求关系，从而提高股票价格予以出售，或降低股票价格以便买进。

（5）声东击西。机构大户先选择易炒作的股票使其上涨，带动股市中大量的股票价格上升，从而对不易操作的股票施加影响，使其股价上涨。

（6）套牢。机构大户散布有利于股票价格上升的假消息，促使股票价格上涨，诱使众多的股票散户盲目跟进，而机构大户在高价处退出，导致股票价格无力支持而下跌。反之，空头大户用套杀多头的方法，又可使股票价格一再上涨。

6. 其他影响因素

（1）宏观因素。包括对股票市场价格可能产生影响的社会、政治、经济、文化等方面。

①宏观经济因素。即宏观经济环境状况及其变动对股票市场价格的影响，包括宏观经济运行的周期性波动等规律性因素和政府实施的经济政策等政策性因素。股票市场是整个金融市场体系的重要组成部分，上市公司是宏观经济运行微观基础中的重要主体，因此股票市场的股票价格理所当然地会随宏观经济运行状况的变动而变动，会因宏观经济政策的调整而调整。例如，一般地讲，股票价格会随国民生产总值的升降而涨落。

②政治因素。即影响股票市场价格变动的政治事件。一国的政局是否稳定，对股票市场有着直接的影响。一般而言，政局稳定则股票市场稳定运行；相反，政局不稳则常常引起股票市场价格下跌。除此之外，国家的首脑更换、罢工、主要产油国的动乱等也对股票市场有重大影响。

③法律因素。即一国的法律特别是股票市场的法律规范状况。一般来说，法律不健全的股票市场更具有投机性，震荡剧烈，涨跌无序，人为操纵成分大，不正当交易

较多；反之，法律法规体系比较完善、制度和监管机制比较健全的股票市场，证券从业人员营私舞弊的机会较少，股票价格受人为操纵的情况也较少，因而表现得相对稳定和正常。总体上说，新兴的股票市场往往不够规范，而成熟的股票市场法律法规体系则比较健全。

④军事因素。主要是指军事冲突。军事冲突是一国国内或国与国之间、国际利益集团与国际利益集团之间的矛盾发展到不可以采取政治手段来解决的程度的结果。军事冲突小则造成一个国家内部或一个地区的社会经济生活的动荡，大则打破正常的国际秩序。它使股票市场的正常交易遭到破坏，因而必然导致相关的股票价格的剧烈动荡。例如，海湾战争之初，世界主要股市均呈下跌之势，而且随着战局的变化，股市均大幅振荡。

⑤文化、自然因素。就文化因素而言，一个国家的文化传统往往在很大程度上决定着人们的储蓄和投资心理，从而影响股票市场资金流入流出的格局，进而影响股票市场价格；证券投资者的文化素质状况则从投资决策的角度影响着股票市场。一般地，文化素质较高的证券投资者在投资时相对较为理性，如果证券投资者的整体文化素质较高，则股票市场价格相对比较稳定；相反，如果证券投资者的整体文化素质偏低，则股票市场价格容易出现暴涨暴跌。在自然方面，如发生自然灾害，生产经营就会受到影响，从而导致有关股票价格下跌；反之，如进入恢复重建阶段，由于投入大量增加，对相关物品的需求也大量增加，从而导致相关股票价格上升。

（2）产业和区域因素。主要是指产业发展前景和区域经济发展状况对股票市场价格的影响。它是介于宏观和微观之间的一种中观影响因素，因而它对股票市场价格的影响主要是结构性的。

①在产业方面。每一种产业都会经历一个由成长到衰退的发展过程，这个过程称为产业的生命周期。产业的生命周期通常分为四个阶段，即初创期、成长期、稳定期、衰退期。处于不同发展阶段的产业在经营状况及发展前景方面有较大差异，这必然会反映在股票价格上。蒸蒸日上的产业股票价格呈上升趋势，日见衰落的产业股票价格则逐渐下落。

②在区域方面。由于区域经济发展状况、区域对外交通与信息沟通的便利程度、区域内的投资活跃程度等的不同，分属于各区域的股票价格自然也会存在差异，即便是相同产业的股票也是如此。经济发展较快、交通便利、信息化程度高的地区，投资活跃，股票投资有较好的预期；相反，经济发展迟缓、交通不便、信息闭塞的地区，其股票价格总体上呈平淡下跌趋势。

（3）公司因素。即上市公司的运营对股票价格的影响。上市公司是发行股票筹集资金的运用者，也是资金使用的投资收益的实现者，因而其经营状况的好坏对股票价格的影响极大。而其经营管理水平、科技开发能力、产业内的竞争实力与竞争地位、财务状况等无不关系着其运营状况，因而从各个不同的方面影响着股票的市场价格。由于产权边界明确，公司因素一般只对本公司的股票市场价格产生深刻的影响，是一种典型的微观影响因素。

（4）市场因素。即影响股票市场价格的各种股票市场操作。例如，看涨与看跌、买空与卖空、追涨与杀跌、获利平仓与解套或割肉等行为，不规范的股票市场中还存在诸如分仓、串谋、轮炒等违法违规操纵股票市场的操作行为。一般而言，如果股票市场的做多行为多于做空行为，则股票价格上涨；反之，如果做空行为占上风，则股票价格趋于下跌。由于各种股票市场操作行为主要是短期行为，因而市场因素对股票市场价格的影响具有明显的短期性质。

在以上影响股票市场价格的诸多因素中，宏观因素、产业和区域因素及公司因素主要是通过影响股票发行主体即公司的经营状况和发展前景来影响股票市场价格，它们在股票市场之外，因而被称为基本因素。基本因素的变动形成了股票市场价格变动的主要利多题材和利空依据。市场因素则主要是通过投资者的买卖操作来影响股票市场价格，它存在于股票市场内部，与基本因素没有直接的关联，因而被称为技术因素。技术因素是技术分析的对象。

【重要信息阅读】

新三板总市值超一万两千亿元

2015 年 05 月 24 日　15：48　来源：腾讯财经［微博］刘鹏

“截至本周五新三板挂牌公司总数达到 2 452 家，比去年净增 900 家，总市值到了 12 545 亿元，而且实现了对 31 个省市自治区，包括新疆生产建设兵团的全覆盖。”

2015 年 5 月 24 日，全国中小企业股份转让系统董事长杨晓嘉在清华五道口全球金融论坛上列举出上述数据，并认为资本市场目前最大的创新就是新三板。

新三板的前身为证券公司代办股份转让系统，2013 年初成立，即全国中小企业股份转让系统。2014 年初开放至全国以来，挂牌企业数量飞速发展。杨晓嘉表示，在扩容至全国前，新三板的挂牌公司仅为 356 家，全年融资是 10 亿元；扩大试点的 2014 年底，挂牌公司数达到 1 572 家，融资额达 132 亿元。

自今年以来，新三板市场的发展已经出现三个明显的拐点。杨晓嘉表示，首先便是投资和融资同步出现增长拐点。“今年截至本周五，融资总量已经达到 211.54 亿元，比去年 132 亿元净增将近 100 亿元，融资量最大的是 50 多亿元，最小的只有几百万元，融资次数最多的是 4 次。”杨晓嘉说。

同时，新三板的业态也在加宽加厚，杨晓嘉表示，挂牌公司类型涵盖了金融、医药、传媒等，“这些新业态已经充分反映了中国信息时代的特征，与早已迈入信息经济时代美国资本市场市值结构非常相似，因此可以称作为新三板的第一个拐点”。

第二个拐点是市场交易由冷变热。杨晓嘉描述，这一转换过程比其预想的“来得快，来得猛”。她列举数据称：“去年平均每天交易 6 000 万元到 8 000 万元，今年每天交易量是 10 亿元以上，最高的一天达到 56 亿元。”

此外，新三板在 2014 年 8 月引入做市商制度，盘活了市场的流动性。“目前新三板做市企业 346 家，占 15% 左右，虽然比重不是很大，但是对交易格局改变很大。”

杨晓嘉如此定义做市商的意义。

第三个拐点是市场参与主体和合格投资者的增长速度超过预期。杨晓嘉表示，目前新三板投资者账户总数达到12.58万户，其中合格个人投资者达到了7.6万户，占比60%。

腾讯财经了解到，新三板合格个人投资者门槛资金为500万元，这一硬性规定将大多数投资者挡在门外，因此在市场上对于降低投资者门槛的呼声较高，但目前多位新三板的领导均表示，短期内不可能降低此门槛。这也意味着，至少在一段时期内，新三板依然会以机构投资者为主，这与目前的主板市场显著不同。

第二节　股票价格指数

一、股票价格指数概述

1. 股票价格指数的概念

股票价格指数又称股价指数或股指，是指金融服务机构编制的、通过对股票市场上一些有代表性的公司发行的股票价格，进行平均计算和动态对比后得出的数值，是对股市动态的综合反映。它是将计算期的股价与某一基期的股价相比较的相对变化指数，用以反映市场股票价格的相对水平。

由于股票价格仅仅是一个静态数值，不能反映整个股票市场的总体股价水平，要反映股价变化的总趋向，就需要借助股价指数才行。股价指数是一种衡量股票市场总的价格水平及其变动的相对指标，它是反映股票市场平均价格水平的重要指标，也是反映一个国家或地区社会经济运行态势的灵敏指标。

根据股价指数反映的价格走势所涵盖的范围，可以将股价指数划分为反映整个市场走势的综合性指数和反映某一行业或某一类股票价格走势的分类指数。按照编制股价指数时纳入指数计算范围的股票样本数量，可以将股价指数划分为全部上市股票价格指数和成分股指数。

2. 股票价格指数的特征

与股票价格相比，股票价格指数具有自身的特征，主要表现在以下几个方面。

(1) 综合性。

股票价格指数反映的是整个股票市场的价格变化的总趋势。由于股票市场上有大量的股票，每一只股票都有自己的价格，如果没有一个总的尺度来衡量股市价格的涨跌情况，必然会给投资者带来诸多不便；而采用股票价格指数这个综合指标就能观察股票市场总的变化趋势，有利于投资者进行股票投资。

(2) 平均性。

股票价格指数不直接反映每一种股票实际变动情况，而反映的是各种股票价格的平均变动状况。用这种综合指标来衡量股市价格总体的平均水平，能够比较准确地反映股市的变化和发展趋势，有利于投资者进行投资决策。

(3) 相对性。

股票价格指数是一个相对数，它表示不同时期对某一基数的比值，具有相对比较的性质。当股价指数上升或下跌时，表明股票价格总体上是在上涨或下跌，但并不表明所有股票价格都上涨或下跌，有的股票甚至会出现完全相反的走势，对此，投资者一定要加以注意。

(4) 代表性。

股票价格指数的编制，一般都会选择一定数量的有代表性的公司股票作为样本股，来反映整个股市的变动。因此，相对于每种股票而言，这种反映是不充分、不全面的。当然. 也有少数选择全部股票来编制股票价格指数的，如上证综合指数。

(5) 连续性。

股票价格指数能连续地反映股票市场的价格变动情况，具有连续性的特点。这就要求股票价格指数不应该有任何间断，否则不同时期的股票价格指数会失去可比性。只有具有连续性，才能反映股市的发展趋势，对未来进行科学的预测。

二、平均股价的计算方法

在编制股票价格指数之前，先要计算平均股票价格，简称平均股价，也称为股价平均数。平均股价是指股票市场全部股票或采样股票的平均价格，主要用来反映股票市场的价格水平。严格地说，平均股价不是股票价格指数。平均股价的计算方法，通常有以下几种。

1. 简单算术平均法

简单算术平均法是指在计算出采样股票个别价格指数的基础上，加总求其算术平均数的一种方法。其计算公式为：

$$\overline{P} = \frac{1}{n}(P_1 + P_2 + P_3 + \cdots + P_n) = \frac{1}{n}\sum_{i=1}^{n} P_i$$

其中，$\overline{P}$ 代表平均股价，$P_1, P_2, P_3, \cdots, P_n$ 代表各样本股价格，n 为股票样本数。

用简单算术平均法计算出来的平均股价，虽然有利于判断股票投资的获利情况，但是，因为它没有考虑股票分割权数不同等因素的影响，所以，不能反映股价一般的、长期的和动态的变化，也容易受发行量或交易量较少的股票价格的涨跌的影响，难以真实地反映股票市场的动态。这种方法通常只在证券交易所开办之初还没有除权因素时使用。

2. 加权平均法

加权平均法是考虑采样股票的发行量或交易量作为权数进行计算的一种方法。以发行量为权数的加权平均股价，等于采样股票的市价总值除以采样股票发行量；而以交易量为权数的加权平均股价，则等于采样股票的成交总额除以采样股票交易量。两者的计算公式为：

$$\overline{P}=\frac{Q_1P_1+Q_2P_2+\cdots+Q_nP_n}{Q_1+Q_2+\cdots+Q_n}=\frac{\sum_{i=1}^{n}Q_iP_i}{\sum_{i=1}^{n}Q_i}$$

其中，$Q_1,Q_2,\cdots,Q_n$ 代表权数，其他符号与简单算术平均法的相同。

3. 修正平均法

修正平均法与简单算术平均法的一个重要区别，就在于除数的变化，因此也称为新除数法或弹性除数法。

修正平均法的基本原理是：①将更换或分割投票的市场价格加上其他没有变换或分割的股票市场价格，得到一个新的股票价格合计数；②用这个新的股票价格合计数除以变换或分割前的各种股票价格平均数，得到一个常数，这个常数就是新除数或弹性除数；③再用新的股票价格合计数除以这个新除数，即得到与变换或分割前相同的股价平均数。其计算公式为：

$$\text{修正股价平均数}=\frac{\text{计算期样本股价格总和}}{\text{修正系数}}$$

$$\text{修正系数}=\frac{\text{折股后样本股股价总和}}{\text{折股前样本股价格平均数}}$$

运用修正平均法计算平均股价，其目的在于消除股票分割、股票分红、增资发行新股等因素的影响，弥补由此带来的平均股价数列的断裂现象，保持数列的连续性和股市变动指标的真实性。

三、股票价格指数的编制方法

1. 股票价格指数（即股价指数）编制的一般步骤

①根据上市公司的行业分布、经济实力、资信等级等因素，选择适当数量的有代表性的股票，作为编制指数的样本股票。样本股票可随时变换或增减，以保持良好的代表性。

②按期到股票市场上采集样本股票的价格，简称采样。采样的时间间隔取决于股价指数的编制周期。以往的股价指数较多为按天编制，采样价格即为每一个交易日结束时的收盘价。从 21 世纪初开始，股价指数的编制周期日益缩短，由“天”到“时”直至“分”，采样频率由一天 1 次变为全天随时连续采样。采样价格也从单一的收盘价发展为每时每刻的最新成交价或一定时间周期内的平均价。一般来说，编制周期越短，股价指数的灵敏性越强，越能及时地体现股价的涨跌变化。

③利用科学的方法和先进的手段计算出股价指数的值。股价指数的计算手段已普遍使用电子计算机技术，为了增强股价指数的准确性、灵敏性，必须寻求科学的计算方法和计算技术来支持，通过新闻媒体向社会公众公开发布指数值。为保持股价指数的连续性，使各个时期计算出来的股价指数相互可比，有时还需要对指数做相应调整。

2. 股票价格指数的计算方法

（1）简单算术平均法。简单算术平均法是指在计算出采样股票个别价格指数的基础上，加总求其算术平均数的一种方法。

（2）综合平均法。综合平均法是指分别把基期和报告期的股票价格进行加总，然后用报告期股价总额与基期股价总额相比较而得出数值的一种方法。

（3）几何平均法。几何平均法是指分别把基期和报告期的股份相乘后开 n 次方，再用报告期与基期相比而得出的数值的一种方法。

（4）加权综合法。无论是简单算术平均法，还是综合平均法或几何平均法，在计算股价指数时，都没有考虑到各采样股票权数对股票市价总值的影响，难以全面真实地反映股市价格变动情况，因而，需要用加权综合法来弥补其不足。

四、国内外主要的股票价格指数

世界各国的股票市场都有自己的股票价格指数。在一个国家不同的股票市场，甚至同一个股票市场也有不同的股票价格指数。不同的股票价格指数在具体编制中，计算的对象不同，计算的方法亦不同，确定的基期也有所不同。下面介绍一下国内外主要的股票价格指数。

1. 我国的股票价格指数

（1）上证综合指数

上证综合指数的全称是上海证券交易所股票价格综合指数，是上海证券交易所编制的反映上海股市行情变化的股价指数。该指数的前身是上海静安指数，是由中国工商银行上海市分行信托投资公司静安证券业务部于 1987 年 11 月 2 日开始编制的。静安指数仅以算术平均法计算而得出，不能准确反映出各上市公司股票在股市价格变化中的影响大小，也不能反映出上海证券交易所成立以后股市的整体走势。因此，该指数不久便被上证综合指数所取代。上证综合指数于 1991 年 7 月 15 日开始编制和公布，以 1990 年 2 月 19 日为基期，基期值为 100，以全部上市股票为样本，以股票发行量为权数，按加权平均法编制而成。计算公式为：

$$本日股票指数=\frac{本日股价市价总值}{基期股票市价总值}\times 100$$

如果遇到上市公司增资扩股或改变时，修正公式为：

$$新基期市价总值=修正前基期市价总值\times\frac{修正前市价总值+市价总值变动额}{修正前市价总值}$$

$$修正后本日股价指数=\frac{本日股票市价总值}{新基期股票市价总值}\times 100$$

随着上市公司种类和数量的增加，上海证券交易所在综合指数的基础上，从 1992 年 2 月起分别公布 A 股指数和 B 股指数，1993 年 5 月起公布工业、商业、房地产、公用事业和综合 5 大分类股价指数。

上证综合指数是我国股票市场中最有影响、使用最为广泛的股价指数，是研究我国证券市场的重要指数，也是广大投资者进行股票投资决策时非常重要的参考依据。

（2）上证 180 指数

上证 180 指数是上海证券交易所对原上证 30 指数进行了调整并更名而成的。上证 30 指数是由上海证券交易所编制，在上海证券交易所上市的所有 A 股股票中，选取最具代表性的 30 种样本股票为计算对象，并以流通股数为权数的加权综合股价指数，取 1996 年 1 月至 3 月的平均流通市值为指数基数，基期指数定为 1 000 点。从 2002 年 7 月 1 日起，在上证 30 指数的基础上编制新的上证 180 指数，样本股从 30 种增加到 180 种，以 2002 年 6 月 28 日为基期，基期指数为上证 30 指数的收盘指数 3 299. 05点，从 2002 年 7 月 1 日起正式发布。上证 180 指数对样本股的调整，依据样本稳定性和动态跟踪相结合的原则，每半年调整 1 次，每次调整比例一般不超过 10%，特殊情况下也可能对样本进行临时调整。

（3）深圳综合指数

深圳综合指数全称是深圳证券交易所股票价格综合指数，是深圳证券交易所编制的反映深圳股市行情变化的股价指数。该指数于 1991 年 4 月 4 日开始发布，以 1991 年 4 月 3 日为基期，基期指数定为 100，以上市的全部股票为样本股，以总股本为权数进行加权平均计算。计算公式为：

$$\text{深圳综合指数}=\frac{\text{本日股票市价总值}}{\text{基期股票市价总值}}\times 100$$

如果采样股的股本结构发生变动，则用变动之日为新基期，并以新基期计算，同时，用连锁的方法将计算得到的指数溯源至原有基期，以维持指数的连续性。其计算公式为：

$$\text{今日即时指数}=\frac{\text{上一营业日收市指数}\times\text{今日即时总市值}}{\text{上一营业日收市指数}}\times 100$$

其中，今日即时总市值为各采样股的市价与已发行股数之积，上一营业日收市总市值是根据上一营业日的股本变动而做调整的总市值。

（4）深圳成分股指数

深圳成分股指数是反映深圳股市行情变化的股价指数。该指数由深圳证券交易所编制，通过对所有在深圳证券交易所上市的公司进行考察，按一定标准选出 40 家有代表性的上市公司作为成分股，以成分股的可流通股数为权数，采用加权平均法编制而成。基期为 1994 年 7 月 20 日，基期指数为 1000 点。计算公式为：

$$\text{今日即时指数}=\frac{\text{即时成分股可流通总市值}}{\text{基期成分股可流通总市值}}\times 1\,000$$

选取成分股的一般原则是：①有一定上市交易时间；②有一定上市规模；②交易活跃。成分股不搞终身制，交易所将定期考察成分股的代表性，及时更换代表性降低的公司，选入更具有代表性的公司。

成分股指数选取有代表性的股票作为成分股，并用流通股股本加权计算，可以克服深圳综合指数的不足，为投资者提供一个更合理的参考指标，有利于股票市场的健康发展。成分股指数按照股票种类分为 A 股指数和 B 股指数，3 种成分股指数与原有的深圳综合指数同时发布。

（5）沪深 300 指数

沪深 300 指数是上海和深圳证券交易所第一次联合发布的反映 A 股市场整体走势的指数。该指数是从上海和深圳证券市场中选取 300 只 A 股作为样本股编制而成。沪深 300 指数是以 2004 年 12 月 31 日为基日，以该日 300 只成分股的调整市值为基期，基期指数定为 1 000 点，自 2005 年 4 月 8 日起正式发布。选择标准为规模大、流动性好的股票，该指数计算公式为：

$$沪深300指数=\frac{本日成分股的调整市值}{基期成分股的调整市值}\times 1\,000$$

其中，调整市值 = $\sum$（市价 × 调整股本数），基期成分股的调整市值亦称为除数，调整股本数采用分级靠档的方法对成分股股本进行调整。比如，如果某股票流通股比例（流通股本 ÷ 总股本）为 7%，低于 10%，则采用流通股本为权数；如果某股票流通比例为 35%，落在区间（30，40）内，对应的加权比例为 40%，则将总股本的 40% 作为权数。

2. 境外主要的股票价格指数

（1）道 · 琼斯股票价格指数

道 · 琼斯股票价格指数简称道 · 琼斯指数，它是国际上历史最悠久、影响最大而又最为公众所熟悉的股价指数。1884 年 7 月 3 日，由美国道 · 琼斯公司创始人查尔斯 · 道和爱德华 · 琼斯根据选定的在纽约证券交易所上市的 11 种有代表性的铁路公司股票编制了股价平均数，并刊登在《每日通讯》（后改为《华尔街日报》）上，以后代表性股票不断更换和增多。1938 年组成股价平均数的股票有三大类 65 种股票，并一直延续至今。道 · 琼斯指数的编制从其诞生起到今天从未间断过。道 · 琼斯指数具有自己的特色，主要表现在：

①道 · 琼斯指数选择的股票具有代表性。道 · 琼斯指数共分 4 组类型、65 种股票。4 组类型分别为：第 1 组是道 · 琼斯工业股价平均数，它是最常用的道 · 琼斯指数，由 30 家有代表性的大工业公司股票组成；第 2 组是道 · 琼斯运输业股价平均数，它由 20 家有代表性的运输公司股票组成；第 3 组是道 · 琼斯公用事业股价平均数，它由 15 家大的公用事业公司的股票组成；第 4 组是道 · 琼斯股价综合平均数，它是综合前 3 组 65 种股票而得出的综合指数。为了使股价指数能反映市场的实际变动，该指数还对组成平均数的一些股票经常进行调整，用一些更具活力、更有代表性的公司股票取代那些失去代表性的公司股票。

②道 · 琼斯指数的计算方法比较简单。它原先采用算术平均法，将各样本股价相

加，除以股票种类数，即得出各大类及综合股价平均数。后来，有的公司被吞并或进行拆股，为适应股票面值由大分小、代表性股票不断变化的新情况，保持指数的连续可比性，从1928年起开始以修正平均法编制指数，即用拆股后的股价总和除以修正系数，得出股价平均数，并且，以1928年10月1日为基期，基期指数为100，以后各期的股价同基期相比得出各期的股价指数。

③道·琼斯指数对信息反应灵敏。它通过现代化的通信工具传播到世界各地，除《华尔街日报》详细报道这些指数外，其他许多重要媒体也都登载每天股价指数。道·琼斯指数被认为是反映美国政治、经济、社会行情变化的“晴雨表”，甚至是反映西方经济盛衰的重要指标。

虽然道·琼斯指数在世界上久负盛名，为世界各证券交易所和股票投资者所重视，但仍然存在一些不足，表现在：采样股票数目较少，所选的行业范围不够广泛，且多是热门股，缺乏广泛的代表性；在计算方法上没有考虑权数影响，致使少数几种流通性较小的股票价格的大幅波动对指数产生较大的影响。

（2）纳斯达克综合指数

纳斯达克（NASDAQ，National Association of Securities Dealer Automated Quotations）是美国全国证券交易商协会于1968年着手创建的自动报价系统名称的英文简称。纳斯达克的特点是收集和发布场外交易非上市股票的证券价格，现已成为全球最大的证券交易市场。纳斯达克指数是以所有在纳斯达克交易的股票价格加权计算，把1971年2月8日第一个交易日做基期，基期指数为100。纳斯达克的上市公司涵盖所有新技术行业，包括软件和计算机、电信、生物技术、零售和批发贸易等。纳斯达克综合指数是代表各工业门类的市场价值变化的“晴雨表”。因此，纳斯达克综合指数相比道·琼斯工业指数更具有综合性。纳斯达克综合指数包括5 000多家公司，超过其他单一证券市场。因为它有如此广泛的基础，所以已成为最有影响力的证券市场指数之一。

（3）金融时报股票价格指数

金融时报股票价格指数是英国历史最悠久、最具权威性的股价指数，由伦敦《金融时报》编制和公布，该指数以能够及时反映英国股票市场行情而闻名于世。金融时报股票价格指数分为三组：第一组是由30种股票组成的价格指数；第二组是由100种股票组成的指数；第三组是由500种股票组成的价格指数。1984年1月3日之前，金融时报股票价格指数是指第一组的30种股票指数，其成分股由30种有代表性的工业公司的股票构成，最初以1935年7月1日为基期，后来调整为以1962年4月10日为基期，基期指数为100，采用几何平均法计算。之后，人们常用作为股票指数期货合约标的的《金融时报》100指数（*Financial Time* Stock Exchange 100 Index，简写为FTSE 100），它是以股票市场上交易较频繁的100种股票为样本编制的指数，其基期为1984年1月3日，基期指数为1 000。

（4）日经平均股价指数

日经平均股价指数是由日本经济新闻社编制公布以反映日本股票价格变动的股价

指数。该股价平均数于1950年9月7日开始编制，当时称为“东证修正平均股价”。1975年5月1日，日本经济新闻社正式向道·琼斯公司买进商标，将上述名称改为“日经道·琼斯平均股价指数”。1985年5月1日在合同满10年时，经两家协商，将名称改为“日经平均股价指数”（简称日经指数）。它的基期为1949年5月16日，基期平均数为176.21日元。其计算方法与美国道·琼斯股价指数相同，计算单位直接以日元标出。

按计算对象和采样数目不同，该指数分为两种：①日经225种股票价格指数。其所选样本股为在东京证券交易所第一市场上市的股票，原则上固定不变，因而，具有可比性和连续性，成为分析日本股市最常用、最可靠的指数；②日经500种股票价格指数。该指数从1982年1月4日开始编制，样本股不固定，每年4月根据一定的标准进行更换。日经500种股票价格指数由于所选样本多，具有广泛的代表性，因而，能比较全面、准确地反映日本股市行情的动态。

（5）恒生股票价格指数

恒生股票价格指数是香港恒生银行根据各行业具有代表性的33种（2012年11月17日，成分股增至50种）股票的市场价格加权计算而产生，是香港股票市场上历史最久、影响最大的股价指数，也是分析和研究亚洲地区股票市场行情变化趋势的重要指标之一。恒生银行于1969年11月24日开始发布每天的恒生指数，并以1964年7月31日为基期，基期值为100点。恒生指数由于采样面广、基期选择恰当，成为衡量、反映香港股市和经济运行的重要指标。

五、我国股票价格指数的发展概况

从1990年年底到2013年年底，我国股票市场已经经历了20多年的历程，仍然处于不成熟、不完善的发展时期，最明显地体现在股票价格指数的波动上。我国股票价格指数的波动非常频繁，这里以上海综合指数为例来说明。

1. 第一个阶段（1990年12月—1993年2月）

1990年12月19日，上海证券交易所正式开业，深圳证券交易所于1991年7月3日正式开业。两市最初只有14家上市公司（上海证券交易所8家，深圳证券交易所6家），当时人们对股票还不太了解，参与股票交易的投资者极少，主要是以上海和深圳本地投资者为主。上证综合指数也是以当日为基期（100点）。开业之初，沪深两市极为低迷，交易异常清淡，1990年12月，上证综合指数最低曾跌至95点。1992年春，邓小平南方讲话使股票市场受到极大鼓舞。上海证券交易所原来规定股票价格每个交易日1%的涨跌停板以及3‰的流量限制，1992年5月21日，上海证券交易所出台了全面放开股价的政策，上海股市产生了巨大的“井喷”行情，使得当天上证综合指数由前一天的616点上涨到1 266点。短短几天，上证综合指数便达到1 429点。后来，沪深两市不断发行新股，造成股票市场价格的连续下跌，至1992年11月，上证综合指数跌到386点。随着沪深两市面向全国步伐的加快，全国各地的投资者纷纷涌入股票市场，随着投资者队伍的不断壮大，股市也屡创新高，并在

1993 年 2 月，上证综合指数创下了 1 558 点的高位。

2. 第二个阶段（1993 年 2 月—1996 年 1 月）

从 1993 年下半年开始，国家进行了长达数年的宏观调控，股票市场也进入了漫长的熊市。到 1994 年 7 月，上证综合指数跃至 325 点的低位，很多股票都跌破了发行价。鉴于此，管理层出台了三大救市政策（暂停扩容、成立中外合作基金和允许券商融资），使股票市场大幅反弹，上证综合指数一天就上涨 34%。1994 年 9 月 13 日，反弹到 1 052 点。由于宏观紧缩政策没有发生根本的变化，加上 1994 年 9 月 30 日管理层取消了 T+0 的交易，使反弹结束，股票市场又进入低迷期。1995 年 5 月 18 日，证监会公布暂停国债期货交易，使股票市场暴涨 3 日。但由于基本面未发生实质性变化，管理层又出台新股发行额度，使这波行情昙花一现。此后，股票市场随着经济进入低谷而进行长期的调整，1996 年 1 月，上证综合指数跌至 512 点。

3. 第三个阶段（1996 年 1 月—1997 年 5 月）

1996 年初，随着我国基本面的变化，股票市场开始止跌回升。1996 年 5 月 1 日，中国人民银行宣布降息，以及其他一些实质性利好政策的出台，股票市场走出了一轮强劲的牛市行情，股价指数不断攀升，1996 年 12 月中旬，上证综合指数达1 258点。由于短期涨幅过大、投机气氛过重，1996 年 12 月 16 日，《人民日报》发表特约评论员文章《正确认识当前股票市场》，针对沪市平均市盈率达 44 倍、深市达 55 倍，指出中国股市市盈率过高，存在过度投机，并指出股票市场“暴涨是不正常的和非理性的”。同时，伴随着 10% 的涨跌停板制的出台，沪深两市暴跌，上证综合指数于 1997 年 1 月跌至 855 点。1997 年初，沪深两市又开始不断上涨，并于 5 月中旬，上证综合指数涨到 1 510 点。

4. 第四个阶段（1997 年 5 月—1999 年 5 月）

1997 年 5 月，针对股票市场的过度投机，管理层连续出台了多项抑制股票市场的政策和措施，加大了监管力度。主要从以下几方面入手：①把股票交易印花税从 3‰调高至 5‰；②宣布 1997 年股票发行额度为 300 亿元；③出台一系列规定，禁止银行资金和国有企业资金违规流入股市。同时，加上受东南亚金融危机的影响，使股票市场持续走低。1997 年 9 月，上证综合指数最低跌至 1 025 点。此后，股票市场虽有所反弹，但反弹力度不大。到 1999 年 5 月中旬，上证综合指数跌至 1 047 点。

5. 第五个阶段（1999 年 5 月—2001 年 6 月）

1999 年 5 月，由于允许券商融资，允许三类企业（国有企业、国有控股公司和上市公司）入市等多项利好政策的出台，沪深两市又出现一轮上涨行情。当上证综合指数快要接近前期高点，投资者开始担心管理层会出台政策来抑制股票市场时，1999 年 6 月 15 日《人民日报》发表特约评论员文章《坚定信心，规范发展》。文章指出当时股市上涨属于“正常的恢复性上升”，是“理性投资”，不是“过度投机”，这对股市行情的上涨起到了推波助澜的作用。从市盈率看，当时上海股市高达 45 倍，深圳股市高达 48 倍，与 1997 年 5 月大体相当，但管理层的态度却完全不同。之后，在网络科技股、高科技股、国企大盘股、资产重组股等轮番上涨的推动下，上证综合指数不断创出新高。到 2001 年 6 月中旬，上证综合指数创下当时的历史新高 2 245点。

6. 第六个阶段（2001 年 6 月—2005 年 6 月）

2001 年 6 月中旬，由于受国有股减持方案、加强对违规资金的查处力度（如亿安科技、银广厦等）等影响，使沪深两市产生了一轮大的调整行情。当上证综合指数跌至 1 514 点时，2001 年 10 月 22 日，管理层推出了国有股减持暂停实施的方案，并广泛征求国有股减持方案，沪深两市随即产生报复性反弹，几乎所有股票都以涨停报收。2002 年 1 月底，管理层公布国有股减持方案取得阶段性成果，准备采取折价配售的方式来解决国有股流通问题，沪深两市立刻暴跌，上证综合指数跌至 1 339 点。2002 年 6 月 23 日，国务院宣布停止通过国内证券市场减持国有股。第二天，沪深两市几乎以涨停开盘，爆发井喷行情。但由于基本面没有什么改变，以后股市又继续阴跌。2004 年 9 月 13 日，时任国务院总理的温家宝在主持国务院常务会议时，在涉及证券市场的时候表示要抓紧落实“国九条”，即《国务院关于推动资本市场改革开放和稳定发展的若干意见》的各项政策措施，切实保护广大投资者利益，促进资本市场稳步健康发展，使得股市又大幅反弹。由于宏观基本面没有大的改变，股市经过短暂反弹之后又继续下跌，2005 年 6 月 6 日，上证综合指数下跌至 998 点。

7. 第七个阶段（2005 年 6 月—2007 年 10 月）

从 2005 年 5 月开始，我国股票市场进行股权分置改革的试点，并取得了较好的效果。随着股权分置改革的全面推进，制约我国股票市场发展的一个重要因素（国有股和法人股不能在股票市场流通的问题）得到了比较圆满的解决。同时，在我国经济持续高速增长和人民币不断升值的背景下，我国股票市场产生一轮非常强劲的上涨行情。随着投资者队伍（尤其是机构投资者）的不断壮大，在有色金属、煤炭、金融、房地产等板块的带动下，沪深两市不断走高。然而，2007 年 5 月 30 日，管理层突然公布证券交易印花税税率由 1‰调整为 3‰，市场恐慌情绪不断蔓延，导致股市大跌，仅仅 5 个交易日，上证综合指数就从 4 334 点跌至 3 404 点。之后，在大盘蓝筹股的带动下，股市再次进入牛市，上证综合指数不断刷新纪录。2007 年 10 月，上证综合指数最高达到 6 124 点的历史高点。

8. 第八个阶段（2007 年 10 月—2008 年 10 月）

由于我国股票市场涨幅过大，加上通胀压力不断加大，宏观紧缩政策的不断出台，大小非解禁（非流通股票解除禁止，允许上市流通）的问题，以及美国次贷危机的影响、经济下滑、全球股市暴跌等多种不利因素的影响，从 2007 年 10 月开始，沪深两市开始了一轮触目惊心的暴跌行情。大盘在下跌过程中，几乎没有一轮力度较大的反弹行情，大盘下跌节奏之快、幅度之深，非常罕见。尤其是有色金属、煤炭等板块跌幅巨大，有的股票跌幅甚至达 90%。到 2008 年 10 月，上证综合指数最低跌至 1 664 点，最高跌幅达 72．8%。

9. 第九个阶段（2008 年 10 月—2013 年底）

2008 年 10 月 27 日，财政部、国家税务总局宣布免征个人证券交易利息所得税，

10月30日，中国人民银行宣布下调存款基准利率0.27%，之后，国家又采取了一系列应对国际金融危机的政策和措施。在诸多利好政策的刺激下，我国股票市场开始出现比较强劲的反弹。在医药、航天军工、物联网、资产重组等板块的带动下，大盘开始走出低迷，上证综合指数不断走高，在2009年8月上涨到3 478点。然而，由于受我国经济增长速度放缓，外贸出口增幅下滑等因素的影响，大盘又开始不断下跌，2013年6月，上证综合指数下跌至1 849点。之后，在上海自由贸易区、土地流转、金融改革、航天军工等板块的带动下，又出现一轮上涨行情。

【重要信息阅读】

军民融合开启军工黄金时代

2015年04月11日09：13　来源：《大众证券报》　采编：东方财富网

2015年我国国防支出将增加10%左右，这是我国国防预算连续5年保持两位数增长。申万宏源证券表示，军工产业“黄金十年”开启，军民融合是大势所趋。

军工产业开启“黄金十年”

2014年我国国防支出增加12.2%，升至8 082.3亿元，2015年我国国防支出将增加10%左右，这也是我国国防预算连续5年保持两位数增长。

我国的国防投入从2000年开始加速，2000—2013年国防开支CAGR为15%，这一增速显著高于美国、日本、俄罗斯等，我们预测未来10年我国国防开支年均增速有望稳定在10%～15%左右。近年来新型号国防装备的研发、产量、列装可能有加速趋势，特别是海军装备和空军装备，未来5年内需求CAGR有望达到20%以上。

我国军工产业的长期加速发展格局已经确立，民营企业作为未来军工产业不容忽视的新兴力量，势必会有长足的发展。当前我国“民参军”领域已经初步形成了涵盖顶层法规、实施办法以及承制目录“三位一体”的制度框架，为民营企业参加国防建设提供了政策法规支持。

军民融合是大势所趋

分析全球前十大军工企业，其防务收入总和占到了全球百强军工企业防务总收入的53.4%，牢牢占据着全球军工产业的半壁江山。决定未来“民参军”成败的关键在于其参加军工生产的模式以及未来的产业布局。

经统计，全球十大军工企业军工业务平均占比为59.79%，欧美国防开支的缩减促使这些一流军工企业在战略中心上向军民融合倾斜。我国虽在未来20年内国防开支长期增长趋势基本确立，但如果想发展壮大，追赶国际一流军工企业，军民融合亦势在必行。

资本市场从2013年下半年开始，不断有上市公司公告新进入军工领域，利用资本市场实现进入军工产业的热情初现，综合美国军工企业经验，大众持股对于军工企业的发展毫无疑问是一针强心剂。

第七章　股票投资的基本分析

【重要信息阅读】

中国版401K勾画资本新蓝图

2015年03月12日08：09　来源：《华夏时报》　采编：东方财富网

千呼万唤的长期资金就要入市了

2015年3月10日，人力资源和社会保障部部长尹蔚民在全国两会上透露，养老保险基金投资运营方案有望在今年下半年上报国务院。目前，全国各地养老金除现收现付之外，大约有3.06万亿元的结余，这部分资金要按照多元化和市场化的投资原则来投资。

此前，广东已经把1 000亿元结余的养老金委托给全国社保基金理事会管理，但当时养老金入市引起了很大的争议。由于一些有养老金结余的地方担心养老金亏损承担不起责任，过去十年养老金一直躺在银行账上被通货膨胀侵蚀而缩水；而全国社保基金理事会管理的社保基金因为良好的投资回报不仅没有缩水，还实现了增值。这次尹蔚民表态显示，加强养老金的投资管理已经成为共识，依靠投资是除认缴之外另一条筹集养老资金的渠道。

不过，在养老金投资运营实施路径上仍然存在一些分歧，是新设立与全国社保基金理事会并行的机构来负责养老金的投资运营，还是直接委托全国社保基金理事会来投资管理。另外，养老保险基金和社保基金都是长期资本，但前者是随时要保证支付的资金，后者是国家战略保障基金，养老金需要保持一定的流动性，不可能都投入股市，权益类投资可能会参照保险资金不超过30%的比例，这些细节都要等具体方案出台。

养老金入市已经是一个确定性事件，除政府主导的基本养老保险第一支柱外，还有企业年金和个人递延税养老保险两个支柱，三个支柱积累的资金将会越来越多，这就成为牛市源源不断的长期资本来源。消息一出，2015年3月11日，金融股和航空股等具有估值优势的蓝筹股大涨。

中国长期存在实体经济“迷恋”，大多数中国人的财富意识一直有实物资产崇拜，建立在重化工业和房地产繁荣的银行间接融资模式把对实物资产的财富崇拜发展到极限。中国长期轻视虚拟经济，总认为实体经济要高人一等，虚拟经济是投机和泡沫，骨子里不重视知识和股权等轻资产，而这正是建立创新型国家的财富基础。

直到BAT的出现，以“互联网＋”为代表的数字财富才改变了中国人对实物资产的崇拜。过去，银行融资注重抵押物，如今乃至未来，互联网金融建立在大数据基础上，不需要抵押物，股权和知识产权逐步取代土地和房产成为财富的新符号，虚拟经济创造数字财富成为现实。

长期资本入市正在改变金融的生态。养老金要研究资产配置，源源不断的养老资产进入直接投资领域，这将推动普通大众的创业创新。

中国版401K将改变资本市场的版图，养老金投资的机制让公民可以分享中国经济增长的成果。养老金、保险资金、券商资管、基金、信托和私募等大型机构将进入股权投资和债券，推动中国经济从间接融资向直接融资转型，互联网正在对实体经济进行改造升级，服务业取代制造业成为中国经济转型新的驱动力，资本市场版图也会改变。

目前，中石油是A股第一大权重股，这种局面在不远的将来就会发生改变，颠覆这一格局的将是互联网。香港上市的腾讯控股市值已经超过了中国电信和中国联通两家电信巨头市值之和，这一颠覆性的改变也同样会发生在A股。新的财富趋势正在到来，消费、新能源、医疗健康和金融等服务业已成为资本市场新巨头产生的摇篮。

"互联网+"成为本届两会的热词，这是一场信息革命新浪潮，养老金等长期资本需要毫不犹豫地拥抱股权投资和风险投资，推动大众创业创新，成为财富创造的动力，这既是国家战略的需要，也是老百姓养老金保值增值的需要，一轮牛市的风口正在资本市场形成。

第一节　宏观分析

一、基本分析概述

基本分析又称基本面分析，是利用丰富的统计资料，通过对决定股票投资价值及价格的基本要素如宏观经济指标、经济政策走势、行业发展状况、产品市场状况、公司销售和财务状况等的分析，评估股票的投资价值，判断股票的合理价位，从而提出相应的投资建议的一种分析方法。

1. 股票投资的分析方法

股票市场是一个高风险、高收益的投资市场，投资者要在股票市场上获取较高的投资收益，必须根据市场变化及其趋势做出科学的投资决策。科学的投资决策需要运用合理的股票投资分析方法进行分析。

（1）基本分析法。

基本分析是对上市公司的经营业绩、财务状况以及影响上市公司生产经营的客观社会经济环境等要素进行分析，其理论依据是股票价格由股票内在价值决定，通过分析影响股票价格的基本条件和决定因素，判断和预测其发展趋势。基本分析主要包括宏观经济运行分析、行业分析与公司分析三个层次。

基本分析是将宏观经济总体的运行态势到上市公司的经营状况，将整个股票市场的发展前景到个别股票的内在价值变化进行对比分析，从中找出股票价格变动的内在依据和规律。因此，基本分析对于预测整个股票价格变动的中长期趋势，选择具体的投资对象具有重要的作用。但是，基本分析对于把握股票市场的近期变化，对于选择买卖股票的时机的作用却不如技术分析。

（2）技术分析法。

股票投资的技术分析是相对于基本分析而言的。技术分析是利用统计学、数学的方法分析股票价格的运行规律，以把握股票价格的过去变动情况来推测其未来趋势。

技术分析是否有效，取决于以下几个前提性假设：①股票价格取决于市场的供需；②市场供需受到多种理性与非理性因素的影响；③股票市场的变化存在一定的周期性，从长期看趋于循环变动；④股票价格虽然存在着短期波动，但股价的变化存在着一种主要趋势；⑤市场供需变化迟早会在图表走势、交易资料中得到反映，⑥股票价格变化的历史往往重演。总之，技术分析不探究影响供求变化的诸多因素，只就由供求变化引起的行情变动来分析预测股票价格。

相对基本分析而言，技术分析具有一定的优点，主要表现如下。①方法简单方便、易学易懂，在电脑及软件发达的今天容易被人们接受。科技的迅速普及使技术分析方法走进机构大户，也贴近中小散户。②技术分析是一种理性分析，其结论比较客观，图表上显示的各种买卖信号不可能因主观意愿而改变，使人们在瞬息万变的股票市场保持客观冷静的态度。③技术分析以多种图表、指示为手段，有具体的形象可供参考，有一定的标准可供遵循，并可进行多重对比分析，有利于从总体上把握市场。

股票投资分析方法都不可能完美，技术分析也同样存在局限性。①技术指标信号的出现往往“滞后”，因为并非技术分析派描绘出市场走势，而是市场走势给技术分析派启示，如果投资者根据某些滞后的信号采取行动，往往会错失良机。②市场经常出现短期“背离走势”，甚至时有“走势陷阱”出现，令投资者对此产生不信任甚至上当受骗。③技术分析不可能正确预测每次波动的最高点与最低点，同时对具体时间也无法给予明确信号。④技术分析的不确定性，如同样的技术指标在某一市场适应，在另一市场则失效；同样的技术数据在牛市是微量超买，但在熊市已是严重超买。

显然，技术分析法的分析思路完全区别于基本分析，技术分析法着重分析股票价格本身的运动规律，而基本分析法着重分析影响股票价格的基础条件与决定因素；技术分析法着眼于过去，用历史资料反映的变化规律来分析预测股价的未来走势，而基本分析法立足于未来，利用对经济技术发展的预测来分析把握股价的未来走势。同时，两种分析方法各有所长，可以相互补充。技术分析法主要解决投资时机问题，而基本分析法主要解决投资对象问题；技术分析法主要分析股价的短期走势，而基本分析法主要分析股价的中长期变动趋势。

（3）现代股票组合分析法。

收益与风险及其两者关系是股票投资活动中涉及最广的内容。为合理协调股票投资活动中收益-风险关系，运用数学模型的现代股票组合分析方法应运而生。这类分析方法提出了一系列分散投资的思路，帮助投资者选择符合其投资目标的投资组合，以达到降低投资风险、提高投资收益的目的。现代股票组合分析法主要包括马柯维茨的均值方差模型、资本资产定价模型及套利定价模型等数量化方法。

（4）行为金融学分析法。

现代主流金融理论是建立在有效市场假说和资本资产定价模型两大基石之上的。这些经典理论继承了经济学的分析方法，其模型与范式局限在“理性”的分析框架中，忽视了对投资者决策行为的分析。随着金融市场各种异常现象的累积，模型与实际的背离使得现代主流金融理论的理性分析范式开始发生动摇。20 世纪 80 年代悄然兴起的行为金融学是以投资者个体心理分析和群体心理分析为主要研究对象，分析投资者如何在投资决策过程中产生心理障碍问题，以及投资者如何在研究投资活动中保证正确的观察视角，以提高投资收益。

2．基本分析的主要内容

影响股票市场价格和投资收益水平的因素有许多，在经济因素中，有宏观经济因素，如经济周期、国民生产总值、利率、货币政策、财政政策、通货膨胀等；中观经济因素，如行业寿命周期、行业经济波动；微观经济因素，如企业自身的经营状况等。因此，基本分析主要包括三个方面的内容。

（1）宏观经济分析。宏观经济分析主要探讨各经济指标和经济政策对股票价格的影响。

（2）行业分析。行业分析是介于经济分析与公司分析之间的中观层次的分析，主要分析产业所属的不同市场类型、所属的不同生命周期以及产业的业绩对股票价格的影响。

（3）公司分析。公司分析是基本分析的着重点，无论什么样的分析报告，最终都要落实在某个公司股票价格的走势上。公司分析主要包括公司财务报表分析、公司产品与市场分析、公司股票投资价值及投资风险分析。

总之，通过对以上三个内容的基本分析之后，就可以比较清楚地了解宏观经济指标，预测经济政策走势、行业目前所处的生命周期以及行业的发展、上市公司的营销和财务等现状及发展前景，以及这些信息对股票市场价格的影响，进而为股票投资决策提供重要的参考依据。

二、宏观经济分析的意义

股票市场与宏观经济密切相关，有“宏观经济晴雨表”之称。股票投资活动效果的好坏、效率的高低，不仅要受国民经济基本单位的影响，还要受宏观经济形势的直接制约。因此，宏观经济分析对于股票投资来说非常重要，它的意义在于以下几个方面。

（1）有助于把握股票市场的总体变动趋势。只有看清了宏观经济发展的大方向。才能对股票市场的总体变化趋势做出正确的判断；而密切关注各种宏观经济因素，尤其是货币政策和财政政策的变化，则有助于抓住股票投资的市场时机。

（2）有助于判断整个股票市场的投资价值。股票市场的投资价值是指整个市场的平均投资价值。不同企业、不同行业与不同部门之间相互影响、相互制约的结果，反映出了国民经济发展的速度和质量，而整个国民经济增长的速度与质量，在一定意义上就是整个股票市场的投资价值的反映。作为股票市场的投资对象，企业的投资价值必然与宏观经济形势有内在关联，因此宏观经济分析是判断整个股票市场投资价值的关键。

（3）有助于把握宏观经济政策对股票市场的影响力度与方向。在市场经济条件下，国家通过财政政策和货币政策的放松和收紧，来影响经济增长速度和企业经济效益，并进一步影响股票市场。因此，认真分析宏观经济政策，掌握其对股票市场的影响力度与方向，能够准确把握整个股票市场的运动趋势和不同证券品种的投资价值变动。

（4）有助于了解转型背景下中国股票市场的特殊性。中国股票市场发展历史短，且正处于经济体制转轨时期，具有一定的特殊性，如国有成分比重较大、行政干预较多、投机性偏高、机构投资者力量相对较弱、阶段性波动较大等。这些特殊性导致宏观经济对中国股票市场的影响不同于成熟市场经济，有时会出现市场表现和宏观经济相背离的情况。因此，在进行宏观经济分析时，将中国股票市场与海外成熟市场的共性和自身特性相结合，才能更加准确地把握股票市场的动向。否则，简单化地用成熟市场的标准来衡量中国的股票市场，会容易导致分析结果的偏差。

三、宏观经济分析的方法

宏观经济分析是一种基本分析，是一种经济形势分析，主要通过对影响国民经济的基本经济因素的分析，来预测经济变量变化对宏观经济的影响、进而影响股票市场的变化，从而做出正确的判断。

1．经济指标分析

宏观经济分析是通过对一系列经济指标的计算、分析和对比来进行的。经济指标是指反映经济活动结果的一系列数据和比例关系。经济指标包括以下三类：

（1）先行指标。先行指标可以对将来的经济状况提供预示性的信息。从实践来看，通过先行指标对国民经济的高峰和低谷进行计算和预测，得出结论的时间可以比实际高峰和低谷出现的时间提前半年。先行指标主要有货币的供应量、股票价格指数等。

（2）同步指标。是最常见的衡量经济行为的时间序列指标，主要包括失业率、国民生产总值等。通过同步指标算出的国民经济转折点大致与总的经济活动的转变时间同时发生。

（3）滞后指标。指在总的经济活动之后发生变动的时间序列指标，主要有银行短期商业贷款利率、工商业未还贷款等。滞后指标反映出国民经济的转折点一般要比实际经济活动晚一些。

此外，还用宏观经济分析时经常使用的国内生产总值、国民生产净值、国民收入、个人收入、个人可支配收入五个有密切联系的主要综合指标来反映和分析国民经济的主要面貌，如经济发展水平及其增长状况、国内生产总值和国民收入在部门与行业间的发展情况等。

在对经济指标进行分析时，主要有总量分析法和结构分析法。

①总量分析法是指对影响宏观经济运行总量指标的因素及其变动规律进行分析，如对国民生产总值、消费额、投资额、银行信贷总额及物价水平变动规律的分析，进而说明整个经济状态。总量分析主要是一种动态分析，因为它重点研究总量指标的变动规律。

②结构分析法是指对经济系统中各组成部分及其对比关系变动的分析，如国内生产总值中三次产业的结构分析、消费分析、投资结构分析和经济增长中各因素作用的结构分析等。结构分析主要是一种静态分析，即对一定时间内经济系统中组成部分变动规律的分析。

总量分析法侧重总量指标速度的考察，它侧重分析经济运行的动态过程；结构分析法侧重于对一定时期经济整体各组成部分相互关系的研究，它侧重分析经济现象的相对静止状态。为使投资策略更加准确，需要对经济运行进行全面把握，通常将总量分析法和结构分析法结合起来使用。

2. 计量经济模型

所谓计量经济模型，就是将相互联系的各种经济变量表现为一组联立方程式，来描述整个经济的运行机制，利用历史数据对联立方程式的参数值进行估计，根据制订的模型来预测经济变量的未来数值。计量经济模型主要有经济变量、参数以及随机误差三大因素。

为证券投资而进行宏观经济分析，主要应运用宏观计量经济模型。所谓宏观计量经济模型是指在宏观总量水平上把握和反映经济运行较全面的动态特征，研究宏观经济主要指标间的相互依存关系，描述国民经济各部门和社会再生产过程各环节之间的联系，并可用于宏观经济结构分析、政策模拟、决策研究以及发展预测等功能的计量经济模型。

3. 概率预测

概率预测是指用概率论的方法对宏观经济活动进行预测。由于宏观经济运行的复杂性，宏观经济变量的变化并不一定如计量经济模型所描述的那般稳定，而通常是在一定的区间内按某个概率发生，因此，该方法主要适用于短期判断。如对实际 GNP 及其增长率、通货膨胀率、失业率、利息率、个人收入、个人消费、企业利润及对外贸易差额等指标的下一时期水平或变化情况进行预测。

四、评价宏观经济形势的经济指标

一个国家或地区一定时期的经济形势反映了该国在该时期内整个国民经济活动的成果，这一成果可以用几个主要的综合经济指标表示出来，借以考察国民经济生产、分配和使用的情况，并可用以对不同国家和不同时间进行对比，以区分出各国经济发展水平的高低和发展速度的快慢等。

1. 国民经济总体指标

（1）国内生产总值和国民生产总值。国内生产总值，是指在一定时期一个国家的国土范围内，本国和外国居民所生产的最终产品和劳务的市场价值总和；国民生产总值（GNP）指一个国家的国民在国内、国外所生产的最终产品和劳务的市场价值总和。

实践中，伴随着经济全球化进程，越来越多的国家（包括我国）在国民经济考核中选择使用国内生产总值指标。一般采用国内生产总值的增长率来表示经济增长速度。经济增长速度，也称经济增长率，是反映一定时期经济发展水平变化程度的动态指标，也是反映一个国家经济是否具有活力的基本指标。

（2）失业率。失业率是指劳动人口中失业人数所占的百分比。值得注意的是，通常所说的充分就业比是指对劳动力的充分利用，但不是完全利用，因此在实际生活中不可能达到失业率为零的状态。在充分就业情况下，也会存在一部分“正常”的失业，如劳动力的结构不能适应劳动力需求所致的结构性失业。

（3）通货膨胀。在现代经济学中，通货膨胀被定义为一般物价水平持续、普遍、明显的上涨。与通货膨胀相反的现象为通货紧缩，无通货膨胀或极低度通货膨胀称之为稳定性物价。在实际工作中，测量通货膨胀程度一般用价格指数的增长率来表示，常用指标主要有零售物价指数（CPI）、生产者物价指数（PPI）、批发物价指数、国内生产总值物价平减指数。由于以上几种指标在衡量通货膨胀时各有利弊，而且设计的计算口径不一致，即使在同一国家的同一时期，各种指数所反映的通货膨胀程度也不尽相同，因此，在衡量通货膨胀时选择指数要适当。一般而言，在衡量通货膨胀时，消费者物价指数使用得最多、最普遍。

通货膨胀会从两个方面影响社会经济：①引导收入和财富的再分配；②扭曲商品价格信号，降低经济效益。投资者要了解通货膨胀可能产生的影响，首先，必须从了解通货膨胀产生的原因入手。需求拉动型通货膨胀通常比较温和，能增加企业利润，刺激就业，增加国民产出；而成本推动型和结构型通货膨胀可能会引致大量失业、经济衰退甚至崩溃。其次，在实践中，必须将它与经济增长的动态变化相结合，并考虑其他重要影响因素，如政治体制改革、经济体制改革、战争、国际收支状况以及其他突发性因素。最后，关注政府为应对通货膨胀而采取的货币政策和财政政策，这些政策的抑制作用通常会导致高失业和国内生产总值的低增长。投资者如果能对通货膨胀的后果以及政府的宏观调控进行及时预测，并适时调整投资策略，就可以降低投资损失，甚至能险中求胜。

（4）国际收支。国际收支是指一国居民在一定时期内与非本国居民在政治、经济、军事、文化及其他往来中所产生的全部交易的系统记录。这里的“居民”是指在国内居住一年以上的自然人和法人。一国国际收支的状况主要取决于该国进出口贸易和资本流入流出的状况，并主要反映在国际收支平衡表的经常账户、资本和金融账户两大账户当中。简单地说，涉及商品服务的交易，在国际收支账户的经常项目中记录；涉及国际资产买卖的交易，在资本和金融账户中记录。

当一国国际收入等于国际支出时，称为国际收支平衡；当国际收入大于国际支出时，称为国际收支顺差；当国际支出大于国际收入时，称为国际收支逆差。过度的顺差或逆差都不利于一国经济发展的稳定。在一国国际收支处于不平衡状态时，市场机制可以进行某种程度的调节，但这种调节的力度有限，尤其是在固定汇率制度下。为此，政府在很多情况下要实施不同的宏观经济政策，以弥补市场对国际收支平衡调节力度的不足。因此，投资者既要关注国际收支的变化对进出口企业、国际资本流动的影响，也要及时把握政府可能出台的调控政策，两者都会影响证券市场的波动。

2. 投资指标

投资规模是一个关系到国民经济全局的经济指标。投资规模过大或过小，都不利于国民经济的发展。投资规模过小，不利于为经济的进一步发展奠定物质技术基础；投资规模过大，超出了一定时期人力、物力和财力的可能，又会造成国民经济比例的失调，对国民经济造成的影响和损失更大。投资规模是否适度，是影响经济稳定与增长的一个决定因素。全社会固定资产投资是衡量投资规模的主要指标，具体包括国有经济单位投资、城乡集体经济单位投资、其他各种经济类型的单位投资和城乡居民个人投资。

3. 消费指标

（1）社会消费品零售总额。社会消费品零售总额的大小和增长速度能够反映出城乡居民与社会集团消费水平的高低和消费意愿的强弱，因此，它是研究国内零售市场变动情况、反映经济景气程度的重要指标。

（2）城乡居民储蓄存款余额。城乡居民储蓄存款余额是居民可支配收入扣除消费支出后形成的，其大小与可支配收入水平、消费支出比例有直接关系，同时利率的变化、直接或间接投资品种的完善等，也是影响人们储蓄意愿的主要因素。一方面，城乡居民储蓄存款余额增加，意味着居民消费需求和投资需求的减小，对经济发展的预测趋于谨慎；另一方面，如果银行的存贷比不变，居民储蓄增加，银行的资金来源扩大，对企业的贷款投放也会放宽，正常情况下又会扩大企业的投资需求。因此，要结合同期的金融政策来认识这一指标。

（3）居民可支配收入。居民可支配收入是居民家庭在一定时期内获得并且可以用来自由支配的收入。分析一国的消费能力时，应注意该国居民可支配收入占国民收入的比例及占比变化。

4. 金融指标

（1）总量指标。

①货币供应量。货币供应量是计算具有不同变现能力的货币数量，表现货币总体结构的指标。货币供应量根据流动性划分为 3 个层次：流通现金（M0）、狭义货币供应量（M1）和广义货币供应量（M2）。通常所说的货币供应量，主要指 M2。M0 与消费变动密切相关，是最活跃的货币。M1 反映居民和企业资金松紧变化，代表社会的直接购买能力，是经济周期波动的先行指标，商品的供应量应和 M1 保持合适的比

例关系，不然经济会过热或萧条。M2 流动性偏弱，但代表着现实购买力和潜在购买力，能够反映社会总需求的变化和未来通货膨胀的压力状况，研究 M2 构成的变化，对整个国民经济状况的分析和预测都有特别重要的意义。

②金融机构各项存贷款余额。金融机构各项存贷款余额，是指某一时点金融机构存款金额与金融机构贷款金额。其中，金融机构包括商业银行、政策性银行、非银行信贷机构和保险公司。

③金融资产总量。金融资产总量，是指手持现金、银行存款、有价证券、保险等其他资产的总和。

（2）利率。利率是指在借贷期内形成的利息额与本金的比率。各种不同的利率相互联系而构成的有机整体称为利率体系，主要包括中央银行利率、商业银行利率和市场利率 3 个层次。基准利率、存款利率、贷款利率、国债利率属于人民银行指定利率。

市场利率是指由借贷资金的供求关系所决定的利率，主要针对贷款利率，在基准利率上下浮动 10% ～50%，存款利率、国债利率不会浮动。

各种利率中，存贷款利率对经济的影响表现最明显、最直接。在其他条件不变时，由于利率水平上浮引起存款增加和贷款下降，一方面是居民消费支出减少；另一方面是企业的生产成本增加，它会同时抑制供给和需求。而利率水平的降低则会引起需求和供给的双向扩大。因此，现在所有国家都把利率作为宏观经济调控的重要工具之一。当经济过热、通货膨胀上升时，便提高利率、收紧信贷；当过热的经济和通货膨胀得到控制时，便会把利率适当地调低。因此，利率是重要的基本经济因素之一。

（3）汇率。汇率亦称“外汇行市”或“汇价”，是指一国货币兑换另一国货币的比率，也就是以一种货币表示另一种货币的价格。国际收支及外汇储备、利率、通货膨胀和政治局势等因素都会影响一国汇率的波动。利率水平直接对国际的资本流动产生影响，高利率国家发生资本流入，低利率国家则发生资本外流，资本流动会造成外汇市场供求关系的变化，从而对外汇汇率的波动产生影响。通货膨胀影响本币的价值和购买力，会引发出口商品竞争力减弱、进口商品增加，还会对外汇市场产生心理影响，削弱本币在国际市场上的信用地位，最终导致本币贬值，而通货膨胀的缓解又会使汇率上浮。政治局势的变化一般包括政治冲突、军事冲突、选举和政权更迭等，这些政治因素对汇率的影响有时很大，但影响时限一般都很短。汇率的波动会影响一国进出口额的变化。例如，美元升值，人民币贬值，将刺激中国商品的出口，同时制约外国商品对中国的进口；反之，美元贬值而人民币升值则会大大刺激进口，减少出口。

汇率的波动又会影响国际资本的流动。汇率的变动对长期资本流动的影响较小。由于长期资本的流动主要以利润和风险为转移，在利润有保证和风险较小的情况下，汇率变动不致直接引起巨大的波动。短期资本流动则常常受到汇率的较大影响。当存在本币对外贬值的趋势下，本国投资者和外国投资者就不愿意持有以本币计值的各种金融资产，并会将其转兑成外汇，发生资本外流现象。同时，由于纷纷转兑外汇，加剧外汇供求紧张，会促使本币汇率进一步下跌。反之，当存在本币对外升值的趋势下，本国投资者和外国投资者就力求持有以本币计值的各种金融资产，并引发资本的内流。同时，由于外汇纷纷转兑本币，外汇供过于求，会促使本币汇率进一步上升。

（4）外汇储备。国家外汇储备是指一国货币当局所持有的、可以用于对外支付的国外可兑换货币。并非所有国家的货币都能充当国际储备资产，只有那些在国际货币体系中占有重要地位、且能自由兑换其他储备资产的货币才能充当国际储备资产。我国和世界其他国家在对外贸易与国际结算中经常使用的外汇储备主要有美元、欧元、日元、英镑等。当国际收支顺差时，外汇的流入量大于流出量，外汇储备就会增加；当发生国际收支逆差时，外汇储备就会减少。外汇储备增加，赚取了外汇的企业或个人大多会兑换为本币，在国内进行消费或投资，这样就扩大了市场上本币的流通量，需求增加推动物价随之上升，可能形成通货膨胀。在实行浮动汇率制的国家，由于本币需求增大，会导致本币升值，从而加大出口和外来投资的成本，进而使国际收支趋于平衡；在实行固定汇率制的国家，政府一般会采取提高利率的手段来抑制通货膨胀，这样同时也会抑制消费和投资，使经济发展速度减缓。

5. 财政指标

（1）财政收入。财政收入指国家财政参与社会产品分配所取得的收入总和，是实现国家职能的财力保证。财政收入的内容主要包括各项税收、专项收入、其他收入、国有企业计划亏损补贴等。

（2）财政支出。财政支出，是指在市场经济条件下，政府为提供公共产品和服务，满足社会共同需要而进行的财政资金的支付。财政支出按最终用途可分为积累性支出与消费性支出。积累性支出指最终用于社会扩大再生产和增加社会储备的支出，如基本建设支出、工业交通部门基金支出、企业控潜发行支出等，这部分支出是社会扩大再生产的保证；消费性支出指用于社会福利救济费等，这部分支出对提高整个社会的物质文化生活水平起着重大的作用。

在财政收支平衡的条件下，财政支出的总量并不能扩大和缩小总需求，但财政支出的结构会改变消费需求和投资需求的结构。在总量不变的条件下，两者是此多彼少的关系。扩大了投资，消费就必须减少；扩大了消费，投资就必须减少。

（3）赤字或结余。财政收入与财政支出的差额即为赤字（差值为负时）或结余（差值为正时）。财政赤字有两种弥补方式：一是通过举债即发行国债来弥补；二是通过向银行借款来弥补。

五、宏观经济分析与股票市场

股票投资的宏观经济分析主要有两个方面的内容，即宏观经济运行和宏观经济政策对股票市场的影响分析。

（一）宏观经济运行分析

1. 宏观经济运行对股票市场的影响

股票市场是整个国民经济的重要组成部分，它在宏观经济的大环境中发展，同时又服务于国民经济的发展。宏观经济运行态势是关系到股票市场大盘走势的最基本因素。它从以下几条途径影响股票市场。

(1) 上市公司经营业绩。上市公司的经营业绩是影响投资者决策的关键要素。公司的经营业绩会随着宏观经济运行周期、宏观经济政策、利率水平和物价水平等宏观经济因素的变动而变动。如果宏观经济运行趋好，企业总体盈利水平提高，有利于其股票市值的上涨；如果政府采取强有力的宏观调控政策，紧缩银根，企业因投资和经营受到抑制，盈利下降，其股票市值就可能缩水。

(2) 居民可支配收入

在经济周期处于上升阶段或在提高居民收入政策的作用下，居民可支配收入水平提高，将会在一定程度上拉动消费需求，从而增加相关企业的经济效益。另外，居民可支配收入水平的提高，也会直接增加对股票的投资需求。

(3) 资金成本。单位和居民的资金成本会因国家某些经济政策的调整而发生变化。如采取调高利率、实施消费信贷管制、加征所得税等政策时，上市公司、各类投资者和普通居民的资金成本将随之增加，进而会影响上市公司的业绩水平、股票的投资意愿和投资能力，最终可能会形成股票市场下行的压力。

(4) 投资者对股价的预期。投资者对股价的预期最终决定其投资决策。当宏观经济总体趋好时，投资者预期公司业绩和自身投资收益会上升，股票市场自然人气旺盛，从而推动市场平均价格走高；反之，则会令投资者对股票市场信心下降。

2. 宏观经济变动与股票市场波动的关系

国内生产总值变动是一国经济成就的根本反映，国内生产总值的持续上升表明国民经济良性发展，制约经济的各种矛盾趋于或达到协调，人们有理由对未来经济产生好的预期；相反，如果国内生产总值处于不稳定的非均衡增长状态，暂时的高产出水平并不表明一个好的经济形势，非均衡的发展可能激发各种矛盾，从而孕育一个深远的经济衰退。

从长期来看，在上市公司行业结构与该国产业结构基本一致的情况下，股票平均价格变动与国内生产总值变化趋势相吻合。但并不能简单地认为，只要国内生产总值增长，股票市场行情必将随之上扬，实际走势往往复杂多变，必须将国内生产总值的增长和与股票相关的各种经济因素结合在一起考虑。

(1) 持续、稳定、高速的国内生产总值增长，一般推动股票市场呈上升走势。这是因为在这种情形下，经济增长往往源于需求刺激下资源更充分地利用，社会总供求协调增长，经济结构趋于平衡、合理，经济的健康发展为股票市场的上升提供了良好的推动力。具体体现在：上市公司利润持续上升，投资风险逐渐减小，股票全面升值；国民收入和个人收入增加，扩大了对股票的需求；人们对经济形势的乐观预期进一步提升了股票投资的积极性。

(2) 高通货膨胀下的国内生产总值增长，必将导致股票市场行情下跌。高通货膨胀率的出现通常是由于社会总需求大大超过社会总供给，经济严重失衡，如果调控不当，极可能导致未来的滞胀。这时经济中的各种矛盾会逐渐显现，企业经营面临困境，人们的收入降低，对未来的悲观预期加重，必将导致股票市场行情下挫。

（3）宏观调控下的国内生产总值减速增长，将使股票市场呈平稳渐升的态势。为了控制失衡状态下的国内生产总值高速增长，政府一般都要采取一些紧缩性的政策来减缓国内生产总值的增长速度，维持经济的稳定。如果调控得力，国内生产总值仍然保持适度增长而非负增长或者低增长，各种经济矛盾逐步缓解，人们对经济的发展将重新恢复信心，股票市场行情由此亦将平稳渐升。

（4）转折性的国内生产总值增长，会促使股票市场走强。当国内生产总值负增长速度逐渐减缓并呈现向正增长转变的趋势时，股票市场走势也将由下跌转为上升；当国内生产总值由低速增长转向高速增长时，股票市场亦将伴之以快速上涨之势。以上分析均沿着国内生产总值正增长的方向进行，当事实呈反方向运行时，则会导出相反的后果。值得注意的是，国内生产总值是经济的宏观指标，股价指数是股市的宏观指标，两个指标之间理应存在一定的内在关联，但这种关联不是机械的对应。由于影响股票市场走势的因素很多，一国的股票市场与本国的国内生产总值的走势可能出现超前、同步或者背离等多种情况。

3. 经济周期与股票市场波动的关系

科学研究和实践证明，宏观经济走势呈螺旋式上升、波浪式前进，具有周期轮回的特征。宏观经济的这种周期性波动，被称为经济周期。通常情况下，一个完整的经济周期划分为 4 个阶段：复苏、繁荣、衰退、萧条。与实体经济周期变化相对应，股票市场也会呈现出上升期、高涨期、下降期和停滞期的交替出现。

4. 通货变动对股票市场的影响

通货变动包括通货膨胀和通货紧缩。

（1）通货膨胀对股票市场的影响。

通货膨胀对股票市场特别是个股的影响，没有永恒的定势，它完全可能同时产生相反方向的影响，对这些影响作具体分析和比较必须从该时期通胀的原因、通胀的程度、配合当时的经济结构和经济形势、政府可能采取的干预措施等分析入手。一般有以下几种情形。

① 温和、稳定的通货膨胀对股价的影响较小。

② 如果通货膨胀在一定的可容忍范围内持续，而经济处于景气（扩张）阶段，产量和就业都持续增长，那么股价也将持续上升。

③ 严重的通货膨胀是很危险的，可能从两个方面影响股票价格：其一，资金流出股票市场，引起股价价格下跌；其二，经济扭曲和失去效率，企业筹集不到必需的生产资金，同时，原材料、劳务成本等价格飞涨，使企业经营严重受挫，盈利水平下降，甚至倒闭。

④ 政府往往不会长期容忍通货膨胀存在，因而必然会使用某些宏观经济政策工具来抑制通货膨胀，这些政策必然对经济运行造成影响。

⑤ 通货膨胀时期，并不是所有价格和工资都按同一比率变动，而是相对价格发生变化。这种相对价格变化引致财富和收入的再分配，因而某些公司可能从中获利，

而另一些公司可能蒙受损失。

⑥ 通货膨胀不仅产生经济影响，还可能产生社会影响，并影响投资者的心理和预期，从而对股价产生影响。

⑦ 通货膨胀使得各种商品价格具有更大的不确定性，也使得企业未来经营状况具有更大的不确定性，从而增加证券投资的风险。

⑧ 通货膨胀对企业的微观影响表现为：通货膨胀之初，税收效应、负债效应、存货效应、波纹效应有可能刺激股价上涨；但长期严重的通货膨胀，必然恶化经济环境、社会环境，股价将受大环境影响而下跌。

（2）通货紧缩对股票市场的影响。

通货紧缩带来的经济负增长，使得股票价格大幅下降，银行资产状况严重恶化。而经济危机与金融萧条的出现反过来又大大影响了投资者对股票市场走势的信心。

（二）宏观经济政策分析

1. 财政政策

财政政策是政府依据客观经济规律制定的指导财政工作和处理财政关系的一系列方针、准则和措施的总称。主要通过财政赤字、财政补贴、改变税收、国债政策等手段影响总需求，促进社会总供给和总需求趋于平衡。

财政政策的实施主要是通过国家预算、税收、国债、财政补贴等手段，这些手段可以单独使用也可以相互配合使用。

（1）国家预算。

首先，通过调整国家预算收支之间的关系，可以起到调节社会供求总量平衡的作用。当社会总需求大于社会总供给时，国家预算采用“收大于支”的结余政策，压缩财政支出，可以缩小社会总需求；当社会总供给大于总需求时，国家预算采用“支大于收”的赤字政策，则能够扩张社会总需求；在社会供求总量大体平衡时，国家预算实行收支平衡的中性政策与之配合。

其次，通过调整国家预算支出结构，可以调节国民经济中的各种比例关系和经济结构，促使社会的总供求结构平衡。财政投资主要运用于能源、交通以及重要的基础产业、基础设施的建设，财政投资的多少和投资方向直接影响和制约部门经济，因而既具有造就未来经济结构框架的功能，也有矫正当期结构失衡的功能。但国家预算手段调控能力的大小，与财政收入占国民收入的比重关系极大。这一比例愈高，国家预算调控力度就愈大；反之，比重愈低，国家预算调控力度就愈小。

（2）税收。

税收是国家凭借政治权力参与社会产品分配的重要形式，具有强制性、无偿性和固定性的特征。税收既是筹集财政收入的主要工具，又因具有多重调节职能成为宏观经济调控的重要手段。

① 税收能够调节社会总供给与总需求之间的总量平衡。从调节总供给来看，可以通过降低税率和扩大减免税范围，增加企业可支配收入，刺激投资和增加供给；反之，提高税率和缩小减免税范围，使企业可支配的收入减少，影响企业投资和生产的

发展，从而减少供给。从调节社会总需求来看，可以根据消费需求和投资需求设置不同的税种或在同一税种中实行差别税率，控制需求数量。

② 税收能够调节供求结构，这主要是通过设置不同的税率和税种来实现对生产结构和消费结构的调节。就生产结构来看，产业的发展取决于该产业的盈利水平，而税收对盈利水平有着重要的影响。在价格不变的条件下，税收的增减直接影响利润，从而鼓励或限制某些产业的发展。就消费结构来看，当某种产品供求不平衡时，既可以通过调节产业结构来实现，也可以通过设置不同的税种和税率直接调节消费结构来进行。

③ 税收能够调节国际收支平衡。这主要通过进口关税政策和出口退税政策来实现。例如当一国国际收支出现赤字时，政府一方面通过出口退税刺激出口；另一方面征收或调高进口关税抑制进口，使国际收支达到平衡。

（3）国债。

国债是中央政府按照有偿信用原则筹集财政资金的一种重要形式，是调控财政政策的手段。国债的调节作用主要表现在以下几个方面。

① 国债可以调节国民收入的使用结构及积累和消费的比例关系，将社会上的闲散消费资金转化为积累资金，用于生产建设。

② 国债可以调节产业结构。中央政府通过发行国债筹集资金并将资金运用到社会效益和宏观效益较高的项目上，消除企业和银行投资较注重微观效益而常常与宏观经济目标发生矛盾的弊端，站在整个国家的角度调节投资结构，促进整个国民经济结构趋于合理。

③ 国债可以调节资金供求和货币流通。中央政府通过扩大或减少国债的发行，降低或提高国债利率或贴现率直接调节货币供求和货币流通量来调节整个国民经济。

（4）财政补贴。

财政补贴是国家为了某种特定需要，将一部分财政资金无偿补助给企业和居民的一种再分配形式。我国的财政补贴主要包括：价格补贴、企业亏损补贴、财政贴息、房租补贴、职工生活补贴和外贸补贴。

（5）财政管理体制。

财政管理体制是中央与地方权限和财力划分的一种根本制度。

（6）转移支付制度。

地方各级政府之间以及国家与企事业单位之间资金管理的主要功能是调节各地区、各部门之间的财力分配。转移支付制度是指中央财政将集中的一部分财政资金，按一定标准拨付给地方财政的一项制度。它的主要功能是调整中央政府和地方政府之间的财政纵向不平衡，以及调整地区间的财政横向不平衡。

2. 货币政策

货币政策是指政府为实现一定的宏观经济目标所制定的关于货币供应和货币流通组织管理的基本方针和基本准则。主要通过调控货币供应总量保持社会总供给与总需求平衡；通过调控利率和货币总量控制通货膨胀，保持物价总水平的稳定；调节消费、储蓄与投资的比例，引导储蓄向投资的转化，实现资源的合理配置，保持经济持续稳定发展。具体来讲，货币政策的目标就是：稳定物价、实现充分就业、保持经济增长和国际收支平衡。

货币政策工具，又称货币政策手段，是指中央银行为实现货币政策目标而采取的政策手段。货币政策工具分为两类：一般性政策工具（包括法定存款准备金率、再贴现政策及公开市场业务）和选择性政策工具（包括直接信用控制、间接信用指导等）。

（1）一般性政策工具。

① 法定存款准备金率。法定存款准备金率是指中央银行规定的金融机构为保证客户提取存款和资金结算而准备的在中央银行的存款占其存款总额的比例。法定存款准备金率的作用效果十分明显，它在很大程度上限制了商业银行体系创造派生存款的能力。提高法定存款准备金率，商业银行可运用资金减少，贷款能力下降，市场货币流通量减少；降低法定存款准备金率，商业银行可运用资金增多，贷款能力增强，市场货币流通量加大。此外，法定存款准备金率还可通过货币乘数效应，对货币供给总量产生更大的影响。因此法定存款准备金率是一种影响货币供应的强有力的工具，中央银行很少动用这一工具。一般情况下，当物价上涨幅度过快、发生较严重的通货膨胀时，中央银行会提高法定存款准备金率；反之，当发生较严重的需求不足，经济出现危机时，中央银行会降低法定存款准备金率。

② 再贴现政策。再贴现政策是中央银行对商业银行用持有的未到期票据向中央银行融资所做的政策规定，主要包括再贴现率的确定和再贴现的资格条件。中央银行根据市场资金供求状况确定再贴现率，能够影响商业银行借款成本，进而影响商业银行对社会的信用量，从而调节货币供应总量。中央银行提高再贴现率，商业银行向中央银行融资成本增高，商业银行就会提高对客户的贴现率或贷款利率，使商业银行信用量收缩，减少市场货币量供应。反之，中央银行降低再贴现率，商业银行向中央银行融资成本降低，商业银行会降低对客户的贴现率或贷款利率，增加市场货币供应。再贴现率的短期政策效应比较明显，而中央银行对再贴现资格条件的规定则偏向于长期的政策效应，释放扶持或抑制作用，并改变资金流向。

③ 公开市场业务。公开市场业务是指中央银行在金融市场上公开买卖有价证券，以此来调节市场货币量的政策行为。中央银行的公开市场购买行为，会扩大基础货币，增加货币供应；中央银行的公开市场出售行为，会缩小基础货币，减少货币供应。这一货币政策工具对金融市场上货币供应量的影响最为直接，因此，公开市场业务是中央银行经常采用的货币政策工具。

（2）选择性政策工具。

① 直接信用控制。直接信用控制是以行政命令或其他方式，直接对金融机构尤其是商业银行的信用活动进行控制。其具体手段包括：规定利率限额与信用配额、信用条件限制、规定金融机构流动性比率和直接干预等。

② 间接信用指导。间接信用指导是指中央银行通过道义劝告等办法来间接影响

商业银行等金融机构行为的做法。

（3）我国常用的货币政策工具。

目前，我国常用的货币政策工具主要有：银行存贷款利率、法定存款准备金率、公开市场业务、中央银行外汇操作等。近年来，中国人民银行连续多次调整银行存贷款利率和法定存款准备金率，充分发挥这两大工具的作用，逐步加强对货币供应量的调控能力。

（4）货币政策的运作及对股票市场的影响。

货币政策的运作主要是指中央银行根据客观经济形势采取适当的货币政策，调控货币量和信用规模，使之达到预定的货币政策目标，并以此影响经济的运行。根据货币政策走向可以分为宽松性货币政策和紧缩性货币政策。一般情况下，当物价持续回落、需求不足、经济衰退时，中央银行会采取宽松性货币政策，即降低法定存款准备金率和再贴现率及再贷款利率、增加政府公开购买、降低利率；当物价上涨、需求过度、经济过度繁荣时，中央银行会采取紧缩性货币政策，即提高法定存款准备金率和再贴现率及再贷款利率、减少政府公开购买、提高利率。总的来说，宽松性货币政策将促使股票市场走强，紧缩性货币政策则使其趋弱。

3．汇率

汇率是国际贸易中最重要的调节杠杆。汇率变动主要包含两方面内涵：一是汇率水平波动，二是汇率制度变动。在浮动汇率制下，汇率水平处于经常性波动之中。汇率制度变动往往在短期内导致汇率水平波动的发生，并加剧其波动程度。固定汇率进行制度性变革也将造成汇率水平波动；加上相应地放松资本管制，短期内，将强化该货币升值或贬值的预期，促使资本流动方向、规模和速度发生变化，诱发投机现象，影响股票市场走势。外汇市场对股票市场的影响随着资本开放度的提高更为明显，使得汇率风险成为股票市场的系统性风险之一。

4．收入政策

收入政策是国家为实现宏观调控总目标和总任务在分配方面制定的原则和方针。与财政政策和货币政策相比，收入政策具有更高层次的调节功能，它制约财政政策和货币政策的作用方向和作用力度，而且收入政策最终也要通过财政政策和货币政策来实现。收入政策目标包括收入总量目标和收入结构目标。收入总量目标着眼近期宏观经济总量平衡，处理积累与消费、失业与通货膨胀、人们近期生活水平改善与国家长远经济发展的关系；收入结构目标着眼于调节各种收入的比例，以解决公共消费与私人消费、收入差距等问题。

收入政策的调控机制主要通过财政机制和货币机制来实施，还可以通过行政干预和法律调整等机制来实施。财政机制通过预算控制、税收控制、补贴调控和国债调控等手段贯彻收入政策。货币机制通过调控货币供应量、调控货币流通量、调控信贷方向和数量、调控利息率等贯彻收入政策。着眼于短期供求总量均衡的收入总量调控通过财政、货币政策来进行，因而收入总量调控通过财政政策和货币政策的传导对股票市场产生影响。

（三）国际金融市场动荡对股票市场的影响

国际金融市场动荡将加大本国宏观经济增长目标的执行难度，从而在宏观面和政策面上间接影响股票市场的发展。其间接影响途径有以下几个方面。

（1）国际金融市场动荡导致出口增幅下降、外商直接投资下降，从而使经济增长率下降，失业率上升。宏观经济环境恶化导致上市公司业绩下降及投资者信心不足，使股票市场价格下跌。

（2）国际金融市场动荡对外向型上市公司和外贸行业公司的业绩影响最大，对其股价的冲击也最大，这势必影响其在股票市场上的表现。

（3）国际金融市场动荡，有关政府部门将吸取教训，采取降低股票市场风险、加强监管、提高上市公司资质等积极措施，保持股票市场稳健发展。这些措施也将影响股票市场。

【重要信息阅读】

融资余额逼近2万亿　券商：上限可超3万亿

2015年05月18日03：17　来源：《每日经济新闻》　编辑：东方财富网

2015年5月14日，沪深两市融资余额达到1.926万亿元，再创历史新高，距离2万亿元关口仅一步之遥。若这一态势得以延续，5月之内，融资余额便会超过2万亿元大关。现在的问题是，在融资余额已逼近2万亿元的背景下，融资交易的上限在哪里呢?

杠杆成为本轮牛市的主要特征，而融资融券成为杠杆的一个重要风向标。

从2010年3月31日开闸到2014年12月19日，沪深两市用去1 147个交易日，才完成融资余额从零到1万亿元的转变。如今，距离融资余额首次超万亿元仅97个交易日，沪深两市融资余额已飙涨至1.926万亿元。

在2014年12月19日，A股融资余额突破1万亿元大关之后，两融业务对于市场的影响越来越大，被关注度也越来越高，期间指数的一些重要震荡均与监管层或券商自行对杠杆进行调控有关。2015年4月28日，沪指最高上攻至4 572.39点，较2014年12月19日上涨47%，这一阶段性高点至今暂未突破。《每日经济新闻》记者注意到，从对应的两融动态看，2015年4月23日，A股融资买入为2 533.31亿元，创单日历史新高。即在沪指创出阶段性新高之前，A股融资买入率先创历史新高。

2015年4月28日以后，由于监管层一再强调对融资融券、伞形信托等业务要严控杠杆，部分券商也纷纷通过调整折算率等方法来控制杠杆，融资的买入额反复波动，5月以来，A股仅有两个交易日的单日融资买入超2 000亿元。

事实上，即使没有监管层一再发文，野蛮生长的两融业务也在考验着券商资本金。按照国泰君安的计算，参照与A股投资者结构相似的中国台北股市情况来看，两融/流通市值的比例最高可到5.5%，再考虑净资本和流动性监管约束，静态计算A股两融规模上限为2.3万亿元，若考虑市值因素，两融需求上限为3.6万亿元。

申万宏源似乎更为乐观，认为根据最新的券商净资本监管要求规定，两融余额的天花板在3.1万亿元左右。持续发展的A股牛市市场情绪和直接融资的市场环境将会为两融业务的发展提供有力支持。

《每日经济新闻》记者注意到，证券公司数据，截至2015年5月14日，在开展融资融券业务的6 642家营业部中，共有个人投资者357.31万名，机构6 372家。当天参与交易的投资者为37.70万名，占比为10.54%。

第二节　行业分析

行业发展与预测是基本分析中一个极其重要的组成部分。行业分析是企业分析的基础，行业前景光明，属于这类行业的企业具有较强的向上发展潜力；行业前景黯淡，属于这类行业的企业生产经营将面临较大的困难。

一、行业的分类

行业，是指从事国民经济中同性质的生产或经济社会活动的经营单位和个体等构成的组织结构体系。行业分类是指对构成国民经济的各类不同性质的生产经营活动，按一定的标准进行分解与组合，划分成不同层次的产业部门。

1. 标准行业分类法

标准行业分类法是联合国经济与社会事务统计局制定的，目的是便于汇总各国的统计资料并进行对比。标准行业分类的全称为“全部经济活动国际标准行业分类”，简称“国际标准行业分类”，建议各国采用。标准行业分类法把国民经济划分为10个门类：①农业、畜牧狩猎业、林业和渔业；②采矿业及土、石采掘业；③制造业；④电、煤气和水；⑤建筑业；⑥批发和零售业、饮食和旅馆业；⑦运输、仓储和邮电通信业；⑧金融、保险、房地产和工商服务业；⑨政府、社会和个人服务业；⑩其他。

2. 我国国民经济的行业分类

国家统计局于1985年把我国经济划分为三大产业。①第一产业：农业，包括林业、牧业、渔业等。②第二产业：工业，包括采掘业、制造业、自来水、电力、煤气和建筑业。③第三产业，：即第一、二产业以外的各行业，主要是服务性行业。2002年，国家标准《国民经济行业分类》（GB/T 4754—2002）将我国国民经济分为行业门类20个，行业大类95个，行业中类396个，行业小类913个，基本反映出我国目前的行业结构状况。

3. 我国上市公司的行业分类

我国上市公司的行业划分最初是由上海证券交易所和深圳证券交易所各自独立完成的。上海证券交易所将上市公司分为工业、商业、地产业、公用事业和综合等5类；深圳证券交易所则将上市公司分为工业、商业、地产业、公用事业、金融业和综合等六类。由于种种原因，我国证券市场建立之初，对上市公司没有统一的分类，上海和深圳证券交易所根据各自工作的需要分别对上市公司进行了简单的分类。为了规范、细化证券市场上市公司的分类，便于市场各方对上市公司进行分析，中国证监会于2001年4月4日公布了《上市公司行业分类指引》（以下简称《指引》）。《指引》是以中国国家统计局《国民经济行业分类与代码》（GB/T 4754—1994）为主要依据，在借鉴联合国国际标准北美行业分类体系有关内容的基础上制定而成的。《指引》将上市公司共分成13个门类，90个大类和288个中类。门类及其代码为：A. 农、林、牧、渔业；B. 采掘业；C. 制造业；D. 电力、煤气及水的生产和供应业；E. 建筑业；F. 交通运输、仓储业；G. 信息技术业；H. 批发和零售贸易；I. 金融、保险业；J. 房地产业；K. 社会服务业；L. 传播文化业；M. 综合类。

二、行业的市场结构分析

现实中各行业的市场都是不同的，即存在着不同的市场结构。市场结构就是市场竞争或垄断的程度。根据该行业中企业数量的多少、进入限制程度和产品差别，基本上可以分为四种市场结构，即完全竞争、不完全竞争、寡头垄断、完全垄断。

1. 完全竞争

完全竞争型市场结构是指许多企业生产同质产品的市场情形，其特点为：①生产者众多，各种生产资料可以完全流动；②产品不论有形或无形，都是同质的、无差别的；③没有一个企业能够影响产品的价格；④企业永远是价格的接受者而不是价格的制定者；⑤企业的盈利基本由市场对产品的需求来决定；⑥生产者和消费者对市场的情况非常了解，并可以自由进入或退出这个市场。

由此可以看出，完全竞争只是一个理论上的假设，在现实经济中是少见的，初级产品的市场类型与此相近，其根本特点在于企业的产品无差异。这些特征决定了该类行业经营业绩波动较大，股票价格受此影响波动也较大，投资风险相对较高。如小麦等初级产品就属于这一类。

2. 不完全竞争

不完全竞争型市场结构是指既有垄断又有竞争的市场结构。其特点为：

（1）生产者众多，各种生产资料可以流动。

（2）生产的产品同种但不同质，即产品之间存在着差异。

（3）由于产品差异性的存在，生产者可以树立自己产品的信誉，从而对其产品的价格有一定的控制能力。

可以看出，不完全竞争行业虽有大量企业，但没有一个企业能有效地影响其他企业的行为。这一特征决定了这类企业的分化性较大。这些生产规模大、质量好、服务优、品牌知名度高的企业在同行业中具有较强的竞争能力，受此影响，其经营业绩一般较好，是相对稳定、投资风险相对较小的企业。如啤酒、服装、鞋类、家用电器、快餐业等都属于这一类。

3．寡头垄断

寡头垄断型市场结构是指相对少量的生产者在某种产品的生产中占据很大市场份额的情形。其特点是企业数量较少，但产量很大，各企业生产的产品仍具有一定的同质性且相互替代性强，进入该行业的门槛较高，一般为资金密集型或技术密集型，往往由于资金、技术等因素限制了新企业的进入，因而，个别企业对其产品价格有较强的控制能力，如汽车制造、飞机制造、钢铁冶炼等行业。

4．完全垄断

完全垄断型市场结构是指独家企业生产某种特质产品的情形。特质产品是指那些没有或缺少相近的替代品的产品。完全垄断可以分为两种类型：一是政府完全垄断，如国有铁路、邮电等部门；二是私人完全垄断，如根据政府授予的特许专营或根据专利生产的独家经营，以及由于资本雄厚、技术先进而建立的排他性的私人垄断经营。它具有以下特点：

（1）由于市场被独家企业所控制，产品又没有或缺少合适的替代品，因此垄断者能够根据市场的供需情况制定理想的价格和产量，以获取最大的利润。

（2）垄断者在制定产品的价格与生产数量方面的自由性是有限制的，要受到反垄断法和政府管制的约束。在现实经济生活中，公用事业（如发电厂、煤气公司、自来水公司和邮电通信等）和某些资本、技术高度密集型或稀有金属矿藏的开采等行业属于这种完全垄断的市场类型。

三、行业的生命周期分析

大多数行业从产生到衰亡要经历一个相当长的过程，这一过程便称为行业的生命周期。一般地，行业的生命周期可分为幼稚期、成长期、成熟期和衰退期。

1．幼稚期

幼稚期是一个行业的起步阶段。在行业组织方面，只有为数不多的创业公司介入这一新兴行业，行业的企业数量少、集中程度高，而且由于技术相对不成熟，行业的产品品种单一，质量较低且不太稳定。同时，作为新行业，其被大众普遍了解和认可尚需一个过程，因而行业的市场规模狭小，市场需求增长缓慢，需求的价格弹性也很小。初创期行业的创立和产品的研究开发费用较高，成本也高，但销售收入较低，利润较少，甚至没有盈利，经营风险很大。

2．成长期

成长阶段是行业发展的黄金时期。在这一阶段，新行业快速成长。新产品经过广泛宣传和消费者的使用，逐渐赢得市场的认可，因而市场需求增长迅速，市场规模增大，需求的价格弹性增大，且随着生产技术的日渐成熟和稳定，产品呈现多样化、差别化，质量提高且稳定，行业的利润迅速增长，且利润率较高。因为行业中受生产厂商与产品竞争优胜劣汰规律的作用，市场上生产厂商的数量在大幅度下降后便逐渐稳定下来。由于市场需求基本饱和，产品的销售增长率减慢，迅速赚取利润的机会减少，整个行业开始进入成熟期。

3．成熟期

成熟期是行业发展的巅峰阶段，通常会持续相对较长的时间。在这一时期，通过激烈的市场竞争和优胜劣汰而生存下来的少数大厂商，已成为市场上资金实力雄厚、财务状况良好、竞争能力极强的一流企业，基本上垄断了整个行业的市场，每个厂商都占有一定比例的市场份额。由于彼此势均力敌，市场份额比例发生变化的程度较小，因此，成熟阶段也是行业发展的稳定阶段。这一阶段的主要特征是，行业的集中程度较高，而风险却因市场比例比较稳定而较低；市场需求虽然仍在增长，但增长速度已明显减缓；产品开始再度无差别化，需求的价格弹性减小。

4．衰退期

在经过一个较长的稳定阶段后，行业就进入衰退期。由于新产品和替代品的大量出现，原有行业的竞争力下降，市场需求开始逐渐减少，销售增长率降低，甚至出现负增长。一些厂商开始不断地从原来行业撤出资金，转向其他高利润的行业。当正常利润无法维持或现有投资折旧完毕后，整个行业便逐渐解体了。

对行业进行分析主要是引导企业投资合适的行业，为其投资决策提供依据。不同行业处于不同的生命周期，其股票回报率不高，如汽车行业具有典型的周期性，我国汽车行业在2003年由于居民收入的提高，销售量猛增，进入行业的成长期，行业效益快速上升，投资回报丰厚。

四、经济周期与行业分析

各行业变动时，往往呈现出明显的、可测的增长或衰退的格局。这些变动与国民经济总体的周期变动是有关系的，但关系密切的程度又不一样。据此，可以将行业分为以下几类。

1．增长型行业

增长型行业的发展状况与经济活动总水平的周期及其振幅并不紧密相关。这类行业收入增长的速率并不会总是随着经济周期的变动而出现同步变动，因为它们主要依靠技术进步、新产品开发及更优质的服务，从而使其经常呈现出增长形态。我国现阶段，生物制药、移动通信、计算机、网络工程IT产业及航空业等表现出了这种形态。投资者对高增长的行业十分感兴趣，主要是因为这些行业对经济周期性波动来说，提供了一种财富"套期保值"的手段。在经济高涨时，高增长行业的发展速度通常高于平均水平；在经济衰退时，其所受影响较小甚至仍能保持一定的增长。然而，这种行业增长的形态却使得投资者难以把握精确的购买时机，这是因为，这些行业的股票价格不会随着经济周期的变化而变化。

2．周期型行业

周期型行业的运动状态与经济周期紧密相关。经济上升时期，这些行业会紧随其扩张；当经济衰退时，这些行业也相应衰落。而且，周期型行业收益的变化幅度往往会在一定程度上夸大经济的周期性。产生这种现象的原因是，当经济上升时，对这些行业相关产品的购买相应增加；当经济衰退时，这些行业相关产品的购买被延迟到经济改善之后。例如消费品业、耐用品制造业及其他需求的收入弹性较高的行业，就属于典型的周期型行业。

3．防守型行业

防守型行业的经营状况在经济周期的上升和下降阶段都很稳定。这种形态的存在是因为防守型行业的产品需求相对稳定，需求弹性小，经济周期处于衰退阶段对这种行业的影响也比较小。甚至有些防守型行业在经济衰退时期还会有一定的实际增长。

该类型行业的产品往往是生活必需品或是必要的公共服务，公众对其产品有相对稳定的需求，例如，食品业和公用事业就属于防守型行业，也正是因为这个原因，投资于防守型行业一般属于收入型投资，而非资本利得型投资。

五、影响行业兴衰的主要因素

1．技术进步

当前正是科学技术日新月异的时代，不仅新兴学科不断涌现，而且理论科学向实用技术的转化过程也大大缩短，速度大大加快。技术进步对行业的影响是巨大的，它往往催生出一个新的行业，同时迫使一个旧的行业加速进入衰退期。例如：电灯的出现极大地削减了社会对煤气灯的需求，蒸汽动力行业被电力行业逐渐取代，喷气式飞机代替了螺旋桨飞机，大规模集成电路计算机取代了一般的电子计算机等。这些新产品在定型和大批量生产后，市场价格大幅度下降，从而很快就能被消费者所使用。技术进步使新兴行业能够很快地超过并代替旧行业，或严重地威胁原有行业的生存。未来优势行业将伴随新的技术创新而到来，处于技术尖端的基因技术、纳米技术等将催生新的优势行业。

当然，新旧行业并存是未来全球行业发展的基本规律和特点，大部分行业都是国民经济不可缺少的。多数行业都会在竞争中发生变化，以新的增长方式为自己找到生存的空间。例如：传统农业已经遍布全世界，未来农业还会借助技术创新来获得深度增长；传统工业在通过技术创新获得深度增长的同时，还可以通过行业的国际转移，在其他相对落后的国家获得广度增长的机会。

2．产业政策

政府对于行业的管理和调控主要是通过产业政策来实现的。产业政策是国家干预或参与经济的一种形式，是国家系统设计的有关产业发展的政策目标和政策措施的总和。一般认为，产业政策包括产业结构政策、产业组织政策、产业技术政策和产业布局政策等。其中，产业结构政策与产业组织政策是产业政策的核心。

（1）产业结构政策

产业结构政策是选择行业发展重点的优先顺序的政策措施，其目标是促使行业之间关系更协调，社会资源配置更合理，使产业结构高级化。产业结构政策是一个政策系统，主要包括：产业结构长期构思，对战略产业的保护和扶持，对衰退产业的调整和援助。

（2）产业组织政策

产业组织政策是调整市场结构和规范市场行为的政策，以“反对垄断、促进竞争、规范大型企业集团、扶持中小企业发展”为主要核心，其目的在于实现同一产业内企业组织形态和企业间关系的合理化。所谓同一产业是指具有相同使用功能和替代功能的产品或劳务集合，实质是竞争关系的卖方企业的集合。产业组织政策主要包括：市场秩序政策、产业合理化政策、产业保护政策。

(3) 产业技术政策

产业技术政策是促进产业技术进步的政策，是产业政策的重要组成部分。它主要包括两方面内容：产业技术结构的选择和技术发展政策、促进资源向技术开发领域投入的政策。

(4) 产业布局政策

产业布局是产业存在和发展的空间形式，产业布局政策的目标是实现产业布局的合理化。产业布局政策一般遵循以下原则：经济性原则、合理化原则、协调性原则、平衡性原则。

3. 社会习惯的改变

随着人们生活水平和受教育程度的提高，消费心理、消费习惯、文明程度和社会责任感会逐渐改变，从而引起对某些商品的需求变化，并进一步影响行业的兴衰。社会观念、社会习惯、社会需求变化对企业的经营活动、生产成本和收益等都会产生一定的影响，足以使一些不再适应社会需要的行业衰退，并刺激新兴行业的发展。

需求变化是未来优势产业的发展导向。需求变化在相当程度上影响行业的兴衰。由恩格尔定律可知，在收入相对比较低的时候，人们对生活用品有较大需求，提供生活消费品的企业（如可口可乐、宝洁、强生）和满足这些需求的销售渠道（如沃尔玛公司），均在不断满足这些消费需求的过程中发展起来。随着收入水平的提高，生活消费品支出占消费总支出的比例逐渐下降，人们更多地需要服务消费和金融投资，金融、旅游、教育、医疗、保险、体育、文化等行业便有了快速增长的动力。

第三节　公司分析

公司分析是基本分析中不可缺少的重环节，证券投资特别是长期投资能否取得预期的收益，归根到底取决于公司业绩。公司分析包括公司概况分析、公司产品分析、公司经营能力分析和公司财务分析。

一、公司概况分析

公司概况包括公司规模、历史沿革、经营范围、市场营销、市场占有、管理机构、管理水平等多方面的内容。通过公司概况分析，我们能有一个总体的印象，对公司的现状和发展前景有一个初步的认识。

1．公司的历史改革

公司的历史改革勾勒出公司的成长历史。通过对公司历史的分析，不仅能了解到公司的实际变化过程，而且还能了解到公司过去所发生的一切重大事项以及公司管理层当时应对的态度和能力。考察公司历史应与当时的经济形势、同行业的动向等外部环境相联系，既要重视公司的成功经验，也要考察公司失败的教训。任何一个企业都是从无到有、从小到大发展起来的，其中有迅速崛起、一帆风顺的类型，也有坎坷曲折、历尽艰辛的类型，应针对当时的具体情况区别对待。

2．公司的行业地位与经济区位分析

对公司行业地位分析的目的是判断公司在所处行业中的竞争地位。例如，是否龙头企业，在价格上是否具有影响力，是否具有竞争优势等。在大多数行业中，总会有一些企业比其他企业具有更强的获利能力。企业的行业地位决定了其盈利能力是高于还是低于行业平均水平，决定了其在行业中的竞争地位。衡量公司行业竞争地位的主要指标是行业综合排序和产品的市场占有率。公司经济区位的发展与公司的投资价值密切相关。

3．公司的股权结构与管理机构分析

股权结构是公司法人治理结构的基础。规范的股权结构，一是股权集中度适中，二是流通股权适度集中，三是股权流通的普遍性。分析公司的股权结构应从这三方面入手。公司的管理机构分为董事会、管理层和职能部门三个层次，即决策层、管理层、操作层。

决策层主要是对公司的经营方向、筹资方式等重大方针做出决定。决策层的效率受下述几个因素影响：①规范的股权结构；②有效的股东大会制度；③董事会权利的合理界定与约束；④完善的独立董事制度；⑤监事会的独立性和监督责任；⑥优秀的职业经理层；⑦相关利益者的共同治理。

管理层主要贯彻决策层的意图，完成既定的目标与计划，协调各部门的工作，进行日常的全局管理。管理层人员应该具备以下素质；一是从事管理工作的愿望；二是专业技术能力；三是良好的道德品质修养；四是人际关系协调能力。

职能部门应在管理层的指挥下各司其职，保证公司日常工作顺利进行。一个有效的管理机构应表现为有足够的能力解决公司可能面临的内部与外部出现的困难，如维持公司强有力的竞争力、发展公司的业务、增大公司的规模、维持较高的盈利水平、保持较高的生产能力、训练培训公司员工、妥善处理员工关系、会运用现代化管理手段以及对外宣传、广告、协商、谈判等。

二、公司产品分析

1．产品的竞争能力分析

如果一个公司具备了成本优势、技术优势、质量优势、品牌优势，其产品的竞争优势就会得到确立。

成本优势是指公司的产品依靠低成本获得高于同行业其他企业的盈利能力。在很多行业中，成本优势是决定竞争优势的关键因素。企业一般通过规模经济、专有技术、优惠的原材料和低廉的劳动力实现成本优势。

企业的技术优势是指企业拥有的比同行业其他竞争对手更强的技术实力及其研究与开发新产品的能力。这种能力主要体现在生产的技术水平和产品的科技含量上。

质量优势是指公司的产品以高于其他公司同类产品的质量赢得市场，从而取得竞争优势。质量是产品信誉的保证，质量好的产品会给消费者带来信任感。不断提高公司产品的质量是提升公司产品竞争力的行之有效的办法，具有质量优势的上市公司往往在该行业中具有领先地位。

当产业进入成熟期、产业竞争充分展开时，品牌就成为产品及企业竞争力的一个越来越重要的因素，品牌具有产品所不具有的开拓市场的多种功能：①品牌具有创造市场的功能；②品牌具有联合市场的功能；③品牌具有巩固市场的功能。

2. 产品的市场占有情况

分析公司的产品市场占有率，可从两个方面进行。①公司的产品销售市场的地域分布，看其是属于地区型还是全国型或是世界型的。市场分布越广，说明公司的经营能力越强。②公司产品销售量占该类产品整个市场销售总量的比例。该比例越高，说明公司的经营能力和竞争力越强。

3. 产品品牌战略

品牌是一种商品名称和商标的总称。商品用户可以通过品牌将此公司商品与其他公司商品区别开来。品牌不仅是产品的标志，而且是产品质量、性能及满足消费者效用的可靠程度的综合体现。品牌竞争是产品竞争的深化和延伸。在产业发展进入成熟阶段时，品牌成为决定公司竞争力的重要因素。分析上市公司品牌，主要看其有无品牌战略及其品牌前景如何等。

三、公司经营能力分析

1. 公司法人治理结构

公司法人治理结构有狭义和广义两种定义。狭义上的公司法人治理结构是指有关公司董事会的功能、结构和股东的权利等方面的制度安排。广义上的公司法人治理结构是指有关企业控制权和剩余索取权分配的一整套法律、文化和制度安排，包括人力资源管理、收益分配和激励机制、财务制度、内部制度和管理等。健全的公司法人治理结构至少体现在以下几方面。

（1）规范的股权结构。股权结构是公司法人治理机构的基础，许多上市公司的治理结构出现问题，都与不规范的股权结构有关。规范的股权结构包括三层含义：一是降低股权集中度，改变“一股独大”局面；二是流通股股权适度集中，发展机构投资者、战略投资者，发挥他们在公司治理中的积极作用；三是股权的普遍流通性。

（2）有效的股东大会制度。股东大会制度是确保股东充分行使权利的最基础的制度安排，能否建立有效的股东大会制度是上市公司建立健全公司法人治理机构的关键。

（3）董事会权力的合理界定与约束。董事会作为公司的决策机构，对于公司法人治理机制的完善具有重要作用。股东大会应赋予董事会合理充分的权力，但也要建立对董事会权力的约束机制。合理的董事会制度应制定规范、透明的董事选聘程序；在董事的选举过程中，应充分反映中小股东的意见，并积极推进累积投票制度；董事会应根据公司和全体股东的最大利益，忠实、诚信、勤勉地履行职责；上市公司治理机构应确保董事会能够按照法律法规和公司章程的规定行使职权，公平对待所有股东，并关注公司其他利益相关者的利益；董事会授予董事长在董事会闭会期间行使董事会部分职权的，上市公司应在公司章程中明确规定授权原则与授权内容，凡涉及公司重大利益的事项应由董事会集体决策等。

（4）完善的独立董事制度。在董事会中引入独立董事制度，可以加强公司董事会的独立性，这有利于董事会对公司的经营决策做出独立判断。2001 年 8 月，中国证监会发布《关于在上市公司建立独立董事制度的指导意见》，要求上市公司在 2002 年 6 月 30 日之前建立独立董事制度。这对于我国上市公司独立董事制度的建立无疑具有重大的指导意义。

（5）监事会的独立性和监督责任。一方面，应该加强监事会的地位和作用，增强监督制度的独立性和加强监督的力度，限制大股东提名监事候选人和作为监事会召集人；另一方面，应该加大监事会的监督责任。

（6）优秀的职业管理层。优秀的职业管理层是保证公司治理结构规范化、高效化的人才基础。而形成高效运作的职业管理层的前提条件是上市公司必须建立和形成一套科学的、市场化的、制度化的选聘制度和激励制度。

（7）相关利益者的共同治理。相关利益者包括员工、债权人、供应商和客户等主要利益相关者。相关利益者共同参与的共同治理机制可以有效地建立公司外部治理机制，以弥补公司内部治理机制的不足。

2. 公司管理层的素质

在现代企业里，经理人员不仅担负着企业生产经营活动等各项管理职能，而且还要负责或参与对各类非经理人的选择、使用、培训工作。因此，经理人员的素质是决定企业能否取得成功的一个重要因素。在一定意义上，是否有卓越的企业经理人和管理层，直接决定着企业的经营成果。对经理人的素质分析是公司分析的重要组成部分。

3. 公司从业人员的素质和创新能力

公司业务人员的素质也会对公司的发展起着重要的作用。作为公司的员工，公司业务人员应该具有专业技术能力，对企业忠诚，有责任感，具备团队合作精神和创新能力等素质。对员工的素质进行分析，可以判断该公司发展的持久力和创新能力。

四、公司财务分析

公司财务分析是公司分析中最主要的内容。公司的经营状况最终通过公司的财务数据反映出来。因此，投资者必须了解和熟悉公司财务分析的主要手段。

1. 公司的主要财务报表。根据各国公司法的有关规定，上市公司必须按规定定期向社会公众公布财务报表，这些公布的财务报表主要包括资产负债表、利润表和现金流量表。

（1）资产负债表。资产负债表是汇总某一特定时点企业的资产、负债、股东权益的数量从而显示企业财务状况的静态报表。资产负债表提供了企业在资产、负债和股东权益各方面的实力状况等企业经营活动基础的信息，同时也反映了企业的规模和负债潜力等信息。

（2）利润表。利润表是反映公司在一定时期内（通常是一季度或一年内）经营成果及其分配情况的报表，也称损益表。利润表可以提供公司在一定时期内销售收入的取得、成本和费用的发生、利润或亏损的实际情况，是一种动态财务报表。依据利润表可以评估公司盈利水平，预测盈利趋势，分析公司利润（或亏损）增减变化的原因。

（3）现金流量表。现金流量表是反映公司在一定会计期间经营活动、投资活动和筹资活动产生的现金流入与现金流出情况的报表。现金流量是指公司现金和现金等价物的流入和流出。这里的现金等价物指企业持有的期限短、流动性强、易于转换成已知金额现金、价值变动风险很小的投资。在现金流量表中，现金流量是分三类来反映的，即经营活动产生的现金流量、投资活动产生的现金流量和筹资活动产生的现金流量。其中，经营活动是指投资活动和筹资活动以外的所有交易和事项。投资活动是指公司长期资产的购建和不包括在现金等价物范围内的投资及其处理。筹资活动是指导致公司资本及其债务规模和构成发生变动的活动。现金流量表以收付实现制为基础，真实地反映公司当期实现收入的现金、实际支出的现金、现金流入流出相抵后的净额，并以此为基础分析利润表中本期净利润与现金流量的差异，正确评价公司的经营成果。现金流量表还可反映公司的偿债能力、支付股利的能力和产生未来现金流量的能力，帮助债权人、股东和潜在的投资者做出正确的投资决策。

2. 公司财务报表分析的目的和方法

公司财务报表提供了公司财务的基本信息，但不同的使用者在运用这些信息进行分析时的目的并不相同。例如，公司的经理人员通过分析财务报表判断公司的现状，寻求存在的问题，以便进一步改善公司的经营管理；公司的投资者关心的是公司的财务状况、盈利能力，通过对财务报表所传递的信息进行分析、加工，得到反映公司发展趋势、竞争能力等方面的信息，计算投资收益率，评价风险，比较该公司和其他公司的收益和风险，决定自己的投资策略；而公司的偿债能力，则决定是否提前收回债权或提供担保等。

财务报表的分析方法主要有比较分析法和因素分析法两大类。比较分析法是指对两个或两个以上的相关可比数据进行对比，揭示财务指标的差异和变动关系，是最基本的财务分析法。因素分析法则是依据分析指标和影响因素的关系，从数量上确定各因素对财务指标的影响程度。

五、公司的主要财务比率分析

财务比率是指同一报表的不同项目之间、不同类别之间，以及不同年度报表的有关项目之间的会计要素的相互关系。这些会计要素相互关系的结果形成了一系列财务比率指标。最常见的比率分析指标可以分为变现能力分析、营运能力分析、长期偿债能力分析、盈利能力分析等几类。

1. 变现能力分析

变现能力是指公司即刻转变现金的能力，它可以衡量公司的短期偿债能力。常用的分析指标有流动比率和速动比率。

（1）流动比率。流动比率是流动资产与流动负债的比值，其公式为：

$$\text{流动比率}=\text{流动资产}\div\text{流动负债}$$

流动比率反映了公司流动资产抵债流动负债的程度，流动比率越高，公司偿债能力越强。流动比率还可以反映公司受突发事件影响经营困难时的应付能力。流动比率越高，公司应对诸如债券违约、破产等财务危机的能力越强。但由于流动资产中某些项目如存货、预付费用等变现能力较差，因而又引入了速动比率指标。

（2）速动比率。速动比率反映用流动程度较高的流动资产来偿还流动负债的能力，其公式为：

$$\text{速动比率}=\frac{\text{流动资产}-\text{存货}}{\text{流动负债}}$$

或者：

$$\text{速动比率}=\frac{\text{现金}+\text{短期证券}+\text{应收账款}}{\text{流动负债}}$$

一般认为，速动比率大于1表示公司偿债能力较强；反之，则较弱。

2. 营运能力分析

营运能力分析主要是分析财务报表中各项资金周转速度的快慢，以检测股票发行公司各项资金的利用效果和经营效率。

(1) 应收账款平均收账期。应收账款平均收账期反映应收账款尚未付清的平均天数，公式为：

$$\text{平均收账期}=\text{应收账款平均余额}\times 360\div\text{销售净额}$$

该指标越小越好，表明欠款容易收回；反之，收回欠款需要较长的时间。

(2) 存货周转率。存货周转率是指公司某一特定期间的存货余额与期间销售成本的比率，公式为：

$$\text{存货周转率}=\text{销售成本}\div\text{平均存货}$$

存货周转率是衡量和评价企业购入存货、投入生产、销售收回等各环节管理状况的综合性指标。该指标衡量企业存货周转速度的快慢，存货周转快则存货会下降，资产变现风险小，资本利用率高；反之则库存积压，资金积压，利润降低。

（3）资产周转率。资产周转率反映企业投入的全部资产创造收入的相对效率，其公式为：

$$资产周转率=销售净值\div资产总值$$

该指标反映总资产的周转速度，周转越快，表明销售能力越强。

3. 长期偿债能力分析

长期偿债能力是指公司偿付到期长期债券能力，通常用反映债务与资产、净资产关系的负债比率来衡量。负债比率主要包括资产负债率、股东权益比率、产权比率、有形资产净值债务率、已获利息倍数等。

（1）资产负债率。资产负债率是负债总额与资产总额的比值，它反映企业偿付长期负债的能力，并衡量其举债经营的限度，其公式为：

$$资产负债率=\frac{负债总额}{资产总额}\times100\%$$

从债权人的立场看，资产负债率越低越好，企业偿债有保证，贷款不会有太大风险；从股东的立场看，在全部资本利润率高于借款利息率时，资产负债率越高越好，因为股东所得到的利润就会加大。从财务管理的角度看，在进行借入资本决策时，企业应当审时度势，全面考虑，充分估计预期的利润和增加的风险，权衡利害得失，做出正确的分析和决策。

（2）股东权益比率。股东权益比率反映股东投入资本占全部资本的比重。股东权益包括普通股本、优先股本和资产增值及无形资产的账面价值几个部分。股东权益比率公式为：

$$股东权益比率=\frac{股东权益总额}{全部资产总额}$$

（3）产权比率。产权比率是负债总额与股东权益总额之间的比率，公式为：

$$产权比率=\frac{负债总额}{股东权益总额}$$

产权比率反映由负债人提供的资本与股东提供的资本的相对关系，可以说明公司基本财务结构是否稳定。一般认为，股东资本大于债权资本较好。

（4）有形资产净值债务率。有形资产净值债务率是公司负债总额与有形资产净值的比率。有形资产净值债务率计算公式为：

$$有形资产净值债务率=\frac{负债总额}{股东权益-无形资产净值}$$

（5）已获利息倍数。已获利息倍数是指公司经营业务收益与利息费用的比率，用以衡量偿付借款利息的能力，也叫利息保障倍数。已获利息倍数公式为：

$$已获利息倍数=\frac{税息前利润}{利息费用}$$

税息前利润是指利润表中未扣除利息费用和所得税之前的利润。

4. 盈利能力分析

盈利能力就是公司获取利润的能力。常用的盈利能力分析指标有主营业务净利率、主营业务毛利率、资产净利率、净资产收益率等。

（1）主营业务净利率。主营业务净利率是指净利润与主营业务收入的比率，其公式为：

$$主营业务净利率=净利润\div 主营业务收入$$

（2）主营业务毛利率。主营业务毛利率是毛利占主营业务的比重，其中毛利是主营业务收入与主营业务支出之差。主营业务毛利率公式为：

$$主营业务毛利率=\frac{主营业务收入-主营业务成本}{主营业务收入}$$

（3）资产净利率。资产净利率是公司净利率与平均资产总额的比重，公式为：

$$资产净利率=\frac{净利润}{平均资产总额}$$

（4）净资产收益率。净资产收益率是净利润与年末净资产的比率，也称净值报酬率或权益报酬率，公式为：

$$净资产收益率=\frac{净利润}{年末净资产}$$

年末净资产是资产负债表中“股东权益合计”的期末数。净资产收益率反映了所有者权益的投资回报率，是市场人士分析企业盈利能力最常用的分析指标。

如果采用绝对数来衡量，反映公司盈利能力的关键指标还有每股收益，即税后利润与总股本的比值。如果从股票估值和投资者立场看，市盈率、市净率等都是非常重要的财务指标。

六、公司重要事项分析

1. 资产重组

资产重组是指公司对其投资组合的调整，以创造一个更为有效的资产结构。资产重组的基本形式包括割卖和收购，割卖是将那些从公司长期战略角度来看处于外围或辅助地位的经营项目加以出售。收购主要涉及新经营项目的购入，其目的是增强公司的核心业务或主营业务，提高总资产盈利能力。各上市公司为实现重组的不同目的，采用的资产重组方式也各不相同，总体可分为五大类。

（1）收购兼并。在我国，收购兼并主要是指上市公司收购其他企业股权或资产、兼并其他企业，或采取定向扩股合并其他企业。本文中所使用的收购兼并概念，是上市公司作为利益主体进行主动对外扩张的行为。

（2）股权转让。股权转让是上市公司资产重组的另一个重要方式。在我国，股权转让主要是指上市公司的大宗股权转让，包括股权有偿转让、二级市场收购、行政无偿划拨和通过收购控股股东等形式。上市公司大宗股权转让后，一般出现公司股东甚至董事会和经理层的变动，从而引入新的管理方式，调整原有公司业务，实现公司经营管理以及业务的升级。

（3）资产置换。资产置换是上市公司资产重组的一个重要方式之一。在我国，资产置换主要是指上市公司控股股东以优质资产或现金置换上市公司的存量呆滞资产，或以主营业务资产置换非主营业务资产等行为。资产置换被认为是各类资产重组方式当中效果最快、最明显的一种方式，经常被加以使用。上市公司资产置换行为非常普遍。

（4）股权投资。股权投资指上市公司出资购买目标公司的股权从而将目标改组为上市公司的控股子公司的行为。股权投资有两种情况：一是为了控股而投资：二是为了多元化发展而投资。

（5）二级市场兼并。二级市场兼并是指并购公司通过二级市场收购上市公司的股权从而获得上市公司控制权的并购行为。二级市场并购实际上是属于股权投资的一种特殊形式。

从理论上讲，资产重组对公司的影响，可以促进资源的优化配置，有利于产业结构的调整，增强公司的市场竞争力，从而使一批上市公司由小变大、由弱变强。但在实践中，许多上市公司进行资产重组后，其经营和业绩并没有得到持续、显著的改善。究其原因，最关键的是重组后的整合不成功。重组后的整合主要包括企业资产的整合、人力资源配置和企业文化的融合、企业组织的重构三个方面。

不同类型的重组对公司业绩和经营的影响也是不一样的。

对于扩张型资产重组而言，通过收购、兼并，对外进行股权投资，公司可以拓展产品市场份额，或进入其他经营领域。但这种重组方式的特点之一，就是其效果受被收购兼并方生产及经营现状影响较大，磨合期较长，因而见效可能较慢。有关统计数据表明，上市公司在实施收购兼并后，主营业务收入的增长幅度要小于净利润的增长幅度，每股收益和净资产收益率仍是负增长。这说明，重组后公司的规模扩大了，主营业务收入和净利润有一定程度的增长，但其盈利能力并没有同步提高。从长远看，这类重组往往能够使公司在行业利润率下降的情况下，通过扩大市场规模和生产规模，降低成本，巩固或增强其市场竞争力。

由于多方面的原因，我国股票市场存在着上市公司资产质量较差、股权结构和公司治理结构不合理等客观状况，因此，着眼于改善上市公司经营业绩、调整股权结构和治理结构的调整型公司重组和控制权变更型重组，成为我国股票市场最常见的资产重组类型。

对于调整型资产重组而言，分析资产重组对公司业绩和经营的影响，首先需鉴别“报表性重组”和“实质性重组”。区分报表性重组和实质性重组的关键是看有没有进行大规模的资产置换或合并。实质性重组一般要将被并购企业50%以上的资产与并购企业的资产进行置换，或双方资产合并；而报表性重组一般都不进行大规模的资产置换或合并。

2. 公司的关联交易

（1）关联交易的方式。

关联交易就是企业关联方之间的交易。根据财政部1997年5月22日颁布的《企业会计准则——关联方关系及其交易的披露》的规定，在企业财务和经营决策中，如果一方有能力直接或间接控制、共同控制另一方或对另一方施加重大影响，则视其为关联方；如果两方或多方受同一方控制，也将其视为关联方。这里的控制，是指有权决定一个企业的财务和经营政策，并能从该企业的经营活动中获取利益。所谓重大影响，是指对一个企业的财务和经营政策有参与决策的权力，但并不决定这些政策。参与决策的途径主要包括：在董事会或类似的权力机构中派有代表，参与政策的制定过程，互相交换管理人员等。凡以上关联方之间发生转移资源或义务的事项，不论是否收取价款，均被视为关联交易。关联交易主要有以下几种方式：

①经营活动中的关联交易。主要有：第一，关联购销；第二，费用负担的转嫁；第三，资产租赁；第四，资金占用；第五，信用担保。

②资产重组中的关联交易。主要有：第一，资产转让和资产转换；第二，托管经营、承包经营。

③合作投资。合作投资形式的关联交易通常指的是上市公司与关联公司就某一具体项目出资，并按事前约定的比例分配收益。这种投资方式因关联关系的存在，达成的概率较高，但操作透明度较低，特别是分利比例的确定。

④相互持股。目前我国公司实务中已存在为实现特殊目的而相互持股的现象。对于相互持股的两个企业而言，相互持股会形成一系列法人实体相互渗透、股份垄断及经营透明度不高等缺陷。

（2）关联交易对公司的影响。

从理论上说，关联交易属于中性交易，它既不属于单纯的市场行为，也不属于内幕交易的范畴，其主要作用是降低交易成本、促进生产经营渠道的畅通、提供扩张所需的优质资产、有利于实现利润的最大化等。但在实际操作过程中，关联交易有其非经济特性。与市场竞争、公开竞价的方式不同，关联交易的价格可由关联双方协商决定，特别是在我国评估和审计等中介机构尚不健全的情况下，关联交易就容易成为企业调节利润、避税和一些部门及个人获利的途径，往往使中小投资者利益受损。

事实上，通过关联交易获取资产转让收益，操控上市公司利润，从而达到保配、扭亏或摘帽的目的，是近年来上市公司关联交易的主要动机之一。投资者在分析关联交易时，尤其要注意关联交易可能给上市公司带来的隐患，如资金占用、信用担保、关联购销等。证券投资分析师在分析关联交易时，要特别关注交易价格的公允性、关联交易占公司资产的比重、关联交易的利润占公司利润的比重以及关联交易的披露是否规范等事项。只有这样，才可以避免在投资上陷入误区。

（3）会计政策和税收政策的变化对公司的影响。

会计政策是指企业在会计确认、计量和报告中所采用的原则、基础和会计处理方法。企业基本上是在法规所允许的范围内选择适合本企业实际情况的会计政策。当会计制度发生变更，或企业根据实际情况认为需要变更会计政策时，企业可以变更会计政策。

企业的会计政策发生变更将会影响公司年末的资产负债表和利润表。如果采用追溯调整法进行会计处理，则会计政策的变更将会影响公司年初及以前年度的利润、净资产、未分配利润等数据。

税收政策的变更也将对上市公司的业绩产生一定的影响。税率的升降和征税范围的变动都将直接影响上市公司的税后利润。

【重要信息阅读】

巴菲特：有三件事我永远不会做

2015 年 05 月 17 日 12：52　来源：凤凰网　编辑：东方财富网

比尔·盖茨：懂得化繁为简的巴菲特教给我三件事

作为伯克希尔哈撒韦公司的董事，以及在商业、慈善等方面都有诸多共识的多年老友，盖茨每年都会参加伯克希尔哈撒韦的股东大会。股东大会有一个“固定节目”——两人的乒乓球比赛。2015 年 5 月 2 日，比尔·盖茨再次捧场参加巴菲特在其家乡奥马哈召开的伯克希尔哈撒韦股东大会。会后，美国当地时间 2015 年 5 月 12 日，比尔·盖茨在其个人网站发表了题为《投资你的人生：巴菲特 50 年的智慧结晶》的文章。文中展示了这些年来其最喜欢的巴菲特与他的合影照片，并提到了他俩的乒乓对决以及两年前他写的题为《我从巴菲特身上学到的三件事》的文章。

投资你的人生：巴菲特 50 年的智慧结晶

两周前，我和其他 40 000 人一同参加了沃伦·巴菲特（Warren Buffett）在奥马哈举行的伯克希尔哈撒韦股东大会，这简直就像一场资本界的摇滚音乐节日。作为该公司的股东和董事会成员，多年来我都参加了这一盛会，每次都让我大开眼界。

今年大会也同往年一样有趣，会上我和沃伦打了一场乒乓球比赛，沃伦用一个令人印象深刻的正手击球，击败了前美国乒乓球国家冠军。但是这一次的聚会不同以往，意义非凡，因为我们有一场特别的庆典：沃伦领导这家公司的第 50 年。

这半个世纪以来，那些描述沃伦如何执掌哈撒韦公司的文章已经够多了。但我认为最有趣的、最深刻的还是沃伦自己写的信。每年年会之前，他都会致信哈撒韦公司股东，在信中非常坦率地谈论公司近况，有哪些好的地方、哪些不好的地方。他也会对一些投资上的，以及更广泛的经济问题做出回应。如果你想在商业上和沃伦一样聪明——谁又不想呢？——至少你得写得比他好，我自认为机会渺茫。

在今年的信中，沃伦特别关注了公司的过去、现在和未来。我极其认同他的说法。这是他有史以来写的信里最重要的内容。沃伦的合作伙伴查理·芒格，也写了一封信，同样十分出彩。

沃伦和我在周末的休息活动中，用几分钟时间谈论了他的投资艺术，他是如何将复杂的金融交易化繁为简，以及他如何让我迷上桥牌和高尔夫球。

沃伦不仅仅是一个伟大的朋友，他也是一个了不起的导师。自我们1991年相遇，我就不断向他学习。我们之间的交流涉及具体业务、经济、政治、世界大事，当然，他也是我和梅琳达慈善基金会的受托人。

两年前，我写了一篇题为《我从巴菲特身上学到的三件事》的文章，其精华可以总结为：他不断地鼓励我和梅琳达去解决难题，并鼓起勇气去试错。可以说，哈撒韦股东们还有公司的合作人都很幸运，因为沃伦一直以来都遵循着这一智慧。这50年来，他的思想愈发深邃，我们也因此不断前进。多年来，我从沃伦那里学到了以下三件事。

投资不仅仅是投资

人们向沃伦学习的第一件事，当然是怎么思考投资。这很自然，因为他有惊人的投资纪录。不幸的是，太多人仅关注投资，而忽略了一个事实：巴菲特有一个很强的、商业思维的整体框架。比方说，他会谈及寻找一个公司的护城河（竞争优势）、这条护城河是萎缩还是增长的。他说，一名股东必须要像自己拥有整个公司那样来行事，寻找未来的利润流，决定什么是值得的。你必须有忽视市场的意志而不是随波逐流，因为你借市场犯错的机会领先——找到已被低估的公司。

我不得不承认，当我第一次见到沃伦，他的这个思考框架给了我一个真正的惊喜。我是在我母亲组织的一次饭局上见到他的。当时我还想："我干吗想见这个炒股的家伙？"我想他只是利用各种市场相关信息来做投资决策，比如销售额、价格等的时间曲线。

但当我们开聊以后，他没问我任何这类信息，而是开始问微软基本面这类很宏大的问题。"为什么IBM做不了微软的业务？为什么微软营利性这么好？"这让我意识到他思考商业的方式远远比我以为的更深远。

利用好你的平台

很多企业领导人都写股东信，但沃伦因为股东信而成名。部分是因为他天生的幽默感，部分是因为人们认为读他的信有助于自己更好地做投资（他们是对的）。但这也是因为他一直都说话坦率，愿意批评股票期权和金融衍生品之类的东西。他不害怕有立场，比如支持加大对富人征税，尽管这也会影响他本人的利益。

沃伦启发了我开始写我自己在基金会工作的年度公开信。在以前，我也有个类似写信的好法子。不过，写信能让我每年一次坐下来，解释我们所经历的好事和坏事。

意识到自己时间宝贵

无论你多有钱，你都买不到时间。每个人的一天只有24小时。沃伦对此很敏锐。他不会让日程表充满了无用的会议。另一方面，他对自己信任的人又会很慷慨地花时间。他把自己的电话号码给了他在伯克希尔的亲密顾问，亲密顾问的电话他就会接听。

尽管沃伦每年有几十次会议与大学课程，没有多少人会去找他要常规时间。我觉得自己在这方面很幸运：跟他的对话对我来说一直非常有价值，不是仅仅对微软来说。当我和梅琳达开始启动基金会，我也去讨教过他。我们谈得最多的是，慈善事业也会像软件一样，以自己的方式发挥影响力。事实证明，沃伦看世界的方式很赞：进击贫穷和疾病也是建立一种业务。他真是独一无二。

第八章 股票投资技术分析

【重要信息阅读】

国务院推进国际产能和装备制造合作

2015 年 05 月 17 日 08：17 来源：东方财富网

2015 年 5 月 6 日，国务院总理李克强主持召开国务院常务会议，部署推进国际产能和装备制造合作，以扩大开放促发展升级。会议要求，聚焦铁路、电力、通信、建材、工程机械等具有比较优势的领域，对接不同地区尤其是“一带一路”沿线国家需要，以国有、民营等各类企业为主体，灵活采取投资、工程建设、技术合作等方式，带动装备等出口，促进相关国家就业扩大和经济发展，用质量和信誉建口碑、树形象。在“一带一路”战略快速推进的背景下，铁路、电力等装备走出去的速度正在加快。

鼓励企业发行股票、债券融资

国务院常务会议认为，契合国外需求和意愿，推动国际产能和装备制造合作，有利于中国经济与世界经济深度融合、促进世界经济复苏，更可以倒逼我国企业提质增效、实现优进优出，打造高水平开放型经济，促进互利共赢。尤其是，“一带一路”战略的实施助推了国内电力装备出海进程。机电商会统计显示，2014 年，中国电力工业海外项目签约额约 300 亿美元，签约总装机容量约 2 000 万千瓦，相比 2004 年的 20 亿美元签约额，10 年间增长了 14 倍。

目前，中国电力“走出去”主要以火电、水电和输变电为主，有利于化解国内产能过剩。2014 年底，我国发电装机已达 13.6 亿千瓦，位居世界第一。但是发电小时数、用电增速均创最近十年新低，火电装机过剩更为明显。中电装备公司从事海外业务的人士介绍，目前，国内电力装备制造企业国际化水平不断提高，中国企业从常规贸易项下的单机出口、成套设备出口，逐渐从项目分包到工程总承包发展，不断输出国内技术、管理、劳动力，进而向上游拓展到融资。

除铁路基建工程项目“走出去”呈爆发式增长外，铁路设备出口也增长迅猛。2014 年我国共出口铁路设备 267.7 亿元人民币，同比增长 22.6%。目前中国铁路出口品种主要是铁道及电车道机车、车辆。中国铁路设备的主要出口地为东盟、阿根廷、澳大利亚和美国。据测算，全球铁路市场容量大约有 1 620 亿欧元，未来几年有望以 3.4% 的速度增长，将在 2018 年达到 1 900 亿欧元。

在对外出口合作方式上，国务院常务会议提出，要把装备走出去与融资手段紧密结合。采用市场化方式，拓宽外汇储备使用渠道，提高出口信用保险保障水平。建设人民币跨境支付系统。鼓励企业和金融机构发行股票、债券等在境内外筹资。

上下游协同合作

中电建河北电建公司人士介绍，目前，中国电力设备出口市场仍以中亚、中东、印度、非洲等发展中国家和地区为主。东欧、俄罗斯等国家和地区煤电、气电发电机组在近年集中退役，也为拓展市场提供了空间。总体来看，中国电力装备有成本优势，技术水平与国际公司相比有竞争力。

有预测显示，到2040年，全球约有占现役装机容量40%的机组将退役，随之而来的便是电站的更新与改造。以OECD国家为例，这些成熟电力市场的煤电、气电、油电和核电装机中约30%使用年限已超过30年，无法满足正常运行和逐渐提高的环保要求，设备更新需求将变得强烈。但是，“一个突出问题是，在面向全球招标的项目中，中资企业之间的竞争比较激烈，通过低报价或本地的资源关系获取项目资源，项目后期运营人员出现短缺问题。”特变电工人士介绍。

国务院常务会议特别提出，要构建上下游协同的产能合作链条，注重技术交流，做好后期维护服务，做到装备走出去与配套服务共推进，产能合作和技术升级双丰收。简化境外投资管理，搭建政府和企业对外合作平台。

在发改委综合运输研究所研究员刘斌看来，中国铁路相关企业在高铁走出去的时候目光不能只盯住基建和装备这两块，毕竟这只是一锤子买卖，而更应该看重后期的高附加值贸易和服务，比如运营维修、周边土地开发、资源利用等。

国务院常务会议还指出，要推动标准国际互认，注重风险防控，促进企业有序竞争。发挥行业协会商会和市场中介作用，提供法律、税务、知识产权等服务，为装备和产能“出海”送去劲风。

第一节　股票投资技术分析概述

股票投资分析的方法可概括为两大类：基本分析与技术分析。由于技术分析方法可量化并且直观，在实践中更受短期投资者所青睐。另外，从股票投资市场发展、实践过程中的经验来看，借助于数据和图标的技术分析方法，对长期投资者和短期投资者都展现出了它的积极意义和魅力。

一、技术分析的含义与功能

1. 技术分析的含义

所谓技术分析，是以股票市场过去和现在的市场行为为分析对象，应用数学和逻辑的方法，探索出一些典型变化规律，并据此预测股票市场未来变化趋势的方法。由于技术分析运用了广泛的数据资料，并采用了各种不同的数据处理方法，因此受到了投资者股票的高度重视。另外，由于技术分析方法基本上忽略了股票的内在价值，而侧重于股票的价格分析，所以，可以把技术分析方法看作是纯股票行情的分析。

虽然技术分析与基本分析这两种方法的目的相同，都是为了预测价格变动的方向，但两种方法研究的内容与方法却不尽相同。基本分析方法研究市场价格变动的动因，技术分析方法研究市场价格变动的行为规律。所以，基本分析重点揭示股票投资的方向，而技术分析重点揭示股票投资的买卖时机。

由于技术分析方法的直观性和有效性，不但可应用于股票市场，还可广泛应用于外汇、期货和其他金融市场的价格分析和行情预测。

2. 技术分析的功能

（1）技术分析可以反映与市场相关的任何力量。包括基本的供求因素、政治因素、心理因素等各种原因，最终都会反映在市场价格与成交量的变动上。凡是不能直接反映在价格与成交量变动上的因素均为非常重要因素，而要了解哪些因素与价量联系密切和相关，则必须通过技术分析。

（2）技术分析可以反映价格变动的历史轨迹。技术分析中描述价格运行的图标，能够将市场价格运行的过去和现在清晰、直观地展示在投资者面前。股票投资者运用技术分析可以了解和把握市场价格所处的历史地位和运行状况。

（3）技术分析能够反映价格的未来走向。股票投资者借助于技术分析中的图表，不仅能知晓价格运行的轨迹，还能够通过运行不同的分析方法，分析、判断、概括和总结市场价格运行的规律及特点，来预测市场价格的未来走向。

（4）技术分析可以发现和寻找买卖机会。通过技术分析方法研究和预测市场价格所揭示的机会和可能给出的进出场点，能够把握买卖时机。

（5）技术分析可以协助制订交易计划和评估风险。技术分析可以有效地协助股票投资者制订长短期交易计划，评估投资风险与利润。

二、技术分析的基本假设

技术分析的理论依据是以三个假设为前提的。这三个假设是：市场行为涵盖一切信息；股票价格沿趋势移动；历史会重演。技术分析正是基于上述假设才成为分析行情和预测价格走势的有效方法。

1. 市场行为涵盖一切信息

技术分析者认为任何影响和改变股票市场的因素最终都要反映在股票价格的变动上。市场的投资者在决定交易行为时，不需要关心那些影响股票价格因素的形成原因，只需要关注这些影响因素对市场行为的影响效果即可。事实上，任何对股票市场的影响都必然体现在价格的变动上，所以，这一假设的一定合理性使其成为技术分析的基础。

2. 股票价格沿趋势移动

技术分析者认为股票价格的运动是由一定时期内供求关系的变化所决定的，而供求关系一旦确定，股票价格的变化趋势就会一直持续下去。只要供求关系不发生根本改变，股票价格的走势就不会发生反转。技术分析者将这一假设视为进行技术分析的核心条件。事实上，作为市场经济中的规律之一——供求关系决定股票价格，这一规律是显著和普遍的。所以，这一假设具备一定的合理性，使得技术分析方法更为投资者所信赖，可以用于指导投资者的交易行为。

3. 历史会重演

这条假设是从人的心理因素方面考虑的。技术分析方法的大部分主体以及其中市场行为的研究，与心理学和其他人文科学密切相关，不可分割。技术分析者认为证券价格的波动，每时每刻都是由投资者共同参与、作用的效果，那么投资者的某些心理定式、心理状态、行为动机、认知习惯等，始终在间接地左右和影响着股票市场价格的波动。比如：股票价格和历史图表经过辨别和分类，往往就会反映出一些显示在价格上的心理状况：当股票价格上升到前期高点附近时，自然就有投资者获利回吐，或暂时选择离场与观望；当股票价格多次探底无果后，自然也有投资者大胆进场吸纳。这些现象明显反映出投资者心理行为倾向对市场价格的变化与波动的支配作用。抄底和摸顶是投资者交易行为的一种趋于一致和较为固定的心理行为模式，一旦投资者在心理上形成这种倾向和认知，历史就会不可避免地重演。基于这种“历史往往会重演”的假设，技术分析者就能通过研究过去了解未来，从而达到预测市场未来走势的目的。

技术分析将上述三个基本假设作为理论构造的主要依据，使得技术分析的方法不失为证券市场中行之有效的主要方法。但是在实践运用过程中，对三大假设的合理性也一直存在着争论，不同的人有着不同的看法。分歧主要表现在对技术分析方法的逻辑性、说服力的严谨和力度上。假设一：认为市场行为包括了一切信息，但市场行为反映的信息只体现在价格的变动中，同原始的信息毕竟存在差异，信息损失是必然的。故不能将技术分析的作用绝对化，在进行技术分析的同时，还应该适当结合一些基本分析加以佐证来弥补不足。假设二：认为一些基本因素的确是通过供求关系来影响股票价格和成交量的，但股票价格最终要受到其内在价值的影响。假设三：认为历史会重演，但股票市场的市场行为是千变万化的，不可能有完全相同的情况重复出现，总是或多或少地存在着一定差异。

三、技术分析的要素

股票投资市场中，价格、成交量、时间和空间是进行技术分析的要素。这四个要素的具体情况和相互关系是进行正确分析的基础。

1. 价和量是市场行为最基本的表现

市场行为最基本的表现就是成交价和成交量。过去和现在的价格、成交量涵盖了过去和现在的市场行为。技术分析就是利用过去和现在的价格、成交量方面的资料，以图形和指标做分析工具来分析、预测未来的市场走势。在某一时点上的价和量，反映的是买卖双方在这一时点上共同作用于市场的行为和结果，是双方的暂时均势点。随着时间的变化，均势会不断发生变化，这就是价量关系的变化。通常买卖双方对价格的认同程度，透过成交量的大小即可得到确认。认同程度小、分歧大，成交量就小；认同程度大、分歧小，成交量就大。双方的这种市场行为反映在价、量上就往往呈现出这样一种趋势规律：价升量增，价跌量减。根据这一趋势规律，当价格上升时，成交量不再增加，意味着价格得不到买方确认，价格的上升趋势就会改变；反之，当价格下跌时，成交量萎缩到一定程度就不再萎缩，意味着卖方不再认同价格继续下降了，价格下跌趋势就会改变。价格、成交量的这种规律关系是技术分析的合理性所在，因此，价、量是技术分析的基本因素，一切技术分析方法都是以价、量关系为研究对象的。目的就是分析、预测未来的价格趋势，为投资决策提供服务。

2. 时间和空间体现价格的广度和深度

时间是股票（或指数）价格变动的时间因素和分析周期。一个已经形成的趋势在短时间内不会发生根本改变，中途出现的反方向波动，对原有趋势不会产生大的影响。一个形成的趋势又不可能永远不变，经过一定时间又会有新的趋势出现。空间是股票价格波动的空间范围。从理论上讲，股票价格的波动是“上不封顶，下不保底”的。但是，市场是以趋势运行的，在某个特定的阶段中股票价格的上涨或下跌，由于受到上升趋势通道或下跌趋势通道的约束而在一定的幅度内振荡运行，空间因素考虑的就是趋势运行中价格的幅度。

四、技术分析的理论基础——道氏理论

1. 道氏理论的基本思想和形成过程

道氏理论是所有投资市场技术研究的鼻祖。这一理论的创始人是美国人查尔斯·亨利·道（1851—1902），他是纽约道·琼斯金融新闻服务公司的创始人，也是《华尔街日报》的创始人和首位编辑。查尔斯·亨利·道本人声称，其理论并不是用于预测股市，甚至不是用于指导投资者的，而是一种反映市场总体趋势的“晴雨表”。大多数人将道氏理论作为一种技术分析手段——这是非常遗憾的一种观点。其实，道氏理论的最伟大之处在于其宝贵的哲学思想，这是它全部的精髓。罗伯特·雷亚在所有相关著述中都强调，道氏理论在设计上是一种提升投机者或投资者知识的配备或工具，并不是可以脱离经济基本条件与市场现况的一种全方位的严格技术理论。根据定义，道氏理论是一种技术理论。换言之，它是根据价格模式的研究，推测未来价格行为的一种方法。

我们一般所称的“道氏理论”，是查尔斯·亨利·道、威廉· 彼得·汉密尔顿与罗伯特·雷亚等三人共同的研究成果。道氏理论的形成经历了几十年，1902 年，在道去世以后，威廉·彼得·汉密尔顿和罗伯特·雷亚继承了道氏理论，并在其后有关股市的评论写作过程中加以组织与归纳，从而形成今天我们所见到的理论。他们所著的《股市晴雨表》《道氏理论》成为后人研究道氏理论的经典著作。

2. 道氏理论的主要原理

（1）市场价格平均指数可以理解和反映市场的大部分行为。这是道氏理论对股票市场的重大贡献。当今世界上所有的股票交易所计算价格指数的方法大同小异，其基本原理都来源于道氏理论提出的平均价格涵盖一切信息的假设，这一原理目前仍作为技术分析的基本假设之一被广泛应用。

（2）市场的波动最终可以分为三种趋势。道氏理论认为，虽然价格的波动表现形式不同，但是最终可以将它们分为三种趋势：主要趋势、次要趋势和短暂趋势。主要趋势是那些持续1年或1年以上的趋势，看起来像大潮；次要趋势是那些持续3周到3个月的趋势，看起来像波浪，是对主要趋势的调整；短暂趋势持续时间不超过3周，看起来像波纹，其波动幅度更小。三种趋势的划分为其后出现的波浪理论打下了基础。

（3）成交量在确定趋势中的作用。在确定趋势时，成交量能更加客观地反映趋势的持续和反转的有效性与可靠性。成交量所提供的信息，帮助技术分析者解决了那些令人困惑的市场行为。

（4）收盘价是最重要的价格。道氏理论认为，在所有的价格中，无论是开盘价、最高点还是最低点都没有收盘价重要，甚至认为在判断市场趋势时不需要考虑其他价格，只关注收盘价即可。

3. 道氏理论的应用及需注意的问题

道氏理论作为技术分析理论基础，正如查尔斯·亨利·道本人所言，其理论并不是用于预测股市，甚至不是用来指导投资者的。所以在人们分析市场行为时存在着较大的分歧。毕竟道氏理论是早期的和传统的理论之一，历史原因暴露了该理论存在着明显的缺陷，比如，信号迟缓、并非万能、趋势越小作用越弱、常常令分析者和使用者困惑不解等。

特别是由于该理论过于注重收盘价的价值和意义，因而对于判断较大趋势作用显著，而对于判断和分析中小级别的趋势就显得捉襟见肘、无能为力。另外，道氏理论的可操作性较差，往往多种分析方法并用时，道氏理论的分析结果经常与其他分析方法得出的结果截然不同

作为存在了上百年的一种传统理论，存在一定的缺陷和不足在所难免。所以当代股票市场的分析者和投资者在运用该理论时，不应盲目照搬。在技术分析方法的研究和发展过程中，许多技术分析的方法是在修正和发展道氏理论的基础上形成的新理论和新方法。这些新的理论和方法，在一定程度上弥补了道氏理论的不足，推动了道氏理论的进一步完善，并提高了道氏理论的可操作性。

五、技术分析方法的分类

我们已经知道，股票市场中的价格、成交量、时间和空间是进行技术分析的基本要素。那么基于价、量历史资料的统计、数学计算、绘制图表方法，就成为技术分析方法的主要手段。就技术分析方法而言种类繁多、形式多样。通常可将技术分析方法分为6类。

1. *K*线类

*K*线类的研究手法是侧重若干天*K*线的组合情况，推测股票市场多空双方力量的对比，进而判断股票市场多空双方谁占优势，是暂时的，还是决定性的。

2. 切线类

切线类是按一定方法和原则，在由股票价格的数据所绘制的图标中画出一些直线，再根据这些直线的情况推测股票价格的未来趋势。这些直线就叫切线，切线的作用主要是起支撑和压力的作用。

3. 形态类

形态类是根据价格图标中过去一段时间走过的轨迹所构成的形态，来预测股票价格未来趋势情况的方法。

4. 波浪类

波浪理论把股价的上下波动和不同时期的持续上涨及下降看成是波浪的上下起伏。波浪的起伏遵循自然界的规律，股票的价格运动也就遵循波浪起伏的规律。

上述4类分析方法和流派基本涵盖了全部的技术分析方法。虽然各种方法解读和分析市场的角度不同，但揭示和预测市场未来走势的目的是一致的。在实践中，既有注重长线操作的，也有注重短线操作的；既有注重价格的，也有注重时间的。但它们之间仅仅表现为方法上的不同，其目的是相同的，彼此之间还存在着互补和借鉴的关系。

5. 量价理论

市场中的量价关系是技术分析要素的主要内容之一。成交量是推动股价上涨的原动力，市场价格的有效变动必须有成交量配合，量是价的先行指标，是测量股票市场行情变化的温度计，通过其增加或减少的速度可以推断多空战争的规模大小和指数股价涨跌的幅度。

6. 指标类

指标类通过建立数学模型，得到一个体现股票市场某方面内在实质的数字，这个数字叫指标值。指标值的具体数值和相互关系，直接反映股市所处的状态，为我们的操作行为提供指导方向。

六、技术分析方法应用时应注意的问题

1. 辩证、统一地使用技术分析与基本分析方法

技术分析和基本分析作为投资者分析和预测市场走势的主要方法，两者的研究视角和依据截然不同，但其出发点和目的却是相同的，都是为投资者提供准确和可靠的分析与判断。由此可见，技术分析和基本分析并不互相矛盾。由于基本分析方法的基点是事前分析，在很大程度上依赖于经验判断，基本因素的变化对股票市场产生的影响难以程式化和数量化，带有很大的主观色彩；而技术分析的基点是事后分析，以历史数据预测未来，用数据、图形、数理统计方法等分析和预测市场趋势，一切都依赖于历史的和现在的数据来预测未来，其结论又过于绝对化，也未必是有效和可靠的。因此，作为投资者，不应单独使用技术分析和基本分析中的任何一种来判断和分析市场趋势，这样的结果必然存在着片面性，容易使投资者的分析和判断结论的准确性和可靠性打折扣。建议投资者为保障分析和预测股票市场未来走势的准确性和可靠性，

不可过分强调某种方法的有效性，将其绝对化、神秘化。应该将技术分析和基本分析结合起来使用，在充分发挥、有效利用各分析方法的优势的同时，辩证地对待各自的优势。如能做到统一完善、相互补充和相互佐证，则效果可能更好。

2. 利用多种技术分析方法综合研判市场趋势

技术分析的方法有很多，由于各种方法分析市场的依据不同，导致每种方法都有其独特的优势和功能，同时使得各种方法又存在着一定的不足和缺陷，所以，没有任何一种方法是可以准确无误地概括股票市场走势的。单独一种技术分析的方法在实践中极可能存在着局限性和片面性，也可能得出的判断结果与事实相反。若要在股票投资市场中更好地通过技术分析的方法，得到较为全面和较为准确的分析结果，就需要在充分发挥、有效利用各种方法的优势的同时，注重它们之间的相互结合与相互验证。

3. 前人、别人的结论要经过实践验证再使用

在股票市场的历史发展进程中，前人在特定的历史环境中总结出了大量的技术分析理论和方法。作为现代市场中的投资者，应从历史的角度有借鉴地使用传统的技术理论和方法，毕竟各种技术分析方法经过历史变迁后，有待在新的市场环境中得到检验和升华。实践证明，很多技术分析方法确实已经在人们的实践运用中得到了完善和提升。所以，我们在使用技术分析的理论和方法时，不能照葫芦画瓢，应结合股票市场的新环境和新特点，将理论与实践结合起来，使我们的技术分析方法和理论，更加符合当代股票市场运行的新规律和新特点。

第二节　*K* 线理论

最早起源于日本的 *K* 线，已有 200 多年的历史。*K* 线在日本起初用于米市的交易，出现股票市场后，经投资者多年的应用与变化，现已成为股票市场分析的理论体系之一。*K* 线理论不仅在股票市场的投资实践中应用甚广，而且还得到了外汇市场和期货市场等各类市场投资者的喜爱。

一、*K* 线的制作

1. *K* 线的绘制方法

一只股票在一天的交易时间内是变动的，一天中会出现四个主要价格：开盘价、收盘价、最高价和最低价。首先我们找到该日或某一周期的最高和最低价，垂直地连成一条直线；然后再找出当日或某一周期的开盘和收盘价，把这两个价位连接成一条狭长的长方柱体。假如当日或某一周期的收盘价较开盘价高（即低开高走），我们便以红色来表示，或是在柱体上留白，这种柱体就称为“阳体”。如果当日或某一周期的收盘价较开盘价低（即高开低走），我们则以绿色表示，或是在柱体上涂黑色，这种柱体就是“阴线”，如图 8－1 所示。

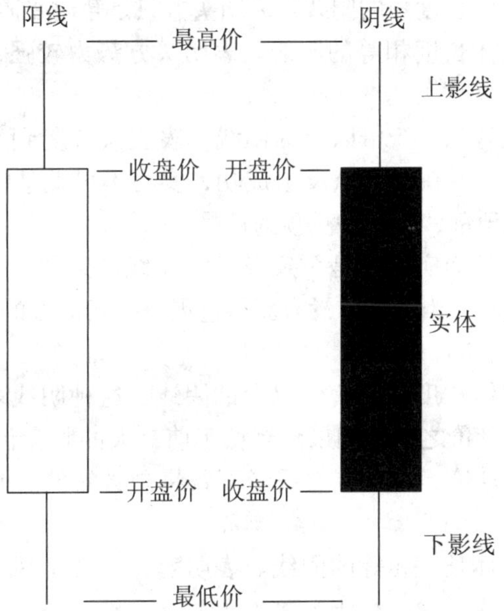

图 8－1　*K* 线的两种常见形状

图 8－1 中，中间的矩形长条叫实体，上、下伸出的两条细线叫上、下影线。将每个交易日的 *K* 线连接在一起，就构成反映股票价格历史情况的 *K* 线图，这就叫日 *K* 线图，将每周、每月的 *K* 线按时间顺序排列起来，就是周、月 *K* 线图。

2. *K* 线的主要形状与含义

第一大类：没有上下影线只有实体的 *K* 线被称为光头光脚的 *K* 线。这类 *K* 线表明买卖双方中有一方占上风，成为当天市场交易的主宰。

（1）没有上下影线的小阴小阳实体。收盘价是最高或最低价，开盘价是最低或最高价，上下波动有限，买卖双方的搏斗不激烈，*K* 线是阳线时，买方稍占上风；*K* 线是阴线时，卖方稍占上风。它一般出现在股价整理和股价跳空低开或低开的时候，在整理时期意义不大；当股市出现大的跳空缺口时，其意义非凡，表明一方已取得了全面的胜利，另一方全线崩溃。

（2）没有上下影线的大阳线实体。大多出现在股市上升途中，开盘后股价持续上涨，虽有回调但很快恢复上扬，以最高价收盘，显示买方坚决要把股价推上去。

（3）没有上下影线的大阴线实体。大多出现在股市下跌途中，开盘后股价持续下跌，虽有回调但很快恢复下落，以最低价收盘，显示卖方坚决要把股价压下去。

（4）只有一条横线的 *K* 线。出现在连续涨停板和跌停板中，庄家大多已控盘，参与买卖的只有庄家自己，股价达到目标之前，庄家不愿别人参与，股价开盘就涨停或跌停，直到收盘为止。

第二大类：带上影线的 *K* 线。这类 *K* 线表明市场抛压较严重，卖方在当天最高点成功地狙击了买方的进攻，使股价无法收在高处。这类 *K* 线可分为 7 种：

（1）上影线比实体长度短的阳线。表明买方只是暂时受阻，实力仍然很强大。

（2）上影线与实体长度相等的阳线。表明买方势力较强，但继续上行将付出较大代价。

（3）上影线比实体长1.5倍以上的阳线。表明买方受到卖方的挑战，买方当天只获得微弱的优势，卖方在最高点反击成功，实力不可低估。此种*K*线大多出现在股市的顶部或阶段性顶部，是一种见顶的信号。

（4）上影线特别长而实体只是一条横线的*K*线。又称为上升转折线，表明当天的收盘价与开盘价相同，当天买方没有获得进展，买卖双方的实力旗鼓相当。这种*K*线大多出现在股价的顶部。

（5）上影线比实体长度长1.5倍以上的阴线。这种阴线表明买方当天被卖方击败，股价收于当天开盘价之下，如果没有低于前一天的收盘价，买方只是暂时受挫，如果低于前一天的收盘价，进入调整或者下跌将是必然的。此种*K*线大多出现在顶部和下跌途中。

（6）上影线与实体长度相等的阴线。表明卖方稍占上风，买方偏弱，在整理时期有时会出现这种*K*线，并没有什么意义。、

（7）上影线比实体长度短的阴线。在大幅下跌中最为常见，表明卖方气势汹汹，买方溃不成军。

第三大类：没有上影线只有下影线的*K*线。这类*K*线表明最高价就是开盘价，其中的下影线表示承接力量的强弱，下影线越长，承接力量就越强。这类*K*线共分为5种：

（1）下影线比实体长度短的阳线。这种*K*线的实体越大，表明买方力量越强，股价上升的力度也越强，它与光头光脚的阳线的含义基本一致。

（2）下影线与实体长度相近的阳线。表明买方占有一定的优势，卖方也不甘示弱，只是力量稍弱，一旦有倒戈者，卖方就有可能占上风。或者是卖方为了使自己的股票卖个好价钱，暂时用少量的资金拉回股价，这样做的目的既能稳定跟风者的心，又能吸引大批跟风者在高位跟进。

（3）下影线比实体长度长1.5倍以上的阳线或阴线。人们称它为锤头，在股价的底部经常能见到，由于承接力强，再往下跌的可能性不大。人们在积极买进股票，虽然还有卖出者，但买卖双方的力量对比基本一致，股价很难再跌下去。当股价跌落到支撑较强的位置时，买进者就会蜂拥而至，又把股价托上去。出现大量买进者时，就是股价的底部。

（4）下影线长而收盘价、最高价和开盘价是同一个价格的*K*线。人们称它为上升转折线，是买卖双方的实力发生转变的迹象，经常出现在股市的V形反转中，是一种准确率高的见底信号。

（5）下影线与实体长度相等的阴线。这种阴线在下跌初期较多见，整理过程中也会经常见到，表明买卖双方力量相差不是很大，卖方稍占上风，一旦风云突变，大盘就会像瀑布一样飞流直下。表8－1是*K*线的主要形态及含义。

表 8－1　K 线的主要形态及含义

K 线名称	形态属性	主要形态特征和市场意义
 大阳线	看涨	实体较大，收盘价远高于开盘价；上下影线没有或非常小；可以出现在市场任何情况中。一般在相对底部位置和上涨初期最具看涨价值
 看涨提腰带线 或称 秃顶大阳线	看涨	是一根开盘价就是最低价的大阳线，出现在低价区域时，其看涨信号较强烈
 大阴线	看跌	实体较大，收盘价远低于开盘价；上下影线没有或非常小；可以出现在市场任何情况中。一般在相对顶部位置其看跌信号强烈
 看跌提腰带线 或称 秃顶大阴线	看跌	是一根开盘价就是当日最低价的大阴线，当它处在股价较高区域时，其看跌信号强烈
 锤子线	底部反转	出现股价连续下跌的相对低位。实体较小，位于 K 线的顶部位置，带有长度大于实体 2 倍以上长度的下影线，阳线或阴线均可，阳线的底部反转信号更强
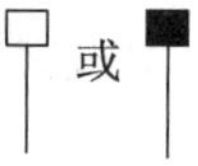 上吊线	顶部反转	出现股价连续上涨的相对高价位。实体较小，位于 K 线的顶部位置，带有长度大于实体 2 倍以上长度的下影线，阳线或阴线均可，阴线的顶部反转意味更浓
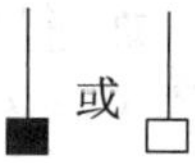 倒锤子线	底部反转	出现股价连续下跌的相对低价区。实体较小，位于 K 线的底部位置，带有长度大于实体 2 倍以上长度的上影线，阳线或阴线均可，阳线的底部反转意味更浓

续表

K线名称	形态属性	主要形态特征和市场意义
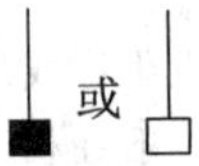 流星线	顶部 反转形态	出现股价连续上涨的相对高价区。实体较小，位于K线的底部位置，带有长度大于实体2倍以上长度的上影线，阳线或阴线均可，阴线的顶部反转意味更浓
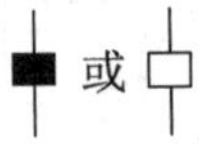 星线	停顿	可以出现在市场任何位置，表示多空上方处于休战转换阶段。一般与其他K线组成信号更强的K线形态
 看涨十字线	反转形态	开盘价和收盘价处于同一位置的K线。出现在市场上涨后期的高价区，表示顶部反转信号。出现在下降趋势后期，则代表底部反转信号。上影线越长，其反转信号越强
 T形线	反转形态	开盘价、收盘价和最高价同时处于一个位置，并带有下影线的K线。出现在上涨趋势时，它表示多头已显力不从心，上涨趋势将发生改变。出现在一定幅度的下跌趋势中，表示见底的信号。出现在上涨途中就是继续看涨，在下跌途中，就是继续看跌
 倒T形线 或 墓碑十字线	反转形态	开盘价、收盘价和最低价同时处于一个位置，并带有长上影线的K线。出现在上涨趋势时，它表示多头已显力不从心，上涨趋势将发生改变。在上涨初期，则认为是上涨中继信号。在下跌途中，是下跌的中继信号。在下跌的后期，则为见底的信号

二、K线组合的解读

在K线组合中，两根K线的组合情况非常多，只要掌握了几种特定的组合形态，然后举一反三，就可以得知其他组合的含义。

1. K线组合特例

（1）阳线三根型。

阳线三根型说明股价是连续上涨的。

根据其上涨的速度，阳线三根型又分为四种：持续型、减速型、加速型和缓升型，见图8－2。

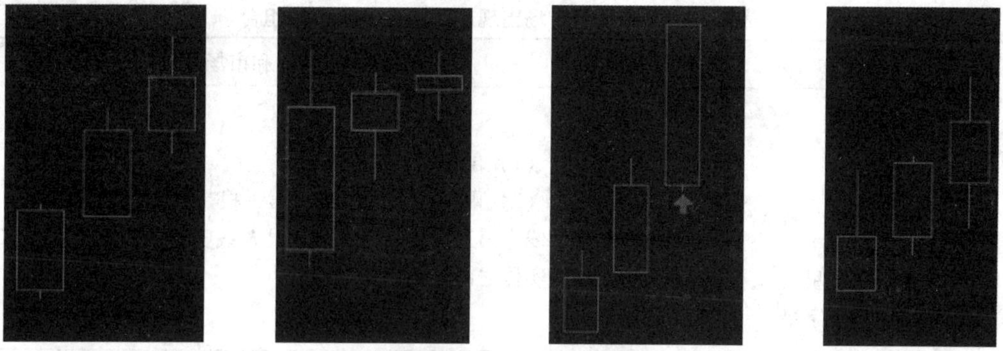

持续型　　减速型　　加速型　　缓升型

图 8－2　阳线三根型

（2）阴线三根型。

如果股价不是一直上升，而是一直在下跌，便会出现阴线三根型。根据下跌的速度，阴线三根型分为持续型、加速型、减速型和缓降型，见图 8－3。

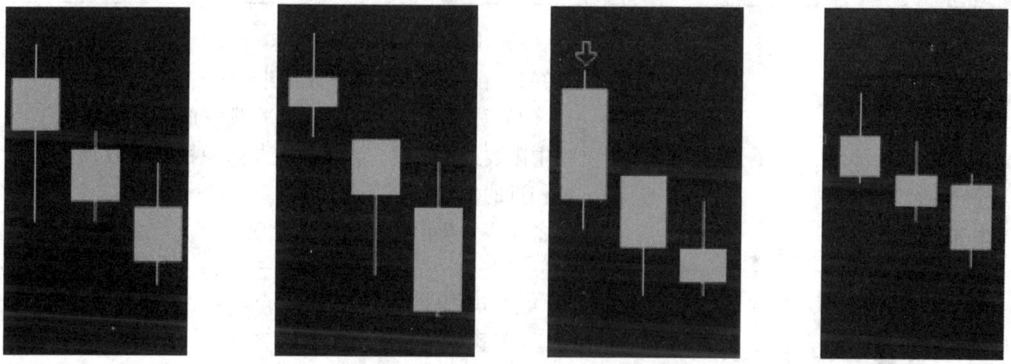

持续型　　加速型　　减速型　　缓降型

图 8－3　阴线三根型

（3）几种典型的预示见底的 K 线组合。

表 8－2 列出了 5 种预示市场出现止跌回升迹象的 K 线组合。虽希望十字星的组合不经常出现，但其预示性却强于其他几种。此外，与此相反的情况也是特例，但预示的是将见顶回落。专门介绍 K 线组合的书籍有很多，此处不再占用过多篇幅进行介绍，感兴趣的同学可以查阅关于 K 线的日本经典著作《酒田战法》，这是一本真正介绍 K 线理论的书籍。

表 8-2　5 种预示市场出现止跌回升迹象 K 线组合

K 线名称	形态属性	主要形态特征和市场意义
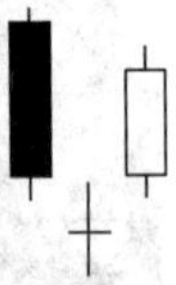 早晨十字星 又称希望十字星	见底信号 后市看涨	（1）出现在下跌途中； （2）由三根 K 线组成，第一根是阴线，第二根是十字线，第三根是阳线。第三根 K 线实体深入到第一根 K 线实体之内
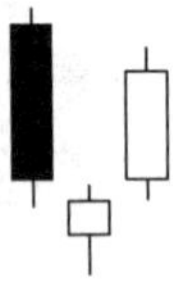 早晨之星 又称希望之星	见底信号 后市看涨	和早晨十字星相似，区别在于早晨十字星的第二根 K 线是十字线，而早晨之星的第二根 K 线是小阴线或小阳线。 备注：信号不如早晨十字星强
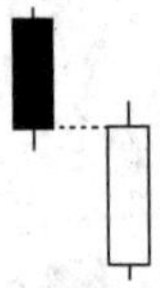 好友反攻	见底信号 后市看涨	（1）出现在下跌行情中； （2）由一阴一阳两根 K 线组成； （3）先是一根大阳线，接着跳空低开，结果收了一根中阳线或大阳线，并且收在与前一根 K 线收盘价相同或相近的位置上。 备注：转势信号不如曙光出现强
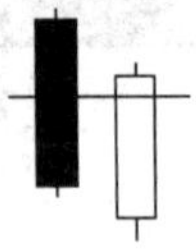 曙光出现	见底信号 后市看涨	（1）出现在下跌趋势中； （2）由一阴一阳两根 K 线组成； （3）先是一根大阴线或中阴线，接着出现一根大阳线或中阴线。阳线的实体深入到阴线实体的二分之一以上处。 备注：阳线实体深入阴线实体的部分越多，转势信号就越强
 旭日东升	见底信号 后市看涨	（1）出现在下跌趋势中； （2）由一阴一阳两根 K 线组成； （3）先是一根大阴线或中阴线，接着出现一根高开的大阳线或中阳线，阳线的收盘价已高于前一根阴线的开盘价。 备注：（1）见底信号强于曙光出现； （2）阳线实体高于阴线实体部分越多，转势信号越强

2. 应用K线组合应注意的问题

无论是一根K线，还是两根、三根以至更多根K线，都是对多空双方的争斗做出的一个描述，从它们的组合得到的结论都是相对的，不是绝对的。对具体进行股票买卖的投资者而言，结论仅起到一种参考作用。而收盘价如何决定了K线的阴阳，因而我们还要防止人为做收盘价对K线的修饰企图。

此外，后续介绍的切线理论、形态理论等都是对K线理论的补充和延伸，我们要清楚地知道K线图是技术分析的基础，若没有K线图，则其他技术分析都无从下手，这就已经说明K线理论在技术分析中的重要性了。

第三节　切线理论

在股票市场中，顺从和追随市场价格运行基本趋势，是投资者在股票市场中进行股票投资的基本原则。因此，如何把握市场未来运行趋势，成为投资者关注的重要问题。虽然对K线的分析在一定程度上能给投资者提供帮助，但毕竟K线理论是最为简单的技术分析工具，它不可能概括和总结出价格在一定时间和一定区域内运行的周期和范围，更不能揭示市场价格运行的节奏和规律。故切线理论成为股票市场中分析市场价格未来趋势比较有效的方法之一。

一、趋势分析

股票市场的价格变化是按照一定的时间周期和一定的方向运行的，或者说股票价格通常都处在一定的趋势中，要么处在长期的上升趋势中，要么处在长期的下跌趋势中。在长期上涨或下跌的趋势中，会有短暂的盘旋或调整，投资者应把握长期趋势，不为暂时的回调和反弹所迷惑，同时也应及时把握大势的反转。切线理论就是帮助股票投资者识别较大趋势的运行和变动方向的有效使用方法。

1. 趋势的含义

趋势是指股票价格的波动方向。假设一段上升或下降的趋势确定后，则股价的波动基本上必然朝着这个方向运行。在上升趋势中，虽然也时有下降，但并不因暂时的下降而影响上升的大方向；同样，在下降行情中也可能出现短暂的上升，但不断出现的新低使下降趋势不变。实践中，市场价格的变动不是按部就班地朝着一个方向直来直去，中间肯定要有曲折。从各个股价波动的长期图形来看，价格的运行就是一条曲折蜿蜒的折线，每个折点处就形成一个峰或谷。技术分析者就是利用这些峰和谷的相对高度，来分析和判断价格在一定时间和范围内运行的基本方向，即趋势，以及这些峰和谷的相对高度与低度的逆转，从而得出趋势发生转折、市场可能要改变原来运行趋势并形成新的趋势的结论。趋势在技术分析中具有重要的地位和作用。

2. 趋势的方向

趋势的方向有三类：

(1) 上升方向。如果图形中每个后面的峰和谷都高于前面的峰和谷，则趋势就是上升方向。通俗说法中的一底比一底高或底部抬高，即上升趋势。

(2) 下降方向。如果图形中每个后面的峰和谷都低于前面的峰和谷，则趋势就是下降方向。通俗说法中的一顶比一顶低或底部降低，即下降趋势。

(3) 水平方向（无趋势方向）。如果图形中后面的峰和谷与前面的峰和谷相比没有明显的高低之分，几乎呈水平延伸，这时的趋势就是水平方向。市场中也有称之为盘整趋势或振荡趋势的。水平方向是容易被忽略的一种方向，但在市场上出现的机会又较多，就水平方向而言，也是极为重要的。多数技术分析方法，在对处于水平方向的市场进行分析时，分析判断结果容易出错，也有人将这种现象形容为技术分析失灵。这是因为这时的市场正处在供需平衡的状态，股价下一步朝哪个方向走暂时没有规律可循，可以向上，也可以向下，分析和预测它朝何方运动是极为困难的，也是不明智的。实践中，当市场运行在水平方向时，其价格运动的规律性不甚明朗，很多投资者一般都采取离场观望的态度，等待盘整振荡趋势结束、趋势方向明确后，择机选择新的进场机会，或做出阶段性离场的决定（如果水平方向转变为下降趋势）。

3. 趋势的类型

(1) 主要趋势。主要趋势是趋势的主要方向，这是投资者参与市场必须明确的一个基本问题。只有了解了主要趋势，才能做到顺势而为；只有把握住市场当前或某一个时期内的主要趋势，才能在股票市场中游刃有余。主要趋势反映的是股价波动的大方向，时间周期一般持续较长。

(2) 次要趋势。次要趋势是在主要趋势过程中出现的调整或反弹，仍隶属于主要趋势运行的范围。由于趋势不会是直来直去，总会有局部的调整和反弹，次要趋势完成的正是这一使命。

(3) 短暂趋势。短暂趋势是在次要趋势中进行的调整。短暂趋势与次要趋势的关系就如同次要趋势和主要趋势的关系一样。

这三种类型的趋势的主要区别，体现在实践的长短和波动幅度的大小上。主要趋势持续实践最长，波动的幅度最大；次要趋势次之；短暂趋势持续时间最短，波动幅度最小。

二、支撑线和阻力线

1. 支撑线和阻力线的含义

在股价下降过程中，当价格下降到某个价位附近时，股价停止下跌，甚至回升，该价位为股价的支撑点。然后，将两个支撑点连接成线，并向前顺延或将一个支撑点向前顺延成一条线，就构成一条支撑线。

在股价上升途中，当价格上升到某个价位附近时，股价停止上涨甚至下跌，该价位为股价的阻力点。然后，将两个阻力点连接成线，并向前顺延或将一个阻力点向前顺延成一条线，于是构成一条阻力线。

2. 支撑线和阻力线的作用

股价在下跌过程中遇到支撑线后，后市有两种可能：一是形成支撑，反弹上升；二是跌破支撑线，股价继续向下。如果形成支撑就应做多买进，如果不能形成支撑而破位向下就应做空卖出。

支撑线在实际操作中有指导意义，它有助于投资者做出正确的买卖决策，但在具体运用时要注意以下几点（见图 8 -4a）：

（1）上升趋势的回档过程中，接近支撑线时，成交量萎缩，而后阳线迅速吃掉阴线，股价再上升，这是有效的支撑。

（2）上升趋势的回档过程中，K 线组合中频频出现阴线，空头势力增加，即使在支撑线附近略作反弹，接手乏力，股价终将跌破支撑线，支撑无效。

（3）在支撑线附近形成盘局，经过一段时间整理，出现长阳线，支撑仍然有效。

（4）在支撑线附近形成盘局，经过整理却出现一根长阴线，支撑无效，股价将继续下跌。

（5）股价由上向下跌破支撑线，说明行情将由上升趋势转换为下降趋势。一般来说，在上升大趋势中，出现中级下降趋势，若行情跌破中级下降趋势的支撑线，则说明上升大趋势已结束。在中级上升趋势中，出现次级下降趋势，若行情跌破次级下降趋势的支撑线，则说明中级上升趋势已结束，股价将按原下降大趋势继续下行。

（6）股价由上向下接触支撑线，但未能跌破而调头回升，若有大成交量配合，则当再出现下降调整时，即可买入，博取反弹利润，但期望值不能太高，同时还要设定好止损价位。

（7）股价由上向下跌破支撑线，一旦有大成交量配合，即说明另一段跌势形成，稍有反弹即应卖出，避免更大损失。

（8）股价由上向下接触支撑线，虽未曾跌破，但无成交量配合，则预示无反弹可能，应尽早出货离场。

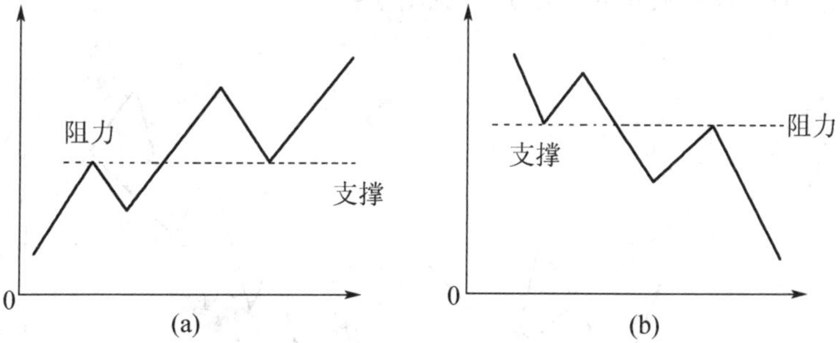

图 8 -4　水平支撑线与阻力线

在利用阻力线进行操作时，应注意以下几点（见图 8 -4）：

（1）下跌趋势中出现一般的反弹，如果在接近阻力价位时，成交量无法放大，而后阴线迅速吃掉阳线，股价再度下跌，表明存在强大的阻力。

（2）下跌趋势中出现强劲反弹，即使在阻力线附近略作回档，但换手积极，则股价有较大可能突破阻力线，结束下跌走势。

（3）在阻力线附近经过一段时间的盘整后，出现长阴线，阻力线仍然有效。

（4）在阻力线附近经过一段时间的盘整后，出现一根长阳线向上突破，成交量增加，股价将延续升势。

（5）股价由下向上突破阻力线，若成交量配合放大，说明阻力线被有效突破，行情将由下降趋势转换为上升趋势。一般来说，在下降大趋势中，出现中级反弹之后，如若行情突破中级上升趋势的阻力线，则说明下降大趋势已结束；在中级下降趋势中，出现次级反弹后，若行情突破次级上升趋势的阻力线，则说明中级下降趋势已结束。

（6）股价由下向上冲击阻力线，但未能突破而调头回落，则可能出现一段新的下跌行情。

（7）当股价由下向上冲击阻力线，成交量大增，则应及时做多，若虽冲过阻力线，但成交量未放出，则应观望，很有可能是上冲乏力、受阻回落的假突破，不能贸然跟进。

（8）当股价由下向上突破阻力线，若成交量不见大增，可待其回落观察，若回落也不见成交量放出，则可考虑做多；若不回落，只要能确认突破阻力有效，再做多也能获利。这是因为阻力线被有效突破后，一般会有一段行情。

3. 支撑线和阻力线的相互转化

支撑和阻力的角色不是一成不变的，而是可以改变的。如果一个支撑位被有效跌破之后，这个支撑位就转变成将来的阻力位。这是因为在此价格区堆积了大量的套牢筹码，当下次股价上行到此价格区间时，套牢盘就会急于解套出局，给股价的上升构成阻力。如果一个阻力位被有效突破之后，这个阻力位就转变成将来的支撑位。这是因为一旦股价再次回落到此价格区间时，多头、空头和旁观者就会进场购入股票，形成强大的购买力量，使股价止跌回升（见图8-5）。

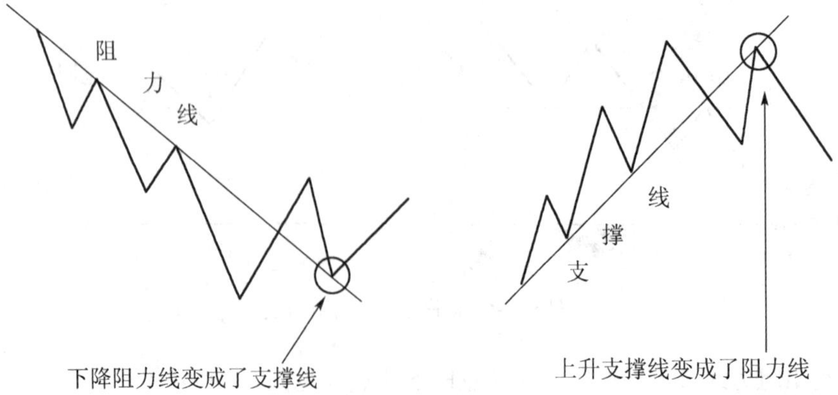

图8-5　支撑线与阻力线的转化

支撑和阻力相互转化的重要依据是被有效突破。价格在穿越后的区域持续的时间越长越有效；在穿越后的区域成交量越大越有效，阻力或支撑发生的时间离新支撑点或阻力点越近越有效。

三、趋势线和通道线

1．趋势线

趋势线是在图形上每一波浪顶部最明显高点间，或每一谷底最明显低点间的直切线。

趋势线从其移动方向看，有上升趋势线、下降趋势线与水平趋势线之分。决定上升趋势时需要两个反转低点，即当股价下跌至某一价位，旋即回升，然后再下跌，但未跌破前个低点，再度回升，将这两个低点连接成直线就是上升趋势线；决定下跌趋势时同样需要两个反转高点，即股价上升至某一价位开始下跌，然后再回升，但未能突破前个高点，再度下跌，将这两个高点连接成直线就是下降趋势线；连接股价横向波动中低点的直线，即为水平趋势线。除直线趋势线外还有曲线趋势线。

（1）上升趋势线。

在股价走势图上，股价不断地进行着上涨、下跌或横盘的波动。当股价波动向上进行时，如果将各次波动低点连成一线，便是上升趋势线（见图8－6）。上升趋势线形成之后，股价很有可能继续沿着这条趋势线上升一段时间。

通常上升趋势线对股价有支撑作用，股价沿着上升趋势轨道发展。当股价自上升趋势线附近涨升，脱离上升趋势线一段距离后，再向下跌落到上升趋势线附近时，便可能发生支撑作用，使股价止跌回稳，继续下一波的涨升。因此，在交易决策上，当股价回落至上升趋势线附近时，便是买进股票的时机；当股价上涨至上升趋势轨道顶点附近时，便是卖出股票的时机。不过，假若股价向下跌破上升趋势线，脱离上升趋势线一段距离后，上升趋势线具有拉回作用，股价仍将可能反弹回涨至原先的上升趋势线附近，但是，这时原先的上升趋势线，反而成为股价上涨的阻力线。因此，当股价向下跌破上升趋势线时，便是应卖出股票的时机，而当股价下跌一段距离，重新反弹涨回原先的上升趋势线附近时，也是应卖出股票的时机。

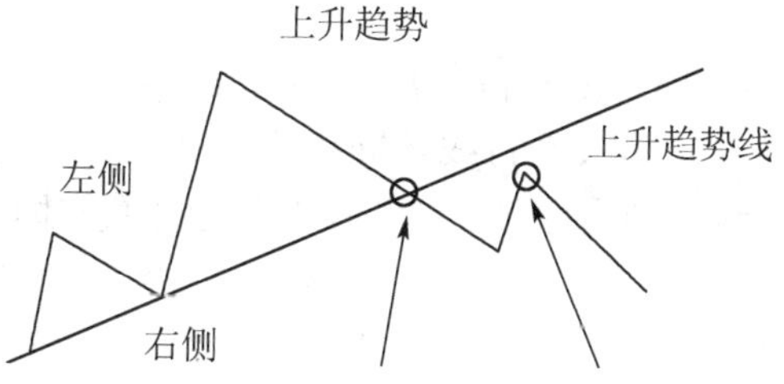

图8－6　上升趋势线

（2）下降趋势线。

当股价波动向下进行时，如果将各次波动高点连成一线，便是下降趋势线。下降趋势线形成之后，股价很有可能沿着这条趋势线下跌一段时间。与上升趋势线相似，下降趋势线对股价有阻力作用。股价沿着下降趋势轨道发展，当股价自下降趋势线附近下跌，脱离下降趋势线一段距离后，再向上反弹至下降趋势线附近时，便可能会发生阻力作用，使股价再度向下跌落。因此在买卖股票的决策上，当股价涨至下降趋势线附近时，便是卖出股票之时机；当股价下跌至下降趋势线轨道低点附近，便是买进股票之时机。但是假若股价向上突破下降趋势线，脱离下降趋势线一段距离后，再跌回原先之下降趋势线附近时，原先之下降趋势线有可能发生支撑作用。因此，当股价向上突破下降趋势线时，便是应买进股票之时机，而当股价突破后继续上涨一段距离又重新跌回原先之下降趋势线附近时，亦是应买进股票之时机。

2. 通道线

通道线又叫轨道线、管道线。当得到一条趋势线以后，就可以做出一条与趋势线平行的直线，这条平行线就是通道线。在市场中，经常可以发现股票价格运行通道。

（1）通道线的绘制。

在上升趋势中，先画出一条上升趋势线，然后从第一个显著的高点出发，做出一条与趋势线平行的通道线，两条平行线共同构成一条上升通道（见图 8－7）。上升通道线绘制以后，当价格上升至该条通道线时，遇阻回落，说明通道线正在发挥作用；当价格回落至趋势线时受支撑反弹，说明这条通道基本得到确认。

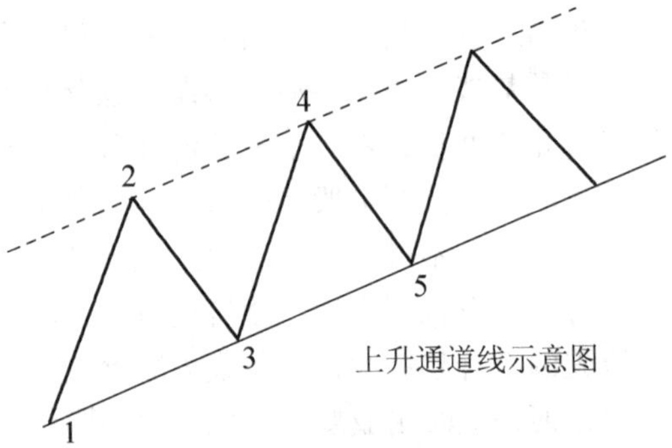

图 8－7　上升通道

在下降趋势中，先画出一条下降趋势线，然后从第一个显著的低点出发，做出一条与趋势线平行的通道线，两条平行线共同构成一条下降通道。在随后的价格趋势中，当价格回落到通道线受到支撑而反弹，反弹至趋势线遇阻而回档，说明这条通道被验证。

（2）通道线的作用。

①利用通道线进行短线交易。股价在上升通道中运行时，当价格反弹至通道线时做短线平仓；当价格回落至趋势线时是短线建仓的好时机。股价在下降通道中运行时，当价格下降至通道线时增仓；当价格上升到趋势线时，做短线平仓。

②利用通道线观察市场价格趋势的力度。股票价格的趋势线与通道线构成股价朝

一定方向移动的价格通道。股价随固定的趋势通道移动时间愈长，通道愈可靠。但是，股价总是会冲破通道线或远离通道线。以上升趋势为例，当股价无力抵达通道线时应引起警觉，可以判断为既有趋势的力度在减弱；当股价在远离通道线时便掉头向下，基本可判断为现有上升趋势的力度很弱，上升趋势极有可能发生改变；当股价有效下穿通道下轨，即趋势线是股价反转的到来，发出强烈卖出信号。

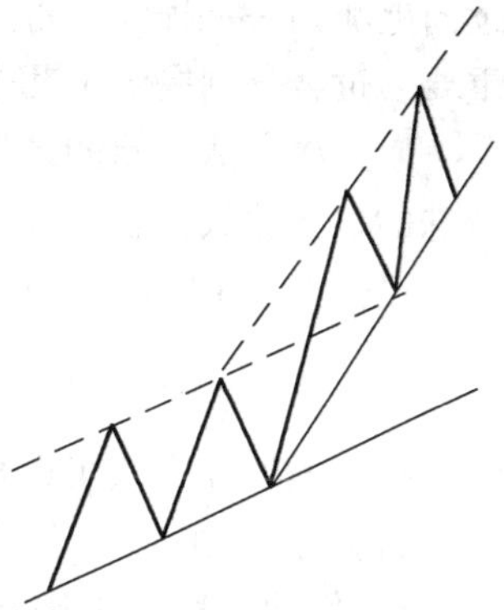

价格突破通道，运行速度加快

图 8－8　通道变轨

③利用通道线预测股价目标位。利用通道线既可以预测股价波动的大概区间，又可以预测股价的目标。对于一个上升通道来说，可能出现两种情况：一种情况是股价迅速上行时会突破通道线，可以画一条与原趋势通道宽度相同的新的趋势线和通道线对后市上涨幅度进行推测（见图 8－8）；另一种情况是股价向下突破趋势线，可以用同样的方法做同样宽度的通道来衡量价格目标位。

四、黄金分割线和百分比线

黄金分割线和百分比线关注的是支撑线和阻力线所在的价位，而不是到达价位的时间。斜的支撑线和压力线随着时间的向后移动，支撑位和压力位也要不断地变化。向上斜的切线价位会变高，向下斜的切线价位会变低。对水平切线来说，每个支撑位或压力位相对来说较为固定。为了弥补它们的不足，往往在画水平切线时多画几条，也就是说，同时提供好几条支撑线和压力线，并指望被提供的这几条线中最终确有一条能起到支撑和阻力的作用。为此，在应用水平切线的时候，应注意它们同别的切线的不同。

1. 黄金分割线

黄金分割是一个古老的数学方法。对它的各种神奇的作用和魔力，数学上至今还没有明确的解释，只是发现它屡屡在实际中发挥意想不到的作用。

画黄金分割线的第一步是记住若干个特殊的数字：

0.191　0.382　0.618　0.809　1.191　1.382　1.618

股价很容易在上述数字产生的黄金分割线处产生支撑和压力。

使用黄金分割线需要找到一个基点。这个点是上升行情结束、调头向下的最高点，或者是下降行情结束，调头向上的最低点。当然，这里的高点和低点都是指一定的范围，是局部的。只要能够确认一个趋势（无论是上升还是下降）已经结束或暂时结束，则这个趋势的转折点就可以作为进行黄金分割的点，这个点一经选定，就可以画出黄金分割线了。在上升行情开始调头向下时，投资者希望知道这次下落将在什么位置获得支撑。黄金分割提供的正是可能获得支撑的参考价位。

2. 百分比线

百分比线考虑问题的出发点是人们的心理因素和一些整数位的分界点。当股价持续向上涨到一定程度，肯定会遇到阻力，遇到阻力后，就要向下调整，调整的位置很重要。黄金分割提供了几个价位，百分比线也提供了几个价位。

以这次上涨开始的最低点和开始向下回落的最高点两者之间的差，分别乘以几个特殊的百分比数，就可以得到未来支撑位可能出现的位置。

设低点是 10 元，高点是 22 元。这些百分比数一共 10 个，它们是：

1/8　1/4　3/8　1/2　5/8　3/4　7/8　1　1/3　2/3

按上面所述方法可以得到 10 个价位。

百分比线中，1/2、1/3、2/3 这三条线最为重要。在很大程度上，1/2、1/3、2/3是人们的一种心理倾向。如果没有回落到 1/3 以下，就好像回落幅度不够似的；如果已经回落了 2/3，人们自然会认为已经回落够了。上面所列的 10 个特殊的数字都可以用百分比表示：

1/8 = 12.5%　　1/4 = 25%

3/8 = 37.5%　　1/2 = 50%

5/8 = 62.5%　　3/4 = 75%

7/8 = 87.5%　　1 = 100%

1/3 = 33.3%　　2/3 = 66.6%

五、应用切线理论应注意的问题

切线为我们提供了很多价格移动可能存在的支撑线和阻力线，这些直线有很重要的作用。但是，支撑线、阻力线有被突破的可能，它们的价位只是一种参考，不能把它们当作万能的工具。

第四节　形态理论

K 线理论已经告诉我们一些判断今后股价运动方向的方法，但是，*K* 线理论更注重短线的操作，它的预测结果只适用于往后很短的时期。为了弥补这种不足，将 *K* 线组合中所包含的 *K* 线根数增加，众多的 *K* 线组成一条上下波动的曲线，这条曲线就是股价这段时间移动的轨迹。

形态理论通过研究股价移动的轨迹，分析和挖掘出曲线，告诉我们一些多空双方力量的对比结果，进而指导我们的投资行动。

趋势的方向发生变化一般不是突然来到的，变化都有一个发展的过程。形态理论通过研究股价曲线的各种形态，发现股价正在进行的行动方向。

一、股价移动的规律和两种基本的形态类型

1. 股价移动的规律

股价的移动是由多空双方力量大小决定的。股价移动的规律是完全按照多空双方力量对比的大小和所占优势的大小而行动的。

根据多空双方力量对比可能发生的变化，可以知道股价的移动应该遵循这样的规律：第一，股价应在多空双方取得均衡的位置上下来回波动；第二，原有的平衡被打破后，股价将寻找新的平衡位置。

2. 股价移动的两种形态类型

股价的移动主要是保持平衡的持续整理和打破平衡的突破两种过程。这样，把股价曲线的形态分成两个大的类型：持续整理形态和反转突破形态。

其中，反转突破形态是形态学技术研究的重点内容，在使用时，应当注意以下几点：

（1）价格原先必须确有趋势存在，才能谈得上趋势反转的问题。

（2）某一条重要的支撑线或阻力线被突破，是反转形态突破的重要依据。

（3）某个形态形成的时间越长、规模越大，则反转后带来的市场波动也越大。

（4）交易量是向上突破的重要参考因素，向下突破时，交易量可能作用不大。

在长期的实践中，投资者对各种价格曲线的形态进行了综合的分析整理，总结出了十几种具有代表性的形态，每个形态都会提供一些有帮助的内容。

应该说明的是，尽管可以对某个具体的形态进行归类，但是这些形态中有些不容易区分其究竟属于哪一类。例如，对于一个局部的三重顶底形态，在一个更大的范围内有可能被认为是矩形形态的一部分；而一个三角形形态有时也可以被当成反转突破形态，尽管多数时间都把它当作持续整理形态。

二、反转突破形态——双重顶（底）、三重顶（底）、头肩形和圆弧形

反转突破形态是应该花大力气研究的一类重要的形态，下面将介绍双重顶（底）、三重顶（底）、头肩形和圆弧形四种反转形态。

1. 双重顶和双重底

双重顶和双重底就是市场上众所周知的 M 头和 W 底，是一种极为重要的反转形态，它在实际中出现得也非常频繁。与头肩形态相比，就是没有头部，只是由两个基本等高的峰或谷组成（见图 8 -9）。

从图 8 -9 中可以看出，双重顶（底）一共出现两个顶（底），也就是两个相同高度的高点（低点）。下面以 M 头为例说明双重顶的形成过程。

在上升趋势过程的末期，股价急速上升到第一个高点 A，建立了新高点之后受阻回跌，成交量放大。受上升趋势线的支撑，这次回档将在 B 点附近停止，成交量随股价下跌而萎缩。往后就是继续上升，股价又回至前一峰顶附近 C 点（与 A 点几乎等高），成交量再度增加，却不能达到上一个高峰的成交量，上升遇到阻力，接着股

价掉头向下，这样就形成了 A 和 C 两个顶的形状。

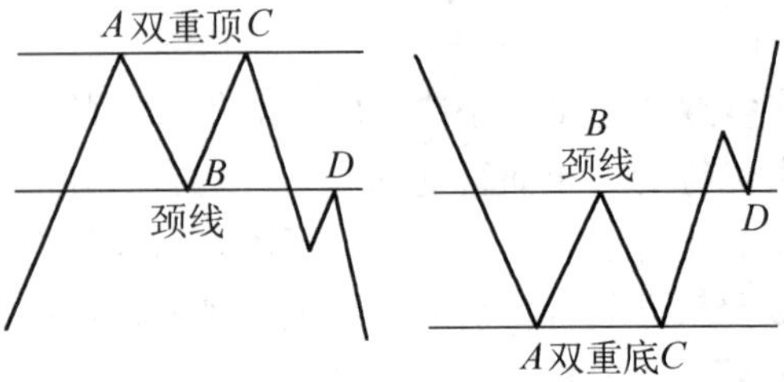

图 8－9　双重顶与双重底

M 头形成以后，有两种可能：第一是未突破 B 点的支撑位置，股价在 A、B、C 三点形成的狭窄范围内上下波动，演变成下文将要介绍的矩形；第二是突破 B 点的支撑位置继续向下，这种情况才是双重顶反转突破形态的真正出现。前一种情况只能说是一个潜在的双重顶反转突破形态出现了。

以 B 点作平行于 A、C 连线的平行线，就得到一条非常重要的直线——颈线。A、C 连线是趋势线，颈线是与这条趋势线对应的通道线，它在这里起支撑作用。

一个真正的双重顶反转突破形态的出现，除了必要的两个相同高度的高点以外，还应该向下突破 B 点支撑。

突破颈线就是突破通道线、突破支撑线，所以也有突破被认可的问题。前面介绍的有关支撑线、阻力线被突破的确认原则在这里都适用。

双重顶反转突破形态一旦得到确认，同样具有测算功能，即：从突破点算起，股价将至少要跌到与形态高度相等的距离。这里的形态高度，是从顶点到颈线的垂直距离，即从 A 或 C 到 B 的垂直距离。

总结起来，双重顶反转形态一般具有如下特征：

（1）双重顶的两个高点不一定在同一水平线上，二者相差少于 3% 就不会影响形态的分析意义。

（2）向下突破颈线时，不一定有大成交量伴随，但日后继续下跌时，成交量会扩大。

（3）双重顶形态完成后的最小跌幅度量方法，是由颈线开始，至少会下跌从双头最高点到颈线之间的距离。

双重底走势的情形则与双重顶完全相反。需要注意的是，双重底的颈线突破时，必须有大成交量的配合，否则可能为无效突破。

2. 头肩顶和头肩底

头肩顶和头肩底是实际股价形态中出现得最多的形态，是最著名和最可靠的反转突破形态。头肩形形成的时间较长，少则 3、5 个月，长则数年之久。这种形态一共出现 3 个顶和两个底，中间的高点比另外两个都高，称为头，左右两个相对较低的高点称为肩，如图 8－10 所示。以下以头肩顶为例对头肩形进行介绍。

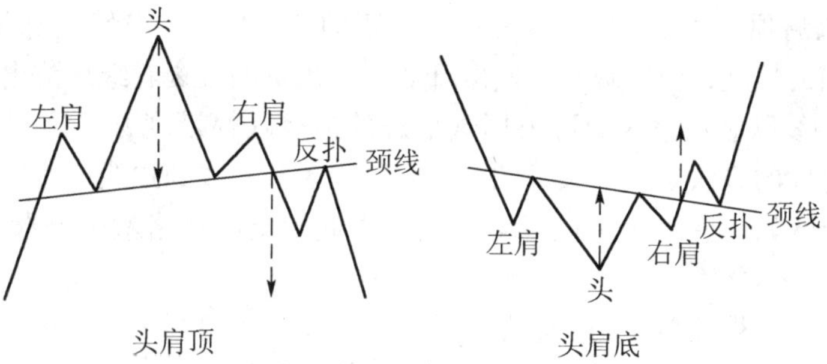

图8-10　头肩形态

（1）左肩部分——持续一段上升的时间，成交量很大，过去在任何时间买进的人都有利可图，于是开始获利沽出，令股价出现短期的回落，成交较上升到其顶点时有显著的减少。

（2）头部——股价经过短暂的回落后，又有一次强力的上升，成交亦随之增加。不过，成交量的最高点较之于左肩部分，明显减退。股价升破上次的高点后再一次回落。成交量在这回落期间亦同样减少。

（3）右肩部分——股价下跌到接近上次的回落低点又再获得支持回升，可是，市场投资的情绪显著减弱，成交较左肩和头部明显减少，股价没法抵达头部的高点便告回落，于是形成右肩部分。

（4）突破——从右肩顶下跌穿破由左肩底和头部底所连接的底部颈线，其突破颈线的幅度要超过市价的3%以上。

简单来说，头肩顶的形状呈现三个明显的高峰，其中位于中间的一个高峰较其他两个高峰的高点略高。至于成交量方面，则出现梯级形的下降。

头肩顶是一个不容忽视的技术性走势，我们从这种形态可以观察到多空双方的激烈争夺情况。

初时，看好的力量不断推动股价上升，市场投资情绪高涨，出现大量成交，经过一次短期的回落调整后，那些错过上次升势的人在调整期间买进，股价继续上升，而且攀越过上次的高点，表面看来市场仍然健康和乐观，但成交已大不如前，反映出买方的力量在减弱中。那些对前景没有信心和错过了上次高点获利回吐的人，或是在回落低点买进作短线投机的人纷纷沽出，于是股价再次回落。

第三次的上升，为那些后知后觉错过了上次上升机会的投资者提供了机会，但股价无力升越上次的高点，而成交量进一步下降时，差不多可以肯定过去看好的乐观情绪已完全扭转过来。未来的市场将是疲弱无力，一次大幅的下跌即将来临。

对此形态的分析是：

（1）这是一个长期性趋势的转向形态，通常会在牛市的尽头出现。

（2）当最近的一个高点的成交量较前一个高点为低时，就暗示了头肩顶出现的可能性；当第三次回升股价没法升抵上次的高点，成交量继续下降时，有经验的投资者就会把握机会沽出。

（3）当头肩顶颈线击破时，就是一个真正的沽出信号，虽然股价和最高点比较，已回落了相当的幅度，但跌势只是刚刚开始，未出货的投资者继续沽出。

（4）当颈线跌破后，我们可根据这形态的最少跌幅量度方法预测股价会跌至哪一水平。这量度的方法是：从头部的最高点画一条垂直线到颈线，然后在完成右肩突破颈线的一点开始，向下量出同样的长度，由此量出的价格就是该股将下跌的最小幅度。

关于此形态值得注意的是：

（1）一般来说左肩和右肩的高点大致相等，部分头肩顶的右肩较左肩为低。但如果右肩的高点较头部还要高，形态便不能成立。

（2）如果其颈线向下倾斜，显示市场非常疲乏无力。

（3）成交量方面，左肩最大，头部次之，而右肩最少。不过，根据有些统计所得，大约有1/3的头肩顶左肩成交量较头部为多，1/3的成交量大致相等，其余的1/3是头部的成交大于左肩的。

（4）当颈线跌破时，不必成交增加也该信赖，倘若成交在跌破时激增，显示市场的抛售力量十分庞大，股价会在成交量增加的情形下加速下跌。

（5）在跌破颈线后可能会出现暂时性的回升（后抽），这情形通常会在低成交量的跌破时出现。不过，暂时回升应该不超越颈线水平。

（6）头肩顶是一个杀伤力十分强大的形态，通常其跌幅大于量度出来的最少跌幅。

（7）假如股价最后在颈线水平回升，而且高于头部，又或是股价于跌破颈线后回升高于颈线，这可能是一个失败的头肩顶，不宜信赖。

3. 三重顶和三重底

三重顶（底）形态是双重顶（底）的扩展形态，也是头肩顶（底）的变形，从严格意义上讲，它由3个一样高或一样低的顶和底组成（见图8-11）。与头肩形的区别是头的价位回缩到与肩差不多相等的位置，有时甚至低于或高于肩部一点。从这个意义上讲，三重顶（底）与双重顶（底）也有相似的地方，只是前者比后者多“折腾”了一次。

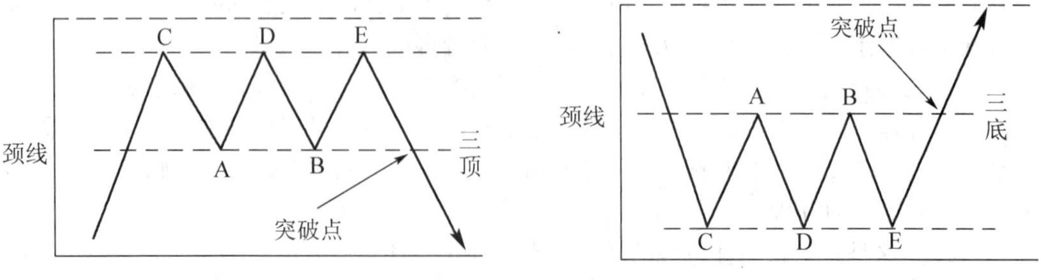

图8-11　三重底、三重顶形态

出现三重顶（底）的原因是由于没有耐心的投资者在形态未完全确定时，便急于跟进或跳出；走势不尽如人意时又急于杀出或抢进；等到大势已定，股价正式反转上升或下跌，仍照原预期方向进行时，投资者却犹豫不决，缺乏信心，结果使股价走势比较复杂。

应用和识别三重顶（底）的方法主要是用识别头肩形态的方法。头肩形态适用的方法三重顶（底）都适用，这是因为三重顶（底）从本质上说就是头肩形态。

与一般头肩形态最大的区别是，三重顶（底）的颈线和顶部（底部）连线是水平的，这就使得三重顶（底）具有矩形的特征。比起头肩形态来说，三重顶（底）更容易演变成持续形态，而不是反转形态。另外，三重顶（底）的顶峰与顶峰、谷底与谷底的间隔距离和时间在分析时不必相等。此外，如果三重顶（底）的三个顶（底）的高度从左到右依次下降（上升），则三重顶底就演变成了直角三角形态。这些都是我们在应用三重顶（底）时应该注意的地方。

4. 圆弧形

将股价在一段时间的顶部高点用折线连起来，每一个局部的高点都考虑到，我们有时可能得到一条类似于圆弧的弧线，盖在股价之上；将每个局部的低点加在一起也能得到一条弧线，托在股价之下（见图 8 - 12）。

圆弧形又称为碟形、圆形或碗形等，它是一种可靠的反转形态，在实际中并不常见，但是一旦出现则是绝好的机会，它的反转深度和高度是不可测的，这一点同前面几种形态有一定区别。

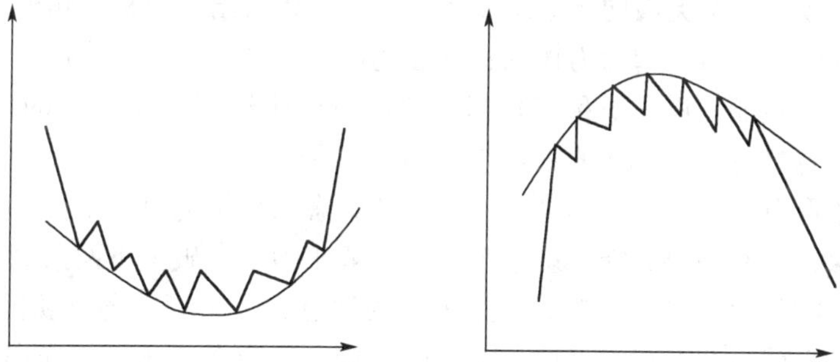

图 8 - 12　圆弧顶和圆弧底

圆弧的形成过程与头肩形态中的复合头肩形态有相似的地方，只是圆弧形态的各种顶或底没有明显的头肩感觉。这些顶部和底部的地位都差不多，没有突出的相对高点或低点。这种局面的形成在很大程度上是一些机构大户炒作证券的产物。这些人手里有足够的股票，如果一下抛出太多，股价下落太快，手里的货也许不能全部出手，只能一点一点地往外抛，形成众多的来回拉锯，直到手中股票接近抛完时，才会大幅度打压，一举使股价下跌到很深的位置。如果这些人手里持有足够的资金，一下子买得太多，股价涨得太快，也不利于今后的买入，也要逐渐地分批建仓，直到股价一点一点地来回拉锯，往上接近圆弧缘时，才会用少量的资金一举往上提拉到一个很高的高度。因为这时股票大部分在机构大户手中，别人无法打压股价。

圆弧形态具有如下特征：

（1）圆弧形态完成后，行情多属爆发性，涨跌急速，持续时间也不长，一般是一口气走完，中间极少出现回档或反弹。

（2）在整个形态的形成过程中，成交量往往也会同步形成圆弧形态，成交量都是两头多，中间少；越靠近顶或底成交量越少，到达顶或底时成交量达到最少；在突破后的一段，都有相当大的成交量。

（3）圆弧形态形成所花的时间越长，今后反转的力度就越强，越值得人们去相信这个圆弧形。一般来说，应该与一个头肩形态形成的时间相当。

三、持续整理形态——三角形、矩形、旗形和楔形

下面介绍几种常见的持续整理形态。

1. 三角形

三角形整理形态主要分为 3 种：对称三角形、上升三角形和下降三角形。第一种也称等腰三角形，后两种合称直角三角形。以下我们分别对这 3 种形态进行介绍。

（1）对称三角形。

对称三角形情况大多是发生在一个大趋势进行的途中，它表示原有的趋势暂时处于休整阶段，之后还要随着原趋势的方向继续行动。见到对称三角形后，股价今后走向最大的可能是沿原有的趋势方向运动。

三角形完成以后是突破向上。从图 8－13 中可以看出，对称三角形有两条聚拢的直线，上面的向下倾斜，起阻力作用；下面的向上倾斜，起支撑作用。正如趋势线的确认要求第三点验证一样，对称三角形一般应有 6 个转折点（图中的 A、B、C、D、E、F 各点）。这样，上下两条直线的支撑阻力作用才能得到验证。

对称三角形只是原有趋势运动途中的休整状态，持续的时间不会太长。如果持续时间太长，保持原有趋势的能力就会下降。一般来说，突破上下两条直线的包围，继续既定方向的时间要尽量早，越靠近三角形的顶点，三角形的各种功能就越不明显，其投资指导意义就越弱。根据经验，突破的位置一般应在三角形的横向宽度的 1/2 ～ 3/4 的某个位置（三角形的横向宽度指三角形的顶点到底的高度），不过这有个大前提，必须认定股价一定要突破这个三角形。如果股价不在预定的位置突破三角形，那么这个对称三角形态可能会转化成别的形态。

对称三角形的突破也有真假的问题，判断方法与前述类似，可采用百分比原则、日数原则或收盘原则等确认。这里要注意成交量，没有大成交量的配合，很难判断突破的真假。向上突破时，必须有较大成交量的支持，成交量增加幅度越大，突破的可信度越高；向下突破时，可以有较大成交量增量，也可以没有成交量增量，没有成交量增量突破可以成立，如有大成交量的配合，向下突破就更为有力。

对称三角形被突破后，也有测算功能。这里介绍两种测算价位的方法，以上升趋势为例。

方法一：如图8－14所示，从C点向上带箭头直线的高度，是未来股价至少要达到的高度。箭头直线长度与AB连线长度相等。AB连线的长度称为对称三角形的高度。从突破点算起，股价至少要运动到与形态高度相等的距离。

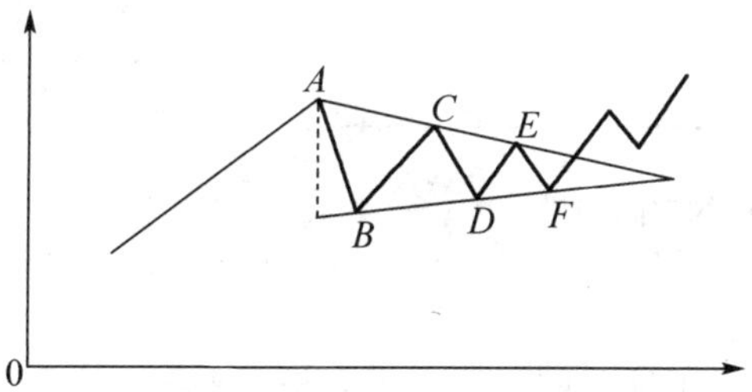

图8－13 对称三角形形态

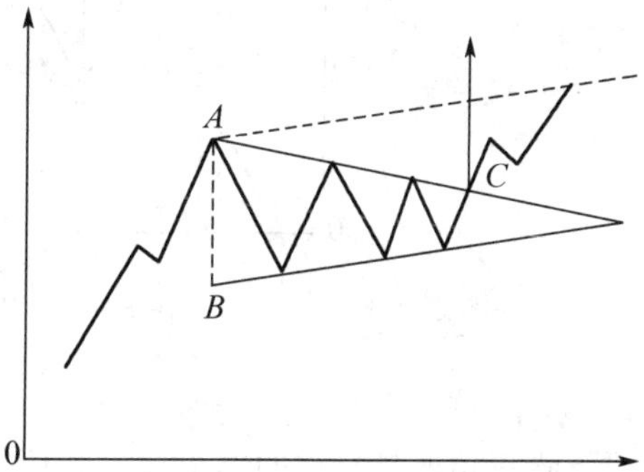

图8－14 对称三角形的突破时机

方法二：如图8－14所示，过A点平行于下边直线的平行线，即图中斜虚线，它是股价今后至少要达到的位置。

从几何学上可以证明，用这两种方法得到的两个价位绝大多数情况下是不相等的。前者给出的是个固定的数字，后者给出的是个不断变动的数字，达到虚线的时间越迟，价位就越高。这条虚线实际上是一条通道线。方法一简单，易于操作和使用；方法二更多地从通道线考虑。

另外，虽然对称三角形一般是整理形态，但有时也可能在顶部或底部出现而导致大势反转，这是三角形形态在实际应用时要注意的问题。

（2）上升三角形。

上升三角形是对称三角形的变形。两类三角形的下方支撑线都是向上倾斜，不同的是上升三角形的上方阻力线是一条水平直线。

在对称三角形中，阻力和支撑都在逐步加强，多空双方实力相当。在上升三角形中就不同了，阻力线是水平的，没有变化，而支撑线却是越抬越高。与对称三角形相比，上升三角形有更强烈的上升意识，多方比空方更为积极。通常以三角形的向上突破作为这个持续过程终止的标志。

如果股价原有的趋势是向上，遇到上升三角形后，几乎可以肯定今后是向上突破。如果原有的趋势是下降，则出现上升三角形后，前后股价的趋势判断起来有些难度，一方要继续下降，保持原有的趋势，另一方要上涨，两方必然发生争执。如果在下降趋势处于末期时（下降趋势持续了相当一段时间），出现上升三角形还是以看涨为主。这样，上升三角形就成了反转形态的底部。

上升三角形在突破顶部的阻力线时，必须有大成交量的配合，否则为假突破。突破后的升幅量度方法与对称三角形相同。图8－15是上升三角形的简单图形表示以及测算的方法。

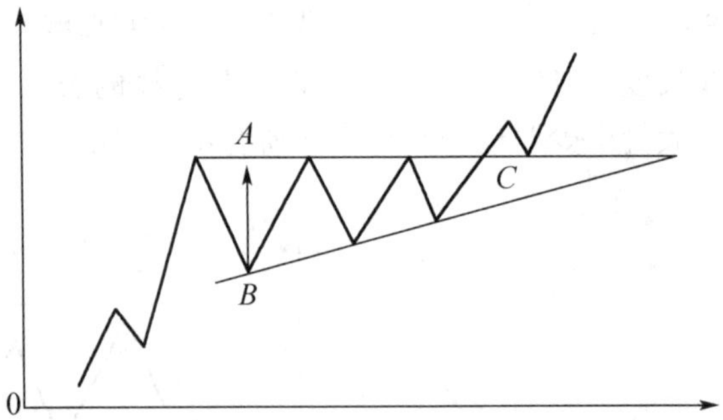

图 8－15　三角形的空间测量

（3）下降三角形。

下降三角形是看跌的形态，同上升三角形正好反向，形态下方是水平线。内容和特征同上升三角形完全相似，但是方向完全相反。

2．矩形

矩形也被称为箱形，是一种典型的横向盘整形态，股票价格在两条横着的水平直线之间上下波动，作横向延伸的运动。形成原因是股价涨到某个位置时，总是遭到空方的打压而回落，股价回落到某个位置时，又获得多方的支撑而反弹，随着时间的推移，形成两条明显的阻力线与支撑线。两条水平直线构成矩形，也就是箱形，股价在一段时间内会在箱体中波动，形成矩形整理。

如果原来的趋势是上升，那么经过一段矩形整理后，会继续原来的趋势，多方会占优势并采取主动，使股价向上突破矩形的上界；如果原来是下降趋势，则空方会采取行动，突破矩形下界。图 8－16 是矩形形态图示。

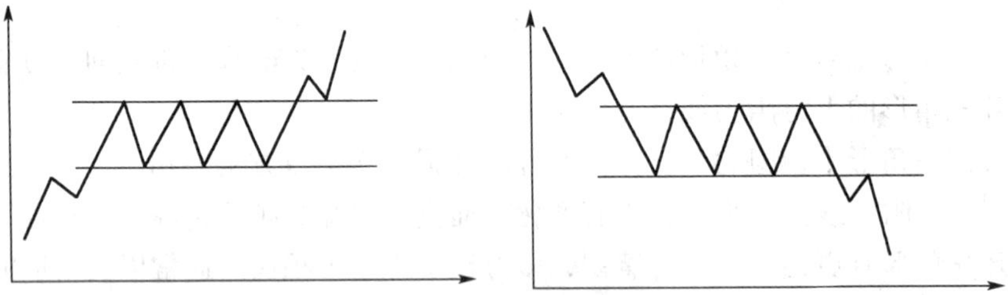

图 8－16　矩形形态

从图中可以看出，矩形在其形成的过程中极可能演变成三重顶（底）形态，这是我们应该注意的。在对矩形和三重顶（底）进行操作时，通常要等到突破之后才能采取行动，因为这两个形态今后的趋势方向完全相反。

矩形的突破也有一个确认的问题。当股价向上突破时，必须有大成交量配合才能确认；而向下突破则不必有成交量增加；当矩形突破后，其涨跌幅度通常等于矩形的宽度。面对突破后股价的反扑，矩形的上下界线同样具有阻止反扑的作用。

矩形为我们提供了一些短线操作的机会，投资者可在箱体内来回搏差价，在矩形的下界线附近买进，上界线附近抛出，反复高抛低吸，实施箱形操作法。

3．旗形和楔形

旗形和楔形是两个著名的持续整理形态，出现的频率很高。它们都是一个趋势的中途休整过程，休整之后，股票价格会保持原来的走势。这两个形态的特殊之处在于，它们都有明确的形态方向，且形态方向与原有的趋势方向相反。

（1）旗形

从几何学的观点看，旗形应该叫平行四边形，它的形状是一上倾或下倾的平行四边形。旗形大多发生在市场极度活跃、股价运动近乎直线上升或下降的情况下。在市场急速而大幅的波动中，股价经过一连串紧密的短期波动后，形成一个稍微与原来趋势呈相反方向倾斜的平行四边形，这就是旗形走势。旗形形态如同一面挂在旗杆顶上的旗帜，故此得名。它可分为上升旗形和下降旗形两种，如图 8－17 所示。

旗形的上下两条平行线起阻力和支撑作用，两条平行线的某一条被突破是旗形完成的标志。

旗形也有测算功能。旗形的形态高度是平行四边形左右两条边的长度。旗形被突破后，股价将至少要走到形态高度的距离，大多数情况是走到旗杆高度的距离。

应用旗形时，有几点要注意。

①旗形出现之前，一般应有一个旗杆，这是由于价格作直线运动形成的。

②旗形持续的时间不能太长，时间一长，保持原来趋势的能力将下降。旗形持续的时间通常短于 3 周，较短的话可能是 5 天，较长的话可达 3 ～ 5 周。

③旗形形成之前和被突破之后，成交量都很大。在旗形的形成过程中，成交量是显著地渐次递减的。

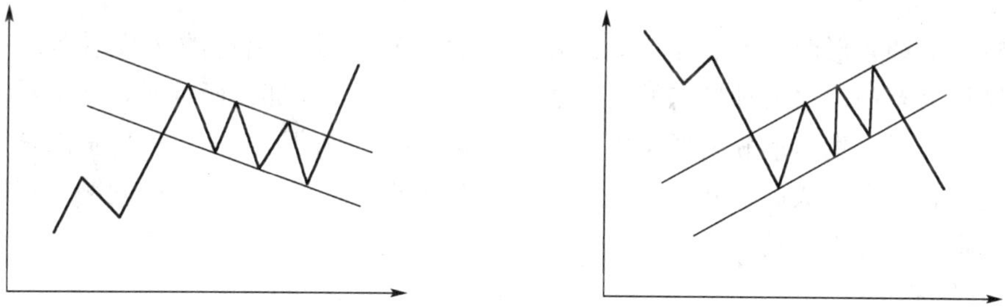

图 8－17　旗形形态

（2）楔形

将旗形中上倾或下倾的平行四边形变成上倾或下倾的三角形，就会得到楔形。楔形可分为上升楔形和下降楔形两种，如图 8－18 所示。

上升楔形如图 8－18a 所示，是指股价经过一次下跌后产生强烈技术性反弹，价格升至一定水平后又掉头下落，但回落点比前次高，然后又上升至新高点，再回落，在总体上形成一浪高于一浪的势头。如果把短期高点相连，则形成一向上倾斜直线，且两者呈收敛之势。下降楔形则正好相反，股价的高点和低点形成一浪低于一浪之势，如图 8－18b 所示。

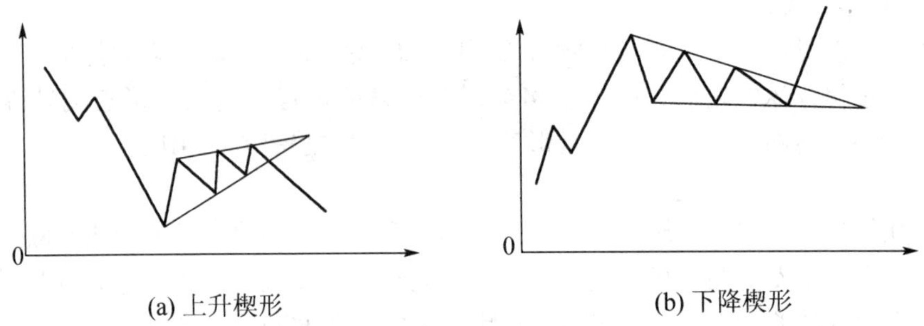

图 8－18　楔形形态

同旗形一样，楔形也有保持原有趋势方向的功能，股价运动趋势的途中会遇到这种形态。上升楔形表示一个技术性反弹逐渐减弱的市况，常在跌市中的回升阶段出现，显示股价尚未见底，只是一次跌后技术性的反弹，一般以向下突破告终。下降楔形常出现于中长期升市的回落调整阶段，向上突破居多。

楔形形成所花费的时间较长，一般需要 2 周以上的时间方可完成。

在楔形形成过程中，成交量渐次减少；在楔形形成之前和突破之后，成交量一般都很大。

楔形偶尔也出现在顶部或底部而作为反转形态，这种情况一定是发生在一个趋势经过了很长时间、接近于尾声的时候。

四、喇叭形和菱形

喇叭形和菱形两种形态是三角形的变形体，在实际中出现的次数不多，一旦出现，则极为有用。这两种形态的共同之处是大多出现在顶部，而且两者都是看跌。从这个意义上说，喇叭形和菱形又可以作为顶部反转突破的形态。更为可贵的是，喇叭形和菱形在形态完成后，几乎总是下跌，所以就没有突破是否成立的问题，在形态形成的末期，就可以行动了。

1．喇叭形

喇叭形的标准名称应该是扩大形或增大形，如图 8－19 所示。

三个高点和两个低点是喇叭形已经完成的标志。股票投资者应该在第三峰调头向下时就抛出手中的股票，这在大多数情况下是正确的。若股价进一步跌破了第二个谷则喇叭形完成得到确认，抛出股票更成为必然。

股价在喇叭形之后的下调过程中，肯定会遇到反扑，而且反扑的力度会相当大，这是喇叭形的特殊性。

2．菱形

菱形的另一个名称叫作钻石形，是另一种出现在顶部看跌的形态（见图 8－20）。它比起上面的喇叭形来说，更有向下的愿望。

菱形形成过程的成交量是随着价格的变化而变化的，开始是越来越大，然后是越来越小。由于对称三角形的存在，菱形还具有测算股价下跌深度的功能。菱形的测算功能是以菱形的最宽处的高度为形态高度的。

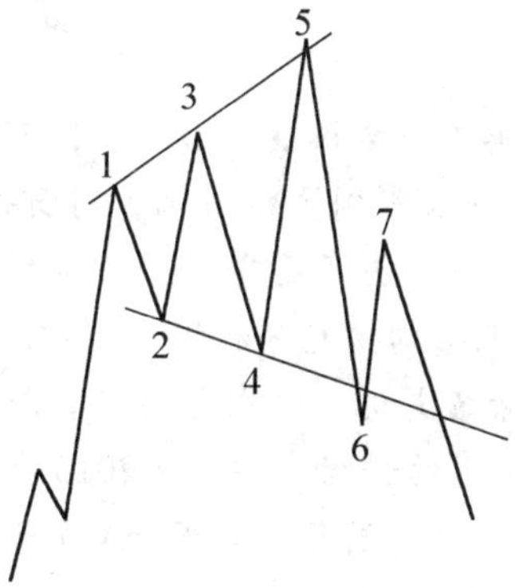

图 8－19　喇叭形形态

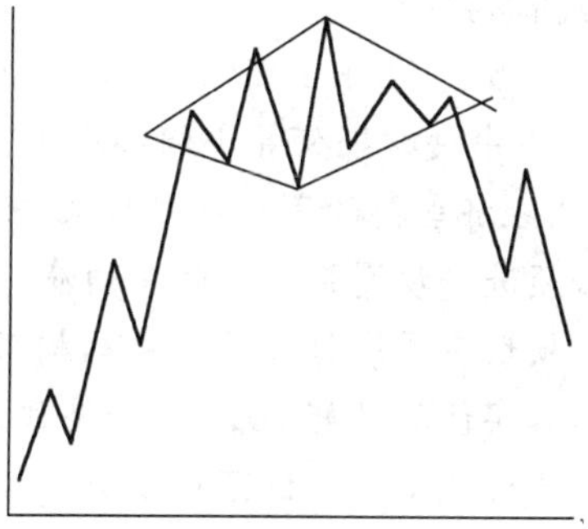

图 8－20　菱形形态

五、V 形反转

V 形是一种反转形态，它出现在市场进行剧烈的波动之中。它的顶或底只出现一次，这一点同其他反转形态有较大的区别。V 形的反转一般事先没有明显的征兆，只能从其他分析方法中得到一些不明确的信号，如已经到了支撑区、阻力区等。

V 形是一种失控的形态，在应用时，要特别小心。

六、应用形态理论应该注意的问题

形态分析是较早得到应用的方法，相对比较成熟。尽管如此，也有正确使用的问题。一方面，站在不同的角度，对同一形态可能产生不同的解释。例如，头肩形是反转形态，但有时从更大的范围去观察，则有可能成为中途持续形态。另一方面，进行实际操作时，形态理论要求形态完全明朗才能行动，从某种意义上讲，有错过机会的可能。此外，同其他技术方法一样，不能把形态理论当成万能的工具，更不应将其作为金科玉律，形态分析得出的结论仅是一种参考。

【重要信息阅读】

中央部署六项体制改革任务　四领域概念股享改革“牛”(1)

2015 年 05 月 18 日 02：29　来源：证券日报　编辑：东方财富网

发改委加快推进六大领域改革

2015 年 5 月，国家发改委召开“全国经济体制改革工作会议”，力求进一步推进简政放权、国企改革、财税改革、城镇化、对外开放、民生保障等六大领域改革。

2014年的同一时间，国家发改委也召开了同样的会议，提出推进投资体制、资源性产品等价格改革、国企改革、新型城镇化等9大任务。整整一年时间，对比前后两次会议记者发现，改革在艰难地向前推进，尤其是国企改革提前至改革的第二项任务。

改革新思路凸显

2015年5月16日，2015年全国经济体制改革工作会议在京召开。国家发改委主任徐绍史、中央财经领导小组办公室主任、国家发改委副主任刘鹤均到场并讲话。

“中国经济当前的困难和挑战比去年更大，任务比去年更艰巨，面临的形势错综复杂，必须进一步增强改革的紧迫感，稳增长、调结构要充分利用和依靠改革，深化改革也必须切实围绕稳增长、调结构来进行。”徐绍史说。他在题为《坚持问题导向狠抓贯彻落实认真做好2015年经济体制改革工作》的讲话中要求，2015年，既要抓好去年已出台改革方案的落地实施，又要根据党中央、国务院要求和新的形势，推出一批新的改革举措。具体包括简政放权、国企改革、财税改革、城镇化、对外开放、民生保障等六大领域改革。

考虑到当前经济“新常态”背景，徐绍史给出了接下来推进改革的“思路”：要进一步加大改革力度，抓紧实施既能化解当前矛盾、又利于长远发展的改革，特别是推动有利于稳增长、调结构、保就业、增效益的改革措施及早出台、加快落地，通过改革创新培育经济稳定增长动力源，以结构性改革推动结构调整。首当其冲的仍是围绕发挥市场决定性作用，深化简政放权、投融资、价格等改革。记者注意到，除了继续取消和下放一批行政审批事项，再下放一批投资审批权限之外，接下来还要推行权力清单制度等。

另外，“加快构建互利共赢的国际产能与装备合作体制机制”也是本次会议的亮点之一。就在同一天，国务院公布了《关于推进国际产能和装备制造合作的指导意见》，将钢铁、有色、建材、铁路、电力、化工、轻纺、汽车、通信、工程机械、航空航天、船舶和海洋工程等12行业作为重点，分类实施，有序推进。

国企改革步伐或加快

值得关注的是，国企改革的“硬骨头”提至议事日程表的前端。

2014年5月16日，国家发改委也召开了同样的会议，提出推进投资体制、资源性产品等价格改革、国企改革、新型城镇化等9大任务。当时，国企改革被列为第四项改革任务。而今年的最新排列，国企改革提至改革的第二项。由此推测，接下来国企改革的步伐有望加快落地。

事实上，早在2014年岁末，就有权威人士向记者透露，国企改革顶层设计可能以“1+N”形式发布，并可能在今年一季度出台。然而时过多日，国企改革仍未落地。对于具体的改革思路，有权威人士表示，在混改比例上，国企改革将进一步加大向民资开放力度，在竞争性领域，国资投资运营机构可以根据自身需要，或根据投资收益最大化引入战略投资者，不要求绝对控股。

目前来看，国企改革最终如何定稿，仍未可知。但是，从另一个层面来看，国企改革是一面镜子，仅从这一块“硬骨头”就足以看出改革的复杂性和艰巨性。当然，俗话说“好事多磨”，一旦改革取得突破，必将给中国经济注入“新动力”。

第五节 波浪理论

波浪理论是于1938年由技术分析大师R. N. 艾略特创立的，这一理论以道氏理论为基础，又是对道氏理论的发展和完善，并且在精确度、可操作性方面超过了道氏理论。

R. N. 艾略特认为股价的波动具有一浪跟着一浪周期循环的规律性，任何波动均有迹可循，投资者可根据波动的规律来预测股价的未来走势，指导决策。

一、波浪的基本形态

R. N·艾略特波浪理论认为，不论是多头市场还是空头市场，股价变动的每一个完整的循环都会呈现出若干个固定的波浪走势。

在多头市场中，一个循环分8个波浪，如图8－21所示。

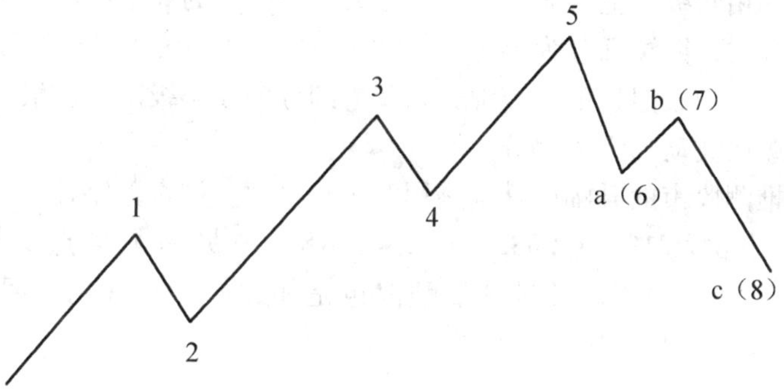

图8－21 多头市场八浪结构的基本形态图1

前5个看涨，后3个看跌。在前5个波浪中，奇数序号（1，3，5）波浪是上升的，称方向波或推动浪；偶数序号（2，4）波浪是回档整理，称调整浪。在后3个波浪中（后3个波浪常称为A、B、C或a、b、c浪），偶数序号（6，8）波浪是明显看跌，奇数序号（7）波浪是反弹整理。由此得出，在多头市场中，整个循环基本上是不同程度的奇数序号波浪的看涨或反弹、偶数序号波浪的看跌或回档所构成，如图8－22所示。

在空头市场中，其波动趋势刚好与多头市场相反，即前5个波浪是行情看跌，其中奇数序号（1，3，5）波浪看跌，偶数序号（2，4）波浪是反弹整理。后3个波浪是行情看涨，其中偶数序号（6，8）波浪看涨，奇数序号（7）是回档整理。由此可得，在空头市场中，整个循环基本上是不同程度的奇数序号波浪看跌或回档，偶数序号波浪则由看涨或反弹所构成。

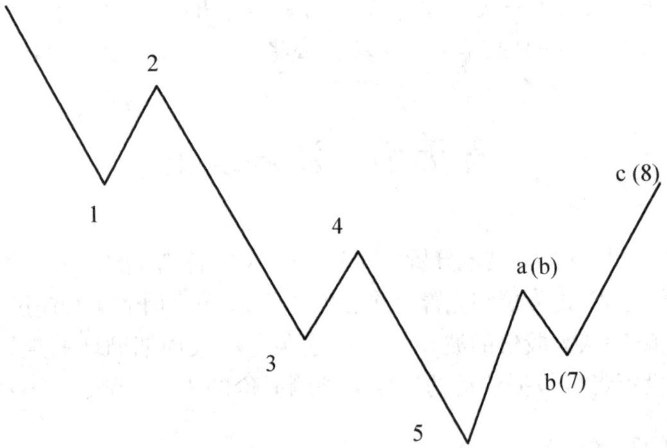

图8－22　空头市场八浪结构的基本形态图2

向主要方向运动的三个推动浪（方向波），可以分成更小的五个小波浪，而向相反方向运动的两个调整浪也可分成更小的三个小波浪。

两个在某一相同级次上的波浪，可以分成小一级次的8个波浪；然后这8个波浪又可用相同的方式，继续细分为再小一级次的34波浪。在艾略特波浪理论中，任一序列中，任一级次的波浪，都可被细分以及再细分为较小级次的波浪。同样，它们也可被看成较大级次波动的组成部分。

波浪理论推测股市的升幅或跌幅采用黄金分割率与神奇数字计算。一个上升浪可以是上一次高点的1.191、1.382、1.5、1.618……另一个高点又再乘以1.191、1.382、1.5、1.618……依此类推。下跌浪也是如此，一般常见的回跌幅度比率有0.191、0.382、0.5、0.618……

二、波浪的基本特征

在艾略特波浪系列中，各种类型的波浪所处位置不同，其特性也有差异，认识波浪的特征有助于确认目前市场处于哪一阶段，以便正确预计以后各浪的形态，以下以多头市场为例。空头市场则与多头市场相反，推动浪（方向波）向下运动，调整浪向上运动。

（1）第1浪。第1浪通常出现在股市见底的区域，它是8浪循环的开始。由于这段行情的上升出现在空头市场跌势后的反转，买方力量并不强大，加上空头继续存在卖压，因而第一浪的行情通常是5浪中最短的行情。

（2）第2浪。第2浪是第1浪的调整浪。由于大多数投资者误认为空头市场尚未结束，故调整的幅度相当大，几乎吞没第1浪的升幅，一般在接近第1浪的起点时，市场出现惜售心理，卖压逐渐衰竭，成交量也逐渐缩小，这时第2浪的调整也告结束。在第2浪中，如果跌幅达到第1浪的起点或超过第1浪的起点，便会形成双底或头肩底等反转形态。

（3）第3浪。第3浪通常是最具爆发力的上升浪，其持续的时间最长、上升幅度最大。这一阶段，投资者信心恢复，成交量大幅扩张，且常出现图表分析中的突破信号（如缺口跳升、突破阻力区域等）。尤其是在突破第1浪的高点时，为最强烈的买进信号。同时，由于第3浪涨势剧烈，经常出现“延伸浪”（该浪的放大或拉长）现象。

（4）第4浪。第4浪是第3浪行情大幅上扬的调整浪，其调整形态常出现三角形走势，其调整幅度一般不低于第1浪的顶点，其低点则通常是未来空头市场的终结点。

（5）第5浪。第5浪属于上升浪，但其涨幅通常不及第3浪。如果第5浪的高点无法超过第3浪，便会出现牛市反转的双顶形态。在第5浪中，虽然涨幅已趋缓，投资者往往还会过于乐观，盲目追涨。二线、三线股票成为市场的主导力量，其升幅通常超过绩优股与成长股。

（6）第a浪。在第a浪中，大多数投资者认为上升行情尚未逆转，a浪的下跌仅是一个暂时的回档现象。实际上，a浪的下跌，在第5浪中通常已有警告信号，如成交量与股价走势背离或技术指标上背离等，表明股市已濒临崩溃局面。但由于此时市场投资者的态度较为乐观，第a浪有时出现平台调整或呈“之”字形态走势。

（7）第b浪。第b浪呈现上升趋势，经常表现为成交量不大。是多头的逃命线。然而，第b浪是一段上升行情，容易让投资者误以为是另一波段的涨势，形成“多头陷阱”，许多投资者在此惨遭套牢。

（8）第c浪。第c浪是一段破坏力很强的下跌浪，其跌幅大，持续时间长，而且伴随恐慌性抛盘涌出，出现全面性的股价下跌。

艾略特波浪理论由于其每一个上升（下跌）的完整过程都已含有8浪循环，大循环中有小循环，小循环中还有更小的循环，即大浪中有小浪，小浪中有细浪，使数浪变得相当复杂和难以把握；推动浪和调整浪常出现变化形态和复合形态，使得对浪的划分更加困难。这些构成了波浪理论广泛运用的最大障碍。

第六节　量价关系理论

一、量、价是市场行为的最基本表现

市场行为最基本的表现就是成交价和成交量。技术分析就是利用过去和现在的成交量、成交价资料，以图形分析和指标分析工具来解释、预测未来的市场走势。再把时间因素考虑进去，技术分析就可简单地归结为对时间、价格、成交量三者关系的分析，在某一时点上的价和量反映的是买卖双方在这一时点上共同的市场行为，是双方的暂时均衡点，随着时间的变化，均势会不断发生变化，价格就有了空间上的变化，而实质就是价量关系的变化。

一般来说，买卖双方对价格的认同程度通过成交量的大小确认，认同程度大，成交量就大；认同程度小，成交量就小。双方的这种市场行为反映在价、量上往往呈现出这样一种规律：价增量增、价跌量减。

成交价、成交量的这种规律是技术分析的合理性所在，价、量是技术分析的基本要素，一切技术分析方法都是以价、量关系为研究对象的。

二、成交量与价格趋势的关系

技术分析方法认为，价格的涨、跌或平是股价变动的方向，成交量是对价格变动方向的认同，也可以认为是价格变动的力量。

1. 成交量与股价趋势——葛兰碧九大法则

关于量价关系的研究最早见于美国股市分析家葛兰碧所著的《股票市场指标》。葛兰碧认为成交量是股市的元气与动力，成交量的变动直接表现股市交易是否活跃、人气是否旺盛，而且体现了市场运作过程中供给与需求的动态实况。没有成交量的发生，市场价格就不可能变动，也就无股价趋势可言，成交量的增加或萎缩都表现出一定的股价趋势。

（1）价格随着成交量的递增而上涨，为市场行情的正常特性，此种量增价升的关系，表示股价将继续上升。

（2）在一个波段的涨势中，股价随着递增的成交量而上涨，突破前一波的高峰，创下新高价，继续上扬。然而，此段股价上涨的整个成交量水准却低于前一个波段上涨的成交量水准。此时股价创出新高，但量却没有突破，则此段股价涨势令人怀疑，同时也是股价趋势的潜在反转信号。

（3）股价随着成交量的递减而回升，股价上涨，成交量却逐渐萎缩。成交量是股价上升的动力，原动力不足显示出股价趋势潜在的反转信号。

（4）有时股价随着缓慢递增的成交量而逐渐上升，渐渐地，走势突然成为垂直上升的喷发行情，成交量急剧增加，股价暴涨；紧随着此波走势，继之而来的是成交量大幅萎缩，同时股价急速下跌。这种现象表明涨势已到末期，上升乏力，显示出趋势有反转的迹象。反转所具有的意义将视前一波股价上涨幅度的大小及成交量增加的程度而言。

（5）股价走势因成交量的递增而上升，是十分正常的现象，并无特别暗示趋势反转的信号。

（6）在一个波段，长期下跌形成谷底后，股价回升，成交量并没有随股价上升而递增，股价上涨欲振乏力，然后再度跌落原先谷底附近，或高于谷底。第二谷底的成交量低于第一谷底，是股价将要上升的信号。

（7）股价往下跌一段相当长的时间，市场出现恐慌性抛售，此时随着日益放大的成交量，股价大幅度下跌；继恐慌卖出之后，预期股价可能上涨，同时恐慌卖出所创的低价将不可能在极短时间内突破。因此，大量恐慌性抛售之后，往往是（但并非一定是）空头市场的结束。

（8）股价下跌，向下突破股价形态、趋势线或移动平均线，同时出现了大成交量，这是股价下跌的信号，明确表示出下跌的趋势。

（9）在市场行情持续上涨数月之后，出现急剧增加的成交量，而股价却上涨无力，在高位整理，无法再大幅上升，显示出股价在高位大幅振荡，抛压沉重，上涨遇到了强阻力，此为股价下跌的先兆，但股价并不一定必然会下跌。股价连续下跌之后，在低位区域出现大成交量，而股价却没有进一步下跌，仅出现小幅波动，此即表示可进货，通常是上涨的前兆。

关于量价分析，技术分析方法还认为：

（1）成交量的大小是相对的，主要是相对于最近而言，没有绝对大小。

（2）成交量的变动在价格变动之前，所谓量在价先。

（3）技术分析方法常用成交金额代替成交量，这两者并没有太大的区别，但市场热点过分集中在高价股或低价股上时应适当调整。

（4）成交价一般是采用收盘价。

2．涨跌停板制度下量价关系分析

（1）涨停量小，将继续上扬；跌停量小，将继续下跌。

（2）涨停中途被打开次数越多、时间越久、成交量越大，反转下跌的可能性就越大；反之亦然。

（3）涨停关门时间越早，次日涨势继续的可能性就越大；反之亦然。

（4）封住涨停板的买盘数量大小和后续继续上涨的概率正相关；反之亦然。

3．量价关系补充——换手率

所谓换手率是指单位时间内，某一股票累计成交量与可交易量之间的比率。其数值的大小，不仅说明交投的活跃，而且表明交易者之间换手的充分程度。

换手率对应的是统计的时间，换手率的高低要求在相同的时间段内进行对比，时间可以是一天、一周、一个月、一个季度……统计的时间越长，要求的换手率就越高；而单日换手率高还要看放量的位置，以及后续是否持续放量。

换手率在市场中是很重要的买卖参考指标，应该说这远比技术指标和技术图形来得更加可靠。如果从造假成本的角度考虑，尽管交易印花税、交易佣金已大幅降低，但成交量越大所缴纳的费用就越高是不争的事实。

如果在 *K* 线图上的技术指标、图形、成交量三个要素当中选择，主力肯定是在最没有办法时才会用成交量骗人。因此，研判成交量乃至换手率对于判断一只股票的未来发展是很有帮助的。

一般来说，换手率高的情况大致分为三种：

（1）相对高位成交量突然放大：主力派发的意愿是很明显的。然而，在高位放出成交量也不是容易的事，一般伴随着一些利好政策出台时，才会放出成交量，主力才能顺利完成派发，这种例子是很多的。

（2）新股：这是一个特殊的群体，上市之初换手率高是很自然的事，一度也曾上演过新股不败的神话。然而，随着市场的变化，新股上市后高开低走已成为现实，显然已得不出换手率高一定能上涨的结论。

（3）底部放量：价位不高的股票，是我们应该关注的热点。换手率高，则其可信程度也较高，表明新资金介入的迹象比较明显，未来的上涨空间相对较大，越是底部换手充分，上行中的抛压就越轻。此外，当市场处在趋势不明、个股涨跌不一的情况下时，换手率高的个股有望成为强势股，强势股就代表了市场的热点，因而有必要对它们重点地加以关注。

【重要信息延伸阅读】

中央部署六项体制改革任务　四领域概念股享改革“牛”（2）

2015年05月18日02：29　来源：《证券日报》　编辑：东方财富网

5月17日，国务院办公厅发布《关于城市公立医院综合改革试点的指导意见》（下称《意见》），指出通过外部治理以及内部管理破除公立医院逐利机制将成为工作重点，改革公立医院人事薪酬制度，进一步降低个人卫生支出。

医生是整个医疗体系核心的资源，但此前这个关键群体的价值却被大大低估。此次公立医院改革或许能够改善医生群体的处境。

医生“出院”

《意见》指出，将建立高效的政府办医体制，落实公立医院自主权，强化公立医院精细化管理，完善相关的考核评价体制以及监督机制。在该指导意见下，长期被抑制的公立医院服务人员、医生待遇有望得到大幅改进。

公立医院医生待遇欠佳被直指为“以药养医”“医疗腐败”的根本原因，而最近几年在民营医院的高薪邀请下，不少公立医院的医生也开始尝试通过其他途径来实现自我价值。不少如“张强医生”集团的新型医生组织诞生，这些在公立医院已有一定声誉的医生通过与民营医院合作等多种方式来运营。

除此之外，“多点执医”政策的试点也为提升医生待遇提供了可能，但现状并不容乐观。以浙江为例，根据政策，自2012年2月1日，该省各大医院副高级职称以上的医生，不用跳槽，就允许去民营医院执业行医。但一年后在相关卫生机构登记“兼职”的医生数量却仅为44人。

“谈了几位在大医院工作的医生，我们双方已经基本达成了一致，充分利用专家休息时间来这里坐诊和开刀，可最后都卡在医院‘不鼓励’，不了了之。现在，医生基本上是用会诊的形式，临时来客串一下。”一位民营医院的院长告知《第一财经日报》记者。

实际上，包括2014年建成开业的上海国际医学中心在内，“多点执医”的政策落实并不容易，专家出“院”，公立医院并不愿意，这背后最直接的原因是公立医院并不愿核心医疗资源外流。

在此前提下，以公立医院为核心的医生薪酬制度改革便成为关切重点。此次《意见》明确指出具体落实方式：根据医疗行业培养周期长、职业风险高、技术难度大、责任担当重等特点，国家有关部门要加快研究符合医疗卫生行业特点的薪酬改革方案，着力体现医务人员技术劳务价值，合理确定医务人员收入水平，并建立动态调整机制。完善绩效工资制度，公立医院通过科学的绩效考核自助进行收入分配，做到多劳多得、优绩优酬，重点向临床一线、业务骨干、关键岗位以及支援基层和有突出贡献的人员倾斜，合理拉开差距。

破除以药养医

此前3月30日，《关于印发全国医疗卫生服务体系规划纲要（2015—2020年）通知》中对县级公立医院的改革提出要求：县级原则上只设1个县办综合性医院和1个中医院，其余的将会转身成为社区卫生服务中心或是引入社会资本共同经营，并提出发展远程医疗设施，通过信息化手段解决病人“看病难”的问题。而在本次的《意见》中，进一步对城市公立医院提出要求与之呼应：一方面通过分级转诊“下沉”三级医院患者至一二级医院，另一方面推进远程医疗等信息化手段，协助基层医疗的发展。

“公立医院改革从面上来看已经覆盖1 400多个县，有12个省全部推行了公立改革。而且取消以药补医的机制，已经有三分之二的县市实现。其实公立医院的改革大家都清楚，它已经在我们新一轮改革中列为重中之重，无论是医疗保障制度还是医疗服务体系、公共卫生服务、药品流通改革，进展非常快。”中国农工党中央研究室副主任石光对《第一财经日报》记者表示。

在本次《意见》中明确指出，将降低药品和卫生材料收入的比重，合理调整提升体现医务人员技术劳务价值的医疗服务价格。

“药品供应保障体系在流通领域出了这么多事，好多医生开药是带回扣的，这样的生产流通的情况，完全扭曲了医生的行为。”石光表示。

破除以药补医作为公立医院改革的重点，在这一轮改革扩展到破除药价背后的相关利益链条。在此之前，试点地区在降低药占比上都采取了不同的策略，主要集中表现为：带量采购、量价挂钩、全省统一配送，实行两票制和医务人员年薪制，总体来看都在不同程度上减少了公立医院的药占比。

第七节　主要技术指标

一、技术指标法简注

1．技术指标法的含义与本质

所谓技术指标法就是应用一定的数学公式，对原始数据进行处理，得出指标值，将指标值绘制成图标，从定量的角度对股市进行预测的方法。这里的原始数据指某一股票或者指数在单位时间内的开盘价、最高价、最低价、收盘价、成交量和成交金额等。

技术指标法的本质是通过数学公式产生技术指标。这个指标反映了股市的某一方面深层次的内涵，这些内涵仅仅通过原始数据是很难看出的。

投资者在投资实践中会对市场有一些想法。有些基本的思想可能只停留在定性的程度，没有进行定量的分析。技术指标可以进行定量分析，它克服了定性分析方法的不足，极大地提高了具体操作的精确度。例如，我们可以认为在下跌足够的情况下，总会出现一个反弹，那么跌到什么程度才能被认为是足够呢？仅凭定性方面的分析是不能回答这个问题的。乖离率等技术指标所拥有的超买超卖功能在很大程度上能帮助我们解决这一问题。尽管不是百分之百地解决问题，但至少能在我们采取行动前从数量方面给予帮助。

2. 应用技术指标时注意的问题

任何技术指标都有自己的适应范围和应用条件，得出的结论也都有成立的前提和可能发生的意外。因此，不管这些结论成立的条件而盲目绝对地相信技术指标是要出错的。但从另外一个角度看，也不能认为技术指标有可能出错而完全否定技术指标的作用。

单纯应用一种技术指标是容易出现错误的，但当使用多个具有互补性的指标时，可以极大地提升预测精度。因此，在实际应用时，应采用若干个互补性的指标进行组合分析，以提高决策水平；再进一步和 K 线图、成交量相结合并相互验证，这样效果更好。

3. 技术指标的分类

技术指标从不同的角度可以划分为不同的种类。从功能的角度可将常用的技术指标分为趋势型指标、超买超卖型指标、人气型指标和大势型指标四类。技术指标学派是技术分析中极为重要的分支。但由于技术指标众多，我们这里仅按上述分类介绍一些有代表性的常用技术指标。

二、趋势型指标

趋势型指标主要包括：移动平均线和指数平滑异同平均线两种。移动平均线和指数平滑异同平均线有一个共同点，即都是对前期股价进行平滑之后的产物。正是由于两个指标的产生过程类似，反映的是股价同一方面的内容，因此，这两个指标在操作手法上有很多相同之处。

1. 移动平均线（MA）

移动平均线（Moving Average，MA），是由美国人葛兰威尔（Granville）根据道氏原理而创立的，用以预测未来股价的运动趋势。简言之，移动平均线就是连续若干个交易日的收盘价格的算术平均值。“若干个交易日”就是常说的时间参数，在运用中可以取 5 日、10 日、20 日、30 日等，也就是所谓的 5 日均线或 MA（5）、10 日均线或 MA（10）、20 日均线或 MA（20）、30 日均线或 MA（30）等。移动平均线的作用在于取得一段时期的平均股价的移动趋势，以避免人为的股价操作。其移动趋势虽然较慢，但比较能反映真实的股价变动。

（1）MA 的计算方法。

根据数据处理方法的不同，移动平均线可分为算术移动平均线（SMA）、加权移动平均线（WMA）和指数平滑移动平均线（EMA）三种。在实际应用中常常使用的是指数平滑移动平均线 $EMA_t(N)$，其计算公式为：

$$EMA_t(N)=C_t\times\frac{1}{N}+EMA_{t-1}\times\frac{N-1}{N}$$

式中　C_t——计算期中第 t 日的收盘价；

EMA_{t-1}——第 $t-1$ 日的指数平滑移动平均数；

N——天数。

天数 N 是 MA 的参数，起点的移动平均值可用起点的收盘价代替。如第 10 日的 MA 简称为 10 日线，表示为 MA（10）。

（2）MA 的特点。

MA 的基本出发点在于消除股票价格随机波动的影响，用来描述价格运动的趋势。它具有以下特点：

①相对稳定性和滞后性。MA 是股价几天变动的平均值，因此其结果会使某天大的价格变动“摊小”、某天小的价格变动“摊大”，于是 MA 表现出相对稳定的特点。这种特性的优点是不被暂时的小波动所迷惑，但缺点是价格在原有趋势已经反转时，反应迟缓，速度落后于大趋势，又具有滞后性。

②追踪趋势性。MA 描述的是价格运动的趋势，这决定了它将与股价图形中的趋势线在方向上保持一致，从而表现出追踪趋势的性质。

③助涨助跌性。当股票价格突破了 MA 时，无论是向上还是向下突破，价格都有继续向突破方向发展的愿望。

④支撑阻力性。MA 在股价走势中起支撑线和阻力线的作用。MA 被突破，就是支撑线和阻力线被突破。

（3）MA 的应用法则。

在 MA 的应用上，最常见的是葛兰威尔的“移动平均线八大买卖法则”，简称葛氏法则。此法则以证券价格（或指数）与移动平均线之间的偏离关系作为研判的依据。八大法则中有四条是买进法则，另外四条是卖出法则，如图 8－23 所示。

关于买入信号的四种情形，具体如下：

①MA 从下降开始趋于平缓，股价自下而上穿越 MA 时。

②当股价位于 MA 下方，但 MA 仍保持上升趋势，不久股价又向上突破 MA 时。

③当股价持续上涨而远离 MA，然后突然下跌。但是在 MA 附近再度上涨时。

④当股价跌破 MA，并持续暴跌而远离 MA 时。

关于卖出信号的四种情形，具体如下：

①当 MA 从上升开始趋于平缓，股价自上而下穿越 MA 时。

②当股价持续下跌而远离 MA，然后突然上涨，但是在 MA 附近再度下跌时。

③当股价位于 MA 上方，但 MA 仍保持下降趋势，不久股价又向下突破 MA 时。

④当股价上穿 MA，并持续暴涨而远离 MA 时。

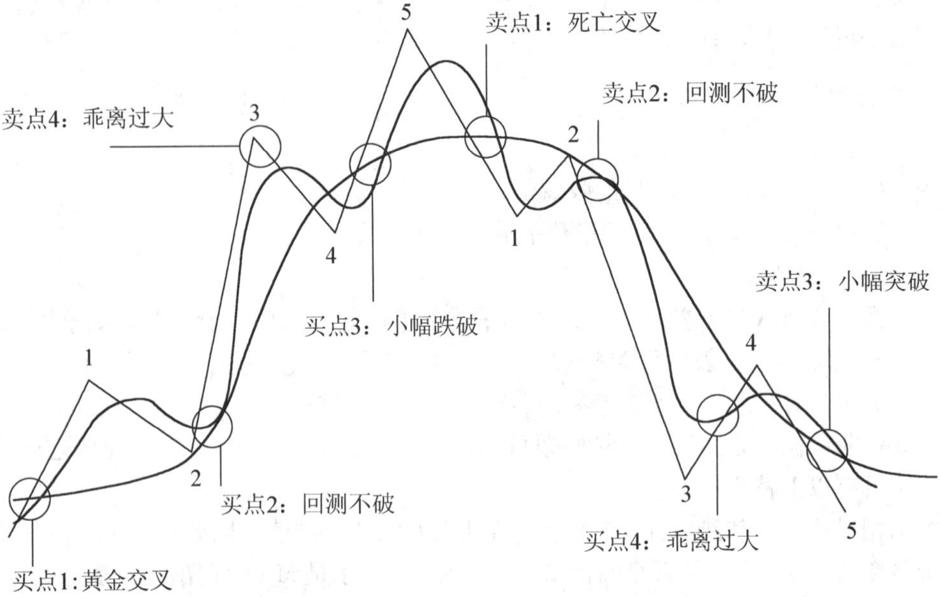

图 8－23　葛兰威尔八大买卖法则与波位

（4）黄金交叉与死亡交叉。

在实际运用中还有基于 MA 的两个重要概念，即黄金交叉和死亡交叉（见图 8－24）。

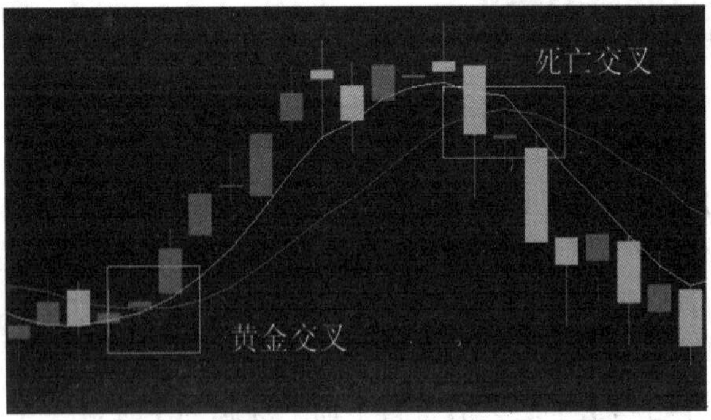

图 8－24　黄金交叉与死亡交叉

当短期移动平均线从下方穿过中期移动平均线，接着又穿过长期移动平均线。随着短期移动平均线移至长期移动平均线的上方，中期移动平均线也穿越长期移动平均线，穿破的这一点称为黄金交叉点。坚挺的上升行情持续一段时间后，各条线涨势趋缓，首先是短期线从停滞状态的高点出现下降倾向，短期线从上向下先跌破中期线，接着又跌破长期线。随着短期线移至长期线的下方，中期线也跌破长期线，这一跌破的点称为死亡交叉点，意味着上涨行情的结束。

2. 指数平滑异同平均线（MACD）

指数平滑异同平均线（Moving Average Convergence Divergence，MACD）是一种中、长线技术指标，利用两条速度快慢不同的指数平滑异同平均线来计算两者之间的离差状况（DIF），据此作为研判行情的基础，然后再求 DIF 之 9 日平滑移动平均线，即 MACD 线。MACD 实际就是运用快速与慢速移动平均线聚合与分离的征兆来研判买入与卖出的时机。

（1）MACD 的计算方式。

应用 MACD 时，首先要计算出快速平滑移动平均线与慢速平滑平均线之差，这个差就是 MACD 的离差值 DIF，然后再求出 DIF 的 n 周期的平滑移动线 DEA。在实际应用中，常以 12 日 EMA 为快速移动平均线，26 日 EMA 为慢速移动平均线。

$$\text{今日 EMA（12）} = \frac{2}{12+1} \times \text{今日收盘价} + \frac{11}{12+1} \times \text{上交易日 EMA（12）}$$

$$\text{今日 EMA（26）} = \frac{2}{26+1} \times \text{今日收盘价} + \frac{25}{26+1} \times \text{上交易日 EMA（26）}$$

$$\text{DIF} = \text{今日 EMA（12）} - \text{今日 EMA（26）}$$

理论上，在持续的涨势中，12 日 EMA 在 26 日 EMA 之上，它们之间的正离差值（+DIF）会越来越大；反之，在跌势中离差值可能变为负数（-DIF），这个值也会越来越大。而在行情开始好转时，正负离差值将会缩小。指标 MACD 正是将正负离差值与离差值的 n 日平均线的交叉信号作为买卖信号的依据，即再度以快慢速移动线的交叉原理来分析买卖信号。

此外，在分析软件中还有一个指标叫柱状线（BAR），它是 DIF 值减去 DEA 值的差再乘以 2。

（2）MACD 应用法则。

①从 DIF 和 DEA 的取值和这两者之间的相对取值对行情进行预测。

DIF 与 DEA 均为正值，则属多头市场。DIF 向上突破 DEA 是买入信号；DIF 向下跌破 DEA 只能认为是回档，可暂时卖出获利。

DIF 和 DEA 均为负值，则属空头市场。DIF 向下突破 DEA 是卖出信号；DIF 向上突破 DEA 只能认为是反弹，可暂时补空逐利。

②DIF 向上突破 MACD（DEA）与 0 轴均为买入信号，若在 0 轴以下交叉，则适宜空头平仓。若 DIF 在 0 轴之下连续两次向上突破 MACD 时，意味着行情可能会出现大涨，可伺机买进。

③DIF 向下突破 MACD（DEA）与 0 轴均为卖出信号，若在 0 轴以上交叉，则仅适宜多头平仓。若 DIF 在 0 轴之上连续两次向下跌破 MACD 时，意味着行情可能会出现大跌，应当注意及早卖出。

④背离原则：若股价连续两次或三次创出新低，但 DIF 并不配合创新低时，行情

可能由此企稳而筑底，即所谓的“正背离”或“牛背离”或“底背离”，可逢低买进；若股价连续两次或三次创出新高，但DIF并不配合创新高时，行情可能由此为止做头，即所谓的“负背离”或“熊背离”或“顶背离”，可逢高卖出，如图8-25所示。

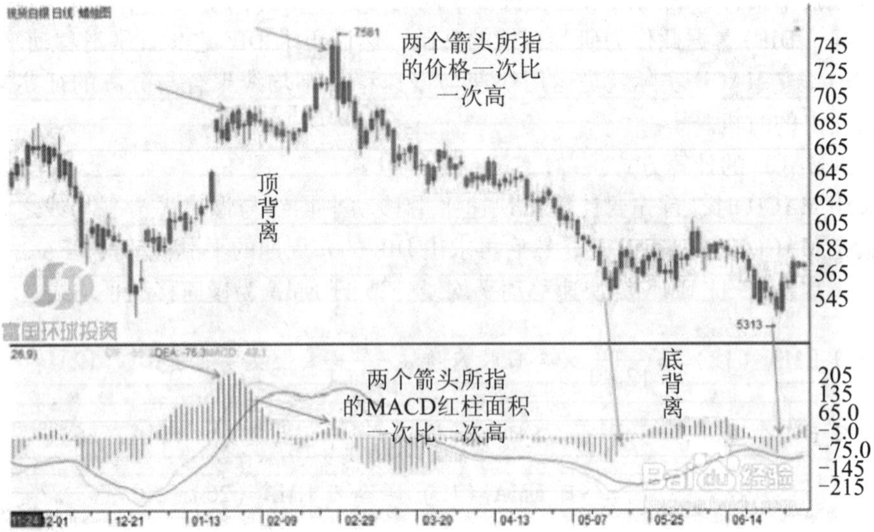

图8-25　MACD顶底背离的情况

3. 布林线指标（BOLL）

布林线指标，其英文全称是Bolinger bands，布林线由约翰·布林格创造，其利用统计原理，求出股价的标准差及其置信区间，从而确定估价的波动范围及未来走势，利用波带显示股价的安全高低价位，因而也被称为布林带。其上下轨范围不固定，随股价的滚动而变化。布林线指标和麦克（MIKE）指标一样同属路径指标，股价波动处于上轨和下轨的区间之内，这条带状区的宽窄随着股价波动幅度的大小而变化，股价涨跌幅度加大时，带状区变宽；股价涨跌幅度狭小整盘时，带状区则变窄。如图8-26所示。

布林格根据投资者的问题，总结出了22条布林线“黄金法则”，以纠正许多人对布林线的误解。比如，经常有人认为布林线突破上轨或者突破下轨是变盘信号，而布林格的正确解释是，第一次布林线突破上轨或者突破下轨只能表明趋势的开始而不是买卖信号。他建议的最佳买点是价格穿越上轨之后回档、回档之后再穿越，这才是可靠的进场机会。

另外，布林格特别强调，布林线的收窄不是即将突破的唯一判断依据。收窄仅仅是对前期价格的盘整。至于盘整的区间大小则要取决于市场的波动情况。布林线收窄后，一般来说确实会面临突破。而突破分两类——顺势突破和逆势突破。投资者在使用布林线的时候要多关注顺势突破，逆势突破操作难度较大。

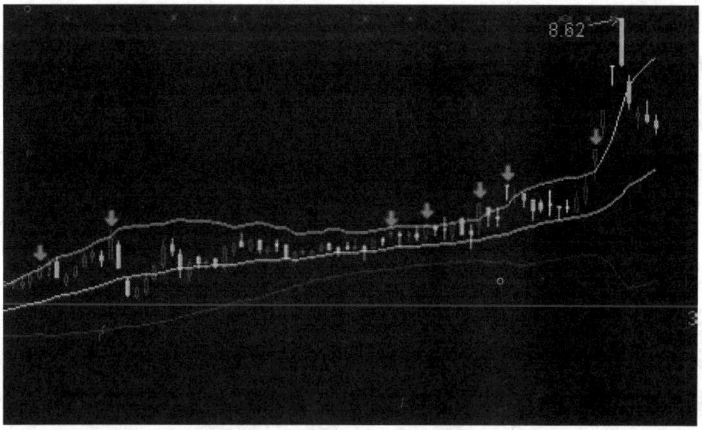

图 8－26　布林线实例

可以将布林线和相对强弱指标或者成交量指标综合起来进行分析，这样买卖点的判定会更清晰。同时，布林线只是提供某个时间点的买卖建议，而不能提供连续的建议。

三、超买超卖型指标

超买超卖型指标包括相对强弱指标（RSI）、威廉指标（WMS）、随机指标（KDJ）和乖离率指标（BIAS）。目前在中国股票市场上常使用的技术指标大约有 1/5 属于此类。

1. 相对强弱指标（RSI）

相对强弱指标又称为力度指标，它反映出一段时期内在股市中买方力量与卖方力量的相对强弱程度及买卖双方力量对比的变化情况，并以此为依据来分析股价未来的走势。

（1）相对强弱指标的计算方法。

相对强弱指标的计算公式通常采用某一时间（n 日）内收盘指数的结果作为计算对象，来反映这一时期内多空力量的强弱对比。假设 A 为 n 日内收盘价或收盘指数的升幅累计值，B 为 n 日内收盘价或收盘价指数的跌幅累计值乘以（－1），那么 A 和 B 均为正数。将 A 和 B 代入 RSI 的计算公式，则

$$RSI(n) = \frac{A}{A+B} \times 100$$

式中　n——时间参数，一般取 5 日、9 日、14 日等；

A——n 日中股价向上波动的大小；

B——n 日中股价向下波动的大小；

$A+B$——股价总的波动大小。

RSI 的计算公式实际上反映了某一时期价格上涨所产生的波动占总波动的百分

比，百分比越大，强势就越明显；百分比越小，弱势就越明显。

RSI 的取值范围介于 0 ～ 100 之间。

（2）RSI 的应用实例（见图 8－27）。

①RSI 大于 80，表示市场已经出现超买现象，价格随时会因买势减弱而回跌，此时应该卖出。

②RSI 小于 20，表示市场已经出现超卖现象，价格随时会因为卖势减弱而回升，此时应该买入。

③RSI 大于 50，表示市场买方力量强于卖方力量，后市看强；RSI 小于 50，表示市场卖方力量强于买方力量，后市看弱。

④RSI 连续在 50 附近上下波动，表示市场买卖双方力量均衡，局势不明，多为市场盘整期。

⑤当 6RSI 在高档自上而下跌破 12RSI 时，为卖出信号；当 6RSI 在低档自下而上突破 12RSI 时，为买入信号。

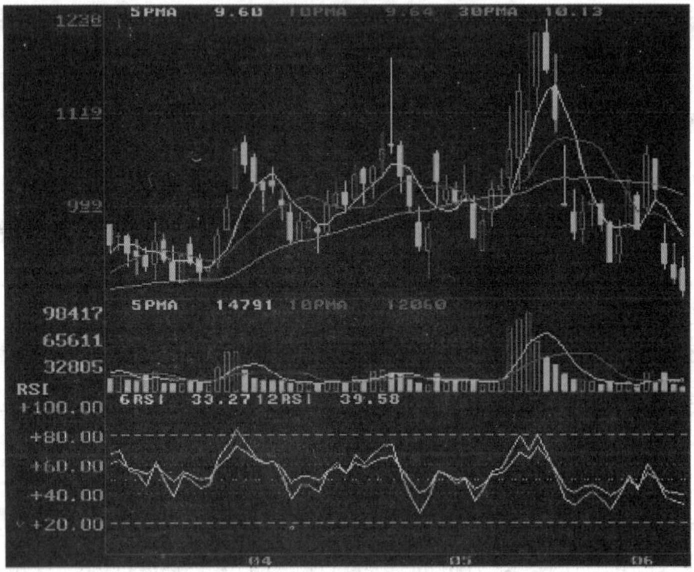

图 8－27　RSI 应用实例

⑥如果在高档股价连续两次创出新高而 RSI 并未相应创新高时，出现顶背离现象，此为卖出信号；如果在低档股价连续两次创出新低而 RSI 并未创出新低时，出现底背离现象，此为买进信号。

⑦若 RSI 在形态上出现低点位置一波比一波高的情形，则表明行情将处于一段上市趋势之中，此时的每一次回档都可以买入；若 RSI 在形态上出现高点位置一波比一波低，则表明行情将处于一段下降趋势之中，此时的每一次反弹都是卖出时机。

⑧在极强势市场中，当 RSI 在高档出现指标钝化现象而连续“碰顶”（即向上限 100 逼近），且“碰顶”次数达到 3 次以上时，应当逢高清仓。

⑨在 RSI 发生指标钝化现象时，应结合其他技术指标加以综合研判。

2. 威廉指标（WMS）

威廉指标又叫威廉超买超卖指标，最早起源于期货市场，由拉里·威廉于 1973 年首创。该指标是目前股市技术分析中比较常用的短期研判指标。

威廉指标主要是通过分析一段时期内股价最高、最低值及收盘价之间的关系，度量股市中的超买超卖现象，分析多空双方的力量对比，预测股价中短期走势的一种技术指标。

（1）WMS 的计算方法。

$$\text{WMS}（n）=\frac{H_n-C_t}{H_n-L_n}\times 100$$

式中　C_t——当天的收盘价；

H_n 和 L_n——分别为最近 n 日内（包括当日）出现的最高和最低价；

n——可以自由选定的时间参数，一般为 14 日或 20 日。

威廉指数值在 0 ～ 100 之间变化。根据上面的公式可知，目前收盘价越接近 n 日内最高价，WMS 值就越小，超买严重，应当卖出；而目前收盘价越接近 n 日内最低价，WMS 值就会越大，应考虑买入。

（2）WMS 的应用法则。

在 WMS 出现的初期，人们认为市场出现一次周期循环大约是 4 周，那么取周期的前半部分或后半部分，就一定能包含这次循环的最高值或最低值。

这样，WMS 选的参数只要是 2 周，则这 2 周之内的 H_n 或 L_n 至少有一个成为顶价或底价。这对应用 WMS 进行研判行情很有帮助。

基于上述理由，WMS 的选择参数应该至少是循环周期的一半。中国股市的循环周期目前还没有明确的共识，在应用 WMS 时，应该多选择几个参数试试。

WMS 的操作法则也是从两方面考虑：一是 WMS 取值的绝对数值，二是 WMS 曲线的形状。

第一，从 WMS 的绝对取值方面考虑。公式表明，WMS 的取值介于 0 ～ 100，以 50 为中轴，将其分为上、下两个区域。在上半区，WMS 大于 50，表示行情处于弱势；在下半区，WMS 小于 50，表示行情处于强势。

①当 WMS 高于 80，即处于超卖状态，行情即将见底，应当考虑买进。

②当 WMS 低于 20，即处于超买状态，行情即将见顶，应当考虑卖出。

第二，从 WMS 的曲线形状考虑。这里只介绍背离原则，以及撞顶和撞底次数的原则。

①在 WMS 进入高位后，一般要回头，如果这时股价还继续上升，就产生背离，是卖出的信号。

②在 WMS 进入低位后，一般要反弹，如果这时股价还继续下降，就产生背离，是买进的信号。

③WMS 连续几次撞顶（底），局部形成双重或多重顶（底），则是卖出（买进）的信号。

3. 随机指标（*KDJ*）

KDJ 指标又称随机指标，由乔治・莱恩最早提出。与威廉指标一样，是期货和股票市场上最常用的技术分析工具之一。它是研究判断市场中收盘价、最高价、最低价的波动及相互关系的一种指数。一般认为，在股市上升行情中，收盘价偏于高位；而在股市下跌行情中，收盘价则偏于低位。

（1）*KDJ* 的计算方法。

KDJ 的计算比较复杂，产生 *KDJ* 以前，先产生未成熟随机值 RSV。因此，首先要计算周期（n 日，n 周等）的 RSV 值，然后再计算 K 值、D 值、J 值等。

$$\text{RSV}(n)=\frac{C_t-L_n}{H_n-L_n}\times 100$$

式中，C_t、L_n、H_n 的意义同 WMS（n）的计算公式。RSV 值始终在 1 ～ 100 之间波动。

其次，计算 K 值与 D 值。

对 RSV 进行 3 日指数平滑移动平均，得到 K 值：

$$\text{今日 } K \text{ 值}=2/3\times\text{昨日 } K \text{ 值}+1/3\text{ 今日 RSV 值}$$

对 K 值进行 3 日指数平滑移动平均，得到 D 值：

$$\text{今日 } D \text{ 值}=2/3\times\text{昨日 } D \text{ 值}+1/3\text{ 今日 } K \text{ 值}$$

若无昨日的 K 值与 D 值，则可用 50 分别代替。

需要说明的是，式中的平滑因子 1/3 和 2/3 可以认为是选定的，目前已经约定俗成。在大多数股市分析软件中，平滑因子已经被设定为 1/3 和 2/3，不需要做改动。

另外，一般在介绍 K、D 指标时，往往还附带一个 J 指标。由于 K、D 指标是在 WMS 的基础上发展起来的，所以 K、D 指标有 WMS 的一些特征。在反映股市价格变化时，WMS 最快，K 指标其次，D 指标最慢。K 指标反应敏捷，但容易出错，D 指标反应稍慢，但稳重可靠。J 指标是 D 指标加上一个修正值，计算公式为：

$$J=3D-2K=D+2(D-K)$$

实际上，J 的实质是反映 K 值和 D 值的乖离程度，从而先于 K、D 值找出头部或底部，J 值的范围可超过 100。

J 指标是个辅助指标，最早的 *KDJ* 指标只有两条线，即 K 线和 D 线，该指标当时也被称为 *KD* 指标。随着股市分析技术的发展，*KD* 指标逐渐演变成 *KDJ* 指标，从而提高了 *KDJ* 指标分析行情的能力。

（2）*KDJ* 的应用法则。

第一，从 *KD* 的取值方面考虑。*KD* 的取值范围都是 0 ～ 100，将其划分为几个区域：80 以上为超买区，20 以下为超卖区，其余为徘徊区，如图 8－28 所示。

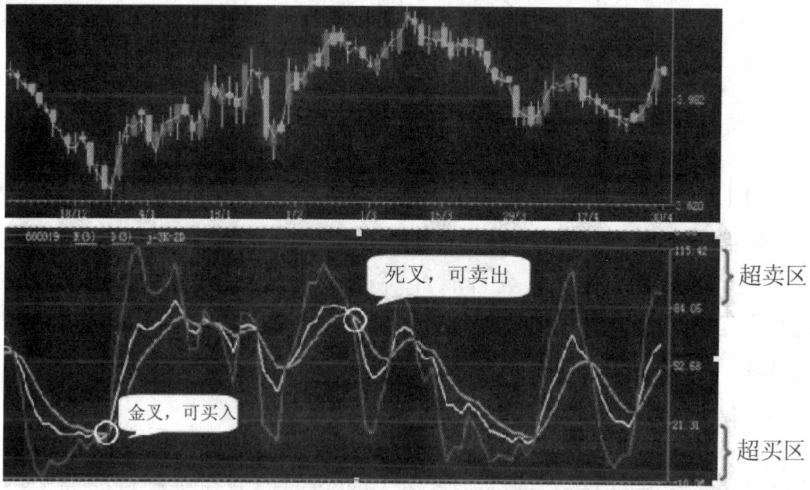

图 8－28　*KDJ* 应用实例

根据这种划分，*KD* 超过 80 就应该考虑卖出了，低于 20 就应该考虑买入了。应该说明的是，上述划分只是一个应用 *KD* 指标的初步过程，仅仅是信号，完全按这种方法进行操作很容易招致损失。

第二，从 *KD* 指标曲线的形态方面考虑。当 *KD* 指标在较高或较低的位置形成了头肩形和多重顶（底）时，是采取行动的信号。注意，这些形态一定要在较高位置或较低位置出现，位置越高或越低，结论越可靠。

第三，从 *KD* 指标的交叉方面考虑。*K* 与 *D* 的关系就如同股价与 MA 的关系一样，也有死亡交叉和黄金交叉的问题，不过这里交叉的应用是很复杂的，还附带很多其他条件。以 *K* 从下向上与 *D* 交叉为例：*K* 上穿 *D* 是金叉，为买入信号。但是出现了金叉是否应该买入，还要看别的条件。第一个条件是金叉的位置应该比较低，是在超卖区的位置，越低越好。第二个条件是与 *D* 相交的次数。有时在低位，*K*、*D* 要来回交叉好几次。交叉的次数以 2 次为最少，越多越好。第三个条件是交叉点相对于 *KD* 线低点的位置，这就是常说的“右侧相交”原则。*K* 是在 *D* 已经抬头向上时才同 *D* 相交，比 *D* 还在下降时与之相交要可靠得多。

第四，从 *KD* 指标的背离方面考虑。如果 *KD* 处在高位或低位，出现与股价走向的背离，则是采取行动的信号。

第五，*J* 指标取值超过 100 和低于 0，都属于价格的非正常区域，大于 100 为超买，小于 0 为超卖。

4. 乖离率指标（BIAS）

BIAS 是测算股价与移动平均线偏离程度的指标，是当日股市收盘指数（个股收盘股价）偏离股市收盘指数平均数的比率。其基本原理是：如果股价偏离移动平均线太多，不管是移动平均线上方还是下方，都有向平均线回归的要求。

（1）BIAS 的计算方法。

$$\text{BIAS}(n)=\frac{C_t-\text{MA}(n)}{\text{MA}(n)}\times 100$$

式中 C_t——n 日中第 t 日的收盘价；

MA（n）——n 日的移动平均线；

n——BIAS 的参数。

分子为收盘价与移动平均线的距离，可正可负。分子除以分母后，就是相对距离。一般来说，参数选得越大，允许股价远离 MA 的程度就越大。也就是说，股价远离 MA 到了一定程度，就认为该回头了。

（2）BIAS 的应用法则。

BIAS 的应用法则主要从两个方面考虑：

第一，从 BIAS 的取值大小方面考虑。这个方面是产生 BIAS 的最初想法。找到一个正数或负数，只要 BIAS 一超过这个正数，我们就应该感到危险而考虑抛出；只要 BIAS 一低于这个负数，我们就感到机会可能来了而考虑买入。这样看来问题的关键就成了如何找到这个正数或负数，它们是采取行动或保持沉默的分界线。

应该说明的是这条分界线与三个因素有关。

①BIAS 选择的参数和大小。

②选择的具体是哪只股票。

③不同的时期，分界线的高低也可能不同。一般来说，参数越大，采取的分界线就越大。股票越活跃，选择的分界线也越大。在一些介绍 BIAS 的书籍中，给出了这些分界线选择的参考数字。

第二，从 BIAS 的曲线形状上考虑。形态学和切线理论在 BIAS 上也能得到应用。

①BIAS 形成从上到下的两个或多个下降的峰，而此时股价还在继续上升，这是抛出的信号。

②BIAS 形成从下到上的两个或多个上升的谷，而此时股价还在继续下跌，这是买入的信号。

分界线的参考数值见表 8－3。

表 8－3 分界线的参考数值

	买入信号（%）	卖出信号（%）
5 日	－3	3.5
10 日	－4	5
20 日	－7	8
60 日	－10	10

四、人气型指标

1. 心理线指标（PSY）

PSY 是研究投资者对股市涨跌产生心理波动的情绪指标，是一种涨跌类指标。它主要是从投资者的心理趋向方面分析某一时期内投资者看多或看空的心理与事实，并将其转化为数值来研判股价未来走势的技术指标。

作为分析股市的涨跌指标，PSY 是在实践的角度上计算 n 日内的多空力量，通过计算 n 日内股价或指数上涨天数的多少来衡量投资者的心理承受能力，反映股市在未来的发展趋势及股价是否存在过度的涨跌行为，为投资者买卖股票提供参考。

（1）PSY 的计算方法。

PSY 主要是从股票投资者趋向的心理方面对多空双方的力量对比进行探索。它是以一段时期内收盘价涨跌天数的多少为依据进行计算的。计算方法比较简单，公式如下：

$$\text{PSY}(N)=\frac{A}{N}\times 100$$

式中　N——周期，是 PSY 的参数

　　A——在周期内股价上涨的天数。

在实际应用上，N 一般定位 12 日。上涨和下跌的判断以收盘价为准。

PSY(N) 的取值范围是 0～100，以 50 为中心，50 以上是多方市场，50 以下是空方市场。PSY(N) 参数的选择是人为的，参数越大，PSY(N) 的取值范围就越集中、越平稳（见图 8－29）。

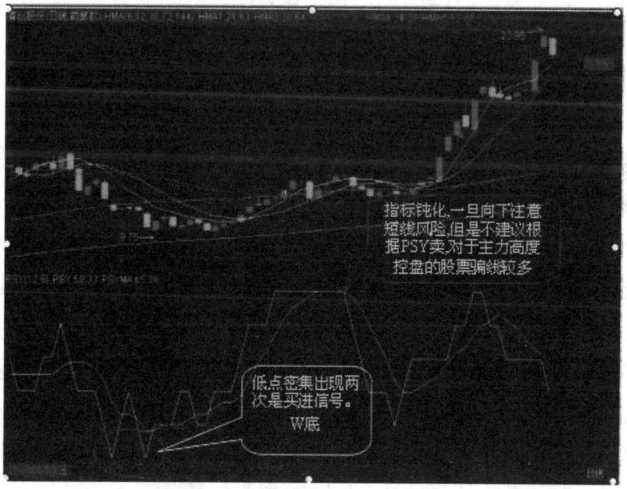

图 8－29　PSY 的应用实例

（2）PSY 的应用法则。

①PSY(N) 的取值在 25～75，说明多空双方基本处于平衡状态。如果 PSY(N)

的取值超出了这个平衡状态，则是超卖或超买。

②PSY 的取值过高或过低，都是行动的信号。一般来说，如果 PSY(N) < 10 或 PSY(N) > 90 这两种极端情况出现，是强烈的买入和卖出信号。

③PSY(N) 的取值第一次进入采取行动的区域时，往往容易出错。一般都要求 PSY(N)进入高位或低位两次以上才能采取行动。

④PSY 的曲线如果在低位或高位出现大的 W 底或 M 头，也是买入或卖出的行动信号。

⑤PSY 线一般可同股价曲线配合使用，这时，前面讲到的背离原则在 PSY 中也同样适用。

心理线所显示的买卖信号一般为事后现象，事前并不能十分确切预测。同时，投资者的心理偏好又受诸多随机因素影响，随时调整，不可捉摸。特别是在一个投机气氛浓厚、投资者心态不十分稳定的股市中，心理线的运用有其局限性。

2. 能量潮指标（OBV）

能量潮指标即平衡交易量，人们更多地称其为能量潮，它是美国股市分析家格兰维尔在 20 世纪 60 年代提出的。该指标的理论基础是市场价格的有效变动必须有成交量配合，量是价的先行指标。利用 OBV 可以验证当前股价走势的可靠性，并可以得到趋势可能反转的信号。比起单独使用成交量，OBV 看得更清楚。

（1）OBV 的计算方法。

在 OBV 的计算公式中，假设已经知道了上一个交易日的 OBV，则：

$$\text{今日 OBV} = \text{昨日 OBV} + \text{sgn} \times \text{今天的成交量}$$

其中，sgn 是符号函数，其数值由下式决定：

$$\text{sgn} = +1 \quad \text{今日收盘价} \geq \text{昨日收盘价}$$
$$\text{sgn} = -1 \quad \text{今日收盘价} < \text{昨日收盘价}$$

这里的成交量指的是成交股票的手数，不是成交金额。当 sgn = +1 时，其成交量计入多方的能量；当 sgn = -1 时，其成交量计入空方的能量。

（2）OBV 的应用法则。

①OBV 不能单独使用，必须与股价曲线结合使用才能发挥作用。

②当 OBV 曲线与股价走势出现“背离”现象时，则可用以判别目前市况中是否存在机构大户“收集”或“派发”筹码的情况。所谓“收集”意指机构做手暗地里在市场中一边出货打压行情，一边吃货，实际上是出少进多；而“派发”则指机构做手暗地逢高卖出、逢低买进，实际上是出多进少。因此，OBV 曲线能帮助投资者推测市况是否处在“收集阶段”或“派发阶段”。

③OBV 曲线的上升和下降对进一步确认当前股价的趋势有很重要的作用。

a. 当股价上升而 OBV 曲线也跟随上升时，可确认当前是上升趋势。

b. 当股价上升而 OBV 并未相应地上升，则投资者应对目前的上升趋势持谨慎观望的态度，因为 OBV 与股价背离的现象提前告诉我们，上升趋势的后劲已不足，随时有反转的可能。

c. 当股价下跌而 OBV 线上升时，表明有大户在收集筹码，下档承接力强，股价随时有可能止跌回升。

d. 当股价下跌而 OBV 曲线也跟随下跌时，可确认当前是下跌趋势。表明大主力在逐步“派发”，应立即离场观望。

【重要信息阅读】

人民币若入选 IMF　万亿美元将流入中国

2015 年 05 月 18 日 07：09　来源：凤凰网　　编辑：东方财富网

周小川：人民币纳入 SDR 评估正进行

中国人民银行行长周小川 2015 年 5 月 17 日表示，目前人民币加入国际货币基金组织（IMF）特别提款权货币篮子的评估正在有序进行，中国也会加快自身改革推动这一进程。

周小川在 IMF 和世界银行春季会议期间接受新华社记者采访时表示，人民币加入特别提款权的技术评估才刚刚开始。中国政府在“十二五”规划里提出要实现人民币资本项目可兑换，今年是“十二五”的最后一年。随着人民币国际化的推进，也出于中国自身在贸易、投资、金融市场活动中的需要，中国政府会加快改革，推进这一目标的实现。

加快改革人民币资本项目可兑换目标

国际货币基金组织 2010 年底通过份额和治理改革方案，约 6% 的份额将向新兴市场和发展中国家转移。美国是 IMF 的最大股东，由于美国尚未批准该改革方案，导致改革已被拖延了 5 年。

目前 IMF 成员正在商讨该项改革的过渡性方案。周小川强调，过渡性方案不是替代方案，IMF 成员还是希望 2010 年份额和治理改革方案最终得到坚决、充分的执行。

关于一季度中国经济放缓到 7%，周小川表示，虽然经济增速放缓，但是为结构调整、转变增长方式赢得了更多空间。稍慢一些的增速有利于中国实现更平衡、更可持续的增长。作为一个大经济体，内因作用对中国经济的影响更为明显。同时，世界经济整体复苏还相对缓慢，外需还比较疲弱，这对中国进出口会产生影响。但是，外部环境的负面冲击已经大大小于金融危机时的情形。

安盛投资资深新兴市场经济学家姚远周四在香港新闻发布会上表示，被纳入储备货币篮子的重要性在于 IMF 正式认可了人民币已经国际化为一种储备货币，此举有望引起全球储备投资组合的重新配置。

中国央行行长周小川 2015 年 4 月 18 日在华盛顿指出，目前人民币加入 IMF 特别提款权（Special Drawing Rights，简称 SDR）货币篮子的评估正在有序进行，中国也会加快自身改革推动这一进程。IMF 于 2010 年进行评估时，人民币未能入选这个货币篮子。

环球同业银行金融电讯协会（Swift）数据显示，3月份人民币在全球支付体系中排名回升至第五位。渣打认为人民币今年被纳入SDR货币篮子的几率为60%。

华尔街日报于本月早些时候报道称，在经过十多年的纷扰后，IMF首度改变立场，将宣布人民币估值合理。IMF亚洲部副主任罗德劳尔（Markus Rodlauer）上个月称，IMF目前接近认为人民币不再处于被低估的水平。过去10年里人民币兑一篮子货币累计升值超过30%。

不过，预计IMF将用一贯谨慎的态度和典型的外交辞令来描绘人民币最近的汇率水平。IMF在官方声明中很可能避免使用“估值合理”这样的词汇。罗德劳尔上个月就表示人民币“正朝均衡水平移动”。因此，IMF的官方评估会留出足够的回旋余地，倘若中国改变政策，IMF也可以更改其评价。此外，IMF的措辞也会足够模糊，为批评者留出怀疑的空间。

上个月早些时候，中国央行行长周小川告诉IMF政策委员会，中国计划在今年推出几项政策，推进人民币的国际化。

对此，IMF总裁拉加德回应说，人民币会成为SDR的一部分。当前的问题不是会不会加入，而是何时加入。IMF将与中国齐心协力朝这个方向努力。

第九章　股票投资收益与风险

【重要信息阅读】

资本市场改革路线图与时间表（1）

2015 年 03 月 14 日 01：42　来源：《21 世纪经济报道》　采编：东方财富网

从提出实施注册制到探讨证券法修订；从监管互联网 + 金融到发展资产证券化；从欲推深港通到期待国债期货、原油期货上市……包括监管层领导在内的代表委员们的表态，正是借此传递出了众多的政策信号。而从这些信号中，人们或许并不难窥见今年资本市场的改革路线图和时间表。

注册制年内将实施

2015 年 3 月 5 日，国务院总理李克强在《政府工作报告》中指出，加强多层次资本市场体系建设，实施股票发行注册制改革。这是中央文件中首次对注册制使用“实施”一词。

2013 年 11 月 15 日，“注册制”首次写入中央文件，而后的 2014 年，注册制改革即多次在重要会议上出现，包括李克强在 2014 年政府工作报告中称：“推进股票发行注册制改革。”证监会主席肖钢也在 2014 年两会上说，2014 年的主要任务是形成注册制改革方案，但当年不会实施。

从目前来看，2015 年注册制实施已是大概率事件。这从今年两会上肖钢等监管层领导的表态中便可窥一斑。

肖钢表示，现在推进注册制改革条件已具备，证监会正在积极研究准备，且已形成改革初步方案，现正着手制订具体实施方案。虽然没有给出具体时间表，但肖钢称，待新证券法修订完成正式实施起，注册制即可落地推行。

他还表示，注册制改革还是要审核的，审核权的下放是注册制改革的组成部分，最终如何审核将通过证券法修法明确。

证监会副主席庄一心也在两会期间表示，注册制改革不会一蹴而就，也不会一劳永逸。股票发行注册制需要系统性、全方位的周密准备，推出后也需要一个完善过程，会在实践中不断磨合完善，其效果也是逐步体现的。

证监会创新部巡视员欧阳昌琼则提到，通过修法来保障和推动注册制，实现路径可有两个选择：一是待证券法全面修改后实施；二是先行就核准制改为注册制的相关条款进行修订，以修正案形式由国务院向全国人大常委会提出议案，审议通过即可实施。他认为，第二种选择比第一种要快。

收益和风险是股票投资的核心问题。个人投资者和机构投资者投资的目的是为了得到收益，与此同时又不可避免地面临着风险，股票投资的理论和实践技巧都围绕着如何处理这两者的关系而展开。股票投资收益与风险的基本关系是：收益与风险相对应。也就是说，风险较大的股票类型，其要求的收益率也相对较高；反之，收益率较低的股票类型，风险相对较小。但是，绝不能因为收益与风险有着这样的基本关系，就盲目地认为风险越大，收益就一定越高。

第一节　股票投资的收益分析

一、股票投资的收益分析

股票投资收益一般由两部分组成：一是股利、股票型基金红利收入；二是资本利得收入。当然，股票投资同样含有风险。股票投资收益是未来的，一般情况下难以事先确定，未来收益的不确定性就是股票投资的风险。股票投资中收益与风险是并存的，投资者一般应遵循以下原则进行决策：在风险水平相同的股票类型中，选择收益较高的股票类型；在收益水平相同的股票类型中，选择风险较小的股票类型进行投资。

具体而言，股票投资收益是指投资者进行的股票投资所获得的净收入，主要包括可转换股票债券利息、股利、股票型基金红利以及资本利得。

1. 可转换股票债券利息

可转换股票债券利息，即可转换股票债券债息。是指可转换股票债券投资者凭借所持可转换股票债券定期或到期向发行公司或发行机构领取的债券利息收入。

2. 股利

股利是优先股股息与普通股红利的合称。即股票投资者定期或不定期从股票发行公司领取的一部分税后利润。优先股股息通常按照面值与票面利率计算，一般具有固定性和稳定性的特点；普通股红利则完全取决于公司经营业绩的优劣与股利分配政策的倾向和程度，具有非固定性和非稳定性的特点。

3. 股票型基金红利

股票型基金红利是基金投资者凭借所持股票型基金份额定期或不定期向管理机构领取的盈利。按照《证券投资基金法》规定，基金红利不得低于基金净收益的 90%，即股票型基金红利水平完全取决于基金管理人运作业绩的优劣。

4. 资本利得

资本利得即价差收入，是指股票投资者进行股票买卖所获得的净收入，也即股票出售金额扣除股票购入金额、股票交易费用后的余额。由于股票投资收益的多少受到所投资本金额大小的影响，所以在分析评价股票投资收益时，一般应以收益额与投资额之比表示，这一比率也称股票投资收益率。

这样，股票投资收益就是投资者在一定时期内，进行股票及与股票相关产品的投资所得与支出的差额。在差额为正数的前提下，数值越大则收益越高，反之则收益就越低。差额为负值，则说明该项投资活动为负收益或净亏损。换言之，股票投资收益实际就是投资者在购买、持有和出售某种股票或者与股票相关的产品的过程中，所获得的各种投资回报与投入本金之差额，即股票投资者在从事股票或者与股票相关的产品投资活动中所获得的报酬。

二、可转换股票债券投资的收益

衡量可转换债券投资收益水平的指标为可转换股票债券收益率。可转换股票债券收益率是指一定时期内所持可转换股票债券收益与投入本金的比率。为便于比较分析，可转换股票债券收益一般以年率为单位计算。影响可转换股票债券收益率的主要因素有可转换股票债券利率、价格、期限和可转换股票债券持有期间股票的价格及股票价格的波动。

1．可转换股票债券的利率

可转换股票债券利率是指可转换股票债券票面利率。可转换股票债券票面利率是可转换股票债券发行时的要素之一。其既取决于可转换股票债券发行人自身的资信度，又受当时市场利率等多种因素的影响。

可转换股票债券票面利率一经确定，在债券到期前一般不会改变。在其他条件相同的前提下，可转换股票债券票面利率越高，其收益率也越高。

2．可转换股票债券的价格

可转换股票债券的价格有发行价格与交易价格之分。由于票面利率与市场利率的差异等因素影响，可转换股票债券可能以高于或低于其面额的价格发行。可转换股票债券发行价格如果高于其面额，则其收益率将低于票面利率；否则反之。可转换股票债券交易的价格，是指二级市场买卖可转换股票债券的价格。投资者可以从一级市场买入可转换股票债券持有，不等待期满在二级市场上出售；也可以从二级市场买入可转换股票债券，持有至期满或者在期满前将其出售。投资者买卖可转换股票债券的差价收益或亏损就是资本损益，其直接影响到收益率水平的高低。

3．可转换股票债券的期限

可转换股票债券的期限有两层含义：一是有效期限，即债券自发行之日至偿还日止的时间；二是待偿还期或剩余期限，即可转换股票债券自转让交易之日至偿还日止的时间。可转换股票债券期限长短除与票面利率直接相关外，还从以下两方面影响其收益率水平：一是可转换股票债券价格与面额一致时，还本期限越长，债券价格与面额的差价对收益水平的影响越小；二是当可转换股票债券以复利形式计息时，债券期限越长，其收益水平就越高。因为，这一计息方式实质上包含了可转换股票债券利息收入再投资所得的收益。

4．股票的价格及股票价格的波动

因为可转换股票债券是在一定时间内可以按照一定的价格转换成为标的的股票，

所以被标的的股票的价格及价格的波动是会影响可转换股票债券收益率的。

三、股票投资的收益

衡量股票投资收益水平的指标称为股票收益率。股票收益率是指一定时期内所得收益与投入本金的比率。为了便于比较分析，股票收益一般也以年率为计算单位。

在股票投资中，有优先股与普通股投资之分。优先股除一般股票特征之外，还具有一定的债券特征：具有面值、票面利率以及规定的支付时间等。因此，优先股投资收益率的确定可以参照债券持有期间收益率。这里阐述普通股投资收益水平的确定。影响普通股投资收益水平的主要因素有红利、交易价格以及股本扩张等因素。

1. 股票红利

股票红利是股份公司从净利润中分配给普通股股东，作为给每位普通股股东对公司投资的一种报酬。每位普通股股东都有权根据其所拥有公司股份的多少从公司获取红利收入。对普通股投资者而言，获取红利是其投资的目的之一，而且红利的多少直接关系到股票的市场价格。

有无红利分配，取决于公司是否盈利。能分利多少，又取决于公司盈利水平的高低，提取公积金、公益金的比例，以及公司股利政策等因素。按现行财务制度规定，股份公司缴纳所得税后的净利润一般按照下列顺序分配：被没收的财物损失；支付各项税收的滞纳金和罚款；弥补以前年度亏损；提取法定盈余公积金；提取公益金；支付优先股股息；提取任意盈余公积金；支付普通股红利。

可见，普通股的红利是不固定的，其红利水平的高低主要取决于公司的经营状况。公司经营状况好，则盈利高，普通股的红利就高；否则反之，甚至无红利可分。因此，普通股具有收益高、风险大的特点。

2. 股本扩张

在发展中的股票市场，上市公司的股本扩张往往会带来一定程度的填权行情，成为普通股投资者获取收益的又一途径。上市公司的股本扩张有无偿增资扩股与有偿增资扩股之分。无偿增资扩股，是指投资者不必向上市公司缴纳现金就可获取股票的一种扩股形式，这里的投资者仅限于原股东。有偿增资扩股可分两种主要类型：一是股票分红，即公司将本该用现金支付的股票红利以新的股票代替；二是无偿转赠，即公司将原有的资本准备金（包括盈余结存、公积金和资产重估增值等）转入资本金，股东无偿取得新发股票。无偿增资扩股的目的是为了使投资者获益以增强股东信心和公司信誉，或为了调整资本结构。有偿增资扩股主要指股东配股，即公司按股东的持股比例向现有股东配售新股的一种扩股形式。配售新股的价格往往低于市场价格，形成对现有股东的一种优待。

3. 股票升值

股票升值是根据企业资产增加的程度、经营状况、发展前景而确定，具体表现为股票价值上升所带来的收益。股票之所以能够升值，主要取决于上市公司经营成功，管理有效，获得较高的利润，而且预期红利收入也将增加。同时，由于影响股价有多方面的因素，经营业绩并不理想的公司股价也会受到某些因素影响而上涨。投资者低买高卖的差价收益称为资本利得。

4. 衡量普通股股票投资收益水平的指标

衡量普通股股票投资收益水平的指标主要有两种：

一是股利收益率，是指股份公司以现金形式派发红利与股票市价的比率。如果投资者以某一市价购入股票，在持有股票期间得到公司派发的现金红利，则可用本期股票红利与股票购入价计算，这种已得的股利收益率对长期投资者尤为重要。如果投资者打算投资某种股票，可用该股票实际派发的现金红利或预计本期的现金红利与当时的股票市价计算，这种预计的股利收益率，对投资者进行投资决策有一定的参考价值。

二是持有期间收益率。持有期间收益率是指投资者持有股票期间的红利收入与买卖差价占股票购买价格的比率。股票没有到期日，投资者持有股票的时间可长达数年、短到数天，在投资者买入股票期间，即可获取现金红利的分配、红股的派送、股票的无偿转赠，以及股票有偿配股。

四、股票型基金投资的收益

衡量股票型基金投资收益水平的指标称为基金收益率。股票型基金收益率是指一定时期内所得收益与投入本金的比率。为了便于分析比较，股票型基金收益一般也以年率为单位。

影响股票型基金投资收益水平的主要因素有股票型基金红利与股票型基金买卖价格等。

1. 股票型基金红利

股票型基金红利是指投资股票型基金在获取的投资收益中扣除费用支出以后，取得的股票型基金净收益。按照《中华人民共和国证券投资基金法》规定，基金收益分配应当采用现金形式，每年至少一次；基金收益分配比例不得低于基金净收益的90%。可见，股票型基金红利水平的高低取决于基金盈利水平的多寡。

2. 股票型基金买卖价格

股票型基金有封闭型与开放型之分。封闭型基金一经发行后，一般都允许在证交所挂牌上市，以满足基金投资者的变现要求。因此，封闭型基金交易价格不仅取决于基金自身的投资价值，还取决于市场的供求。开放型基金与封闭型基金不同，其可在基金管理公司设定的内部交易营业日随时买卖，其报价分“购买价”与“赎回价”两种。购买价是指投资者认购基金的价格，赎回价是指投资者向基金公司赎回基金单位的价格。不论是购买价还是赎回价，都是根据基金单位的资产净值而确定的。显然，封闭型与开放型的投资价值都与其投资的股票市场行情、投资组合、投资运作效率等直接相关。股票型基金可能产生一定程度的基金价格波动，投资者低买高卖的差价收益就是其资本利得。

衡量股票型基金投资收益水平的指标主要有以下两种：

一是红利收益率，即股票型基金管理公司派发的现金红利与基金单位购入价的比率。这种已得的红利收益率为长期投资者所重视；这种预计的红利收益率为投资者参与股票型基金投资决策的重要参考指标之一。

二是持有期间收益率，即投资者持有股票型基金单位期间的红利收入与买卖差价占股票型基金单位购买价的比率。由于基金存续期较长，投资者持有基金单位的时间可长达数年、短到几天，持有期间收益率成为基金投资者最为关心的指标。

第二节　股票投资风险分析及防范

一、股票投资的系统性风险

系统性风险，是指由于政治、经济及社会环境的变动而影响股票市场上所有股票的风险。它包括市场风险、利率风险、购买力风险及自然因素导致的社会风险等。这类风险的共同特点是：它们的影响不是作用于某一企业的某种股票，而是对整个股票市场发生作用，导致股票市场上所有公司的股票出现风险。由于系统性风险对所有股票的投资总是存在的，并且无法通过投资多样化的方法加以回避与消除，因此，又称非多样化风险。

1．市场风险

市场风险是指由有价证券的“空头”和“多头”等市场因素所引起的证券投资收益变动的可能性。当股票市场价格指数从某一个较低点（波谷）持续稳定地上升，这种上升趋势称为多头市场即牛市，多头市场在市场价格指数达到某个较高点（波峰）并开始下降时结束。空头市场即熊市，指股票市场价格指数从某个较高点下降开始，一直下降至某一较低点结束；从这一点开始，股票市场又进入多头市场。多头市场和空头市场的这种交替运行，导致股票市场股票收益发生变动，进而引起市场风险。多头市场的上升和空头市场的下跌都是就市场的总趋势而言，在现实市场行情中，在多头市场上也可能出现股票价格的阶段性下跌；在空头市场上也可能出现阶段性的证券价格上升。

引起多头市场和空头市场交替运行的决定性因素是经济周期，它是整个国民经济活动中的一种波动。经济周期一般包括复苏、高涨、衰退、萧条四个阶段，这几个阶段是依次循环的，但各阶段及整个周期的时间并不一致。一般来说，多头市场是从萧条阶段后期开始，经复苏阶段到高涨阶段；空头市场则是从高涨阶段后期开始，经衰退阶段到萧条阶段。

2．利率风险

利率风险是指市场利率变动所引起证券投资收益变动的可能性。由于债券的利息率通常是事先确定的，而股息、红利的高低与利率通常紧密联系。因而，市场利率变动对股票投资收益的影响，主要不是反映在股票投资报酬上，而是反映在资本利得方面。因为市场利率与股票价格具有负相关关系，即当利率下降时，股票价格上升；当利率上升时，股票价格下降，从而导致资本利得的增减变动。并且，股票持有的时间越长，这种变动越大。产生这种现象的原因在于：股票的价值是每一期预期收益的现值，根据货币时间价值原理，现值与利率呈反方向变动。

3. 购买力风险

购买力风险又称通货膨胀风险，是指由于通货膨胀所引起的投资者实际收益水平下降的风险。通货膨胀影响股票市场价格涨跌的机制在于：在通货膨胀之初的温和阶段，企业消化生产费用上涨的能力较强，又能利用人们的货币幻觉提高产品价格，在一定程度扩张生产，增加企业利润及股息、红利，这时股市可能上涨。但与通货膨胀随之而来的必然是制造成本、管理成本、融资成本的提高，当企业无法通过涨价或内部消化加以弥补时，必然会导致企业经营状况与财务状况的恶化，投资者因此会丧失对股票投资的信心，股票价格随之跌落。

当投资者对通货膨胀的未来趋势产生持久的不良预期时，股价暴跌风潮也就无法制止。世界证券市场发展的历史经验表明，恶性通货膨胀是引发证券市场危机的祸根。不仅如此，通货膨胀增大投资者风险损失的影响，还表现在本金与收益贬值方面。

股票投资的收益率有名义收益率与实际收益率之分。名义收益率是股票投资的货币收益率，实际收益率则是将名义收益率中的通货膨胀因素剔除。通货膨胀率一般用消费品价格指数来表示，即：通货膨胀的存在使投资者货币收入增加却并不一定真正获利，这主要取决于其名义收益率是否高于通货膨胀率，也即对投资者更有意义的是实际收益率。

应当指出：通货膨胀是一种常见的经济现象，它的存在必然使投资者承担购买力风险，而且这种风险是不会因为投资者退出股票市场就可以避免的。投资者降低其影响的途径是，在控制风险的基础上争取较高的投资收益。

4. 自然因素

股市还有可能受到自然灾害、战争、政治等因素的影响而出现异常，比如 2011 年 3 月 11 日的日本地震，股市就出现了大盘跳水的现象，虽然这种风险发生的概率极小，但其对股市的打击是极其严重的，任何股票都无法逃脱打击。随着人类社会的进步，对自然和社会驾驭能力的提高，对系统性风险发生的防范手段及其发生之后的综合治理办法都有很大的改善。

二、股票投资的非系统性风险

非系统性风险是指由于市场、行业以及企业本身等因素影响个别企业股票价格的风险。它包括行业风险、企业经营风险、违约风险等，这是由单一因素造成的，只影响某一股票收益的风险。尽管在股票市场上不同类别的股票在不同程度上都具有非系统性风险，但根据股票投资理论研究的结果，非系统性风险属于个别风险，能够通过投资多样化的方法将其分解并且可以进行有效的防范，因此，又称多样化风险。

1. 行业风险

行业风险是指由股票发行企业所处的行业特征所引起的该股票投资收益变动的可能性。许多行业都具有自己的生命周期，即有一个拓展、成长、成熟、衰落的过程。处于不同周期阶段的行业，其企业的风险程度不同。如处于拓展阶段的行业，其企业风险极大，而处于成熟阶段的行业，其企业的风险程度较低。有些行业本身包含较多的不确定因素，如高新技术行业；而有些行业则包含较少的不确定因素，如电力、煤气等公用事业。因此，不同行业的企业风险程度存在差异，它们所发行的股票受其影响，也包含着不同的风险。

2. 经营风险

经营风险是指由于经营不善，企业业绩下降甚至竞争失败而使投资者无法获取预期收益或者亏损的可能性。经营风险按风险程度大小可分为以下三类。

（1）股票发行企业盈利下降风险。股票发行企业的经营状况与盈利状况，直接决定着股票投资者股利水平的高低及债券持有者本息偿付的安全性，也不可避免地会对该企业证券市场价格的涨跌产生影响。因此，一旦企业的盈利水平下降，股票投资者便难以获得预期的收益率。就一般意义而言，股票发行企业盈利水平下降只是一种低度风险，甚至可以认为是股票投资的正常风险。这是因为，由于经济周期的波动及产业结构的调整等因素的影响，企业出现阶段性的盈利水平下降是不可避免的，也是正常的。

股票发行企业盈利水平下降，对股票投资者造成的风险要比债券投资者的风险大得多，如果仅仅是债券发行企业的盈利水平有所下降的话，通常还不至于危及企业的债务偿付能力，反而对股票价格的变动影响更为直接。

（2）股票发行企业经营亏损风险。股票发行企业如果只是某一年度出现少量的亏损，可以视为中度风险；如果连年发生亏损或者一次性亏损数额巨大，这种风险属于高度风险。无论是何种程度的风险，对股票投资者都将产生极为不利的影响。

就股票投资者而言，企业发生经营亏损，必然会导致其股息、红利的减少甚至停发。在亏损比较严重的情况下，不仅其盈余公积、资本公积将损失殆尽，其股本也可能遭受不同程度的侵蚀。发生企业经营亏损的风险，不可避免地使其股票价格跌落，使股票投资者在损失股息、红利收益的同时，还遭受到市价降低、变现能力下降甚至终止上市交易的风险。

（3）股票发行企业破产风险。证券发行企业破产风险属于一种高度风险。当证券发行企业陷入破产清算地步时，其股票、债券交易转让的资格也就不复存在，带给证券投资者的将是证券贬值损失与变现能力丧失。债券投资者虽然享有债券本息的优先追索权，但其权益能否得到完整的保全，取决于企业破产的清算价值。如果企业资产的清算价值不能抵偿债券本息金额，便意味着企业破产的部分风险转嫁于债券投资者。作为股票投资者不仅得不到利息、红利，而且由于其对财产的追索权滞后于债券投资者，其股本往往仅能得到部分补偿，甚至损失殆尽。

3．违约风险

违约风险是指证券发行企业不能按照证券发行契约或发行承诺支付投资者债息、股息、红利及偿还债券本金而使投资者遭受损失的风险。违约风险产生的原因与经营风险存在一定的关联。违约风险的情况大致可以分为两种：一是无力履约或无力兑现承诺；二是虽有履约但兑现能力却不断下降。显然，第一种情况在很大程度上缘于企业的经营风险，这种违约风险并非出于发行企业的本意，属于无意违约风险。第二种情况的违约风险，则完全是由于发行企业故意践约而给证券投资者造成的损失，因此属于故意违约风险。故意违约风险的产生，既可以是大股东的人为操纵，也不排除企业信用缺失的因素。

无论属于何种情况，违约首先是企业丧失信誉的表现，其结果都会导致股票的抛售与市场价格的跌落。如果仅仅是暂时性违约，在投资者了解到这一情况并恢复信心后，可能会终止抛售，使股票价格反弹。否则，一旦投资者完全丧失信心，股票的抛售风潮与股票市价的猛跌也就难以避免。

可见，每个证券投资者都面临着企业的经营风险与违约风险。但因股票与债券的性质差异，不同的投资者遭受风险损失的程度是不一样的。当发生经营风险的情况下，股票投资的风险大大高于债券投资。同样，当出现违约风险时，债券投资者作为企业的债权人，为了维护自身的权益，可以付诸法律程序，强制企业偿还。而股票投资者由于是企业的所有者，没有要求企业必须偿还本金与支付股息、红利的权力，承担的风险将明显大于债券投资者。

三、股票投资风险的判断

1．系统性风险的判断

股票投资中的系统性风险是由基本经济因素的不确定性引起的、对所有股票都会产生影响的风险。对系统性风险的识别就是对一个国家一定时期宏观经济状况做出的判断。从总体上说，经济、政治稳定，股票市场发生系统性风险的可能性就小；相反，经济持续低迷、政局不稳，股票市场发生系统性风险的可能性就大。判断系统性风险，一般可以从多个方面考虑。

（1）国民经济增长率。国民经济增长率是反映国家经济活动和经济景气状态的最概括、最重要的经济指标。衡量国民经济增长率的指标有两个。一是国民生产总值，它是以货币表示的一个国家的国民于一定时期（年、季）内在国内和国外生产的全部产品和劳务的总和。这个总量，在生产方面表现为整个国民经济新增加的产品和劳务的价值总和；在分配方面表现为生产要素所有者得到的各种收入之和；在使用方面表现为居民、企业和政府为了消费和积累，购买产品和劳务的支出总和。二是国内生产总值，这是指在一国范围内生产的产品和劳务的总量。它是从国民生产总值中扣除了本国居民在国外生产的产品和劳务的净收入后的社会最终产值的总和。这两个指标具体数值不同，但变动的方向是一致的。

（2）国内投资活动。国内投资活动反映经济活动的活跃程度。一般有三个指标：

一是国内投资总额，指一国在一年内用于建造和购置固定资产的全部费用，以及原材料、半成品和在制品期末与期初库存增减的差额；二是固定资产投资额，指在一年内用于建造和购置固定资产的全部费用，不含原材料、半成品和在制品期末与期初库存增减的差额；三是新厂房和设备投资额，指向工业、交通运输业、商业等生产部门投入的用于添置固定资产的资金。这三项指标不同程度地反映出社会扩大再生产的规模和力度，投资旺盛表示资金总需求扩大，相反，则说明资金总需求减少。

(3) 信贷资金和其他资金的供给。由于银行信贷资金是社会资金总供给中的主要组成部分，也是影响货币供应量和物价水平的重要因素，所以，对股票市场的资金供求有较大的影响，从而影响股票价格的涨跌，银行统计公告会定期或不定期地公布相关的数据。

(4) 中央银行贴现率及银行利率。中央银行的贴现率是商业银行向中央银行寻求短期资金融通时的利息率。中央银行是商业银行的最后贷款人，贴现率的变动能够引起其他商业银行的利率连锁反应。利率水平与股票价格之间有至关重要的关系，我国的银行利率是由中国人民银行统一制定的，各商业银行可以在规定的幅度内浮动，但必须严格执行。银行利率提高，从理论上讲，股票价格相应下降；银行利率下降，股票价格相应上升。

(5) 通货膨胀状态。通货膨胀有三个衡量指标：批发物价指数、消费物价指数、国民生产总值平均指数。由于批发物价指数和国民生产总值平均指数编制时间较长，一般主要用消费物价指数的变动判断通货膨胀的状况。我国定期公布社会商品零售物价指数，投资者应根据这个指标判断宏观经济状况和购买力风险。

(6) 国际收支与汇率。国际收支是以货币形式表现的一国对外经济活动的结果。国际收支的变动直接关系到本国货币与外国货币的汇兑比率，逆差过大，可能会引起本国货币贬值，反之，则可能导致本国货币升值。

(7) 政府财政收支。政府财政收支是通过每年公布的预算和决算表反映出来的。政府财政状况好坏直接影响国债的发行，也影响通货膨胀水平，自然也影响股票价格的波动。

(8) 综合性经济指标。为了及时掌握宏观经济发展的动向，有的国家编制了综合性经济指标，对经济发展进行监控，股票投资者从中可及早发现一些经济发展中的倾向。

(9) 政府经济政策。政府经济政策对股票市场的影响是不言而喻的，为了促进经济的发展，调控经济，政府经常发布一些经济政策。投资者应及时了解这些政策，使投资避免盲目性。当国民经济健康发展、各项经济指标正常、国家政治形势稳定，股票市场投资者的投资热情就会较高，投资风险较小；反之，投资风险就较大。

防范系统性风险的基本方法，是了解宏观经济运行的周期性变化规律。一般应在经济萧条时期即将结束、而股票市场又有见底回升迹象时，进入股市分批购买股票进行长线投资。当经济繁荣已近顶点，而股市也已经过长时间大幅上涨，股市人声鼎沸时，应逐渐抛出股票，退出股票市场。同时，中国股票市场是一个新兴市场，管理层应根据股票市场发展情况，适时用政策来加以调控。为有效回避政策风险，还需深入研究国家的有关政策。如某一时期股市涨幅过大，投机性太强，管理层有意对股票市场加以调控时，应及时抛出股票，退出股市，等待新的买进时机。

2. 非系统性风险的判断

非系统性风险一般是由企业因素和市场因素的不确定性造成的。非系统性风险是单个企业的风险。识别非系统性风险要对企业的基本情况进行研究，判断企业素质的高低，可以通过以下几个方面进行。

（1）上市公司章程。

上市公司章程是反映公司基本情况的基本资料，根据《中华人民共和国公司法》《股份有限公司规范意见》等规定，公司章程应包括以下几个方面：公司名称、住所；公司的宗旨、经营范围；公司的设立方式、股份发行范围；公司注册资本；主要股东出资方式；股份转让办法；股东、权利、义务；公司利润分配办法；公司财务审计制度、原则；劳动管理、工资福利、社会保险等；公司法人代表及其职责；公司董事会、监事会、管理机构的组成；公司股东大会权力、章程修改、终止与清算办法及程序等。投资者从章程中能了解到企业的经营范围、实力、管理人员等方面的情况，对企业有一个大概的了解。

（2）招股说明书和上市公告书。

这是公司发行股票必须出示的法律文件。与公司章程相比，它的内容更加详细，可以提供公司近年来的经营业绩和财务状况。这两个文件必须经公司负责人、会计师、律师、工程师、证券承销商签名确认，是投资者投资的最重要依据之一。

（3）上市公司年报。

上市公司的生产经营情况是对股价影响最大的因素之一，虽然上市公司在公开发行股票之时经过了严格的审查，投资者仍然应该通过对上市公司的经常性分析，掌握企业的经营和财务状况，为投资提供依据。

上市公司每年年初都要将上年的生产经营、财务状况等情况公之于众，年中还要公布中期报告，对于重大事项随时进行公布。投资者要认真分析研究这些资料，从中得到有益的信息，以利于正确地决策。

阅读中报、年报重点要了解：公司的赢利能力；上市公司的发展潜力即成长性；上市公司的资产及财务状况；上市公司的有关重大事项；上市公司的股本变动情况等。

第一，上市公司的赢利水平包括净利润总额和每股收益率。净利润总额是上市公司的绝对赢利水平，每股收益则反映上市公司的相对赢利水平。

上市公司的赢利是否稳定，主要看其利润来源。如果其利润大多是依靠其主营业务，那么，其赢利就是比较稳定的。反之，如果利润大部分来源于副业收入，则其赢利是不稳定的。

上市公司的获利能力主要通过主营业务利润率和净资产收益率来体现。主营业务利润率表明其在主营业务上的获利能力如何，净资产收益率则表明上市公司的资本获利能力。

第二，上市公司的成长性主要看其主营业务有无市场发展潜力；上市公司的主营业务的市场占有份额是否巩固或有所提高；产品在市场中有无竞争力；上市公司的赢利水平和赢利能力是否逐年提高。

第三，上市公司的资产状况主要看股东权益比率高低、每股净资产数额大小、长期资产与长期资金来源、短期资产与短期资金来源比例是否适当。股东权益比率是指股东权益与总资产的比率，表明上市公司的总资产中，属于非负债部分的比例大小。股东权益比率低，说明上市公司善于利用杠杆经营，具有开拓性，但经营风险较大；股东权益比率较高，说明上市公司经营比较保守，但经营风险较小。每股净资产数额表明每股收益的保证程度。长期资金来源有股东权益和长期负债，短期资金来源就是短期负债。如果短期资金来源于长期资金，形成长期资产，公司容易出现债务问题；如果长期资金来源于短期资金，说明筹资不当。

第四，上市公司的财务状况主要包括上市公司在经营中是否存在资金困难，有无债务风险。主要有流动比率、速动比率、现金比率。这三个指标较高，说明偿付债务能力较强，债务风险较小；反之，债务风险较大。

第五，上市公司的重大事项主要指上市公司有无法律纠纷，有无对公司发展具有重大影响的投资项目，有无大的股权变动等。

第六，上市公司的股本变动情况也是一个重要的方面。因为国家股、法人股始终是困扰证券市场发展的难题，而流通股的多寡对股票价格的高低和股票活跃程度起着十分重要的作用。同时应密切注意董监事持股的情况，因为它从一个方面反映了公司的经营状况。

第七，公司的应收账款和投资收益。应注意财务报表附注内公司的应收账款和投资收益两项。应收账款增加表明企业的产品销售不佳，出现赊销，影响企业资金周转。投资收益是公司投资于其主业的收入，投资得当的话可以降低公司的经营风险，增加利润。

通过有重点地阅读上市公司的年报（中报），留意公司的重大事项公告，投资者就可以基本了解上市公司的经营情况、财务状况、发展目标和存在的问题，有的放矢地进行投资，提高成功的概率。

防范非系统性风险的方法，主要是通过持有股票的多样化和正确的投资组合来减少甚至基本消除非系统性风险。从理论上讲，持有股票的种类越多，就越能消除非系统性风险，但在实际操作中，投资者不可能把资金平均分配到每一种股票上去，一是资金有限，二是股票种类太多，不利于操作。根据统计分析，增加持股种类，可以减少非系统性风险，但这种减少的速度是递减的。

四、股票投资风险的防范原则

要防范股票投资风险，就要认真学习股票投资的各种知识。买卖股票时，首先要了解、分析、认识股票投资环境；明确经济发展状况；再进行股票市场循环周期分析；最后才是选择上市公司和股票，不断提高预测股票市场发展方向的能力。在人气低迷时买入股票，尽量避免在股市高潮时买入股票。综合运用基本分析和技术分析的方法，既重视企业的发展前景，又重视进入股票市场时机的选择。以中长线投资为主，减少短线操作的次数，培养良好的心理素质。

1．投资方式要与投资环境相适应

股票投资环境主要包括：股票投资的资金来源和数量，投资者对投资收益的依赖性，投资者的投资知识和技巧，以及投资时间的长短。一个心理素质较差的投资者就不应投资于投机性强的股票，也应避免短线频繁操作。因为短线频繁操作，难免有盈有亏，在出现亏损时心理素质差的人容易出现精神崩溃。对于经济状况良好，且有投资知识、有时间的投资者就可适当投资或投机股票，以求得最大限度的资本利得。

2．投资对象分散化原则

由于非系统性风险可以通过增加投资对象种类而减少，从而使整个投资组合的风险下降，所以，投资对象分散化是减少投资风险的必要措施，也是个人投资者应当遵循的基本原则。投资者不要仅仅选择一种股票投资，而应当投资于几种或几十种股票（投资股票资金量比较大时），以提高投资的安全性，规避投资的风险。

3．制订科学的投资计划并严格按计划投资

制订投资计划是一项十分重要的工作，没有投资计划的投资往往是盲目的投资，而盲目的投资也是失败的投资。制订投资计划有助于减少投资者的错误判断和决策，引导投资者正确判断市场，科学投资，取得投资的成功。

4．理性科学投资

股票市场是一个十分残酷的市场，这里没有任何人情可讲，一个人赚钱常常是以另一个人赔钱为前提的。由于股票市场价格变幻无常，谁也难以准确把握，如果凭感情办事，以道听途说为依据进行买进卖出，必然频繁失手，招致损失。因此，在进行股票投资时，必须坚持理智分析，慎重决策，才能将损失降低到最小限度，不断增加赢利，取得投资活动的最后成功。

5．闲置资金投资原则

作为个人投资者，一般来说，其资金往往是较少的，但是，这并不妨碍进行股票投资。投资的资金应当是除了衣食住行等日常开支之外的闲散资金。如果投资者把生活费用都投入股票市场，并期望从中得到利润来维持生计，大多会导致投资失败。许多股票都是随着时间的推移而增值的，许多投资者就是依靠时间的因素而获利的。但是，时间又是产生风险的基本因素之一。如果消除了时间因素，风险也就不存在了。这种获利机会的出现仅仅是一种可能性，要在限定的时间里捕捉这样的机会，就显得非常困难。因此，当投资者以闲散资金投入股票市场时，他就有可能在适当的时间，而不必在限定的时间，遇到获利的机会，因为他可以等待。闲置资金原则可以使投资者避免因承担过大的心理压力而导致决策失误，使投资者具有较强的抗风险能力。万一投资决策失误也不会影响正常的生活，使投资者有较多的时间来研究买卖时机。

6. 坚持避免借贷的原则

股票投资的特点是高风险高回报，风险时时刻刻都伴随着投资者。股票投资看似简单，谁都可以进行，实则不然。只有具备经济上宽裕、时间充足、投资知识丰富等多种条件的人才适合进行股票投资。经济条件宽裕是股票投资的先决条件。有的人囊中羞涩，其收入仅够养家糊口，却希望借助别人的母鸡给自己生出金蛋，靠借贷投资股票，这是极不明智的，也是十分危险的。一旦出现亏损，尤其是出现较大亏损时有可能把自己置于危险的境地。因为投资者取得贷款是以付出利息为代价的，这不仅会大大侵蚀投资利润，而且会给投资者带来巨大的心理压力。因为投资收益尚无法确定，而贷款的利息却已确定；由于借贷的金额往往大于自己的自有资金，这样虽然能极大地提高投资收益，但也加大了投资风险；所有的贷款都是有还款期限的，这个期限就大大限制了投资者从容捕捉机会的时间，减少了获利机会，增大了亏损的概率。所以，在任何情况下都不可倾其所有投入股市，更不可过分借贷投资股票。

7. 坚持长期投资的原则

多长的时间才算是长期投资，这并没有确切的期限，长期投资的原则并不要求投资者不研究市场行情而盲目地长期持有一种股票，而是要求投资者抛弃在几天或几周内赚取大钱的思路。但如果市场在几天或几周内出现了较大的获利机会，也不应轻易放弃。长期投资原则，要求投资者尽可能地去发现具有较大潜力的优质股票，并且长期持有这种股票。代表优秀公司的优质股票，会随着公司的成长和发展而增值，并给投资者带来丰厚的回报。投资者如果坚持长期投资的原则，有可能抵抗住人的本性的冲动和直觉的驱使，从而避免因此而导致决策失误。

8. 培养良好的投资习惯

投资专家凯因斯曾指出，专业投资这种游戏，对于一点赌性都没有的人而言，真是既无聊又繁琐。至于有赌性而对投资又有兴趣的人，想要以此为业，则必须付出适当的代价。这就是说，要在股票市场有所成就，就必须把股票投资当成重要的工作，而不只是赌博冒险。

在投资股票的过程中，每个成功的投资者都会有一些自己的观点和独特的方法，这些看法和方法很可能有许多是不完全正确和带有偏见的。在投资的过程中，投资者必须不断地调整自己业已形成的错误观念，使自己的主观符合股票市场的客观，在实践中取得成功。

9. 制定明确的目标

虽然在股票市场获取投资收益和资本利得无疑是投资股票的目的，但还需要制定具体的目标，如年赢利百分之几十。目标定得越具体，对投资决策及安排越有帮助。因为有了明确的目标后，就可以使你把注意力和时间集中到实现目标上，排除其他干扰。

10. 制定具体的投资步骤

要把该做的与股票投资相关的事项，列出一系列详细的步骤清单，如阅读有关报刊、阅读电子媒体、学习安排、技术分析安排等。

11．制定投资策略

投资策略是投资成败的重要因素。投资策略很多，关键是要寻找适合自己的投资策略，而这要在投资实践中逐步形成。养成好的投资习惯并不是一件容易的事，许多投资者都是在坚持一段时期后半途而废。之所以会这样，是因为人是一个容易被习惯牵着鼻子走的动物，而要在变幻莫测的股票市场成功，就必须养成好的投资习惯。持之以恒地养成好的习惯，这是一个成功的投资者必需的。

12．在股票操作中等待与休息

进行股票投资，不仅要买进和卖出，而且要休息，这也是股票投资的重要方法。因为股票市场并不总是上涨，也有下跌和盘整的时候，没有只涨不跌的股市。特别是对于股市的动向还把握不准，无法判断股价将向上或向下时，不妨暂时离场休息。因为休息是为了积蓄实力，以便更好地迎接下一次行情的到来。而且，休息要彻底，一旦决定休息，就要彻底停止买卖。如果休息只是停止卖出而继续买进或停止买进而继续卖出的话，那么这种单方面的停止是达不到休息的效果的，也没有任何意义。在无法决定该买或该卖时，最聪明的选择就是什么都不做。

股票市场行情涨涨跌跌，股票价格有时处于高潮，有时处于低潮。当你对股市走向不抱乐观态度或感到无所适从时，不妨暂且住手，因为休息是为了走更长的路。

要想在股市生存，等待的功夫也许是一种基本功。当你十分迷惘、搞不清该何去何从时，就要耐心等待。不能把等待看成是消极的行为，实际上，它是一种积极的行为。认为购入的时机不理想、胜算很少时，与其冒风险介入，不如退出等待，这是一种有效的取胜之道。在股票投资中等待往往是值得的，等待也是一种策略。

投资于股市，等待是必修课。它表明，股市并不是每天都有适合自己的机会。适合于你的投资机会需要耐心等待，投资的程序是买进、卖出、等待。从一定意义上说，等待也是一种投资，即调整心态，研究行情，积蓄力量，以利再战。

五、股票投资风险的防范方法

股票市场风险是客观存在的，但它又是可以防范、降低的。防范和降低投资风险的前提是投资者的正确投资决策和采取正确有效的投资行为。从事股票投资必须具有强烈的风险意识，正确地确定股票投资的策略，选择股票投资的方式和投资时机，量力而行，伺机而动，从而最大限度地防范和降低风险。

股票市场风险是无法回避的，但投资者可以设法降低其影响：第一，根据经济周期的变化，选择好投资与退出的恰当时机，采取在多头市场来临前购入，于空头市场来临前卖出，即牛市持股、熊市持币的策略；第二，根据经济周期的变化，选择好投资的对象，即在萧条阶段经复苏阶段到高涨阶段期间投资于周期性股票，而在高涨阶段经衰退阶段到萧条阶段期间，投资于反周期性股票即防守性股票，或者投资于长期具有良好财务状况的公司和有发展前景的企业，其抗风险能力较强。

1．建立有效的股票投资组合

以股票投资理论为指导，建立有效的股票投资组合，以防范股票投资的非系统性风险。进行股票投资不可避免地要承担风险，风险与收益在股票投资中总是相伴而生。但是，在股票市场上，股票多种多样，不同股票的风险也各不相同，各家上市公司的股票都与特定收益和风险相联系。通过建立有效的股票投资组合，用预期投资收益较高的股票所带来的投资报酬来弥补因具有较大风险的股票造成的损失，以防范股票投资的非系统性风险。有效的股票组合不是唯一的，可以从不同的角度对其加以确认。

同时，还要采用科学理性的方法，适时地对已有的股票投资组合进行调整，以防范因经济环境和市场条件变化给投资者带来的风险。

2. 回避市场风险

由于市场风险来自各种因素，因而需要综合运用回避方法，具体可以做几个方面的工作。

（1）选择买卖时机。股票市场的运行主要有上升趋势、下降趋势和水平趋势。当股票市场处于上升趋势时，大部分股票的价格都会上涨，在这种情况下，投资者应以买进股票为主；而股票市场处于下降趋势时，大部分股票的价格都会下跌，投资者应以卖出为主；而当股票市场处于水平趋势时，投资者可以低买高卖。

（2）分批买进股票。由于股票市场总是处于不断的波动之中，时好时坏。若在某一时期一次性购入太多的同类股票，风险就会增大，很可能因股票市场的下跌而亏损。通常的做法是分批买进不同类型的股票，就不至于因一次买进后价格大幅波动而遭受损失。

（3）注意经济周期。经济具有周期性，当经济景气时，股票市场一般走势良好，股票交易活跃，价格往往会上涨；当经济不景气时，股票市场一般走势低迷。股票市场的价格变动往往先于经济指标的改变，所以特别要注意经济周期中经济运行拐点的出现。

3. 力避通货膨胀风险

一般情况下，在通货膨胀期间，固定利率的资产将会贬值，投资者的购买力将会下降。为应对通货膨胀，投资者应该回避固定利率的债券和其他固定收益的证券，持有一些浮动利率的证券。在通货膨胀期间，股票投资者应关注市场上价格上涨幅度较高的商品，从生产该类商品的企业中挑选出获利水平和获利能力高的上市公司进行投资。这些公司的证券，尤其是股票的价格往往会上涨。购买这类型股票就能有效地避开购买力风险，特别是在通货膨胀初期或者温和的通货膨胀状况下。当然，如果通货膨胀率太高，开始滑向恶性通货膨胀的时候，政府往往会采取紧缩的调控政策，可能引起整个股票市场股价的下跌，这时投资者最好出局观望。

4. 回避利率风险

市场利率的波动是基于市场资金供求状况随基准利率水平的波动而波动的。不同的经济发展阶段市场资金供求状况不同，中央银行根据宏观金融调控的要求调节基准利率水平。当中央银行调整利率时，各种金融资产的利率和价格必然做出灵敏的市场反应。所以利率风险是无法回避的。但是，投资者可以设法降低其影响，可以根据经济形势变化，预计利率将要提高时，减少对固定利率债券尤其是长期债券的持有；预计利率将要下降时，提高金融资产中相应敏感性证券例如股票的比重。

一般情况下，利率的高低与股票价格呈负相关的关系。市场利率上升引起债券类固定收益产品价格下降，股票价格下跌；反之，市场利率下降会引起债券类固定收益产品价格上升，股票价格上涨。因此，当市场利率上升、股票市场下跌时，投资者应尽量少买或不买股票。当然，还应具体结合上市公司自身的实际情况，了解公司营运资金中自有资金成分的比例。因为，当市场利率升高时，会给借款较多的上市公司的经营带来困难，从而影响股票价格；而利率的升降对那些借款较少、自有资金较多的公司影响不大。因而，利率上升时，一般要少买或不买借款较多的企业的股票；利率波动变化难以捉摸时，应优先购买那些自有资金较多的企业股票，这样就可避免利率风险。

5. 中小投资者选择证券投资基金

一般来说，基金可分为两种：一种是专门用于某项事业发展的资金，如社会保障基金、养老基金、学术奖励基金、教育基金等；另一种基金是作为社会公众合伙投资的公众投资基金，赢利以货币形式返还给投资者。我们这里所说的基金，就是后一种意义上的基金。所谓投资基金，它的含义是指大众化的证券投资方式，即它是由不确定的多数投资者以不等额出资方式汇集而成的基金。它是通过向投资者发行受益单位，将大众零散资金募集起来，交由具有专门知识和经验的投资专家进行管理和运作，并委托卓有信誉的金融机构为保管人或信托人对资产进行保管，且负责资金的清算与交割，运用多元化的投资组合，分散投资风险，谋求资本的长期增值，获得收益后由投资者按出资比例分享利润的一种投资形式。

6. 修炼自身战胜自我

股票投资是风险投资，这种风险来自市场、企业、国家经济政策等方面，也来自投资者自身。事实证明，来自外部的风险导致投资者大量亏损的例子并不普遍，而来自投资者自身的风险才是导致大量投资者亏损的真正原因。因此，投资者在防范外部风险的同时，更要防范来自自身的风险，特别是因心态不好造成的风险。

防范来自投资者自身的风险，就要求投资者采取有效的投资方法，保持良好的心理状态。一般情况下，来自投资者自身的风险主要包括以下几个方面：错误地判断股票的投资价值；盲目进行股票的买卖活动，没有一定的原则；错误地判断股票买卖的时机，错过股票买卖的最佳时机；缺乏股票投资所需的智慧和艺术；缺乏自我调节、自我控制的心理素质。

总之，投资者正确的投资决策、投资行为和良好的心理素质，可以引导投资者走向成功之路；而错误的投资决策、投资行为和不良的心理素质，必然把投资者引向危险的境地，给投资者造成经济上的巨大损失、精神上的巨大痛苦，使投资者难以自拔。

为了防范由于投资者自身的因素带来的风险，投资者在进入股票市场前要学习股票投资的基本知识，掌握股票投资的一般技巧，学会用基本分析和技术分析的方法分析股市走向。如有时间，可模拟进行一段时间的股票买卖，检验自己分析预测的能力如何。然后选择适合自己的投资方式、投资对象和投资时机。更重要的是，要培养自己不贪婪、不害怕，遇到股市大起大落能稳坐钓鱼台的大将风度。还要培养自己独立的分析研究能力，不听风就是雨，不因为别人的未经证实的消息而改变自己的决定，以保证股票投资决策和行为的正确。

投资者投资股票，敌人首先是自己。要想在股票市场成功，先得战胜自己，战胜不了自我就战胜不了股市。要想在股市轻易赚钱是困难的，而要战胜自己就更加困难，投资者只有不断战胜一个又一个困难，才能走向成熟，取得成功。

【重要信息延伸阅读】

资本市场改革路线图与时间表（3）

2015 年 03 月 14 日 01：42　来源：《21 世纪经济报道》　采编：东方财富网

推进资产证券化发展

资产证券化作为 2015 年两会期间被强化的新名词备受关注，周小川在两会期间透露，资产证券化一直在试点当中，从未暂停过。

关于资产证券化的讨论也落到了细节处。如交银施罗德副总经理谢卫在今年两会提交的议案就是《关于推进资产证券化发展的建议》。

他指出，与金融发达国家相比，我国的资产证券化尚处初级阶段。推进资产证券化应发展投资者队伍，建立多元的投资者结构，提高市场流动性；制定更高层级的监管法规，实现市场间的互联互通；完善相关配套制度，加强中介机构的行业规范。

上交所理事长桂敏杰在其提案中也提到资产证券化，并建议明确资产证券化的税收政策。他认为，在资产证券化业务中不因 SPV（Special Purpose Vehicle）的设立导致重复征税，是降低各参与主体的投融资成本、推进资产证券化发展的关键因素，也是成熟市场的通行做法。

他建议财政部、税务总局、法制办参照国内外资产证券化税收体系，结合中国税收法律环境，明确我国企业资产证券化税收政策。

永隆银行董事长、前招商银行行长马蔚华的提案是关于完善我国金融租赁资产证券化业务中的涉税问题。

他建议，税务机构能从实质重于形式的角度出发，允许金融租赁公司在开展资产证券化业务时比照其他融资业务，按租赁合同向承租人开具增值税发票，同时抵扣相应资金成本。

深港通年内推出

沪港通推出后，深港通的脚步也加快了。深港通 2015 年第一次出现在全国两会的提案建言中，且也是进展较为明确的一件资本市场大事。

李克强总理在 2015 年政府工作报告中明确指出，要适时启动深港通试点。

证监会主席肖钢在两会期间也表示，深港通各项准备工作正在有序推进，将由中国证监会和香港证监会以发布联合公告的方式宣布推出，预计将于2015年上半年成行。随后两地交易所、结算机构等还需进行准备工作，年内有望正式推出。

2015年3月8日，在证监会系统代表委员第二次媒体见面会上，深交所总经理宋丽萍亦证实了这一推出时间点。她说，深交所正在进行注册制改革的准备工作，首批审核人员已到港交所跟岗培训，目前深港通已完成方案设计和技术开发，待两地监管机构批准后，将组织市场业务和技术准备，积极推动实施。

有了沪港通的先例，深港通首次在两会上提出即有了比较确定的进展。

香港立法会金融服务界议员张华峰在两会期间与肖钢会面后表示，除了初步确定推出时间外，还提到了有意将深交所中小企业板及创业板股票纳入深港通的投资范围。此外，张华峰透露，内地与香港两地基金互认应该已经成熟，正在审批当中，预料很快便会出台。

央行行长周小川在2015年3月12日的记者会上也提及深港通。他说，沪港通出台时，因为对新鲜事物不太有把握，设计保守了一些，但沪港通为深港通打下了基础，给深港通提供了思路，今年深港通将出台。

他认为，深港通会在资本市场相互沟通方面给予香港和内地更大的管理便利性。而对于香港离岸人民币业务，周小川说，只要有需要，央行就会有一些调节手段，并可能出台一些新举措来支持香港起到离岸人民币中心作用。

六、股票投资收益与风险的关系

收益与风险相对应的原理只是揭示两者这种内在的本质关系。收益与风险共生共存，承担风险是获取收益的前提；收益是风险的成本和报酬。预期收益率等于无风险利率加上风险补偿。预期收益率是投资者承受各种风险应得的补偿，无风险收益率是指把资金投资于某一没有任何风险的投资对象而能得的利息率。这是一种理想的投资收益。我们把这种收益率作为一种基本收益，再考虑各种可能出现的风险，使投资者得到应有的补偿。

在现实生活中，不可能存在没有任何风险的理想股票，但可以找到某种收益变动小的证券来代替。美国一般将联邦政府发行的短期国库券视为无风险证券，把短期国库券利率视为无风险利率。这是因为美国短期国库券由联邦政府发行，联邦政府有征税权和货币发行权，债券的还本付息有可靠保障，因此没有信用风险。另外，政府债券也没有财务风险和经营风险。同时，短期国库券以91天期为代表。只要在这期间没有严重通货膨胀、联邦储备银行没有调整利率，也几乎没有购买力风险和利率风险。短期国库券的利率很低，其利息可以视为投资者牺牲目前消费、让渡货币使用权的补偿。

在股票投资的过程中，其风险无处不在。当然，由于投资者自身的素质不同、选择的投资策略不同、投资的方式不同、投资的时机不同等，其所面临的风险程度大小也各不相同。投资者面临着多方面的风险，而各方面的风险都可能给投资者带来严重的损失。因此，投资者对各方面的风险都必须有足够的认识，密切注视各种风险，考虑自身的经济实力，提高对信息与行情的分析能力，采取有效的投资行为，尽量避免和降低投资风险，以获得理想的投资收益。

【重要信息延伸阅读】

资本市场改革路线图与时间表（2）

2015年03月14日01：42　来源：《21世纪经济报道》　采编：东方财富网

四季度完成证券法修订

注册制落地的一个前提条件就是要修订《中华人民共和国证券法》，而这一事项在今年两会代表委员的发言中隐隐透出了比较明确的时间表。

证监会主席肖钢称，目前证券法的修订正在积极推进。预计2015年4月下旬进行“一读”，要经过“三读”以后，修订才能完成并开始实施。现在还没有确定的时间。

不过，全国人大财经委副主任尹中卿在谈到证券法修订进展时给出了模糊的时点。他表示，按照2015年的立法工作计划，今年4月下旬的全国人大常委会应该会安排审议证券法修订草案。如果顺利，之后经过二审、三审，年内有望出台。

尹中卿透露，这一年多来，全国人大财经委的证券法修改小组到广东、重庆等地调研，深入研究了证券法实施中的突出问题，同时也对国外最近几年来证券法制的进展情况进行了研究，2014年上半年拿出了证券法修订草案。2014年7月，审议并原则通过了这一修订草案，现在正在抓紧做好的是证券法修订草案提请审议工作。

事实上，在此前几日，全国人大财经委副主任吴晓灵曾透露，按正常进度，证券法修订案有望在2015年4月底上会。初审后，需要征求意见并总结，最快8月份进行二审，10月份完成三审。也就是说，新的证券法最快也要在2015年四季度颁布出炉。

对于证券法修订内容，2014年两会传出的说法是，扩大“证券”定义范围，为打击变相非法证券融资提供法律依据，为构建多层次资本市场预留空间，加强证券监管机构监管和检查手段，大幅提高违法违规处罚标准等内容。从2015年来看，必将加快股票发行注册制改革的步伐。

此外，长江证券董事长杨泽柱还建议，在修订证券法时设补充条款，明确定义债券场外交易平台，并以立法形式确立证监会在债券市场监管中的主导地位。广东证监局局长侯外林则建议，公司法应与证券法联动修订。

细化互联网金融监管方式

互联网金融也是去年两会延续下来的话题，但在今年两会上，不仅讨论热度更高，且也被“赋予”了新的关注角度。

在2014年度的政府工作报告中，有关互联网金融的内容是“促进互联网金融健康发展”。这也是其首次被写入政府工作报告。

再看2015年总理的政府工作报告，除了促进互联网金融健康发展外，还进一步明确提出“制定”互联网+“行动计划”，以推动移动互联网、云计算、大数据、物联网等与现代制造业结合，也促进电子商务、工业互联网健康发展，引导互联网企业拓展国际市场。

对互联网金融适当合理监管，也是今年两会不少代表委员的主体观点。值得一提的是，他们大多透露出一个信号，即一项针对互联网金融的法律法规正在形成当中。

2015年3月12日，央行行长周小川在记者会上表示，针对互联网金融的新政策目前正在起草讨论中，估计不久就会与大家见面。这个政策一方面是支持互联网金融发展，另一方面也要给予适度监管。

该说法与吴晓灵此前说的“政府不会对互联网金融有特别的立法规定”较为一致。

具体监管细节方面，中国保监会原副主席李克穆建议，要在银、证、保三个领域相关联的角度设置监管规则，充分预计到互联网金融技术上的复杂性，提高监管部门技术水准，提高在线业务监管与传统行业差距，预防一些有可能发生的风险。

东方资产管理公司原总裁梅兴保还表示，互联网金融是存在漏洞的，如身份识别问题，互联网金融中P2P、众筹与非法集资的界限还不清楚等。

而中央财大金融学院教授贺强的观点是，对互联网金融应分级监管，摒弃一刀切。

第十章　股票投资实践

【重要信息阅读】

一带一路规划近期或出台 中国实现资本输出（1）

2015年03月14日05：49　来源：《中国经营报》　采编：东方财富网

产能过剩，外汇储备过高，资源禀赋严重不足……

这是摆在本届政府面前亟待解决的难题。30多年的改革开放释放的政策红利让中国经济一路奔跑，经济总量跃升为排名第二，而上述问题却让中国的经济后续增长面临挑战。

作为本届政府最重要的战略规划，一带一路战略的出台，恰恰可以在相当程度上解决当今中国经济发展之路上所遇到的以上难题。该战略一经提出便受到了资本市场密切关注，由此催生的产业投资机会，令相关领域公司的股价在股票市场的表现成为一道靓丽的风景线。

有消息称，一带一路规划已于2014年通过，有望在全国两会结束后发布；并且两会期间有官方人士向媒体透露，一带一路规划相关文本已经交付印刷，不久后将会公布。

一带一路战略构想是建立在沿途所有国家互补多赢的基础上，且多国表示自愿参与，这也为一带一路战略的持续性和长期性提供了保障。而这无疑也给金融资本和产业资本的介入吃了一颗定心丸。

中国近4万亿元的外汇储备已成心头之痒。其一，中国每年引进大约500亿美元的外资投资，为此国家要提供大量的税收优惠；其二，中国又持有大量外汇储备闲置不用，付出高昂的机会成本；其三，按照IMF的规定，外储充足的国家不但不能享受优惠低息贷款，还必须在必要时对国际收支发生困难的其他成员国提供帮助，虽然中国一直勇于承担国际义务，但毕竟还是一个发展中国家。

实际上，中国外汇储备的形成一方面是由于出口规模的增长，还有一个重要原因是对外投资频频受限。为了提高中国企业的国际竞争力，提高外储的使用效率，早在一带一路战略出台之前，中国企业，特别是中国国企的“走出去”战略已经实施多年，但异常艰难。最突出的表现，莫过于欧美一些国家对中国国企多起并购案的非经济因素限制，其背后是双方缺少信任。而中国在一些欠发达地区的投资往往曝出巨额亏损。

中国企业“走出去”不容易，恰恰又与大多数行业的产能过剩发生“追尾”。国务院总理李克强在2014年3月5日作《政府工作报告》时提到，面对产能严重过剩行业，2014 年要淘汰钢铁 2 700 万吨、水泥 4 200 万吨、平板玻璃 3 500 万标准箱等落后产能。时过一年，中国的产能过剩问题仍然十分突出，以至于 2015 年的政府工作报告中，李克强总理再次强调产能过剩问题。

制约中国经济可持续增长的另一重要因素是自然资源短缺。以石油为例，从 1993 年以来，中国成为石油净进口国，目前是世界第一大石油净进口国，对外依存度接近 60%；自 2007 年以来，中国成为天然气净进口国，如今天然气对外依存度超过 30%。

目前，中国原油进口来源多元化程度不够。中东和非洲是我国原油进口的主要区域，进口来源国主要是沙特、安哥拉和伊朗等国家，而这些国家和地区有失稳定的政治格局让外来投资企业增加了很多风险。其次我国原油进口通道多元化程度不足，对海运通道尤其是对马六甲海峡和霍尔木兹海峡形成高度依赖，然而我国在这一地区的影响力和控制力还比较弱，这会对我国的能源安全现状构成巨大的威胁。同时，我国抵御能源价格上涨和大幅波动的能力比较弱。

上述问题的长期存在，使得我国未来经济发展如鲠在喉。对此，中国与周边 21 个邻国中的绝大部分国家签订有双边或多边的协议，在经贸与政治文化交流上互通往来。国内也不断出台政策鼓励企业走出去，到其他国家寻找资源和市场。目前上海合作组织、欧亚经济联盟、中国 – 东盟（10 + 1）等多边机制的框架，已为我国企业走出去形成了稳定的政治渠道。

不难发现，中国企业在走出去的战略中，与周边邻国的大多数国家的经贸往来是既有竞争也有互补。而唯独与中亚国家的贸易关系几乎是完全互补，这意味着中国与中亚之间的合作关系将会更为稳固且久远。

在上述宏观背景之下，一带一路战略的出台是国家领导层审时度势提出的重要战略。“促转型，调结构”一直是国务院近几年来在全国经济工作会议中经常被提到的六个字，可是怎么转怎么调，国内并没有出现一个统一且被高度认同的方案，一带一路战略的提出很好地回答了这个问题。

股票投资是最注重实践的工作之一，因为股票投资理论和股票投资实际可能是距离最远的理论与实践。由此，股票投资的实践是最需要我们学习和掌握的。但是，在瞬息万变的股票市场，我们最难掌握的可能也是股票投资的实践。对于股票市场的股票投资实践，我们需要面对众多的甚至杂乱无章的各种各样的、真假难辨的信息，长期的、短期的、稳定的、不稳定的上市公司经营活动变化。我们既需要对宏观的政治、经济社会信息的判断，也需要对微观的企业经营行为的思考，还需要对中观行业、区域经济变化的分析。对于股票投资的实践，是没有定规定矩的，自己能够掌握并有效应用于实践的，就是有效的好的方法，别人的实践经验只是为我们提供了别人能够有效应用的别人的经验而已。

第一节　客观的宏观分析

一、依法治国与中国股票市场光明的未来

2014 年 10 月 28 日《中共中央关于全面推进依法治国若干重大问题的决定》正式发布，这一天，就政策层面而言，非常值得纪念。这是一次正式、详尽版的正式发布，内容有很多落地的实质性措施，这充分表明中央对依法治国的坚定态度。对未来制度完善，完善制度过程中执行层面的落实，对中国各个领域、各个方面，甚至股票市场的发展都具有相当深远的积极影响。

所以，2014 年 10 月 28 日的股票市场，一根中阳一扫前期的阴霾，量能放大，相当精彩。就股票市场盘面而言，这一天，很值得纪念，全天大盘分时图上，几乎是很标准沿着 45 度角一路上涨的走势。期间基本没有明显的回落，简直就是横扫所有空头的味道，这是很多时候只在个股上才能见到的情景出现了，罕见现象的背后显然是相当坚定的多头意图。反映了投资者对中国依法治国充满信心。

投资中国股票市场，就是投资中国的未来，虽然 2014 年 10 月 28 日的政策不是直接针对资本市场，更多谈到的是法制内容。但我们非常清楚，过去中国股票市场为何怪象连连，关键就是一些制度的不完善，还有更重要的就是一些制度在具体层面上落实不够坚决。这次，依法治国所涉及的是中国所有层面，资本市场也不例外，投资中国的未来，可以想象，一旦制度、法制更完善，更健全，更强大，中国能不更精彩吗！

所以，回到股票市场就可以理解，为何 2014 年 10 月 28 日会突然大涨。其实，说白了，就是一些资金相当坚定看好中国的未来。那么，为何 2014 年 10 月 28 日之前会出现阴跌走势呢？而且看上去貌似挺难看。我们想回答的是，资本市场本质上就是充分博弈的市场，也是阴阳平衡的市场，要有未来极其精彩的大阳，必然会有过去极其痛苦的大阴，这样才是平衡。想想过去，6 124 点下来，以上证指数而言，有多少令市场痛苦的大阴，但也正是如此，才会孕育未来超越大多数人想象的大行情。

这位置的反复，这位置的动荡，都是为了未来更多的精彩所做的必要蓄势、必要换手、必要平衡。2014 年 10 月或许让很多人有点纠结，但是，我们一直都很坚定，只是，面对反复过程中，我们在具体操作层面上，可以适当灵活而已。但有一点是很清楚的，就是再怎么灵活，我们都肯定不会为了追求市场可能的所谓调整更低点，而舍弃掉手中必要的底仓。

甚至，我们可以说，这时候，一时城池的得失，不是最关键的，最关键的在于，我们的市场在正式迈向更高位置，我们的牛股再正式疯狂爆发时，我们一定要在里面。我们绝不能为了一时的蝇头小利，而错失真正属于自己的大未来。

加强法制、依法治国，有助于激发市场信心，奠定牛市根基。

我们可以斗胆而言，不需要太长时间，中国股票市场将会在股价上消灭两元、三元、甚至四元、五元股票的同时，也就是在消灭“白菜价”股票的同时，消灭总市值100亿元以内的上市公司。这就是中国股票市场的未来。

作为个人投资者，我们信服看起来有些迂腐的三字经“做好人、买好股、得好报”。

二、怎样做好股票市值翻番的中国梦

1. 一年翻一番，你觉得那是梦想吗

能否将股票市值一年翻一倍，有人认为是天方夜谭。美国的头号职业炒家，彼得·林奇管理的麦哲伦基金，年均收益也只是29.2%，而索罗斯在投资生涯中最辉煌的1997年，收益亦只有43%，难道你比以上的股坛高手更加出类拔萃？有人则认为是小儿科，只要是抓住拥有大资金机构的“牛鼻子”，一条消息便能轻松使账户资金翻跟斗。

一年翻一倍，在国内股票市场中既有可能性亦有现实性，近年来每年涨幅达1倍以上的个股很多，随便逮住一只便可让您翻番，何况不少的个股每年涨幅高达四五倍。实践中，媒体也挖掘出一年赚10倍8倍的个人投资者明星，说明一年翻一倍并非痴人说梦。但现实状况是，据每年的媒体调查，投资者亏损的比例从未低于50%，赚钱的幸运儿收益多在30%以下，能够达到100%以上的属于凤毛麟角。

科学家认为，人类本来有许多潜能，只是由于各种后天因素一直未能充分挖掘，例如人本来能够活到两百岁，但各种后天因素影响使“人生七十古来稀”，同样，以下各种各样错误的投资手法使我们未能达到理想的投资收益。

（1）低效的资金管理。包括：滥买，听信“不将鸡蛋放在一个篮子”之类的策略，东买一点西买一点，几万元的资金买了十几只股票，最后将账户弄成杂货铺；瞎买，不管是地雷股、冬眠股乱买一气，结果有限的现金没有生儿育女而是发霉变质，不断缩水；不会空仓，无论牛市或熊市，一年四季都处于满仓状态，最好的时机到来时却弹尽粮绝，春天到来前自己却在冬天冻僵了。

（2）不恰当的时间管理。包括：不会等待合适的买入时机，大盘步步走低时硬在冬天播种，结果颗粒无收还倒贴种子；不会选择合理的持股时间，应该中线持股时却坚持“短线是银”，往往在金稻刚刚长芽时便割青苗，或是盲目信奉“长线是金”，苹果熟透了也不知采摘，结果终点又回到起点；不会选择合适的卖出时机，曲终人散时仍流连忘返，总是津津有味饱食最后的晚餐后被拥有大资金的机构捉去买单。

（3）不正确的买卖习惯。包括：依赖消息，指望别人替自己找到发财的路子，甚至别人怎么骗自己就怎么信；随意操作，没有自己的理念与原则，选股靠蒙，靠赌运气，看着哪个顺眼买哪个，指望一朝蒙对一夜暴富；过度操作，偶尔做对一两次便认为自己是股神，追高杀低，成十成百次犯同一种错误，不断交学费而毫无长进。股票投资的历史便是一部被套、等套、解套、又套……的历史。不养成好习惯必然养成坏习惯，在股票市场不养成赚钱的好习惯必然养成赔钱的坏习惯。要实现在股票市场倍增的理想，必须持之以恒坚持严格的操作纪律、培养良好的操作习惯。

2. 股票市场里的“原子裂变”——倍增原理简析

股票市场能够带来财富，但究竟股票市场创造财富的潜力有多大，大家或许并未仔细考虑。我们先来看一下，假如你股票投资投入 3 万元钱，每年收益都能翻一番，六年之后你将有：

第一年：3×2=6 万
第二年：6×2=12 万
第三年：12×2=24 万
第四年：24×2=48 万
第五年：48×2=96 万
第六年：96×2=192 万

也就是说，六年之后你便成为百万富翁。假如你投入的不是 3 万，而是 30 万，按照此公式推算，六年之后你便是千万吨级的小型“航空母舰”了。可见，股票市场的倍增原理，简单说便是滚雪球。刚开始时慢，但只要以复利的速度稳定增长，财富积累的速度会越来越快，最后达到惊人的收益，犹如小小的原子裂变时产生巨大的能量，这便是股票市场的倍增魅力所在。当然，这是一个理想模型，要使理想变成现实，有两个条件。

（1）确保不套牢，没有出现大的亏损失误。

（2）收益保持稳定增长，每年收益都能在上年的基础上翻一番。

要实现这两个条件难吗？说难也难，说易也易，股票市场里机会满地爬，每年翻番的个股俯拾皆是，不少庄股甚至升幅达数倍，只是，股票市场的机会虽多，真正要把它抓在手上，便不是那么容易了。在股票市场偶尔赚钱、偶尔翻番并不难，难的是如何持续地、长久地、稳定地赚钱。我们无法保证每次都能获取“可靠消息”，我们无法肯定自己每次都那么走运，买后便能涨。股票市场里，不少人都经历过深深地被套、狠狠地斩仓、血淋淋地割肉的厄运，即使交易十次赚的钱，一次跳水便将利润全部吐还给市场，年终一结算，利润不是负数，便是赢利在 10% 以下。有位朋友，1993 年开始股票投资，七八年过去，账户里的资金由当时的 100 万变成 40 万，由当时的大户变成现在的中户、个人投资者，对他来说股票市场不是“倍增”而是“倍减”。若真能按上述的倍增效应，他的财富到目前早已是天文数字了。

要实现财富倍增，你需要的基本条件是：

首先，有一整套完善的投资理念。在这个理念指导下，不在高位追买入任何股票，买股先要具有风险防控的能力和承受力，这样才能实现较高的胜算率。

其次，有铁的纪律并严格执行。在捍卫原则方面需有铁血纪律，既不在交易系统出现买入卖出信号后优柔寡断，亦不在非本系统指示的机会面前心猿意马，妄图赚本系统之外的钱，“捞过界”。

三、股票市场倍增的万能公式

一个有效的交易系统，需具备以下要求：首先是简单易用，利于普通投资者掌握，而不是故弄玄虚，晦涩难懂。其次是符合买卖要求的信号出现次数较多，10 年才出现几次的无任何实际意义。最后是经过统计获利的概率较高。

这个交易系统，可把其简化成一条公式，大家的股票投资便是解答数学题，什么时候买、持股多长时间、什么时候卖，届时“代入公式”，便可得到“正确答案”。这条公式称为“股票市场倍增的万能公式”。称其为“万能”，并非放之四海皆准，而是应用普遍，严格操作则获利的概率较大。例如，东方宾馆（000524）1999 年下半年年线已拐头向上，但 12 月份跌破年线，2000 年 1 月 24 日创下 5.4 元的低点，3 月 13 日股价开始有效企稳在年线之上（在年线之上企稳三天），此时即为介入时机，持股多长时间呢？可机械地等待股价涨至 5.4 元的翻倍位置 10.8 元再卖（$5.4\times2=10.8$），果然，五个月过去，8 月 21 日该股创下 11.03 元便回落。

再如，吴忠仪表（000862）1999 年 12 月 16 日年线拐头向上，12 月 27 日创下 10.23 元的低点，12 月 29 日突破年线，2000 年 1 月 4 日在年线之上企稳三天，此时市价为 11 元，便为介入时机，22 个交易日之后，股价刚好在 10.23 元的翻倍位置见顶回落（2014 年 2 月 17 日该股创下 20.2 元）。

可见，该万能公式解决了在股票市场投资理财的几大难题。

（1）如何选股。上述公式设定选股的条件是年线必须拐头向上，否则坚决不碰。年线代表股价的年中长期趋势，年线既然已经拐头，说明该股上涨只是时间问题。严格执行这个标准，能确保买到的个股都是调整充分的个股，且该股长期趋势已扭转向上。

（2）如何选买点。理论上，任何股票都有机会，关键是如何把握买点。上述公式将股价突破年线之际作为买入点，虽然不能保证你买入价是最低价，但能保证你买价尚处在低价圈，且买点经常是一波行情启动初期的位置。

（3）如何选卖点。一定程度上，卖比买难，选择合适的卖出时机是关系到如何保存利润、实现倍增目标的问题。上述公式舍弃复杂的技术指标、波浪理论、时间之窗、神奇数字等传统的分析方法，简单地以股价突破年线之前的低点（不是买点）的翻倍位置作为卖出点，是充分考虑到中国特色的股票市场现状，是经过成千成百个股票的实践检验，具有高度的准确性和可操作性，应用起来简单、准确。

（4）持股多长时间。上述公式没有列明具体的持股时间，只是将持股时间限定在 1—12 个月之内，是考虑到个股千差万别、快牛股与慢牛股等截然不同。实战中，只要升幅未达到翻倍位置，便是持股信号。哪些个股升得快些，哪些股升得慢些，既与主力的操盘手法有关，又与大盘的走势密切相关。不过，一般庄股完成翻番的目标基本在半年时间以内，个别快牛股一个月即完成目标，慢牛股有一年时间才达到翻番的位置，但毕竟是少数。

（5）投资收益多少。股票收益是难预测的，上述公式将不确定的事物用大体确定的方法固定下来，操作性强。

上述公式，究竟有何理论根据，是一种偶合还是具有普遍意义？实战中可靠程度有多大，能否经得起实践的检验？

1. 在万变的世界里寻找永恒——万能公式的两个前期条件

不是我们不明白，是这世界变化快，比世界变化更快的是股票市场，有时上午尚是艳阳高挂，下午突然乌云密布，人生需数十年才能体会的沧桑，在股票市场短短数小时便可体验到，股票市场的易变性主要体现在以下几个方面。

第一，国家政策变化快。由于股票市场尚处在幼儿期，政策常常是说变就变，用“朝令夕改”来形容并不为过。

第二，主力拥有大资金的机构如狡兔般来无影去无踪。坐庄虽只有吸货、洗盘、拉升、派发几步曲，却可不断玩出新花样。可以说，每只庄股手法都不会完全相同，即使专家总结出 100 种洗盘手法，下次拥有大资金的机构又可创造出你见未所见、闻所未闻的 101 种手法，所谓道高一尺，魔高一丈。

第三，市场题材如时装般频频更换，让人眼花缭乱、应接不暇。所有拥有大资金的机构都是讲故事的高手，个人投资者喜欢听什么样的“故事”他都应有尽有：纳米、基因、网络、光谷、硅谷、原子、人造卫星、克隆……大家只要掏腰包买下这些时髦玩意儿，很快便会发现大都是些质次价高的劣质货。

在这万变的世界里，如何寻找永恒？难道有适用于各种庄股的“万能公式”？有的。即使世界千变万化，但万变不离其宗；不管拥有大资金的机构如何诡计多端，但有些东西却是无法改变的，这便是万能公式的理论基础。

（1）年线真实地反映了股价的中长期趋势。

年线也就是 250 日平均线，即将 250 天内的收盘价平均得出的数值。年线由持续下行转而拐头向上，表明该股前期的调整趋势已改观，正逐步演变成上行趋势。几乎所有的技术指标、分析工具拥有大资金的机构都可能用来骗钱，但唯一不可逆转的便是趋势！正如人之生老病死、自然界的四季更换便是一种无法改变的趋势。古代皇帝欲寻求长生不老药，正如现代人欲发明使人青春常驻的化妆品，都是想与“衰老”这个趋势抗衡，无一不是徒劳的。本公式将年线作为唯一的分析工具，正是抓住了“趋势不可挡”这一点。选股，首要条件是已步入上升趋势的个股。中国股票市场的年度特征较为明显，除个别年份外，几乎每年都会爆发一两波行情，年线拐头向上之后，一般表明此时牛市行情已展开，若年线持续下行，表明该股正处于调整阶段，此时参与将亏多盈少。

（2）拥有大资金的机构以盈利为目标并需获得行业平均利润。

这假设是无需证明的，正如几何学上的“两条平行线永不相交”已成为公理一样。这是以翻番的位置作为卖出目标的基础，也充分考虑到中国股票市场主力操作的实际情况。拥有大资金的机构的吸货、洗盘、拉升等，可以变出 100 种甚至 1 000 种以至无穷种花样，但是，在低位买入、经过各种形式的拉升之后派发，这种原则不可能变。

而拥有大资金的机构从低位吸货之后，要实现利润、完成坐庄目标，必然要向上拉出一定的空间，这个空间究竟有多大，每个庄股都不会完全一样，但要获得坐庄这个“行业的平均利润”，却有一个最低拉升幅度。正如彩电行业虽然每个品牌卖价有高有低，但总会有一个行业平均成本，成本与平均成本相同的可获得平均利润，大大低于这个成本的企业可获得超额利润，大大高于平均成本的企业则不可能长期生存。

经考察近年来数百个庄股，可发现其成本构成有一定共性，拥有大资金的机构目前的成本主要包括：吸货成本、拉升时的税费成本、拆借资金的利息成本、公关宣传成本，与上市公司的“合作”成本。刨去成本，要获得利润，从低点至出货点必须有一倍左右的涨幅。例如某股今年的最低位是 10 元，主力当然无法在最低位吸到足够的货，一般吸货便耗去 20% 左右的空间，亦即是 12 元以下都为主力的吸货成本区。拆借资金年利息一般在 10% 以上，而中线拥有大资金的机构坐庄一般要历时一年，光利息又要耗去 10%。中途的对倒做量、震仓、洗盘、推升都需耗去税费成本，一般在 10% ～ 20% 之间。而且，主力也无法在最高位派发干净所有的货。

例如股票价格从 10 元拉至 20 元，派货空间需 20% ～ 30%，亦即 17 ～ 20 元以上都为主力的派货区间，这又耗去升幅的 20% ～ 30%，各种成本累计达 60% ～ 70%。这就是坐庄的“行业平均成本”，也就是说，升幅 100% 的个股，主力实际获利只是 30% 左右，这便是坐庄的“行业平均利润”。低于这个利润，不少主力将退出这个高风险的投资场所，也就是凡是坐庄（指最常见的中线拥有大资金的机构），从低位算起一般要翻番，主力才有获利空间。把握了这一点，便在这万变的市场中抓住了拥有大资金机构的“牛鼻子”，我们的“万能公式”便有了充分的依据。升幅未达上述目标，说明主力尚未全身而退，后市迟早还会有拉升的机会。除非主力不想赚钱，将卖点放在离低点算起翻番的位置，便有了理论根据。

只要上述两个理论假设能成立，我们的“公理”便继续有效，大家便可大胆套用公式，在这万变的市场里，“解答”千变万化的庄股，从而达到倍增目标。那么，如何使用万能公式呢。下面继续解答“独门武器”的使用方法。

2.“独门武器”的使用法则

万能公式设定的买入条件有两个：一是年线已拐头，二是股价已突破年线，两者缺一不可。有时是股价先突破年线，有时则是年线先拐头，只有极少情况下两者同步，在年线拐头之际股价正好突破年线。操作中只有等两个条件同时具备之后才能买入。而卖出时机以突破年线前的低点为起点，一旦翻倍即卖出。持股时间不确定，一般不会超过一年，短者一个月即完成拉升目标，实战中常见的多在 3—6 个月之间。每次投资收益一般在 50% ～ 100% 之间。

（1）低点：指突破年线前的明显的低点，这是确定日后卖出价位的主要依据。

（2）突破点：指股价从年线下方向上穿越年线的点位。

（3）拐点：指年线由原来的下降趋势改为拐头向上时的转折点。

（4）买入点：指在年线已拐头向上的情况下、股价突破年线时的点位。一般突破点便是买入点，有时甚至是突破点、拐点、买入点出现在同一天。

（5）卖出点：离低点升幅一倍左右的价位。即卖出价位 = 低点 ×2。

在以下的情况出现时有可能出现重合：股价刚刚突破年线时，年线正好拐头，此时买点、拐点、突破点重合。若股价突破年线之前年线已拐头向上，则拐点在前，突破点（也是买点）在后。例如，某公司股票创下近几年来 9 元的明显的低点后回升，在 9.5 元附近年线拐头，在 10 元附近股价突破年线，则 9 元是低点，9.5 元是拐点，10 元是突破点与买点，9 ×2 = 18 为卖点。

以中集集团（000039）为例说明。该股 1999 年 7 月之后呈现回调趋势，1999 年 11—12 月年线值均为 17.33 或 17.34，呈横盘整理状态。12 月 22 日创下 16.71 元的低点，1 月 4 日收一中阳线，股价突破年线，此时为突破点，年线值仍为 17.33，不能确定年线已拐头。1 月 5 日收一小阴线，年线值升至 17.34，明显呈上行趋势，此点可定为年线拐点，同时也是买入点。卖点在哪里呢？低点的翻倍位置为 16.71 ×2 =33.42，此时即可一路持股，果然半年之后在 2000 年 6 月 29 日创下 33.65 元高点后回落，与预定目标仅差 33.65 –33.42 =0.23 元！当然在实战中不可能算得如此精确，卖出时一般要提前数个点。

再如，友谊华侨（600827）1999 年 9 月之后缩量回调，11 月 18 日股价跳空上行，一举突破年线，但年线依然维持下行走势，此时为无效突破，不能称为突破点。该股略为冲高后 12 月再度跌破年线，12 月 24 日创下低点 8.8 元（该点为有效突破年线前的低点），2000 年 1 月 5 日股价突破年线（突破点），而年线值亦由上日的 9.3 升至 9.31，拐头向上迹象明显，因而 1 月 5 日同时是拐点，此时股价已满足万能公式中的买入条件，同时也是买点，8.8 元的翻倍位置为 17.6 元，此为预定的卖出点。该股反复盘升半年后 5 月 24 日创下 17.36 元的高点，此时距离预定目标仅差 17.6 –17.36 =0.24 元。严守规则的投资者此时已应落袋为安。尽管该股最后于 2000 年 7 月 21 日冲高至 20.8 元的高价，但我们应该严守纪律。

3. 牛股发迹地，拥有大资金的机构播种时

根据万能公式，买入条件只有两个：一是该股年线已拐头向上，二是该股已突破年线。根据这两个条件买入的，不仅可伏击到大批中线庄股，而且能在长线牛股启动初期便先人一步，早早上轿。年线代表股价的中长期趋势，一旦反转向上几乎可以肯定该股后市将曲折上行，几乎不可能出现骗钱行为。近年来几乎所有的长线大牛股启动初期几乎都符合上述买入条件。因此，符合上述条件的个股常是拥有大资金的机构正在“播种”，这已是牛股发迹的多发地带。

如亿安科技（000008），该股 1997 年 11 月份开始年线调头下行，其后股价一直表现平平，1998 年 8 月 31 日甚至创下 5.5 元的低点。1998 年 9 月 21 日收盘价已企稳在年线之上，10 月 5 日年线拐头向上，收市价为 8.2 元，此时已符合万能公式要求的两个买入条件，为较好的买入点。随后两年时间里，该股反复走高，2000 年 2 月 17 日最高冲至 126 元，累计升幅接近 20 倍。

有投资者表示疑问，按照万能公式，买入之后应该在离低点翻番的位置卖出，也就是应该在 5.5 ×2 =11 元左右卖出，而买价为 8.2 元，投资收益只为 30%，岂非白

白错过后面的主升浪。要回答这样的疑问，可掌握几点。

第一，万能公式反映的是一般中线庄股的正常升幅，对长线庄股的上升空间难以预测。

第二，万能公式对寻找安全的买入点极其有效，但用来确定长庄股的卖点往往出现尚未大幅拉升便割青苗的情况。

第三，出现此种情况，有两种处理办法，一是坚决按照万能公式的买卖规则操作，达到翻倍位置先落袋为安，再寻找其他符合万能公式条件的个股。反正市场机会不断涌现，即使“放生”一匹大黑马，不愁找不到新的机会。二是分析该股是否具有成为长庄股的潜质，若从各方面的信息判断，该股主力目标远大，可根据后面的辅助规则（包括“如何捕捉超级牛股”），将持股时间适当延长，以赚取更高的收益。

哪些个股具有成为长庄股的潜质，一般有这样几个特征。

（1）小盘股。小盘股运作周期一般较长，如两市中大量的小盘股从1998年开始步入上升周期，反复盘升两年时间，累计升幅高达四五倍。如东盛科技1998年流通盘2 025万，1998年9月出现万能公式中的买入信号，至2 000年4月升幅已达5倍。四川湖山1999年流通盘2 000多万，1999年8月出现买入信号，至2000年2月的半年时间，升幅达6倍。根据逢小必炒的规律，在同样符合万能公式买入信号的个股中，挑选小盘股将有可能获得可观升幅。

（2）低价股。特别是起步价低于8元的个股，如（000503）海虹控股1998年7月创下5元左右的低价，1998年10月出现万能公式的买入信号，该股反复盘升两年之久，2000年更是连续两个月涨停。

按照万能公式买入条件介入，可确保你的买价不含“水分”，保证你的买价永远处于低价圈，即使大盘出现暴跌，对你的危害性亦极其有限，大家从后面的文章可看出，按万能公式买入后，股价再度下跌的空间微乎其微，可确保你资金的安全性。

4.“蜻蜓点水”点出滚滚财源——买入点的变形形态

万能公式中的买入条件一是年线拐头上行，二是股价突破年线，但实际操作中经常出现一些变形的形态。其中一种比较常见的是，在年线已保持持续上行态势的情况下，股价受大盘回调影响或是其他因素影响，向年线靠拢，但并未有效跌破年线，仅仅在年线附近短暂停留（一般停留时间不超过5天）便企稳回升，股价与年线“轻轻的一吻”便分开，可形象地称之为“蜻蜓点水”。其技术意义为三个方面。

一是表明该股虽然短线回调，但整体仍处于上升趋势。

二是轻轻触及年线便分开，说明年线支撑力度强，年线犹如多方的马其诺防线，牢不可破。

三是在年线处企稳，表明该股前期回调已告一段落，将步入上升阶段，此时应及时介入。

这种形态是万能公式买入条件的变形形态，此形态低点与买点几乎在同一价位，也就是说，日后的卖点几乎是以买点为基础的位置翻番，此时买入常能把一庄股从鱼头吃到鱼身，再吃到鱼尾，收益最为丰厚，出现时宜坚决买进。

例如，金泰发展（000712）1999 年 8 月年线已拐头上行，但股价 12 月份持续回调，12 月 28 日探至年线附近（当日最低价 11.05 元，年线值为 11.10 元），第二天收一小阴十字星，最低探至 10.95 元，与年线再一次“握手”，但股价仅仅在年线处停留两天便企稳回升。此时，应为较佳的买入点，该股小幅走高后 2000 年 3 月 7 日、8 日再度触及年线，又出现一个“蜻蜓点水”形态，此时是最后一个买入机会。随后该股展开一轮较迅猛的拉升行情，2000 年 4 月 25 日最高冲至 20.54 元，与万能公式的预定卖出价位相差不足 10%（预定卖出价为 10.95 ×2 =21.9）。从该股 1999 年的走势看，明显有庄介入，由于大盘不配合，该股无力上行，只能是顺势回档，但年线持续上行的态势表明该股仍处牛市阶段，越是下跌越是买入时机，待出现“蜻蜓点水”形态应为一个最佳的买入信号。1999 年 12 月 28、29 日大幅回调，应属于主力洗盘性质，但在年线处再度出现一个“蜻蜓点水”，表明主力洗盘虽凶悍无比，但仍将年线视为洗盘的最后防线，使该股的上行趋势未遭破坏，可见年线是主力刻意打压的极限。

把握这种形态的要点有两个方面：

①股价回落至年线前，该股已拐头上行。

②股价在年线处停留的时间短暂，不超过 5 天。

合肥百货（000417）1999 年 12 月 27 日亦出现一个蜻蜓点水形态，该日最低价为 14.01 元，而年线值为 14.09 元，年线一直保持上行态势，一旦出现此类形态，买入的风险极低，且经常是一买便涨。

5. “四渡赤水”：自“股”黑马多磨难——买入之后的来回与反复

有朋友问，是不是看见符合万能公式中的买入条件的个股便可买入，买入之后便能一买便涨、毫无风险地赚取翻番的利润呢？非也，革命领袖有句话，“前途是光明的，道路是曲折的”，按万能公式买入之后，并不意味着所选个股将如一条直线持续上升，中途经常出现回档、洗盘，甚至再度回落至年线之下的情形，这种情况可称为“四渡赤水”。股价跌破年线后重新企稳在年线之上，然后是再跌破、再收复，两个来回，股价便四次经过年线，可形象地称为“四渡赤水”。如 ST 金马（000602），该股 1999 年 9 月开始年线已拐头上行，11 月份股价开始跳水，从 15 元以上连滚带爬，12 月 29 日最低跌至 9.2 元，2000 年 1 月 5 日重新站在年线之上，按万能公式已可跟随拥有大资金的机构“播种”了，该股随后确实展开一轮温和的上升行情。但 2000 年 3 月 29 日最高冲至 14.49 元便持续回调，并未出现万能公式中的翻番升幅便“夭折”了。2000 年 1—3 月这段行情可称为“拉升未遂”。2000 年 5 月份连跌数个停板，再度跌破年线，但 5 月 31 日重新企稳年线之后展开一轮迅猛的拉升行情。从该股走势看，1999 年 12 月 27 日跌破年线为“一渡赤水”，2000 年 1 月 5 日收复年线可称为“二渡赤水”，5 月 15 日跌破年线称为“三渡赤水”，5 月 31 日收复年线为“四渡赤水”。问题是如此来来回回、反反复复，叫我们如何操作呢？

按照万能公式，我们应该在 2000 年 1 月 5 日突破年线便买入了（买入价约 10 元），而同样根据万能公式的卖出条件，在 3 月底该股短线见顶时并未发出卖出信号，因为此时升幅尚未到一倍，5月15日跌破年线，5月18日最低探至9.71元，1月初买入的投资者肯定心里有气。辛辛苦苦守了数月，一分未赚，还倒贴几毛钱，究竟万能公式还有没有指导意义？要不要止损出局？别忙，大家来弄懂“拉升未遂”的概念。所谓拉升未遂，指股价从低位启动后，仅出现一定的升幅（不超过100%，一般在50%以下）便受各种原因影响回落整理，一般是大盘走软，个股受拖累影响了拥有大资金的机构的坐庄计划，主力只能是顺势回档，重新等待拉升契机。有时则受个股的基本面利空打击，或是政策面的利淡因素影响，ST金马5月份跌破年线主要是受当时证交所颁布了ST个股跌幅不受限制的规定，ST板块受拖累迅速下跌。出现“拉升未遂”，说明升幅目标未到，主力并未出局；主力有拉升意向，后市必然有卷土重来的机会。看清了这两点，便不会在回调时惊慌失措。

2000年5月15日跌破年线，是否应该斩仓可根据一个标准决定：若此时年线已拐头向下，宜先出局观望；若此时年线保持上行趋势，说明此时下跌属于回档性质，下行空间不大，宜坚持持股。ST金马5月份的回调，年线保持昂然向上的态势，股价跌破年线之后在年线下方停留的时间极其短暂，抱着股票不放的投资者根本毫发未损。该股经过“四渡赤水”之后，升势痛快淋漓，2000年1月5日买入的投资者依然能实现翻番的目标。经验告诉我们，在“二渡赤水”时已经买入的投资者可一路持股，出现“四渡赤水”时可砸锅卖铁加码买进，实在弹尽粮绝了可将房产抵押了继续加买。

再如，中天企业（000540）1999年亦出现“四渡赤水”的形态，该股1998年12月10日跌破年线“一渡赤水”，1999年3月10收复年线“二渡赤水”，1999年4月21日再度跌破年线“三渡赤水”，5月19日企稳在年线之上。“四渡赤水”之后股价展开一轮波澜壮阔的大行情，2000年6月除权前已接近50元的高位，一年多升幅达5倍。

6. 股票市场里的“秋收季节”——持股时间如何确定

买入股票之后，犹如农民播下种子，下一步便是什么时间收割了。农民一般在秋天收割，收获的季节相对固定，股民的“秋收”时机如何把握呢？这关系到持股时间究竟多长才合适的问题。由于每个庄股上升节奏有快有慢，股票市场“秋收”没有绝对的时间表，万能公式中仅列出两个参考指标：一是等待升幅达到100%左右考虑卖出；二是时间在1个月以上12个月以内。实际上，持股时间主要根据拥有大资金机构坐庄周期来决定。一般来说，按照万能公式买入条件买入之后，多数个股便面临拉升期，拉升期的长短，主要受以下因素的影响。

（1）拥有大资金机构的坐庄手法。有些吸筹充分、蓄势已久的主力喜欢大干快上，以连拉涨停的形式一气呵成，在别人犹疑不定之际迅速完成主升段。例如2000年2月份的深天地（000023）连拉六七个涨停，在一两周之内即完成主升段。此类个股启动前无任何征兆，启动后连续以巨量封涨停，丝毫不给别人买入的机会，等待涨停被打开时股价离头部已一步之遥。有些主力则喜欢细水长流，以小阴小阳的形式缓缓推高，接近目标之后再连拉数根长阳，股价在最后冲刺之后便完成拉升阶段。操作中首先要从走势上判断主力的"性格"，是急性子还是慢郎中，从而应对以相应的策略。

（2）与大盘走势密不可分。股票投资要靠天吃饭，大部分主力都会顺势而为。大盘火爆时顺风点火，大盘回调时干脆按兵不动，很少有主力逆潮流而动。由于1996年之后每年大盘都有一两波行情，欲将股价做高的主力多数利用大盘走高的黄金时机完成拉升目标。如1998年3—6月大盘出现中级反弹行情，个股拉升时间便集中在这两三个月，1999年5.19行情仅持续一个多月，大部分个股主力便如百米赛跑般在这一个多月中快速推高，这次2014年底金融、券商、"一路一带"等股的启动也是如此，短期上述个股实现了翻番。

根据对数百个庄股拉升期的统计得出，60%左右的庄股拉升期在半年之内，拉升期少于一个月的几乎没有，拉升期长于一年的都为长庄股，不过长庄股多数亦呈波段式上升，下面看看一个比较标准的庄股的拉升期的长短。

强生控股（600662）2000年1月初年线拐头，1月18日股价企稳在年线之上，按照万能公式此时即可买入。该股小幅拉升后3月份再度回落，出现一个"蜻蜓点水"形态，股价在年线受到强力支撑后升势开始加速，依托5日均线持续上行，5月25日创出17元的高点，已完成万能公式中的预定升幅（2000年12月29日的低点为8.76元，预定升幅17.52元），可认为该股已完成拉升周期，此时应及时"秋收"，共历时5个月。

总之，个股升速有快有慢，持股时间无法在买入之际便确定，按照万能公式操作，是不到目标不卖股，不到长城非好汉，操作中宜不急不躁，此时适用"听天由命"的原则，守株待兔等待预定目标的出现。但对快牛股与慢牛股操作手法自然有所差别，实战中如何把握呢，下面再解答。

7."疯牛出栏"势难挡——追随快牛的步伐

同样是符合万能公式买入条件的个股，有些个股如疯牛般猛窜，三下五除二便完成拉升目标，而有些个股却如铁树般迟迟未开花结果。大家都希望能买入便涨，如直升机般呼呼地上冲，今天买入明天便能赚钱，这个月买入下个月便翻番，别以为我们在说故事，假如你具备相应的条件，万事皆有可能。

（1）细心。不断总结经验，善于捕捉拥有大资金机构的蛛丝马迹。

（2）运气好。

活学活用万能公式，冬练三九夏练三伏，骑上一两匹快牛是可能的。据总结，快牛股一般具有以下特征：股价在低位长期沉寂，甚至两三年没有像样的行情出现；前期曾低位连放大量但长期股价无甚表现。

在上一波行情中走势较大盘及多数个股弱，这些个股主力介入后因大盘走势不佳只能天天晒太阳，别以为你我耐心不够，主力其实比我们更心急。每天的利息便是大把白花花的银子，一旦时机转好必然如饿狼般迅速出击。

四、股票投资别和政策作对

2014 年 8 月下旬之后，新华社连续发文聚焦中国股票市场，其中 8 月 31 日发布《牛熊争辩下的中国股票市场将向何方》《中国需要有质量的牛市》《搞活股票市场对推进转型升级至关重要》。

众所周知，中央媒体的声音是中国股票市场的信号弹，在多个历史关键时刻，中国股票市场都是由决策层通过党媒放风继而发生重大转折。此次新华社频繁发文，在当时发文时，大家还在观察猜测，但到 11 月 4 日的大盘创新高，投资者应该明白其内涵，应该明白如何把握今天的股票市场。

让我们再来学习研究一下新华社发表的《搞活股票市场对推进转型升级至关重要》。文中将“搞活股票市场”升级为“振兴实体经济的需要”“深化改革的需要”“结构调整的需要”，可谓新形势下对中国股票市场作用的重新定位。

该文的核心要点是：搞活股票市场，可以把社会资本吸引到股票市场中来，一方面可以提高直接融资比重，另一方面可以降低企业，特别是中小企业的融资成本，从而真正形成一个有助于实体经济发展的资本市场。

正在推进的国资国企改革、军工企业改革等，股票市场也“大有可为”。由于定价相对透明公开，股票市场可在国有企业混合所有制改革中发挥重要作用，从而降低国有资产流失的可能性；在即将进行的央企薪酬制度改革中，股票市场可以提供股权激励工具，让企业负责人利益与股东利益更加一致。

股票市场也是市场化配置资源的最佳场所，它将引导各方根据市场需求和经济规律，推动资源更多流向创新型经济。

新华社该组文章还对中国股票市场的最新现状进行了梳理，认为建设“有质量的牛市”，还需要破解新股发行、注册制、强制分红、养老金入市、投资者保护五大难题。

至于什么是“有质量的牛市”，新华社称不外乎三点：其一，市场上涨有坚实的经济基础；其二，股票市场的上涨具备较长时间的可持续性；第三，股票市场的投资氛围活跃，但不狂热。

新华社认为，从当前形势看，随着宏观经济求实际、求质量的“新常态”逐步成型，随着改革红利实实在在的释放，今年以来的股票市场行情已经显示出一定的“质量”特征，与产业结构调整带来的变化更加匹配，与改革政策的助推关系更加密切。

不过，当前，中国股票市场还“需要进一步锐意改革，使中国经济真正成为迈向新阶段的强大助推器”。

我们再来看看中国股票市场的走势，2014 年 7 月份以来 A 股冠绝全球大涨。2014 年 10 月 29 日，沪指在前一日大涨 2.07% 的基础上再度大涨 1.5%，10 月 31 日，沪指大涨 1.22% 站上 2 400 点，创出 20 个月新高，月线六连阳。仅三季度，沪指大涨 15.4%，涨幅创 5 年之最，领涨全球。进入 2014 年 10 月份以来，一度陷入连续十几天的调整，就在很多人认为反弹结束时，却以连续的报复性的大涨直上 2 400 点。

2014 年是深化市场改革的元年，在这样一个改革的大背景下，A 股也在发生变化，股票市场正迈向开放，迈向成熟，从摇篮期开始长大，太过不成熟的情况会得到纠正。过去的炒作逻辑将会发生变化，过去"以盘子论英雄、以题材论英雄、以垃圾股论英雄、以新旧论英雄、以拥有大资金的机构决定股票市场投资"的情况将发生彻底变化，市场将逐渐"以业绩论英雄、以股息分红论英雄、以对社会进步的贡献论英雄"，市场从虚幻变回本质、从表面变成实际、从封闭走向开放，从单向转为双向、从不成熟走向成熟、从不规范到规范、从人治到法治、从投机到投资。这是一个时代的变化。不适应这种变化的人，将被市场淘汰。

在改革开放的大背景下，要通过新华社的文章，增强我们判断当前市场的信心。政策支持股票市场上涨，这是决定性的，投资者千万不要与政策作对，犯下方向性、根本性、原则性、颠覆性的错误。A 股大时代来临，未来是中国的时代，也是中国股票市场的时代。

"我们很喜欢巴菲特，不是因为他赚了很多的钱，而是因为他是全世界最正直的人。他从来不听多数人在说些什么，总是坚持自己的观点。我们想，正是因为巴菲特的'正直'，才使他成为全世界在股票市场赚了最多钱的人。如果巴菲特没有去股票投资，他恐怕是一个全社会都无法接受的过于'正直'的人，他可能连个普通的工作都找不到。"相信"正直"能够带来好运，相信好人一定会有好报。

【重要信息延伸阅读】

一带一路规划近期或出台　中国实现资本输出（2）

2015 年 03 月 14 日 05：49　来源：《中国经营报》　采编：东方财富网

互补多赢

一带一路战略也给中国经济全球化的方向指明了一条必行且可行的道路，即推进丝绸之路经济带和 21 世纪海上丝绸之路建设，而筹建亚洲基础设施投资银行，设立丝路基金，是一带一路战略的重要布局。国务院总理李克强也多次指出，要把一带一路建设与区域开发开放结合起来，加强新亚欧大陆桥、陆海口岸支点建设。

从一带一路战略的路线方针来看，依靠的是资本输出的方式。无论是产能输出国外还是资源输入国内，都要依靠大量的外汇资本。丝路基金和亚洲基础设施投资银行正是这一资本输出的运作载体。

早在 2014 年 11 月 8 日，习近平在 APEC 开幕式上宣布，亚洲基础设施投资银行筹建工作已经迈出实质性一步，创始成员国不久前在北京签署了政府间谅解备忘录。他说，中国还将出资 400 亿美元成立丝路基金，为一带一路沿线国家基础设施建设、资源开发、产业合作等有关项目提供投融资支持。丝路基金是开放的，可以根据地区、行业或者项目类型设立子基金，欢迎亚洲域内外的投资者积极参与。

目前，据工商注册登记资料显示，丝路基金注册资本 615.25 亿元人民币，法人股东包括中国进出口银行、国开金融有限责任公司、赛里斯投资有限责任公司、梧桐树投资平台有限责任公司。董事长为金琦，总经理为王燕之，其他董事来自国家发改委、财政部、外交部、商务部、外管局、中投公司、国开行、进出口银行等部门。同时，中国人民银行发布消息称，丝路基金有限公司已于2014年12月29日在北京成立，并正式开始运行，2015年1月6日召开了第一次董事会。

亚洲基础设施投资银行相关工作的推进也在紧锣密鼓进行。据财政部国际财金合作司消息，预计各国在2015年6月底之前完成章程谈判和签署工作，使亚洲基础设施投资银行在2015年底前投入运作。2015年2月7日，约旦正式成为亚洲基础设施投资银行第27位意向创始成员国。目前有意向参与创建亚投行的包括：孟加拉国、文莱、柬埔寨、中国、印度、印度尼西亚、约旦、哈萨克斯坦、科威特、老挝、马尔代夫、马来西亚、蒙古、缅甸、尼泊尔、新西兰、阿曼、巴基斯坦、菲律宾、卡塔尔、沙特阿拉伯、新加坡、斯里兰卡、塔吉克斯坦、泰国、乌兹别克斯坦和越南。

包括业界人士与行业专家的更多主流声音则认为：中国的一带一路战略是建立在与沿途国家互补多赢的互惠基础之上，以及建立在此前多边与双边合作机制的基础上，这一战略构想同时也得到了相关国家的赞同和支持。

俄新社2014年11月11日引用俄罗斯总统普京的话表示，中国制定的“一带一路”路线图有利于推动亚太自由贸易区进程。

巴基斯坦计划发展部部长阿桑·伊克巴尔在本次APEC上表示，“一带一路”构想内涵丰富，涉及投资、经济特区等领域，该战略将缩短陆地及海上的交通里程，便利货物运输，提升物流水平，“一带一路”倡议承载了很多发展中国家的发展梦。

塔吉克斯坦总统战略研究中心主任胡多别尔基·胡里克那扎尔表示，通过这条现代的丝绸之路，沿线各国将如同人体的血管那样紧密联系起来，共享中国强劲的发展动力，获得共同发展的机遇，实现共同繁荣。

蒙古国科学院国际问题研究所所长舒日呼表示，在地区内推动互联互通建设，有助于加强各国间的交流与合作，增强民间互信，蒙古国南北走向的铁路和公路还很少，希望利用亚洲基础设施投资银行和丝路基金开发建设蒙古国的铁路和公路等基础设施。

可以看出，“一带一路”基于互补共赢的合作得到了参与各方的广泛支持，这给中国企业带来了巨大的机遇。

第二节　行业因素分析与配置

一、沪港通深港通如何布局受益股

随着沪港通的开启，如何布局相关收益板块和受益股已成为市场最关注的话题。从H股稀缺品种、A+H股、低估值高股息率品种三条主线，对沪港通受益板块及受益股进行梳理，并挖掘相关龙头股的投资价值，供广大投资者参考。

(1) 机构看好军工、优质中药、食品饮料三类稀缺品种。政策的陆续出台，使沪港通主题投资热度不减。机构普遍看好“稀缺性”品种的投资机会。例如在中国香港市场买不到的军工、优质中药、食品饮料等 A 股股票，已成为热门标的吸引众多资金抢筹。

以军工为例，2014 年以来，军工板块总体市值规模增长近 60%。而未来随着军队科研院所改革的持续推进，军工板块上市公司均存在获得优质资产注入的预期，从而进一步拓宽市场想象空间。由于港股股票市场极度缺乏军工企业，沪港通正式开启后，A 股股票市场相关军工类上市公司将对境外资金产生强烈的吸引力。我们看好具备独家定价权的军工股，如中国卫星、中航重机、航天电子、航空动力、哈飞股份等。

此外，医药板块中，尤其是像片仔癀、同仁堂、天士力、康恩贝、白云山、中新药业、康缘药业等拥有独家中药产品，并在细分行业拥有绝对优势的上市公司，同样有望获得境外资金的高度关注。

而食品饮料行业中，A 股股票市场的白酒公司和调味品公司也是港股股票市场上所稀缺的，包括贵州茅台、山西汾酒、古越龙山等。

(2) A 股较 H 股折价公司。我们知道，A + H 股票市场既作为 A 股在上海或深圳证券交易所上市，又作为 H 股在中国香港联合交易所上市的股票，A 股与 H 股之间通常有着价格差。若 A 股价格低于 H 股价格，则 A 股具有估值优势。若 A 股价格高于 H 股价格，则 A 股有估值较高的嫌疑。

数据显示，目前有 26 只 A + H 股的 A 股价格低于 H 股价格，分别为：万科 A、海螺水泥、潍柴动力、华能国际、青岛啤酒、中国平安、中国太保、中信证券、中国神华、农业银行、中国人寿、宁沪高速、鞍钢股份……，对应折价率为：20.02%、14.13%、12.64%、12.5%、12.32%、12.18%、11.93%、11.85%、11.79%、11.45%、11.03%、10.61%、10.52%、10.25%……这里我们只列出了折价率在 10% 以上的公司。

韩国和中国台湾地区资本市场在 20 世纪 90 年代加速对外开放后，其估值的时间序列受到制度环境与经济环境波动的影响，但总的趋势是逐步向发达市场靠拢。

(3) 蓝筹股或将迎来新一轮“升”机。按规定，在沪港通试点初期，沪股通标的股票是上海证券交易所上证 180 指数、上证 380 指数的成份股，以及上海证券交易所上市的 A + H 股公司股票。

从估值角度看，有 47 只沪股通标的股处于破净状态，其中有 15 只股票市场净率低于 0.8，它们分别是：宝钢股份 (0.63)、武钢股份 (0.66 倍)、赣粤高速 (0.67 倍)、马钢股份 (0.67 倍)、中煤能源 (0.68 倍)、南山铝业 (0.72 倍)、交通银行 (0.74 倍)、中国交建 (0.76 倍)、中国银行 (0.77 倍)、世茂股份 (0.77 倍)、中国中铁 (0.77 倍)、中国建筑 (0.78 倍)、光大银行 (0.78 倍)、广深铁路 (0.79 倍)、中海发展 (0.79 倍)。

而从市盈率来看，有一成沪股通标的股票的最新动态市盈率在10倍以下，估值优势明显，且主要集中在银行、房地产、交通运输、公用事业等行业，除中信银行、南京银行、北京银行等3只商业银行股外，其余银行股最新动态市盈率均在5倍以下。此外，保利地产、世茂股份、首开股份、嘉宝集团、信达地产、金隅股份、宁波富达、金地集团等房地产股在整个房地产板块中估值偏低，投资者可积极关注。

从股息率、市盈率、市净率三大指标来看，除大多数银行股以外，我们重点看好如世茂股份这类型小市值、破发破净、绩优白马股，合理股价应在15元以上。

二、股票投资需正确处理好“九大关系”

1. 生与死的关系

当年，我们怀着梦想莽撞投身到股票市场，蛮心急，追高买入某股票，拖了4个月，资金只剩下投入的五分之一。总结这个大跟头，我们认为，股票投资者要想死得快，必须具备三个条件：一是逆势，二是重仓，三是不止损。否则，想爆仓也不是那么容易。

反过来讲，要想长久生存且“活”得好，不妨反其道而行之：顺势、轻仓、止损。

2. 进与退的关系

做股票投资，应未言进先思退。从资金管理角度讲，一笔资金开户后，最多赔多少，心里应该有数。对职业操盘手来说，不管什么原因，不管什么情况，赔掉本金的20%，应该停止操作，闭门思过最少三个月。如何守住并利用好这20%，是水平高低的试金石。从交易角度讲，每一笔单子都应有明确的止损条件。只想着顺利了赚多少钱，不去想失利以后怎么办，那不是完整的操作思路。就投资者应有的感觉来说，如果开仓时做最坏的打算，然后往最好处努力，可能心态会更平和。

3. 多与少的关系

就各种技术指标而言，多则惑，少则得。市场走势越纷繁复杂、越直接的指标就越能抓住本质，所谓大道至简。判断趋势，均线是不错的指标。至于成交量和持仓量，我们可以把它们的两者之和定义为流量，测算后，用来在不同品种间分配资金。

4. 长与短的关系

在均线的使用上，短的是兵，长的是将。如果我们的眼睛仅盯在5日、10日均线上，那顶多算个优等兵。要想当将军，还得看50日以上的均线。长短结合才会游刃有余，既能抓住大势，又能选择好进单时机。

5. 大与小的结合

想抱西瓜就别捡芝麻，为了抓住大的趋势就必须放弃小的波动。我们有的时候嘴上说爱趋势，其实骨子里是爱波动。古代有叶公好龙，现代的叶公也不在少数。

6. 动与静的关系

一波行情结束后，一般都有一段休整期，然后再继续原来的趋势。休整期的长短和行情的大小有关，行情大，休整期就长；行情小，休整期就短。黄金分割是时间和空间的转换器。

7. 舍与得的关系

任何一种操作方法都不可能把所有的行情一网打尽，能抓住大部分行情已经很幸运了。人要知足，没有舍就没有得。求全的另一种可能是导致我们误入歧途，迷失自己。

8. 真与假的关系

金无足赤，技术指标发出的开仓信号不可能每一次都百分之百准确，我们不能因为它的少数几次失真就怀疑其所有信号。说到底，股票投资是一种概率的博弈，只要我们的胜算大就足够了。所以，在信号没有被证明是假的之前，请相信并坚决执行技术系统所发出的信号。别忘了，我们有双保险足以应付假信号：轻仓，第一时间止损。

9. 自律和他律的关系

做股票就是要计划好交易，交易好计划。交易者心中都有一个大概的计划，但有时在交易时却走形变样，没有按规矩做。为此，经验告诫我们要严格自律。有些股友失利后也认为自己自律不够，并深深自责。

人性的弱点千年不变，我们没必要跟自己过不去，自律不行，我们可以靠他律，用制度和方法来解决人性的弱点。否则，永远亏钱。

三、领悟股票十字精髓

股票投资能悟出“价、量、时、空、特、画、看、做、庄、选”的内涵，你可能就离成功不远了。

1. “价”

“价”的核心只有三个，就是暴跌、创新高和缺口。暴跌是法宝，可惜没几个人敢在暴跌后买入；创新高是利润快速增长的绝技，在市场里要成功，除了比市场还要强悍，别无他法；缺口的意义太大了，明白了缺口，暴跌和创新高就都会了，因为一个缺口伴随着前二者，全中国真正会缺口的没几个。

2. “量”

“量”的核心在于极量，即是地量和爆大量。地量尤其是百日地量是暴跌选股的关键，爆大量是创新高的重要标志，突破前高和突破爆大量的价就是利润的开始。细节不必多说，重要的是思维。看资金就是要看量，这是判断某个庄家最重要的一环。

3. “时”

“时”的核心在于周期。大周期顶底，小周期二十四节气。选股的关键就是选时，把这个搞清楚了，在这个市场浸淫就可以说只剩下赢多赢少的问题了。

4. “空”

“空”的核心在筹码。什么这面那面的都是扯淡。筹码集中度才是一只股票涨幅空间的决定性因素。把最牛的大牛股找出来自己琢磨琢磨，想想筹码高度集中的原因和后果是什么。股票最终是被人干出来的，投资什么股票当然要看看投资这个股票的其他人能不能干。

5.“特”

“特”的核心在稀缺。形象地描述一下“特”字就如美丽的彩虹，赤橙黄绿青蓝紫，看到五彩的光环，你的脑海里面总是充满了想象力，“特”是选股的关键。没有稀缺就没有想象力，没有想象力就没有暴利。这是选股的核心，除此别无他法。

6.“画”

“画”的核心在盘感。画图的目的不在好看，而在盘感，是少林功夫里面的十年马步。一个画字里面自然有很多技巧和学问，但是只要你画完第一张 K 线图或者其他的图，你就会迷恋上这种看似繁重的工作。十年的画工，根本不需要任何技术和任何的分析。

7.“看”

“看”的核心在信息。练就一双能从千军万马之中取敌人首级的火眼金睛，看就是甄别信息的能力。每天的信息何其多，如何甄别？看看一个周以前的报纸就知道达·芬奇密码了。当然这只是基本功，时间长了，下个周报纸会怎么写都了然于胸。

8.“做”

“做”的核心在心。市场充满了无穷的诱惑与陷阱，对应着人性的贪婪与恐惧。投资市场最终比的是修养与人格及见识，光从技艺上着手，永远只能是匠人，不可能成为真正的高手。真正的自由、解脱，是自由于不自由、解脱于不解脱，入于污泥而污之，出于污泥而污之，无污泥可出而无一处污泥，无污泥可入而无处不污泥。

9.“庄”

“庄”的核心在寻庄。实际上最大的庄就是国家，其他都是庄托。我们要么坐庄，要么跟庄。跟谁呢，股票这玩意不是结婚，结错了还能离了再结。这可是一拍子买卖的事情，跟错了人可能青春就不在了。我们要跟的人一定是那个最有魄力的人，就是敢让所有人解套的人，或者连自己都敢套的人。

10.“选”

“选”的核心在政策。政策会告诉你什么时候进出——在顶和底的时候会有不同的人来告诉你——时，也会告诉你该买什么——一个时代的标志——股。炒股要听党的话，更重要的是要知道党马上要说什么话。政策研究是个不能一瓶不满半瓶咣当的细活，要增强对政策判断的敏感性。

股票从来就不是股票，而是你的贪嗔痴慢疑；没有任何的失败相关于股票，而只关于你的贪嗔痴慢疑，股票不过是一个幌子，一个道具。在当代社会，不了解资本市场的，根本没有资格生存。了解、参与资本市场要从这 10 个字用心去“悟”，唯有此才能实现盈利目标。

四、要学会做股票市场里最赚钱的两种人

在股市中，要想生存长久，首先要学会很多知识，积累丰富的经验，总结出一套适合自己的操作方法。不管是短线客，还是长线投资者，都要经历几年甚至十几年刻

苦的学习、痛苦的磨练，才能在股市里总结出适合自己的操作方式。这其中也淘汰了很多人，能生存下来的就是成功者。下面我们以一些个人投资者的亲身经历，总结了两种成功的人的操作特点，供股票投资的朋友参考。

（1）中线思维短线技术操作的人：

①具有较高水平的技术知识和看盘能力。

②有一颗永远平静的心，任何波澜都干扰不了他的节奏。

③有自己的操盘计划和纪律，并严格遵守。

④从不相信任何人和消息。

⑤习惯实时看盘，对出现的机会和危险反应迅速，处理果断。

⑥一定要学习中国特色的股市心理学，并能分析出庄家的操作心理和习惯。

对政策要有敏锐的嗅觉和准确的判断能力（注：这种操作有的人需要在股市里长期磨练，经过多次的失败和心灵痛苦的折磨，能成功的太少了。对于大部分个人投资者、投机者，不要梦想自己是那万分之一的人，还是选另一种吧。令人遗憾的是，大多散户都选择了做这种人，他们过于相信自己的能力和相信老天会赐予他运气，当他们明白时，也亏得差不多了）。

（2）长线思维中线操作的人：

①一般要有自己的工作和生活来源，不靠股票来维持生活。最好是非常忙碌的人，没时间和精力看股票、操作股票（这条的目的是尽量避免长期看股票对操作心理产生的影响，没有好的心态，就没有好的操作）。

②从不被巨大利益所诱惑，有知足常乐的心就够了。他们从不去赌博，不去猜测明天的事，稳健是他们的原则，他们关心的是什么时候买入，什么时候盈利，达到多少以上卖出。

③有一定的股票知识和技术分析能力（不用像操盘手那么专业，把均线知识和中短线买点技术学会一点就够了，当然，要是有股票基本面的分析能力和未来政策与市场导向的判断能力就更好了）。

④他的操作思路很简单，低买高卖，高卖了再低买。（一般从买到卖再到买，要2—3 年以上）。

⑤利用常人的思维来选择市场的位置是高是低。每月只要听听新闻，看看周边炒股的人盈利情况，大盘的历史位置的分析，来决定是否进入市场。

- 当听到股市暴跌时，他意识到机会快来了。
- 当 80% 的人都长期亏损时。
- 大盘经过长期下跌（一般是 9 个月以上），处于历史的底部时。
- 所有的新闻和你周围的人不再谈论股票，大家谈股色变时。国内实体经济并没有明显变弱或已经低估严重。大多数股票已便宜得让人垂涎，股市出现多只每股 2 ～ 3元的股票。
- 此时重仓（50%）买入股票，大盘每下跌 10% 时增仓 10% 直至满仓。大盘上涨不加仓，每上涨 50% ～ 100% 时减仓一半，涨至 150% 可考虑清仓（此时大盘已经很低了，如使用黄金分割最后一个支撑 0.19 位置作为买点，估计满仓的时候少。要真满仓了，那他就等着买宝马 7 系了。卖出时间是动态的，要根据他的计划预期和市场热度来决定）。

- 选择 1 ～ 2 只经过长期研究的股票，1 只小盘，1 只中大盘，要不同行业和板块（若你买的股票在大盘上涨中期长时间弱于大盘，你就要降低你的获利预期了，最小也要 30%。此时换股已来不及了）。
- 买入股票后，离开股市，每月只看一次自己买的股票价格和大盘点位，来决定下一步的操作计划。
- 当所有人都谈论股票时，尤其是从不炒股的人也想买股票了，卖掉股票，一般盈利 100% ～ 150% 之间。此时离开股市，一年内不看股票。继续忙工作或出去玩，庆祝自己的胜利。

股市千变万化，没有任何一种技术和操作模式是万能的，不同时期要有不同的思维方式。好的思维方式和操作习惯才是应对股市变化的唯一法宝。

【重要信息延伸阅读】

一带一路规划近期或出台 中国实现资本输出（3）

2015 年 03 月 14 日 05：49 来源：《中国经营报》 采编：东方财富网

小资料

一带一路沿线总人口约 44 亿人，经济总量约 21 万亿美元，分别占全球的 63% 和 29%。

丝路基金有限责任公司董事长金琦表示：丝路基金投资首先要与各国的发展战略和规划相衔接，在一带一路发展的进程中寻找投资机会。具体来说，丝路基金将通过以中长期股权为主的多种投融资的方式，投资于基础设施、能源开发、产业合作和金融合作。

民生证券研究院执行院长管清友指出，一带一路战略将是我国未来十年的重大政策红利，初期大规模基础设施建设，紧接着资源能源开发利用，随后全方位贸易服务往来，带来多产业链、多行业的投资机会。

自贸区“会师”一带一路：经济开放棋局点线结合

今年全国两会上，“自贸区”和“一带一路”无疑是最热的词汇，而一系列的突破性进展很可能在两会结束后。记者获悉的最新消息是：“一带一路”总体规划有可能在两会后发布，而第二批自贸区也正式进入倒计时。两个重大国家规划前后衔接，将实现战略性接轨。

全国人大代表、广东省发改委主任李春洪接受《华夏时报》记者采访时称，广东“一带一路”的实施方案已经制订出来，准备报国家发改委审核。而其他几个自贸区相关负责人也在两会期间公开表示，自贸区将接轨“一带一路”。

挂牌倒计时

在厦门国际航运中心顶楼及象屿保税区的大门，均已挂上“中国（福建）自由贸易试验区厦门片区”的标识。布置好的福建自贸试验区厦门片区揭牌暨签约仪式现场已基本布置就绪，但原定于2015年2月27日10时举办的挂牌仪式，却被临时取消了，天津、广东、上海也不例外。

这一突发情况，使得全国两会上对自贸区的关注度骤然升高。广东、天津、福建官方虽然就自贸区挂牌时间给了一个答复，却没有提及准确时间。

全国人大代表、广东省省长朱小丹对记者表示，广东自贸区已完成筹备，只待总体方案批复，即可正式挂牌。全国人大代表、天津市委常委、滨海新区区委书记宗国英也对记者表示，天津自贸区的前期准备基本成熟，正式挂牌指日可待；全国人大代表、福建省省长苏树林则对记者表示，福建自贸区挂牌时间要按照国务院统一安排。

天津滨海新区一位接近政府人士向本报记者透露，自贸区挂牌时间大概会在2015年3月20日。时间表虽不清晰，但可以肯定的是，自贸区挂牌已经开始倒计时。

事实上，在2015年全国两会上，更受关注的并不是第二批自贸区的挂牌时间，而是如何更大地发挥自贸区的作用。

2015年3月5日下午，全国人大代表、上海社科院经济研究所副所长张兆安就推进上海自由贸易试验区建设和扩大内需向国家主席习近平做了汇报发言。

2015年3月12日，张兆安接受《华夏时报》记者采访时表示，他建议从国家层面上研究自贸区的相关立法，这样做，对内可以实现各地自贸区的有效管理，对外可以突出国家开放的整体形象。

张兆安认为，自贸区法律法规因地调整要有简便程序。由于自贸区每项改革都需要中央各个部门支持和协调，也会碰到与法律法规不一致的地方。在这种情况下，建立法律法规因地调整的简便程序，就显得尤为重要。目前情况是，程序有点复杂、时间也比较长。

自贸区内的进口商品直销中心减少了中间环节，降低了进口商品价格，这些为自贸区试点提供了新的机遇和新的载体。在张兆安看来，应充分利用自贸区的制度创新优势，扩大国内消费增长。

商务部部长高虎城近日则表示，去年境外消费超过1万亿元。自贸区的制度创新，让我们看到了引导消费回流的希望。

第三节　有效的投资组合

一、专家意见和自己判断相结合是最好办法

股票投资者应该能自己做出独立的判断，并根据判断行事。但这对不太了解股市

及信息不对称的个人投资者，往往是很困难的。这样，一些投资者往往转而相信专家的意见，试图根据专家意见而赚取大收益，这是不可取的。也有一些投资者有过一定成功经验之后便认定自己以前成功的决策永远是对的，便不再听取专家的意见。那么，应该怎么办呢？如何看待专家意见？

常常有好朋友说，你是专家，给我看某某股票如何。我们给他们的回答是，我不是神仙，能掐会算，如果有这样一个人，那钱不是他全挣了吗？对待专家的意见，正确的做法是尊重专家意见，在听取专家意见的基础上要有自己独立的判断。成功的投资者不会一意孤行，但也不会仅仅听信某些专家的意见或股评上面某些人士的讲话来做判断。应该看到专家或者某些专栏作者（更有一些为发文章而写作之人士），他们往往只根据市场上集中热门股评及热门公司来做出对股市的判断。并且有一千个专家就可能会有一千种看法，仁者见仁、智者见智，到底以哪个为准呢？由于专家们仅认为自己的方法正确而不愿意吸收其他专家的意见，这也降低了其结果的可信度。也由于专家很少光顾非热门股票，人们很难从专家报告中发现将来涨 10 倍的股票。因为专家很少或几乎不去分析小的还没有出名的公司的股票，而这些股票至少目前又不能给投资者带来很高的收益。太热了也会烫手，因而也降低了专家意见的价值。这虽并非专家之本意，但在上市公司众多的情况下，专家不可能也不会行行都懂，家家都通。专家意见也未必每次都对，若专家意见次次准确就没有股市的大涨大跌了。若股市能由专家预言，专家就应能力免失误，然而股市偏不依专家意见为转移。纵使专家预见准确无误，也可能是入市者人人皆知的。迟到的意见几乎没有价值。由此，我们看到了专家意见就不能见知信之，并急于实行之。

正确的态度应该是思考专家的意见，但不被其左右。我们不是不相信专家，有很多资深的专家毕竟分析多年，会对投资市场上已走红或正在活跃的股票投资提供参考意见，这是我们投资者应该特别重视的。

当然，每个投资者要培养自己的判断，要有主见。

中国有句古话“聪明反被聪明误”，我们认为敢于投资股票的人应该算是一个有智慧的现代人了，可往往失败都偏偏光顾那些过于相信自己判断的人。为了使投资者不再犯“小聪明”的错误，在此，我们把曾经常常犯的错误写出来，希望投资者不要再犯，保持头脑清醒，避免操作失误。

1. 前几次都成功了，这次也会成功

心存侥幸是最简单不过的投资心理，也是最易导致失败的，若是都能成功，众人又何必天天为此惊慌害怕？不少人也常常犯这样的错误：买入一个公司的股票，马上上涨了，就觉得买入另一个公司的股票也会这样；在一个公司的股票操作上挣了钱成功了，就把这个办法，用到下一只买入的股票上。但情况往往是你改变了操作方法，拿住了的股票，它反而下跌；你卖出了的股票，它反而上涨。因为市场是千变万化的，也不会总是旧戏重演，起初看着和前次变化相似，可能后来会大相径庭。

2. 既然股价已经跌了这么多，它不可能再跌了

有很多一直被看好的公司，其股票往往被高估，时间一长，其股价必然下跌，尤其被认为是好的股票，但其销售和盈利都下降引起股价下跌时，很多人会自我安慰认为好的股票肯定会恢复过来。并且认为对股市投资应该有耐心，不要因害怕而丧失一笔好交易，于是一种自然的想法便是“既然股价已经跌了这么多，它不可能再跌了”。更有意思的是，很多人在股价下跌过程中不断买进，以为不会再跌了。事实上，即使好公司的股票也会下跌。从股市上很难判断一种股票会跌到什么时候为止。那种希望知道一种股票跌到了尽头然后再买入的想法往往是不现实的，抓错了时机，会因买了后股价一直在降而被套牢。正确的做法是一定要结合个股基本面分析后，再考虑是否买入，经验是“不怕买贵，只怕买错”。

二、巴菲特的成功带给我们的启示

巴菲特在世界股坛和金融界早已闻名遐迩。人们只关心他的成功，而对于他的投资哲学、人生态度等却理会甚少。巴菲特之所以成功，就是尽最大的努力放大对的决策，减少错误的决策。因为预测市场、经济和股价变量太多且复杂，不可能做到每次都正确。而对复杂的变量，巴菲特如何将复杂的问题简单化处理呢？他在买股时只注意两个简单的变量：价格与价值。

企业的价格与价值。按照巴菲特的投资策略，投资者不必担心股票市场、经济或预测股票价格，他们把更多的时间放在了解所选择的企业上，花更多时间去阅读年报和企业有关产业的文章上，这些都会增进对企业的深度了解和对企业发展前景的预测。

巴菲特认为，要做一个成功的投资人，必须具备十个条件。

（1）必须能够控制自己的贪念，并且专注于投资过程，绝不能为贪念左右，也绝不能过于急功近利。如果过度在意金钱，就无异于自找死路。必须懂得享受投资本身蕴含的乐趣。

（2）必须要有原则性。只应该在一种情况下买进股票，这种情况就是：假如股市在未来10年将停止交易，你仍然乐于拥有股票。买进某家上市公司股票，是因为你希望能够长期拥有这只股票，而不是因为你觉得这只股票会上涨。你虽然无法判断每只股票的真正价值是多少。然而你只要知道其中几只就够。猜测股票行情未来走势，简单地说，就只是“瞎猫碰到死耗子”而已。如果你看准某家公司，并以合理的价格买进那家公司的股票，这只股票最后绝对不会让你失望。

（3）必须能够独立思考。写下你买进股票的原因把原因通通写下来之后，便开始作决定，而无需考虑是否要和别人商量。假如你连自己作决定都不会，那么干脆就不要参与需要作决定的活动。引用葛拉汉的一句话：“别人同意你与否，既不会使你的决定正确，也不会使你的决定错误，你只要具有充分的理由支撑自己的决定，你的决定就是正确的。”

（4）必须具有以知识为后盾的安全感和自信心。假如你缺乏自信，心虚与恐惧

会导致你投资惨败。缺乏自信的投资人容易紧张，而且经常会在股价下跌时卖出股票。然而这种行为通常视为疯狂，就如你刚花了10万美元买了一栋房子，然后立刻就告诉经纪商，只要有人出价8万美元就卖了。

（5）接受你无法知道所有事件的事实。在巴菲特经营巴菲特伙伴基金时，经常有客户打电话来，告诉巴菲特要多注意某些股票，然而巴菲特的回答总是一成不变："我不懂这些股票，也不了解那些股票，我不会买我不了解的股票。"

（6）要具有弹性，然而绝不要以超值的价格购买股票。计算股票目前的真正价值以及未来的价位，然后自问："我真的如此有把握吗？"没有人能够把自己不想持有的股票转卖给其他人并从中获利，真正的大笨蛋就是自以为可以把烂股票转卖给比自己更笨的人的那种人。

（7）具有多年股票投资理论与务实的基础。其中包括在理财大师下受教的经历。

（8）具有投资天分。

（9）具有绝对诚实的品德。

（10）能够避免外界干扰。

大家看到巴菲特认为投资者应该具备的十个条件后，可以更全面、深刻地去认识巴菲特，也有助于开启我们投资的心智，找到"炒好"股票的好方法。

三、若你还不知道如何选股，买券商股就是最好的办法

若你不会选择股票，一个最简单的办法就是买券商股。特别是当大的行情来临时，这个看似笨的办法，就是最好的办法。

春江水暖鸭先知，券商板块就是那只最先知冷暖的鸭子。

有些投资者一直对券商板块情有独钟的一个重要原因是，希望从券商股的走势中洞察股票市场的先机。

券商股走势好，股票市场不一定走势好，但若券商板块走势不好，股票市场就一定不会有大的未来。从2014年7月份开始的这轮行情。我们可以听到很多关于大牛市已经来临的讨论和观点，但创业板从585点走到1 500点的整个过程我们听到的都是大家对A股熊冠全球的指责。是的，大家期待的是曾经到达过6 124点的上证指数走牛，那才是真的牛。

回过头来看，远去的背影越来越清晰，这轮从2014年7月份开启的行情，大家会发现这轮行情是由券商板块强势启动开启的。

券商板块是最聚人气的板块，但由于其盘子往往比较大，加上做空力量的眷顾，其走势在多数时间会显得过于"从容"，让投资者又爱又恨。但从市场主力心态看，他们是乐于看到券商板块的这种走势的，这可以大大拉长牛市的进程，这可能就是大多数人说的A股未来走长期慢牛的依据。

券商板块的走势反映出市场确实处于牛市的初级阶段，你看不到他们有多大的调整空间。以走势较好的国元证券为例，市净率只有1.7，业绩快速增长，盘子20亿股，集团资产众多。再如广发证券，其这轮的涨幅也不算大，根本没有调整的空间和

必要。

2014年11月11日，A股冲高回落，沪指一度突破2 500点关口，午后大幅跳水，深沪两市成交量共计突破5 810亿元，创历史成交记录。受银行券商等权重股的强势拉升影响，市场再现二八效应。究其原因是“沪港通的临近（2014年11月17日开始）及T+0预期推动了蓝筹上涨，而创业板、中小企业板个股前期飙涨，引发了对创业板的担忧，这是这次大跌或震荡的原因”。

股票市场涨跌很正常，这轮行情，特别是近期的行情，为啥个人投资者赔多赢少，但此番为什么选择得如此高调呢？因为我们认为这次股票市场的机会是十年二十年一遇的，对多数人来说，可能是人生最后一次大机遇，它能使更多的中小投资者从中受益。

牛市的特征就是趋势往上，而且有一定的持续性，途中的每一次调整都是为了涨得更高。牛市中最忌讳的是踩不准舞步节奏、舞步乱了的人，有明显的鬼缠身的感觉：买什么什么不涨，卖什么什么涨。

所以，如果你没踩对节奏，就必须调整。高手有个特别好的调整方法，就是常常与朋友交流的，逢大阴线（大调整）加码自己手中不涨的股票，这样就可以回到和赢家在一个节奏上。

还有一个看似笨但十分有效的办法，就是选好股尽量持股不动。若你还不行的话，还有一个更笨的办法，就是买券商股，次序是前期买盘子小的，中期买盘子中等的，中后期买盘子大的。

四、克服人性的弱点是股票市场博弈的关键

股票投资的博弈有章可循：人性弱点+操作技巧。每个股民如果不经历从巅峰跌落到低谷的全过程，便无法体会股票市场对于投资者造成的震撼和冲击。

巴菲特说过一句名言——我们也会有恐惧和贪婪，只不过在别人贪婪的时候我们恐惧，在别人恐惧的时候我们贪婪。这说明人性的弱点有难以逾越的障碍。股票市场就是一个放大镜，能够把人性放大，尤其是贪婪和恐惧。股票市场就是一个博弈的场所，它是一个相对公平的平台，就看你怎么驾驭它。

我们认为，要克服人性的弱点，在股票市场中立于不败之地，就要有良好的控制力，不能有报复心理，不能刚愎自用，学会忍让，这几点都做到之后，给自己定一条铁规——什么时候必须出局，纪律定好之后，永远不能违反。

牛顿曾经在股票投资中惨遭挫败。他事后总结说：“我可以计算天体运行的轨道，却无法计算人性的疯狂。”被套的经历谁都有，但是如果自己不能约束自己的疯狂，那么付出的代价必然是惨重的。

克服人性弱点的同时，当然离不开操作技巧。从前些年的生命线理论、星线*K*线理论、反向操作、博弈论等理论一路走来，如今占据主流地位的是破绽理论。所谓破绽理论，是指股票在上升阶段必然会有一部分破绽点，也就是介入点。一只好的股票在一到两年之内并不是有很多的介入点，而不好的股票破绽点相对来说则比较多。

研究一只股票的破绽点，既要研究基本面，又要研究形态来加以判断。但是发现了破绽点，并不意味着要在这个点买入，正确的做法是，要抓住这个点观察一段时间后再进行判断。有几个技巧是大家需要注意的。

（1）做股票一定要有自己的主意，不能只听别人的。别人的建议需要听，但只能作为参考和借鉴，一定不要让别人的意见左右你自己的决策。正如佛理所说："自伞自度，自性自度，求人不如求己。"做股票亦如此。

（2）选股一定要选行业产业链终端的公司。因为只有产业链终端的产品才可能尽量减小外界的影响，这种股票肯定是只赚不赔的。

（3）对于中小投资者普遍忽视公司基本面的问题，我们认为既然生活在这个社会，就一定要对身边的事情给予关注，要对自己所要投资的行业有一定的认识，应该适当地关注政策。每一只股票的背后都有一家上市公司，而每一家上市公司都有自己的"弱点"，只有把握住这些特点，才能了解股票的走势。

最后，提醒大家的是，股票投资除了人性、技巧之外，悟性也是非常重要的。我们认为，时间跟人的股票投资经验没有必然的正比关系。人的经验跟经历是两码事，即便是经验丰富的人，如果经历不够丰富，也很可能在遭受一次惨痛的打击之后永远都抬不起头来。

【重要信息延伸阅读】

一带一路规划近期或出台　中国实现资本输出（4）

2015 年 03 月 14 日 05：49　来源：《中国经营报》　采编：东方财富网

接轨"一带一路"

作为目前备受关注的两大国家级战略规划，自贸区和"一带一路"两者如果能实现战略对接，市场想象力势必会大爆发。

事实上，从目前获批的 4 个自贸区来看，都可以纳入"一带一路"范围内。上海、广东、福建等地与 21 世纪海上丝绸之路关系密切自不用说，天津作为北方的国际航运中心、经济中心和新亚欧大陆桥东端起点，对"一带一路"的国内核心区域和相关国家具有较强的经济辐射与联动作用。

而在全国两会期间，上述四地也都不出所料地提到了要和"一带一路"接轨。

全国人大代表、福建省省长苏树林在福建代表团媒体开放日上表示，福建自由贸易试验区准备就绪，下一步将突出对台优势以及和"海上丝绸之路"核心区的结合等重点。

全国人大代表、天津市市长黄兴国则在天津市代表团全体会议上对记者表示，天津自贸区是长江以北唯一的国家自贸区，所以将服务于京津冀协同发展战略和"一带一路"国家发展战略。

全国人大代表、上海市委书记韩正也在上海代表团全团会议答记者问时表示，"一带一路"本身是开放的战略，而上海最大的优势是开放，最重要的资源是人才。

全国人大代表、广东省发改委主任李春洪对本报记者表示，“一带一路”是国家的战略，广东在“一带一路”的建设上，尤其是海上丝绸之路的建设上，承担着重要的任务。

国务院总理李克强2015年所做的政府工作报告中提到，把“一带一路”建设与区域开发开放结合起来，并将“一带一路”与自贸区建设都列为构建全方位对外开放新格局的内容。

自贸区接轨“一带一路”，已经得到了业内的多方肯定。如果说“一带一路”是从构建对外开放新格局的战略高度出发，那么自贸试验区则是在投资自由化、贸易便利化、金融国际化、行政管理简化等具体方面先行先试，为中国与国际贸易谈判积累经验。

全国政协委员、中国（海南）改革发展研究院院长迟福林在接受记者采访时表示，在“一带一路”中最重要的一个措施是加快自贸区的建设，中国提出了亚太自贸区；与此同时，在国内加快自贸区的进程。迟福林预计国内的自贸区进程未来几年会加快。

“自贸区在选择定位上要有代表性，要有特点，同时还要有实力。第三批入围的地区可能是丝绸之路经济带上的城市，中西部城市也有希望入围。”商务部国际贸易经济合作研究院国际市场研究部副主任白明称。

据悉，甘肃、陕西、内蒙古、河南、湖北、广西、辽宁等“一带一路”上的重要节点省份，目前正在继续申报。

第四节 公司因素分析与配置

一、剖析牛股基因

分析数百只大牛股，发现它们有着共同的特征。

（1）有3/4的个股在大涨之前的季报中，每股收益比上年同期增长了至少30%。

（2）表现最杰出的股票在其股价起动前四五年间，年均业绩增长率为24%。

（3）任何大牛股在出现顶部之前，有两三年时间，销售额和净利润都以一种加速度的方式递增。

（4）大牛股在价格真正飙升之前，股价强度的平均值为87。

（5）表现最出色的股票，股价启动前的市盈率普遍在20～50倍之间。

（6）大牛股启动前同样会跟随大盘下跌而调整，时间有时长达几个月，但调整多为平缓下滑或平台整理。

“有98%的投资人不敢在股价创新高时买进股票，因为他们担心已经涨得过高，会有风险。然而依靠个人感觉所做的判断绝不会比股票市场走势所透露出来的信息准确。”

股价强度的排名就是通过衡量所有上市公司过去 12 个月的价格表现，展现那些市场表现最好的股票。根据这个思想，同时结合一定的标准，选取了过去 12 个月以来市场上表现最好的 60 多只股票。

它们的具体标准为：

第一，过去三年的净利润复合增速≥20%；

第二，最近报告期净利润增速≥20%；

第三，最近报告期每股收益≥0；

第四，上市满 3 个月；

第五，剔除重组股和概念股。

通过上述 5 个具体标准选择，大大缩小了股票的选择范围，而且选出的股票都是当前业绩和股价表现最好的股票，其中一定会有大牛股诞生。比如 2011 年底股价强度排名第 23 位的 *ST 酒鬼（000799），是 2012 年沪深两市表现最好的股票之一。有句俗语，是骡子是马，拉出来遛遛，至于遛出来的马是千里马还是跛脚马，这就需要有伯乐的眼光了，而对这 60 多只股票，投资者通过耐心甄别，细心研究，合理推测，再加上一些投资运气，发现并抓住千里马甚至是汗血宝马并非没有可能。

二、怎样看懂一只股票

股票投资最重要的理念之一就是把股票看懂，而看懂股票首先需要信息，依据信息进行逻辑推导，再去寻找一些证据，循环往复，直到自己对股市的预期与真实的走势相近。

也就是说在做一只股票之前，你必须能看懂这只股票，怎样才算看懂了一只股票呢？

1. 股票的主力状况

股票的主力状况包括主力的成本、仓位、性质（单庄还是混庄）。

2. 股票的板块地位

选股最好选热点板块，板块中最牛的要属于龙头股，既然要投资股票，为什么不投资龙头股。

3. 股票的操作时机

主力的耐心是散户无法想象的，如果发现一个强庄股，但过早买进，是一件很痛苦的事情，说不定还会被低位洗掉。

以上是看懂一只股票的大致要点，其中最难的莫过于第一条，因为要是人人都能看懂，庄家早就绝迹了。

看懂股票首先需要信息，通过信息再判断主力状况，当然判断主力状况需要证据，怎样收集证据，不能凭空猜测，好的方法是用盘面已知信息进行逻辑推导。

一是横盘越久量能越小。这说明什么。那就是横盘越久，浮筹越少，浮筹去哪儿了，不会凭空消失，有可能就是主力吸筹。

二是无量向上突破。突破的换手很小。为什么横盘时的筹码解套或者获利不抛？

原因是20%的涨幅散户很少拿得住，所以进一步说明主力在横盘时拿了大部分筹码。

三是放量阴线不跌。这时很容易理解，震仓！这里需要注意的是换手不能很高，才能证明主力锁仓。

四是近一个月反复震荡，这种特征，即使再牛的散户也吓跑了，但是此时通过筹码测算，发现70%的筹码仍然在低位不动，这些筹码只能是主力的了。所以它是主力高控盘庄股。

三、“高送转”必将成就“高富帅”

随着2014年三季度报告披露的结束以及年报预告的临近，股票市场不变的投资主题——高送转，又迎来新的炒作黄金周期。根据历史经验，每年的11月到次年3月份，是炒作高送转题材的“美好时光”。

历史已经证明并将继续证明，高送转作为主力和个人投资者钟爱有加的题材，年底一定会逐步升温。进入11月份，正是布局高送转题材的时期。如何选择潜在的高送转股票呢？可以从以下几个特征来筛选。绝大多数高送转股票都具有股本小、股价高、成长性高、业绩增速快等特点。投资者布局，应从每股资本公积金、每股未分配利润、每股净资产、总股本、股价这5方面因素考虑。小盘高价次新股大多有高送转预期，而年底炒作高送转几乎是A股市场的惯例，此类个股容易成为热钱关注的焦点。

再具体一点分析，历史上高送转股票一般具有以下特征：

（1）70%以上高送转股票的股本在4亿股以下。

（2）95%以上高送转股票的股价高于10元。

（3）80%以上高送转股票的每股收益大于0.2元。

（4）80%以上高送转股票的每股资本公积金与每股未分配利润之和大于2元。

（5）当年平均利润增速超过32%。

（6）对上市三年以上的股，连续二年以上未送配，且股东人数在第三季度减少。

图10－1为高送转板块炒作路线图。

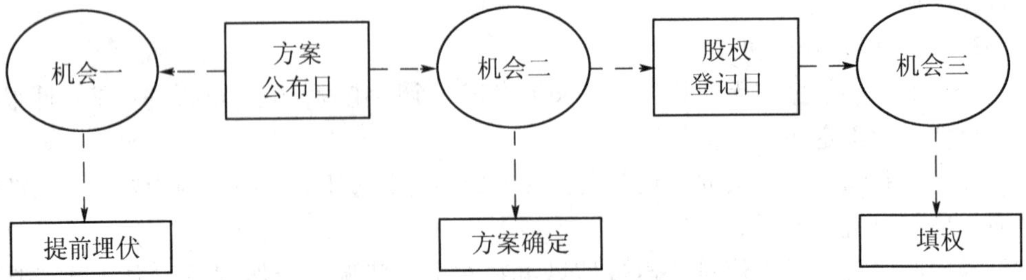

图10－1　高送转板块炒作路线图

2014年上市的次新股就有一些拥有持续高成长基因的品种。表10－1是初具送转条件的个股一览表，部分品种累计已涨幅较大，不宜追涨，主要选择尚未透支炒作且成长性确实良好的品种。

表 10－1　初具送转条件的个股一览表

代　码	股　票	代　码	股　票
002718	友邦吊顶	600436	片仔癀
300382	斯莱克	002393	力生制药
300348	长亮科技	002315	焦点科技
300294	博雅生物	002356	浩宁达
300385	雪浪环境	002041	登海种业
002667	鞍重股份	002338	奥普光电
002712	思美传媒	002695	煌上煌
603168	莎普爱思	300223	北京君正
300139	福星晓程	002380	科远股份
600823	世茂股份	002251	步步高
002222	福星科技	002661	克明面业
002231	奥维通信		

四、生命诚可贵，药股价更高

人除了靠天然的氧气基质，首要摄入成分少不了水、粮、菜类，有句俗话说得好“人吃五谷杂粮，怎能不得病”，除此就数药物。药物随着社会发展，由重要逐渐转变为极其重要，乃至于成为人类不可或缺的必需品。既然医药如此重要，那么它未来的价值是否会转变为价格呢？答案是肯定的。这就是医药股成为牛股集中营的原因。

诚然，医药的价值高低取决于人们需求与市场供应之间的差异，但就总体而言，医药已居于人们日常生活中必需商品数一数二的地位。这正是：由尊重人权—珍惜生命—挽救生命—延长寿命，这一生存链条所折射出来的极点。

五、资产重组和业绩高成长：挖掘牛股的孵化器

资产重组无疑是牛股的孵化器，浙股华数传媒在 2012 年 10 月借壳 S*ST 嘉瑞，一跃成为传媒新贵。从停牌前的 1.25 元涨到周五（2014.10.17）收盘的 29.76 元，涨幅达到了 23.8 倍。同样作为平潭发展的前身，此前的 ST 昌源也是在重组之后大放异彩，2008 年 4 月，ST 昌源正式“变身”为 ST 中福，恢复交易后当天即狂涨 1 164.71%。2014 年 5 月，中福实业更名为平潭发展，9 月中旬再度停牌，截至停牌前一日，其股价已较 7 年前上涨 22.8 倍。大涨 15.25 倍的国中水务，前身是 S*ST 黑龙。大涨 11 倍的华夏幸福则借壳 ST 国祥。股价上涨了 10 倍的广弘控股，前身是 *ST美雅，借壳后也上演了乌鸡变凤凰的神话。在排除了资产重组等因素后，7 年间

飙升18.5倍的三安光电则因其业绩持续大增而慷慨分红，根据统计，三安光电自2008年以来已实施了6次利润分配，受益于光电产品的普及，三安光电的业绩也芝麻开花——节节高。

【重要信息延伸阅读】

一带一路规划近期或出台　中国实现资本输出（5）

2015年03月14日05：49　来源：《中国经营报》　采编：东方财富网

我们知道，2013年11月“一带一路”正式上升为国家战略，2015年更是被列为三大区域战略之首。这一战略在李克强总理的政府工作报告中被重点提及，在“改革”和“稳增长”两个方面均有陈述，被党中央、国务院寄予厚望。

“一带一路”战略是新形势下中国形成全方位开放新格局的重大举措，是“走出去”战略的具体实施，有利于我国与周边国家之间实现优势互补，将我国的优势产业推向世界。

政府工作报告已明确提出，“鼓励企业参与境外基础设施建设和产能合作，推动铁路、电力、通信、工程机械以及汽车、飞机、电子等中国装备走向世界，促进冶金、建材等产业对外投资”，并“加快互联互通、大通关和国际物流大通道建设，把一带一路建设与区域开发开放结合起来，加强新亚欧大陆桥、陆海口岸支点建设”。

事实上，“一带一路”战略自去年丝路基金成立后，就开始进入实施阶段，相关地方政府积极性也很高。

而据了解，这一战略的正式方案有望在“两会”后正式公布。这也意味着今年“一带一路”战略将实质性启动，并成为贯穿今年国家和地方全年工作的一条主线。这一战略不仅将在“一带一路”沿线地区全面开花，也会在一些重点领域实现突破。

来自多家投资机构的观点认为，“一带一路”战略将在未来10年持续释放政策红利，初期的大规模基础设施建设，紧随其后的资源能源开发利用，以及未来的全方位贸易服务往来，将带来多产业链、多行业的投资机会。作为国家战略，“一带一路”将是中国股票市场的长期投资主题。受益于“一带一路”大战略的上市公司股票，很有机会成为慢牛标的。

据兴业证券测算，未来10年间，亚太区域的基础设施投资需求将达8万亿美元，潜在空间巨大。另据亚投行的数据，除中国外的18个成员国，2012年固定资产投资总金额为1.12万亿美元，而且这一投资额还在不断增长。这对中国的高铁、核电、工程承包设计和工程机械行业来说，相当于每年提供了6万亿元～8万亿元人民币的大市场。

可以相信，随着“一带一路”战略正式进入落地期，相关投资正迎来好时光。

第五节　投资心理的控制与把握

一、投资者的教养与修行

人生的各个方面，包括股票、期货等的投资，一个人的修养和境界，都深深地支配着他的思想和行为，无形之中起着举足轻重的作用。

一般认为，投资者在金融领域的最终命运，深层次的原因取决于一个投资者的综合素质，这就是一个投资者的人生修养和境界。投资者的修养和境界并不神秘，也不玄虚，它是建立在两个方面之上的。一是投资者对市场的理解，对市场交易中一些重大的原则性问题的基本态度；二是投资者对自我的认识，这种认识既包括对人类千百年来亘古不变的本性，如希望、贪婪、恐惧、侥幸、自负等的洞察和了解，也需要有投资者对自己特殊的心理弱点、性格缺陷、思维、行为习惯等主体身心活动的深刻反省。

每一个立志献身于投资事业的人，都是一个孤独的攀登者。可能大多数人最终不能抵达理想的彼岸，但是，随着市场认识的深化，投资者修养、境界的提高，一旦你突破了自我的局限，超越了平庸凡俗，就会顿悟成“佛”，有一个质的飞跃。一个股票投资成功的高手，往往既有深刻的市场见解，也能洞悉自己的内心世界，同时在这两方面达到很高的修为。

二、行情大跌时多头主力的心情

2014 年 11 月 11 日周二“双 11”狂欢，成交量创新高的除了电商还有股票市场。在“沪港通”兑现、短期无利好支撑的背景下，沪指突破 2 500 点后急速下跌，两市成交量 5 810 亿元，达到历史高点。剧烈的震荡和大跌，使许多个人投资者很茫然，不能够确定是买入的机会还是卖出的机会。

根据经验，我们当时认为：行情涨到哪里由多头决定，行情跌到哪里由空头决定。

行情会不会继续涨，要看多头有没有力量，而不是看空头厉害不厉害，所以涨时看买力大不大，跌时看卖力大不大。大家常说涨势中天量不是头，天量（证明买力巨大）后面会有天价。跌势中量大不是底，地量才见地价。

这就是“赢家说话”，涨势中多头是赢家，由多头说了算；跌势中空头是赢家，由空头说了算。比如 2014 年 11 月 11 日，成交量巨大，卖盘是昨天的多头，买盘是今天的多头，行情这样走和那些死空头毫无关系，是多头自家的事，充其量是出了一些叛徒。量大只能证明多头力量很强大。

后面行情的演变看这种叛变的力量就可以了，也就是说看卖力的大小，一旦成交量缩小到一定程度，即卖力不足，行情又将昂头向上。当然，如果调整迟迟不缩量，那调整就还得继续，直到卖力释放完毕。

讲这个原理是为了让大家更好理解多头主力的心情。

这轮行情多头主力获利丰厚，手中的股票涨幅很惊人，今天卖出属获利了结。快速杀跌的行情，他们一般可以完成两个动作，一是调仓换股，二是进一步摊低持仓成本。不快速杀跌是无法完成这两个动作的。

从这点看今天多头主力的心情一定不错，利用大家的恐慌，在后面的日子从容完成自己的计划，待到成交量缩到一定程度（一般量缩超过1/3），再发起下一轮上攻行情。

所以，作为一般投资者也应学习主力的这份心境，如果你是满仓的，就一定要好好抓住这次加仓或调仓的机会。记住你来股票市场并不是为了10%的收益，你是希望拥有属于你的10倍股的，当时一段时间的行情演变已经让大家感受到了股市的可爱和残酷了。股市越跌，属于你的10倍股应该离你越近了。

如果你今天的心情很坏，证明你还没找到属于你的10倍股，想想你可以去找到它并在第一点的价格买入它，是不是开心一点。

如果你今天的心情很好，证明你和多头主力站在一边，只是没有踩准他的节奏，那现在开始按他们的节奏进行，调仓换股到属于你的10倍股，量缩到一定程度时你正好加仓调仓完毕，想想都开心。

如果你今天心情不错，看了这些文字之后心情变糟了，哈哈，你是空头，若成交量能缩下来，建议你抓住这次绝佳的叛变机会。

如果你今天心情不错，看了这些文字之后心情更加好了，不用说了，你就是多头主力，看大势，挣大钱，你不会在乎大盘个股一时的波动，那你离10倍股很近很近。

按上述逻辑，分析一下中国股票市场不断走出的历史天量成交后，今后会如何。我们可以肯定地说：长江后浪推前浪，虽然中国股票市场达到了天量，创历史高点，但并非不可超越。在未来，也可能在2015年单日成交量达到1万亿元，因为看好中国市场，相信持续推进的改革在改善中国长期增长能量及可持续性，回调即是买入的良机。

三、投资者最大的问题是情绪化操作

进入2014年11月份，大约半个月时间，银行股涨了一些，涨得快的比如南京银行，也才涨了20%。涨得慢的，比如招商银行也就10%左右。很多人开始坐不住了，有追涨银行股的，有急急忙忙换股的，反正总认为自己选的股不涨，忙得不亦乐乎。想高抛低吸的，结果高抛低吸做反了方向成了高吸低抛了。

给大家描述一下股票投资的经典场景：股票涨了一点，比如5%以上就开始沉不住气，就要告诫自己，别贪心，赚点就卖，大不了再捡回来。可多数投资者经常看到卖了以后还继续猛涨，一拍大腿，这是涨停的节奏呀，又要错过了。于是又开始着急猛追上去抢筹。筹抢进了，刚想松一口气，结果股票掉头往下，又被套了。一整天盯着股票走势，心情如同过山车一样大起大落。情绪化操作的结果是赔了夫人又折兵。

很多投资者也事后总结，但结论往往是埋怨自己心态不好，没有耐心。要么就是埋怨自己的亲戚朋友，瞎指挥。最后捎带着把坐庄的骂一遍，明明该震仓了，结果一直拉升，本来以为真奔涨停而去，又变成了放量暴跌，难道要出货？然后就开始查看拥有大资金的机构成本、资金流入、股东数量等，总之很忙，最后不了了之。到下一次还是这么操作。

有时候看到身边的投资者这么操作心里感到可笑，我们常跟最要好的朋友讲，再聪明的人也算不过市场，不如做精一点，最简单的办法往往是最有效的办法。你看很多股民很努力，很忙碌，但都是在做无用功。不仅如此，还把自己的心情搞得很糟糕，赔钱，或挣不多。股票操作和任何别的事情一样，都要有正确的方法。没有掌握正确的方法，只能像只无头的苍蝇，跟着市场起舞，结果还很受伤。

以 20 多年股票投资的体会，告诉大家的是，不要把股票投资失败归结为心态不好，要多练耐心等待。买入一个公司的股票时要慎之又慎，在不能控制风险的前提下，金字塔式买入。一是要尽量不追逐市场所谓的热门股，尤其是高估值的次新股、新股。二是对一些套牢的筹码细细研究，如果缺乏成长预期，仅仅只靠想象中的资产重组题材来支撑，建议小心为上策，应适时尽量止损。因为错误的坚持会犯更大的错误。

面对金钱与利益的时候，人很容易着急，但我们要既拿得住股票又拿得住现金，对股票要有自己的估值方法：没到卖的时候，一定不要卖；没到买的时候也一定不要买。有人会说吹牛吧，你就那么神？股票一定会涨到你要卖的价位，也一定会跌到你要买的价位吗？

这是一定的，不是追求完美。因为，卖出点不是看股价是不是到了头部，买入点也不是看股价一定是底部。怎么把握买入、卖出点呢？其实也没什么深奥的秘密。第一是看企业经营，如果经营到了拐点，多少钱也要买/卖。第二看企业估值，巴菲特说用 4、5 毛钱买入 1 块钱的东西，这时候就买；相反，2、3 块钱卖 1 块钱的东西时，就去卖。不用可惜是否卖在顶部，或买在底部，因为已经有了足够的收益了。

有人说如果看好了一只股票，也设定了买点，就是没跌到这个买点该怎么办？这有两种情况，一是你的估值是否准确？估得太低，当然买不到。二是估值合理，但是市场没有太恐慌，所以没给你足够的安全边际。那放弃也无所谓，因为你的盈利太少，可以继续观察。卖点也是同样的道理，所以核心是企业估值。只有估得准确，才能保证盈利，也保证能买得到，卖得了。所以价值投资的核心是企业估值。

也有人说，估值也有很多问题，如果我们知道趋势，再能抓住那上下 10%、20% 的波动做差价不是能盈利得更多？道理没错，但是谁能准确地预测到股价短期波动？人们往往是事后诸葛亮。你看风浪来的时候，在水面上跳的都是小鱼小虾，跳来跳去也就这么个小圈子转转而已。真正能乘风破浪、远行万里的都是潜在海底的大鱼。能挣大钱的人，不要眼光总盯着那 10% 的差价。由此大家应该明白一个道理，股票挣钱是悟出来的，不是做出来的。

四、股票市场中赢钱与输钱的心态的差别

在华尔街有这样一句话：世界上什么都在变，但华尔街充满了恐惧和贪婪没有变。以下四种心态正是恐惧和贪婪的表现。

1. 完美心理

总想买在最低点，卖在最高点。这是难以把握的错误心态，正常心态应该是在看懂有上升形态时买入，在明确风险（在阻力位处走弱或跌破真正的支撑位）后卖出。吃鱼理论讲的就是不吃鱼头不吃鱼尾，吃肉最丰厚的那段鱼身。这是巴菲特说的，也就是赢家的心态。

2. 羊群心理

一般股民都知道，在股票市场只有少数人赚钱。那么别人买卖就跟着买卖，没有自己客观的见解是一定亏损的。高手是寂寞的，自己思考、自己选股，不受别人的影响。听股评买股票也不一定是胜利的投资者。自己选股票自己享受收益，并且自己承担责任。应避免随波逐流，保持逆向思维。

3. 赌博心理

博弈是在有赢的倾向时下大注，并且总体胜率可控。赌博是在连续输几次后下大注。真正的投资应该是在明确控制风险的前提下进行的，不是忽上忽下地随心态变化而变化。

4. 消极心理

不要套住了一生气就不管了。要积极分析当前合理下跌空间和上升空间的比值，明确是否值得再持有。不要在20日均线处买入，破位了又幻想着60日均线有支撑，60日均线破了又想120日均线可能有支撑，最后一生气不管了……当船开始下沉的时候，不要祷告，赶快脱身方为上策。

五、拥有大资金的机构和个人投资者在投资理念上的十个区别

（1）拥有大资金的机构用几个亿、十几个亿做一只股票，个人投资者用十万、几十万做十几只股票。

（2）拥有大资金的机构做一只股票要用上一年甚至几年，个人投资者做一只股票只做几周甚至几天。

（3）拥有大资金的机构一年做一两只股票就大功告成，个人投资者一年做几十只股票、上百只股票还心有不甘。

（4）拥有大资金的机构喜欢集中资金打歼灭战，做一个成一个，个人投资者喜欢买多只个股作分散投资，有的赚、有的赔，最终没赚多少。

（5）拥有大资金的机构在炒作一只股票前，对该股的基本面、技术面要做长时间详细的调查分析，制订了周密的计划后才慢慢行动，个人投资者看看电脑屏幕，三五分钟即可决定买卖。

（6）拥有大资金的机构特别喜欢一些较冷门的个股，将其由冷炒热赚钱；个人

投资者总喜欢一些当前最热门的个股，由热握冷而赔钱。

（7）拥有大资金的机构虽然有资金、信息等众多优势，但仍然不敢对技术理论掉以轻心，道·琼斯理论、趋势理论、江恩理论、循环理论等基础理论早已烂熟于胸；个人投资者连 K 线理论都没能很好地掌握，就开始宣扬技术无用论。

（8）拥有大资金的机构总是非常重视个人投资者，经常到个人投资者中去倾听他们的心声，了解他们的动向，做到知己知彼，并谦虚地说："现在的个人投资者越来越聪明了。"个人投资者总是对拥有大资金的机构的行动和变化不屑一顾，并说："这个庄真傻，拉这么高看他怎么出货。"

（9）拥有大资金的机构做完一只股票后就休假去了，说："忙了这么长时间了，也该让钱休息休息了。"个人投资者做完一只股票说："又没赚多少，还得做，绝不能休息。"

（10）拥有大资金的机构年复一年地做个股赚钱；个人投资者年复一年地看着指数上涨却赔钱。

因此，我们说拥有大资金的机构和个人投资者最大的区别，在于观念的不同。事实上拥有大资金的机构的资金优势、信息优势、人力资源优势、政治优势是我们不可改变的，而恰恰观念的改变是我们可以做到的。因此希望上面十点能对你有所启发，能让你领悟到其中深层次的意义，使个人投资者能够扬长避短。个人投资者的最大优势，那就是时间，只要在低位买入不动，用时间就可以击败拥有大资金的机构。遗憾的是，又有几个个人投资者能很好地利用这个时机呢？

我们认为，经过我们长期的努力，能够把理念知识与财富传递到你的手中。

【重要信息延伸阅读】

一带一路规划近期或出台　中国实现资本输出（6）

2015 年 03 月 14 日 05：49　来源：《中国经营报》　采编：东方财富网

金融业参与"一带一路"路径渐明

部分代表委员认为，实施"一带一路"战略是券商、保险、银行等金融机构走出去的好时机，应进一步放松相关管制政策，提升金融业的跨境金融服务能力，形成金融支持合力，同时也护航"一带一路"战略的落地。同时，应深入研究沿线重点国家的利益诉求和项目信息，制定相关规划，引导金融机构和企业瞄准重点国家、行业、项目精准发力。

金融业大有可为

"一带一路"已经成为近期中国资本市场持续热议的话题之一。《中国证券报》记者获悉，"一带一路"建设总体方案已经过多轮修改。公开资料显示，在金融支持方面，银行、证券、基金、保险等各类机构已将"一带一路"视作施展拳脚的机会，均在寻求适合自身特点的投资模式，并提前研判获取收益的时间窗口。而多个地区也显露出引进资金、借政策之机加大项目推出力度的苗头。

在鼓励金融支持实体经济的背景下，金融业正面临一个更为广阔的资金运用和创新空间，而金融业内人士也正在关注资本如何把握境外投资机会的命题。全国人大财经委委员、证监会创新部巡视员欧阳昌琼表示，“一带一路”战略实施是券商等金融机构走出去的好时机。新“国九条”提出要进一步提高证券期货行业的对外开放水平。证券业的开放既包括机构设立的双向开放，也包括业务的跨境服务。应支持鼓励有条件的证券金融机构走出去，设立、收购金融机构，为中国装备制造走向世界，为落实“中国制造2025”行动计划，为实施“一带一路”战略提供金融服务。他建议，一些进一步扩大对外开放的政策可以在上海等自贸区先行先试。

全国政协委员、永隆银行董事长马蔚华表示，商业银行的跨境金融服务是中国企业在“一带一路”沿线进行投资经营活动必需的支持和保障，建议进一步放松相关管制政策，提升商业银行跨境金融服务能力，简化商业银行在境外设立分支机构及并购的审批核准手续，鼓励支持其在“一带一路”沿线国家和地区进行业务布局。同时，为鼓励商业银行对企业在“一带一路”区域内的项目提供融资和担保，对符合条件的项目贷款适当调低风险权重，扩大商业银行短期外债指标，并将对外承包工程保函风险专项资金、出口优惠买方信贷等支持政策扩展至股份制商业银行。

全国政协委员、中国工商银行副行长张红力认为，应设立离岸证券交易市场服务国家“一带一路”战略，加快沿线国家实体经济与中国资本市场直接对接。建议在上海自贸区或广东前海推出离岸证券交易市场（即“国际板”），通过相应制度设计吸引“一带一路”沿线国家的重点企业赴中国上市。

酝酿险资参与方案

在“一带一路”投资项目中，基础设施互联互通有望成为突破口。保险作为长期资金的金融支持和风险保障功能亦将发挥作用。全国政协委员、中国人民保险集团股份有限公司董事长吴焰建议将保险作为制度性安排，纳入“一带一路”的顶层设计之中。他认为，保险作为市场化的风险管理与资金融通机制，可为“一带一路”建设提供重要支撑与保障，应进一步支持保险业尤其是大型保险金融集团走出去，支持中资保险公司进一步拓展保险资金境外运用的范围和形式，提升保险资金配置效率。吴焰还建议鼓励银保联动，为走出去企业提供“无缝连接”的保险金融服务。

全国政协委员、中国出口信用保险公司董事长王毅建议引导参与“一带一路”建设的企业加强与银行、保险等金融机构的沟通协调，实现项目信息与融资保险及时对接，形成金融支持的合力，并加强“一带一路”融资平台建设。而在走出去的过程中，中国企业融资除了依靠银行，还需要信用保险解决收汇问题。

《中国证券报》记者了解到，监管部门已经开始酝酿保险业参与“一带一路”的支持方案。机构人士认为，仅就投资机会而言，保险资金可以参与相关区域的基础设施建设，或通过参股公司，或投资为小微企业出口服务的创投基金，或发起设立专项基金投资标的企业。而从风险保障角度而言，保险对大型出口装备、中小企业外贸信用等对象均可起到保障作用，金融支持的力度有望随着战略的推进而逐步显现。

在研判投资机遇的同时，“一带一路”涉及的金融风险也被代表委员重点关注。

王毅表示，中国信保公司国别研究中心每年对全球的192个国家的国别分析进行报告，并已按年度专门研究了“一带一路”沿线国家的风险。“一带一路”沿线国家的政治、经济、文化差异较大。“让中国企业走得出去、走得稳，是在支持‘一带一路’建设中应认真做好的功课。”他建议，在中国企业走出去的过程中，应深入研究沿线重点国家的利益诉求和项目信息，制定重点国别相关规划，引导金融机构和企业瞄准重点国家、行业、项目精准发力。

第六节 科学的风险管理

一、学会选择与放弃乃个人投资者的生存之道

汉语“舍”与“得”是两个充满大智慧的文字，它教我们如何选择与放弃。得与失这是一个人的立世之本，是左右一个人一生成败的重要因素之一。选择和放弃，是把握个人生命运动最伟大的力量。世事如棋，股市如棋，需要选择和放弃的太多。而人生的苦楚，正源于不会正确选择，不懂勇敢去舍，去放弃。舍与得，取与舍既是一种生活哲学，更是一种处世与做人的艺术，也是我们每个投资者在股票投资中应该具备的一种超然状态。舍与得、取与舍就如人与水、天与地、阴与阳一样，是既对立又统一的矛盾体，相生相克、相辅相成，存于天地、存于人生、存于心间，存于微妙的细节，包括了万物运行的所有机理。万事万物均在舍与得、选择与放弃之中达到和谐，达到统一。要得便须舍，有舍才有得。进入股票市场投资股票的每一位投资者也必须明白有舍才有得、小舍小得、大舍大得、难舍难得、不舍不得的大智慧。

关于舍与得、取与舍，有一个经典故事：有一个顽皮的小男孩在玩耍时，把手伸进了爸爸的收藏架上摆放的一个花瓶，那不是普通的花瓶，那是上面印着精美青花的古董。糟糕的是，当他把手取回来时，却大喊怎么也拔不出来了，用股市的话来说不小心被套住了。这下可急坏了家长，男孩的父亲帮他拔了几次后无济于事，便想到了一个司马光砸缸的故事。父亲想把瓶子砸碎，好让儿子的手“解套”，可是花瓶太珍贵了，难以取舍。最后，小男孩儿的父亲决定孤注一掷，再试最后一次，不行就忍痛砸碎瓶，毕竟救人是大事。父亲说：“孩子，你把手伸直，五指并拢，使劲往外拔，就像我这样。”父亲边说边给儿子做了手掌捏拢的示范。小孩男儿却大叫：“爸爸，我不能那样做，如果我松开手，那枚硬币就会掉进瓶里。”父亲哑然失笑，终于明白了儿子的手拔不出来的真正原因。一枚微不足道的硬币，差点毁了一个名贵的藏品。这虽然是一个平淡无奇的故事，却把取与舍、舍与得的含义诠释到极致。

想一想，我们在股票市场中又何尝不是这样，许多人不是常常犯着小孩同样的错误吗？我们往往守着一些毫无价值的股票，却舍不得抛弃，相反一些有价值的股票却被我们忽视或在股价腰斩的前提下，忍痛割肉抛在了废墟下。

在此有一个“舍”的实例，曾经和一个要好的大姐在一起常常探讨股市，记得

前些年她一直买入“000417”合肥百货，5元多买入后，跌到4元，4元多加仓又跌到3元，最后已经弹尽粮绝，无钱再买了。问她：你不怕被套牢吗？她回答说：“在一个企业最低潮的阶段，可能就是股价最低的阶段。在股票市场投资和做人一样，你不能总是锦上添花，而要学会雪中送炭。遵循这样的为人之道去选股，只要我不是在绝对的高价位买入股票，一定能够赚到钱。”后来，她一直持有合肥百货达5年之久，这个股加上连续送配，使她实现了好几倍的赢利。总结她股票投资的成功之道，失去的是时间，有时是失去暂时的“赚钱”机会并短期的被套牢，最终她得到了巨大获利。

理由很简单，人弃我取。今天的不计成本的打压，就是为了明天的上扬，买入后可能还会向下，但放到一个更长的时间去考虑，向上是大概率的事件。

取与舍、舍与得的辩证法无数次告诉我们：当市场一片恐怖绝望的时候，空仓者应逐步介入进“取”，即使买套也只输时间不输钱，在底部区域去割肉，就如同地震时，大楼摇摆，但并没有倒，这时自己慌不择路从窗户跳下，有可能伤残。同理，在高位满仓被套，当确定走势向下时，应果断割肉“舍”去，止损，要耐得住寂寞，尽量不要在中途追涨杀跌，频繁进出，为了一枚硬币而付出沉重的代价。

学会选择与放弃，或许才是每个投资者在股票市场的生存之道。

二、给中小个人投资者的提醒

个人投资者，在股票市场上是业余的投资者，主要包括家庭妇女、无业游民、写字楼职员、各行各业的退休者，以及有高尚职业的白领一群。作为一名资深老散，这里给广大个人投资者进一句忠言：一定要摸索到一套适合自己的操作方法，然后严格执行，切忌人云亦云。

个人投资者的缺点是资金不足、信息不足、经验不足、耐力不足、时间不足。这五不足，足以构成个人投资者投资失败的理由。股票市场最要命的投资陷阱，是一次又一次的追高，一次又一次的杀跌。当你不惜重金投入时，反而追高了；当你谨慎决策时，可能丧失了大幅拉高的机会；当你加码追入时，反而被绑在山上站岗放哨。譬如你同时买入两只股票，事后一跌一起，如果你未加分析，卖了涨的保留跌的，这样证明你是一位赚小钱输大钱的失败者。频繁地在市场买卖者，等于送财富给有耐性的、稳健的、中长线的投资者。

初入道的个人投资者，开始的时候，心态还比较好，每每以小注逸情或消磨时间，以玩乐学习的心态入市，可是时间稍稍一长，经过赚钱后，胆量就越玩越大，滚雪球似的将最后一点实力也投入股票市场。将自己推向这样地步的投资者，要格外小心，再不能越雷池半步，万万不能再幻想向银行借钱投资股票，否则将一错再错，导致不可收拾、一败涂地的局面。

股票市场再好，你也不能把所有的钱都投进股票市场博取收益，无论是牛市还是熊市，你必须对自己的资金有一个统筹安排。刚进入股票市场，要有一个交学费的心理准备，必须根据自己的收益状况，留一定的现金，以避免全部投入股票，这是一个策略的安排。如果这一轮市场熊市从 6 000 点跌到 4 000 点、3 000 点、2 000 点，你始终保有一定量现金规模的话，那么你就会发现市场的下跌未必是坏事，因为你可以从更低的位置买到更多的优质筹码。市场越跌，你买到的廉价筹码就越多。这样的话你反而会喜欢市场的下跌，因为它提供了更多优质的低价股票筹码。

假如股票市场从 2 000 点涨到了 3 000 点、4 000 点，你千万不要后悔没有全部将资金投入股票市场。许多股民都是这样，账户上的钱在手里放不住三天，生怕踏空，究其心理就是想追求利润最大化。这种类型的股民，不论大户还是个人投资者，大多损失惨重。

正确的做法是，每年只要抓住一次或几次机会，一个时期下来收益就相当可观了，所以巴菲特年均收益才 27% 就成为大师了。如果一心想追求利润最大化，就会像猴子掰玉米，最终往往一无所获。

最后提醒个人投资者的是，股票市场是一个充满机会、充满诱惑，也充满陷阱的地方，一定要学会抵御诱惑，懂得舍得的道理，记住放弃一些机会，才能抓住一些机会。

纵观市场各方的判断，一般认为 2 000 点可能是底部的区域，也有观点认为在 1 800 点附近是底部区域，或者更悲观地认为 1 600 点是底部区域。事实上这样判断的意义并不是特别大，它只是给你提供了资金配置的依据。

三、感悟股票投资的六大理念

2015 年的中国股票市场，注定会波澜壮阔，但会更加复杂，震荡也会更加剧烈。熊市一般不产生新手，新股民总是会在牛市时一波波冲进股票市场。最后一波进来时，总是在牛市结束之前。上一波牛市结束之前，我们听到了农民卖牛进行股票投资的传说——“牛”都卖了，这股票还能好吗？

下面这几点，都是我们经过股票市场的历练后，对中国股票市场的基本认识，也是想告诉新股民的肺腑之言，希望对你有所帮助。

1. 股票市场是市场，但更是工具

股票市场到底是啥？是市场，还是工具，要看你用哪个参照系。对于股票投资者来说，它是市场，但放到整个国民经济当中去，股票市场只是个配置资源的工具。

举个例子来说，假如一个股票市场，有 100 家上市公司，每家圈钱 1 亿元，整个社会为之贡献出 100 亿元。又假如 99 个公司倒了，99 亿元打水漂，但只要产生一个阿里巴巴、一个苹果或谷歌，那么，这一个公司所产生的价值就远远大于 100 亿元。其给人类带来的技术进步，远远不是用财富可以衡量的。放在股票投资的参照系中，炒那 99 家公司的人最后都亏损了，但放到整个国民经济的参照系中，你付出了 100 亿元，得到的是一个价值 1 万亿元的苹果公司，对社会而言赚大发了。

认识股票市场是工具很重要，这样你投资股票时，就不会傻傻地在股票市场里跟人谈天真的市场规律。

2. 政府的政策导向

我们只说我们参与过的：

1994 年 8 月政府出台三大救市政策产生的牛市是政府为了加快股份制改革发动的 300 点到 1 000 点的行情。

1999—2000 年那场牛市，是政府为了解决国有企业脱困问题而发动起来的。

2005—2007 年那场牛市，是政府为了解决国有股全流通问题而发动起来的。导火线是股改送对价（包括股票、现金）。

2014 年以来的牛市，大家都身处其中，政府在其中的作用，不用我们说了，大家都知道了。

2014 年新华社连续发了 9 篇唱多的牛文，等到新华社连续发文，反复给大家提出警告时，牛市肯定要结束了。

3. 从来就没有什么“股神”

告诉你一个秘诀：牛市多唱多，熊市多唱空。你猜中的概率更大，你也更接近“股神”。在股票市场，只有“猜”和“概率”。从来就没有什么“股神”。

你对股票市场的理解力，与猜测的命中率正相关。

不要以为对股票市场的理解仅仅是看盘、技术分析或者是对上市公司的了解。需要把股票市场放到整个国民经济的动态体系中来理解，你才能谈得上对股票市场真正的理解。

不要迷信股神，要对所有的猜测保持一份警惕。

4. 听消息投资股票是盲人骑瞎马

听消息投资股票，是庄股时代的遗产。

大数据时代，坐庄不易，拥有大资金的机构自己都控不了盘，他们只是比你钱多一点的大个人投资者。他们给你消息，只是为了让你来解救他们。

真正的内幕消息走漏出去，内幕人士一不留神就要承担刑事责任，你能想象他们能让消息流到你的手上吗？

我们不否认这个市场有非常值钱的消息，但那么值钱的消息，怎么会满街飞？怎么会流传到你的耳朵里？

记住：不会有满大街黄金。真要是满大街黄金，那一定是黄金有无限供给、跟石头一样便宜的时候。

流传到草根的消息，一定不值钱。如果你曾靠消息赚钱，你赚钱靠的一定不是消息，而是运气。下一次消息就会让你把赚来的钱吐回去。

5. 股票投资如同投票

尽管马克思的价值价格理论比较简单，但用于股票投资已经足够了。

在股票市场，股票的价格围绕价值波动，严格来说，两者吻合的时候是没有的，或者只是一闪而过的。价格总是偏离价值，不是往上太高，就是往下太低。

为什么会这样呢？正像格雷厄姆所说：股票市场短期看是投票。

我们认为，股票市场永远是投票机。当人们看好时，都拿钱来投票，股价涨高；

当人们不看好时，都卖股走人，股价下跌。

当众人行为一致，就会有牛市和熊市，就会形成股价指数的峰与谷。

简单的逻辑是买在谷底。买便宜是硬道理。如果你搞不清谷底，又特别想买，就请做好赔钱的准备。

6. 多数人并不知道价值投资是怎么赚钱的

一位朋友告诉我们，他再也不相信价值投资了。他手头上持有的振华港机股票，拿了 8 年了，到现在还亏钱。“不是牛市来了么，我们怎么还亏钱呢”？

是的，你的股票是在牛市的高点买的，套一波熊市，等到牛市来了，你在高点解套小赚时没卖，指望赚更多，现在又套了，那是你的操作有问题，跟价值投资没关系。

很多人以为价值投资就是长期持有，错得离谱。

记住：价值投资需要长期持有，但价值投资不等于长期持有。

价值投资要满足以下条件：公司值得长期持有，不能中途倒掉；买在熊市，卖在牛市。

如果你买在牛市，卖在熊市，不赔才怪。如果你买在牛市，卖在牛市，能小赚就一定要感恩。因为你买错了没赔钱，就很了不起了。

只有买在熊市，卖在牛市，你的价值投资才能享受到牛熊波动的溢价：峰与谷的大价差。

四、股民必须了解沪港通交易的 21 大风险

随着沪港通的开通，内地股民客户可以参与购买港股，香港股民可以购买内地沪市的一些股票。香港的投资者作为成熟的股民，投资内地股票市场风险防控得比较好。而内地股民并不一定了解投资港股通的一些投资风险。在此，我们要提醒内地投资者在参与港股投资前，应充分了解并评估自己的承受能力。下面我们揭示参与港股存在的 21 大风险，提示投资者，在参与交易前要认真阅读港股通相关业务规则和协议条款，避免在投资过程中可能遭受难以承受的损失。图 10－2、图 10－3 为综合反映港股风险的例图。

1. 理解沪港两地交易规则差异可能带来的风险

香港证券市场与内地证券市场存在诸多差异，投资者参与港股通交易需遵守内地与香港相关法律、行政法规、部门规章、规范性文件和业务规则，对香港证券市场有所了解。此外，通过港股通参与香港证券市场交易和通过其他方式参与香港证券市场交易，也存在一定的差异。

2. 港股通股票范围存在限制，可能带来的风险

投资者通过港股通买卖的股票存在一定的范围限制，且港股通股票名单会进行调整。因此，投资者应当关注上海证券交易所（以下简称“上交所”）指定网站公布的港股通股票最新名单。对于被调出的港股通股票，自调整之日起，投资者将不得再行通过港股通买入，但可以卖出。以 2015 年 5 月 21 日汉能薄膜发电暴跌为例，见

图10－2。

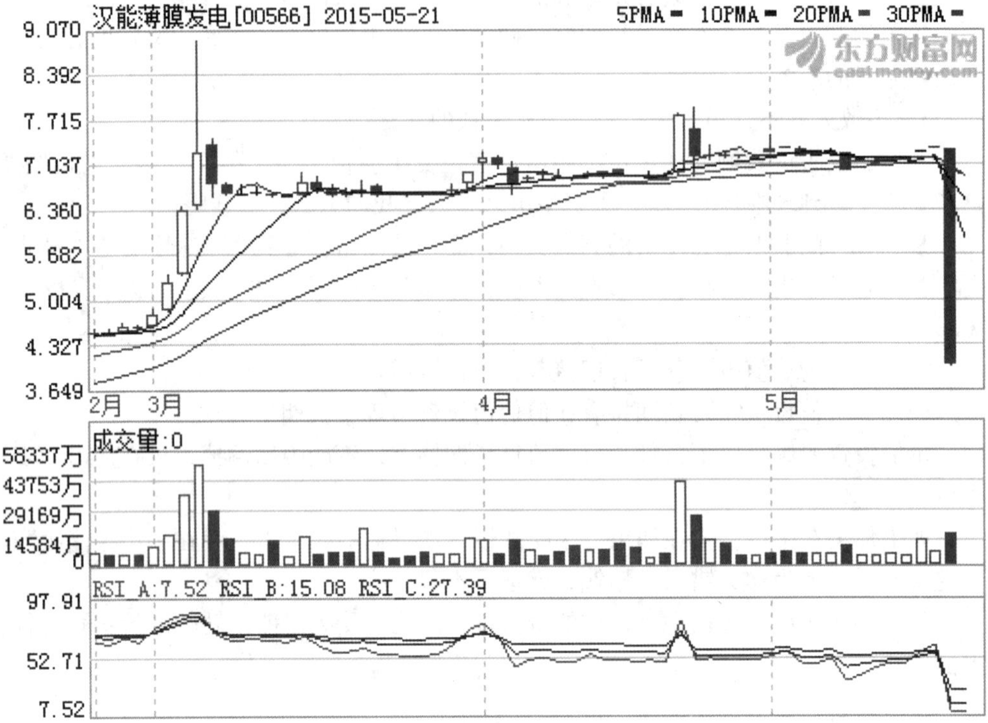

图10－2　2015年5月21日汉能薄膜发电暴跌

3．额度控制可能带来的风险

港股通业务试点期间存在每日额度和总额度限制。总额度余额少于每日额度的，中国投资信息有限公司（以下简称“中投信”）自下一港股通交易日起停止接受买入申报，投资者将面临不能通过港股通进行买入交易的风险。在香港联合交易所有限公司（以下简称“联交所”）开市前阶段，当日额度使用完毕的，新增的买单申报将面临失败的风险；在联交所持续交易时段，当日额度使用完毕的，当日投资者将面临不能通过港股通进行买入交易的风险。

4．投资者应关注港股通交易日可能带来的风险

只有沪港两地均为交易日且能够满足结算安排的交易日才为港股通交易日，具体以上交所网站公布的日期为准。由于两地市场交易日存在差异，因此，存在港股交易而港股通不交易的情况。对此，投资者应当关注在上述情形下无法对香港股票市场波动及时做出投资决策而可能导致的风险。

5．不了解港股通交易时间可能带来的风险

港股通交易日的交易时间包括开市前时段和持续交易时段，具体按联交所的规定执行。其中，在9:00—9:30的联交所开市前时段内，港股通投资者仅能在9:00—9：15输入竞价限价盘，且不能修改订单，仅能先撤单再申报。此外，投资者还应关

注联交所的持续交易时间（即9:30—12:00、13:00—16:00）较沪市A股股票市场长，投资者可以在11:30—12:00和15:00—16:00的时段内参与港股通交易，也可在12：30—13:00的时段内撤销早市未成交的申报。

圣诞前夕（12月24日）、元旦前夕（12月31日）或除夕日为港股通交易日，港股通仅有半天交易，且当日为非交收日，投资者要提前做好资金安排。

6. 恶劣天气等导致港股通交易停市的风险

香港出现台风、黑色暴雨或者联交所规定的其他情形时，联交所可能停市，投资者将面临在停市期间无法进行港股通交易的风险。出现中投信认定的交易异常情况时，中投信可能暂停提供部分或者全部港股通服务，投资者将面临在暂停服务期间无法进行港股通交易的风险。中投信及上交所对于发生交易异常情况及采取相应处置措施造成的损失，不承担责任。

7. 港股通交易的汇率风险

投资者在交易时间内提交订单依据的港币买入参考汇率和卖出参考汇率，并不等于最终结算汇率。港股通交易日日终，中国证券登记结算有限责任公司（以下简称“中国结算”）进行净额换汇，将换汇成本按成交金额分摊至每笔交易，确定交易实际适用的结算汇率。

8. 碎股交易存在限制的风险

港股通投资者持有的碎股只能通过联交所半自动对盘碎股交易系统卖出，不能买入，价格通常有所折让。

9. 港股通股票交收前卖出的风险

投资者当日买入的港股通股票，经确认成交后，在交收前即可卖出，投资者应当关注因此可能产生的风险。

10. 港股通交易通信故障的风险

港股通交易中若联交所与中投信之间的报盘系统或者通信线路出现故障，可能导致15分钟以上不能申报和撤销申报，投资者应当关注因此可能产生的风险。

11. 港股通交易不设涨跌幅限制的风险

港股通股票不设涨跌幅限制，因此，短期内可能出现大幅盈利或亏损。投资者应当关注因此可能产生的风险。

12. 投资者依据联交所提供的港股通交易免费一档行情做出投资决策的风险

提示投资者，通过港股通业务获得的香港证券市场免费一档行情，与付费方式获得的行情相比，在刷新频率、档位显示等方面存在差异，投资者应当关注依此进行投资决策的风险。

13. 港股交易报价显示颜色含义差异的风险

在香港证券市场，股票价格上涨时，股票报价屏幕上显示的颜色为绿色，下跌时则为红色，与内地证券市场存在差异。但是，不同的行情软件商提供的行情走势颜色可以重新设定，投资者在使用行情软件的时候，应当仔细检查软件的参数设置，避免惯性思维带来的风险。

14. 港股通投资者权益证券交易限制的风险

投资者因港股通股票权益分派、转换、上市公司被收购等情形或者其他异常情况，所取得的港股通股票以外的联交所上市证券，只能通过港股通卖出，但不得买入，上交所另有规定的除外。

图 10－3　2015 年 5 月 21 日高银金融暴跌

投资者因港股通股票权益分派或者转换等情形取得的联交所上市股票的认购权利在联交所上市的，可以通过港股通卖出，但不得行权。

投资者因港股通股票权益分派、转换或者上市公司被收购等所取得的非联交所上市证券，可以享有相关权益，但不得通过港股通买入或卖出。

15. 沪港两地证券交收期差异可能带来的风险

香港证券市场与内地证券市场在证券资金的交收期安排上存在差异，港股通交易的交收期为 T＋2 日。如果投资者卖出证券，在交收完成前仍享有该证券的权益；如果投资者买入证券，在交收完成后才享有该证券的权益。

同时，港股通交易的交收可能因香港出现台风或黑色暴雨等发生延迟交收。

16. 港股通股票现金红利发放延后的风险

对于在联交所上市公司派发的现金红利，由于中国结算需要在收到香港中央结算有限公司（以下简称“香港结算”）派发的外币红利资金后进行换汇、清算、发放等业务处理，投资者通过港股通业务获得的现金红利将会较香港市场有所延后。

17．港股通股票红股发放延后的风险

对于在联交所上市公司派发的红股，中国结算在收到香港结算派发红股到账当日或次日进行业务处理，相应红股可于处理日下一港股通交易日上市交易。投资者红股可卖首日均较香港市场晚一个港股通交易日。

18．港股通投资者持有投票的风险

由于中国结算是在汇总港股通投资者意愿后再向香港结算提交投票意愿，中国结算对投资者设定的意愿征集期比香港结算的征集期稍早结束；投票没有权益登记日的，以投票截止日的持有作为计算基准；投票数量超出持有数量的，按照比例分配持有基数。

19．投资者账户余额不足可能引发透支的风险

由于香港市场的费用收取或汇率的大幅波动等原因，可能会引起投资者账户的透支，因此，投资者应当关注账户内的余额。

20．港股通交易分级结算的风险

港股通交易内地结算实施分级结算原则。投资者可能面临以下风险：因结算参与人未完成与中国结算的集中交收，导致投资者应收资金或证券被暂不交付或处置；结算参与人对投资者出现交收违约导致投资者未能取得应收证券或资金；结算参与人向中国结算发送的有关投资者的证券划付指令有误导致投资者权益受损；其他因结算参与人未遵守相关业务规则导致投资者利益受到损害的情况。

21．沪港两地税费差异可能引发的风险

香港市场收费标准与内地市场收费标准不同，香港地区与内地在税收安排方面也存在差异，投资者买卖港股通股票，应当按照香港市场有关规定交纳相关费用，并按照香港地区相关规定缴纳税款。因此，投资者在参与交易前，应提前了解相关信息。

五、卖出股票的技巧

不知道什么时候正确卖出股票，你是否有高位套牢而亏损出局的经历，你是否有遭遇黑天鹅而股价大幅下跌的情况，你的账户是否经常坐过山车，这些都是股市上经常发生的事。

股市获利，无非就是要让卖出价比买入价高，在高位卖出。从概率上讲，你通过选股基本面和技术面分析要保证一定要大概率实现这个结果。

买入股票，有多种方法，逢低买入，突破盘整买入等。大家通常对买入股票非常重视，所以多数人讲“买”股票，而不是“卖”股票。关于买入股票，人们其实是受各种影响买入而不自知。绝大多数投资者都是受电视、朋友、股吧推荐等渠道的信息影响而买入。真正能够独立分析发现而买入股票的，只有少数专业投资者。

但是，股票该卖出时，往往没有人提醒你。有时错过了最好时机，个别时候发生极大错误。尤其是有些股票，基本面发生了向坏的方向或者估值过高，持有股票的利益资金开始离开。他们不但不会通过媒体提示大家，而且希望真相尽量晚点让普通投资者知道。这样，普通的投资者是意识不到最佳的卖出时机的。道理和卖出房子一

样，开发商只会为让你买房做广告，至于何时该卖房子，不会有人提醒你。

从心理上讲，股票在上涨的时候，人们都有“再多涨一点就卖”的心理，下跌后又想等反弹，结果股票过了阶段最高点，失去了最佳时机，非常被动。还有的时候，你在认为所谓的高点卖出了，结果它涨得更快更高，搞得你不知如何去做。那么，正常情况下正确的卖出时机是什么时候，可能就需要分析不同的情况。

（1）追高买入的股票。这种股票，绝对不应该长期持有。买入了价位不合适的股票，意识到以后应该快速退出。这种股票，一旦回落，可能至少是30%的跌幅。如果看错，可能1—2年甚至更长期再也回不到这个价位。什么是追高？离近期最低价超过15%，或者突破平台后超过10%，或者两个涨停板以后，大致算是追高买入。有投资者曾经在较高位置买过南玻A、长信科技，都有很大的触摸屏利好，但结局都是止损出局。

（2）买入后通过股票基本面分析发现前期的买入是个错误，或股票基本面突然发生大幅度向坏的发展。比如日本核事故造成核电投资的争论，2011年的东方电气，业绩明显低于预期；再如2014年上半年的瑞普生物，业绩降低。这种情况，应该马上退出，不要过度期待反弹。因为股市的机会是很多的，而这些发生问题的股票，后市跌多少不好预计，如果扭转了公司的主营业务，这些股票可能会持续下跌几个月。

（3）逢利好强行减仓。这个是大家一定要养成的习惯。这是老生常谈，但多数人却没有意识到，更是难以做到。

①一家公司的股票到了相对高位，通常是有利好（比如业绩预增或者产品热销）被一些内幕人士提前知道而股价已经被推高。如果是突发的利好，那么也会引起股价短时飙高。利好公布前后，利益资金已经开始筹划撤退。

②当一个公司出现公开利好时，这时就要马上判断是不是一个阶段高点。如果判断确定是的话，就要及时卖出或减仓。否则套在高位，自酿苦酒。

③如果同时满足这几个条件，就该考虑清仓：公司的估值已经比较高位；后期的超预期利好可能不多；累计的获利盘资金非常明显。

④如果满足这些条件，不应急着了结：公布的利好对公司的未来营业收入有大幅增长的潜力，是市场没有预计到的；股价尚未明显上涨反映这些利好，如2014年4月8日华录百纳复牌，股价两个涨停板，但是并购后公司的PE只有25倍，并且并购后股价还没有超过前期高点。这时，就可以适当继续持有，多享受一段利润。

⑤如果你不在有利润时减仓，那么后市股市如果跌下来，你将没有资金来承接股价更有优势的股票。尤其是股市偶尔发生的突然下跌，你习惯性地逢高减持后，就可以开开心心地在低位承接。如果股市不跌下来，你至少已经有些利润了。

（4）股票涨幅明显时。之所以说明显，因为中短长线标准不一。小波动10%；中等波动30～50%；大波动50～100%。长线或牛股翻倍以上。

①有的时候，股票没有什么明显可以理解的原因，也会有一段明显的涨幅。这个方面的原因可能有多种：随指数上涨；所在行业受市场追捧；或者公司有潜在利好被内幕资金或公司员工知晓；或者，完全就是庄家的自弹自唱。

②当股票明显上涨之后，获利的资金，包括内幕资金会逐渐卖出锁定利润。如果这时你不卖出，可能会遭受阶段性的明显回撤。而如果这时你是买入，不得不说，最笨的投资者就是在利好公布后，股价大幅上涨后，“发现”股票的长期价值而买入。这时买入，就是来替主力买单的。这种事情，在有多年经验的投资者身上也会发生。

当然，不是说所有的情况都该卖出，但是结合以上几条，我们才能客观分析后市的措施。明白了以上短短4条，至少我们可以不犯颠覆性的错误。

借此再阐述一下投资者特别是个人投资者不能正确卖出而需要克服的心理问题。

（5）再多涨一点就卖的心理。这其实是一种贪婪，想卖在最高点的贪婪。买在最低点，卖在最高点，这在常理上基本是不可能的事。所以在股市上，见好就收的灵活心理，其实是非常难得的一种品质。在卖出时，只要评估下来，卖出理由非常明显，那么就应该高兴自己已经享受的涨幅。

（6）卖后又涨了的懊悔心理。投资者特别是个人投资者需要锻炼自己。自己锁定利润后应该高兴。后面可以涨，也可以跌。如果这个自己把握不了，那么这就不是你可以赚的钱。

（7）卖后没有股票可买的心理。股市的机会永远存在，没有股票买，你也可以慢慢地再寻找机会。股市的机会总是很快出现，是太多，而不是太少。注意，你的现金永远是主力瞄准的目标。

【重要信息阅读】

中央政治局会议开稳增长“药方”——释放7大信号（1）

来源：中国新闻网

中共中央政治局4月30日召开会议，分析研究当前经济形势和经济工作。此次会议强调要“高度重视应对经济下行压力”，并从财政货币政策、投资、房地产等方面开出了诸多稳增长“药方”。此外，会议强调三个“没有变”，要求领导干部掌握五大新本领，释放出的一系列信号值得关注。

信号一：经济下行压力仍然较大

与2014年仅提到“经济下行压力依然存在”不同，此次中央政治局会议两处提到了“下行压力”，一处是在对经济形势的判断中提出“经济运行走势分化，下行压力仍然较大”，一处是在宏观政策总体要求中提出“高度重视应对经济下行压力，加快改革开放步伐”。当前中国经济的“下行压力”从最近公布的一季度数据可见一斑。数据显示，一季度GDP增长7%，虽然一季度经济增长与预期目标相符，但其增速相较2014年四季度回落了0.4个百分点。

国家信息中心经济预测部主任祝宝良对中新网记者表示，在经济下行压力不减的情况下，此次中央政治局会议对当前经济形势做了精准判断，也吹响了加大稳增长力度的号角。

信号二：财政政策会更加积极

会议提出，积极的财政政策要增加公共支出，加大降税清费力度。民生证券研究院执行院长管清友对中新网记者表示，中央已经关注到“积极财政不够积极”的问题，强调“增加公共支出”，调动各方积极性。地方政府可能改变状态，掀起基建投资热潮。

管清友认为，基建的思路依然是区域振兴，核心的就是一带一路、京津冀和长江经济带，但也有新意，一是更加注重“互联网+”为代表的信息基础设施投资，二是融资方式上更加依赖社会资本，通过PPP和城镇化基金弥补资金缺口。

信号三：货币政策更重“疗效”

会议提出，稳健的货币政策要把握好度，注意疏通货币政策向实体经济的传导渠道。北京大学经济学院教授、发展经济学系主任曹和平对中新网记者表示，当前货币政策传导至实体经济的渠道并不是很畅通，虽然近期降息、降准政策接连出台，但增加的可贷资金并没有真正解决中小企业融资难的问题，大量资金流向了大型企业、股票市场、房地产行业。

祝宝良表示，要疏通传导渠道，必须要降低实体经济的运行风险，真正调动金融机构的放贷意愿。另外，要注重发挥资本市场的作用，大力发展直接融资，改变经济过度依赖间接融资的局面。

信号四：投资不能做无用功

会议提出，要注重发挥投资的关键作用，认真选择好投资项目，做到有市场、有长期回报。要整体推进财税、金融、投融资体制改革，解决好重大基础设施项目、市政项目、实体产业部分资金循环不畅问题。

祝宝良指出，投资在稳定经济增长中不可或缺，未来稳增长力度将会加大。而会议提出的“有市场，有长期回报”的原则，意味着投资既有利于短期经济增长，又不能做无用功，更不能带来后遗症。

“要增加投资，必须要推进投融资体制改革。”曹和平表示，过去地方政府主要靠卖地获得财政资金，但如今土地也卖得差不多了，房地产市场也处于调整中，只有进行投融资体制改革，让更多的民资进入，才能获得更多建设资金，并防范地方债风险。

值得注意的是，国家发改委投资司副司长罗国三近期表示，国家将根据实际情况，不断充实完善和动态调整重大工程包，近期可能会推出新一批重大工程包。

第七节　技术因素与技术分析

一、利用技术线买卖股票的方法

方法一：60分钟买卖法则（适合中线操作）

观察自选股中选出的中线股票，每天开盘选取60分钟均线观察这些股票。

重点关注日均线股价回落至10日或20日均线的股票，特别是成交量萎缩到最低的股票。股票大涨后一般调整7—15天，超过时间范围回避。

买点：观察60分钟MACD，回调出现金叉或出现空中加油、龙抬头的，5日线金叉10日线的更要大胆买入。在7—15天出现再次涨停可以大胆追入，一般还会有10%左右盈利。

卖点：股价冲高回落，60分钟MACD出现拐头向下的，或者5日线即将与10线形成死叉的一定要卖出。

方法二：上山法买卖股票

选择上山股票，周MACD金叉长期趋势向上，25天均线趋势向上。

买点：股价超过前两天的收盘价、放量买入。每次买股票分3次进行，如上午第一次买1/3，下午收盘时上涨3个点再买1/3，第二天再上涨再买1/3。

卖点：当股票跌破前两天的收盘价且股价比高点下跌3%～5%，则卖出一半股票；下跌达到7%全部卖出。

失误止损：前一天买入后第二天股票跌破前两天的收盘价，则卖出一半股票，第三天如反转上涨股价超出前两天的收盘价，再把卖出的一半补进去。

以上法则必须遵守：注意观察大盘，出现长阴急跌勿操作。

方法三：稳健型操作法

波段操作口诀：月线（20日均线）上翘，犹如冲锋号；月线如下行，波段已完成；股价踩月线，买入做波段；波段看5天，60（60分钟MACD）找起爆；长线辨牛熊，要看120天（120、250均线）；三剑（60分钟、5日、20日）合一（均线产生共振），量价是灵魂。

三剑合一：一是20日均线走平或者向上。二是5日均线走平或者向上。三是5日均量线见地量后拐头向上。

符合以上条件后，再在60分钟均线图中找起爆点，60分钟回踩见地量买入。

二、两鸟在林不如一鸟在手，意外暴利要立刻了结

有的时候，进入股票市场的投资者对某一笔交易是赚是赔可能并不太在意。判断对了行情，而且及时果断地采取了行动，这样的交易经历，往往使投资者自我感觉良好，非常有成就感，这就是投资股票市场的巨大魅力之一。

股票投资的投资者，从事后看，市场走势是那么清晰、简单，但是，一旦你身临其境，立即就会发现，过去已经结束，未来永远像个谜。

当我们觉得再也不能输、再也输不起，产生了力挽狂澜的决心以后，我们的心态发生了很大的变化，我们的行动也做出了相应的调整。对待被套牢、有浮动亏损的交易单子，我们不再消极、被动地忍受，不再心存侥幸地等待市场可能出现对我们有利的变化。我们的行为变得积极、主动，对亏损的仓位及时果断地砍仓离场，坚决防止损失进一步扩大。当我们的交易有了赢利以后，我们全神贯注地盯着市场变化，高度

警惕，尽最大可能保护盈利的成果。

经过几次明智的操作，短时间内自己账户资金出现了反弹，有了明显好转的迹象。

可惜的是，我们的意志力往往还是不够坚强，只能在很短时间，也就是几天之内，能够保持这种良好的精神状态，不能长时间坚持下去。当市场随后又给了我们重重一击之后，我们的内心和原先想好的操作计划又完全流产了。心中老是遗憾，要是早点那样做就好了，下一次我们一定改。可是一到市场中，随波逐流到天涯。这就是精神与意志的力量对一个投资者交易结果的影响，其实也没有什么神秘之处。20多年股票的风风雨雨使我们真正体会到，股票交易成功的关键并不是你与市场作战，打败市场，而是一个人和自己较劲，需要战胜自我内心的贪婪、恐惧、侥幸等人性的弱点。当你憋足一股劲，怀着必胜的信念入市交易时，从一定意义上说，凭借意志的力量，你已经战胜了自我，成为自己的真正主人。这时，你的头脑会变得异常冷静，你的精神面貌焕然一新。当市场价格波动对你不利时，你会非常敏感，在损失很小时及时止损、果断撤退。你在执行止损操作时会非常轻松、非常自信。无论是自己还是别人看来，这时你的行为绝没有拖泥带水的成分，显得非常潇洒和聪明。

三、股票中黄金分割线的买入卖出运用

黄金分割是一个古老的数学方法。对它的神奇作用和魔力，数学上至今还没有明确的解释，只是发现它屡次在生活实际中发挥着我们意想不到的作用。

在股票的技术分析中，还有一个重要的分析流派——波浪理论中要用到黄金分割的内容。在这里，我们将通过它指导买卖股票。

画黄金分割线的第一步是记住若干个特殊的数字：0.382、0.618、1.382、1.618，这些数字极为重要，股价极容易由这四个数字产生的黄金分割线处产生支撑和阻力。

黄金分割线的应用：

（1）0.382和0.618。这是反映股票市场变化的重要转折点。当股价涨势趋近或达到38.2%和61.8%时，反跌很可能出现；反之，当股价跌势趋近38.2%和61.8%时，反弹的可能性很大。

（2）当股价上升时，可按黄金率算出上升的空间价位。一般预计股价上升能力与反转价位点的数字是0.191、0.382、0.618、0.809和1。当股价涨幅超过1倍时，反跌点数字为1.191、1.382、1.618、1.809和2，依次类推。

例如：股票市场行情下跌结束后，股价最低价为5.8元，那么，股价上升时，投资人可预算出股价上升后反跌的可能价位，即：

$$5.8\times(1+19.1\%)=6.91\text{（元）}$$

$$5.8\times(1+38.2\%)=8.02\text{（元）}$$

$$5.8\times(1+61.8\%)=9.38\text{（元）}$$

$$5.8\times(1+80.9\%)=10.49\text{（元）}$$

$$5.8\times(1+100\%)=11.6\text{（元）}$$

（3）当上升行情结束、下跌行情开始时，上述数字仍然可以预计反弹的不同价位。

例如：当最高价为21元，那么，股价下跌时，投资人可预算出股价下跌后反涨的可能价位，即：

$$21\times(1-19.1\%)=16.99\text{（元）}$$
$$21\times(1-38.2\%)=12.98\text{（元）}$$
$$21\times(1-61.8\%)=8.02\text{（元）}$$
$$21\times(1-80.9\%)=4.01\text{（元）}$$

四、如何利用T+0操作来降低股票成本

无论短线、中线，学会经常做T+0操作，远比持股不动要好得多，尤其是在大盘震荡、下跌期间，盘中做T+0更好。只要有波动就会有钱赚。这就是为什么很多时候大盘指数即使在下跌趋势里，仍然有不少朋友赚了钱。

1．先进后出型

从技术形态上，高度确定个股将在当天的行情里反弹。而且空间不会小于5%，那么就适合在开盘不久的惯性下跌中买进和持仓数量相等的筹码。然后耐心等待股票价格反弹上涨，临近收盘时候抛售前期买入的股票，短差收益完成。

采取这样的操作方式要分清几种不同情况：

①前一天个股和大盘恐慌杀跌，而且幅度比较深；

②确认不是问题股，不是雪崩股，否则不可操作；

③有一定的运行规律和节奏，并被自己所掌握；

④必须是在当日行情里构筑稳步上升的趋势，前30分钟的分时图低点逐步上涨。

2．先出后进型

必须确定这样的个股已经进入一个短期下跌周期，基本上属于单边下跌的趋势。一字形破位杀跌股、雪崩股等，可以采取这个方法操作。

早盘逢高出掉，下午收盘时候买回。这样的特点就是减少套牢成本或者是赚取更多的筹码。如果确定大盘趋势和个股趋势次日还会下跌，那么这样的方法可以重复使用。

另外，在下跌趋势发生初期卖出，下跌趋势即将完全结束末期买回。

一般讲，按照这样的方式操作，就能够免得自己在下跌中处于被动挨打的状况，在震荡市和熊市中，这样的操作手法需要经常使用，不可被大跌将自己的头脑跌得麻木不仁，当然，这些操作手法必须有非常灵活的思路和准确的判断。

五、*KDJ*与MACD出现这些信号一定会下跌

1．*KDJ*指标

比如大盘在上升通道中，突然出现较大的量比（通常经验数值在3以上），或者

是极端反向走势，同时出现周 *KDJ* 线的 *K* 值到达 85 以上，一般是见顶的信号。而当 *KDJ* 的 *J* 值升势掉头向下，建议可以减仓；*K* 值升势改变走平时可随时准备卖出，*K* 值拐头向下时，果断清仓；当 *KDJ* 指标形成死叉时，这是卖出的最后机会。

另外一种情况就是在下跌途中，*KDJ* 指标虽然发出超卖信号，同时 MACD 出现死叉，此时不能盲目抄底，因为经常会出现“底在底下”的糟糕情况，这时 *KDJ* 指标经常会失效和钝化。

2. MACD 指标

MACD 指标很多投资者都会使用。当一个股票在大幅拉升后出现横盘，同时 MACD 出现死叉，如果仓位比较重，就可以考虑逐步卖出股票了。这是一个提示信号，但股价不一定会马上下跌。

在此之后，如果股票并没有出现大跌，有可能是主力故意为之，通过拉抬股价来达到掩护出货的目的。但此时可以观察股价和 MACD 的背离情况来判断，也就是说当股价在看似拉升创出新高时，MACD 却不能同步，并且量能在不断萎缩，两者走势产生背离，这时就是股价见顶的明显信号，一般也是阶段行情的绝对顶部。如果此时不能顺利出逃的话，后果不堪设想。由于 MACD 指标具有滞后性，用该指标寻找最佳卖点比较适合那些大幅拉升后平台整理的股票，而不适合那些急拉的股票。

六、起涨股的五种底部技术特征

1. 圆弧底

圆弧底俗称“锅底”。圆弧底是指股价运行轨迹呈圆弧形的底部形态，形成这种形态的原因是由于部分做多资金正在少量地逐级温和建仓所造成，显示出股价已经探明阶段性底部得到支撑。其理论上涨幅度通常是最低价到颈线位的涨幅的一倍。需提醒注意的是，盘中圆弧底在用于对个股分析时较为准确，但指数出现圆弧底时，往往未必会出现像样的涨幅。

2. V 形底

V 形底俗称“尖底”，形态走势像 V 形，其形成时间最短，是研判最困难、参与风险最大的一种形态。但是这种形态的爆发力最强，把握得好，可以迅速获取利润。它的形成往往是由于主力刻意打压造成的，使得股价暂时性地过度超跌，从而产生盘中的报复性上攻行情。这是短线高手最青睐的一种盘中形态。

3. 双底

双底俗称“W 底”，因股价走势像 W 字母，又称 W 形底。这是一种较为可靠的盘中反转形态，对这种形态的研判重点是股价在走右边的底部时，即时成交量是否会出现底背离特征，如果即时成交量不出现背离，W 形底就可能向其他形态转化，如多重底等，转化后的形态即使出现涨升，其上攻动能也会较弱。

4. 头肩底

头肩底俗称“倒立底”，其形状呈现三个明显的低谷，位于中间的一个低谷比其他两个低谷的低位更低。对头肩底的研判重点是量比和颈线，量比要处于温和放大状态，右肩的量要明显大于左肩的量。如果在量配合的基础上，股价成功突破颈线，则是该形态在盘中的最佳买点。参与这种形态的炒作要注意股价所处位置的高低，偏低的位置往往有较好的参与价值。

5. 平底

平底俗称“飞机场底”，这是一种只有在盘中才特有的形态，经常会演变为“平台起飞”形态。具体表现形式是：某些个股开盘后，一直走势显得十分沉闷，股价几乎沿着一条直线进行横向近似水平的方向移动，股价波动范围极小，有时甚至上下相差仅几分钱。但当运行到午后开盘或临近收盘时，突然会爆发出井喷行情，如果投资者平时注意观察，密切跟踪并在交易软件上设置好盘中预警功能，一旦发现即时成交量突然急剧放大，可以准确及时出击，获取盘中可观的短线收益。

下面重点来分析 W 底的实战运用技巧。

所谓 W 底又俗称二次探底。有的个股在一波拉升后不再一蹴而就上涨，而是反手回拉。因为在某价位套牢者较多，为了让这些套牢者低位出局；或者在洗盘探底过程中让其他人捡到了大量便宜筹码，也为了让这些筹码获利了结，通常需要二次探底，同时试探前期低点的支撑力度。对我们来说，发现股票二次探底后可在第二次回落中吸纳，越跌越买，持有等待机会。

和 V 形反转一样，当某一只股票持续下跌到某价位时，也会快速拉回。当拉高至某一价位后，股票再次回落，此次回落却不再创出新低，在前期低点附近重新形成上升趋势。双重底完成后，突破颈线幅度超过该股票市场价 5% 以上时，是有效突破。测量完成双重底的最小升幅可用颈线位减去最低位来测算价位，这一价差加上颈线位股价，即是突破后的目标位。在实际案例中，有些升幅更高，可达到最低价与颈线位距离的 1.618 倍或 2 倍。

实际上双重底是 V 形反转的进一步深化。为什么要进行二次回落呢？一方面是因为在打压过程中，一部分投资者已在低位吸纳了一些筹码，为了让这些筹码提早出局，再次打压是必要的。另一方面，也是某一价位套牢者较多，也需引诱套牢者出动，而不能强攻。

利用双重底选择个股应注意的是：双重底不一定都是反转信号，有时也会是整理形态，如果两个低点出现时间非常近，在它们之间只有一个次级上升，大部分属于整理形态，将继续朝原方向进行股价变动。相反地，两个低点产生时间相距甚远，中间经过几次次级上升，反转形态形成的可能性较大。值得强调的是，第二个底是单针探底即所谓的地桩线更为可靠。

七、MACD 指标理性运用

第一，MACD 在 0 轴上方——每发生一次金叉，股价将创新高。

第二，MACD 在 0 轴下方——每发生一次死叉，股价将创新低。

第三，MACD 在 0 轴上方——金叉属于上升趋势多头行情，可低吸高抛到顶背离。

第四，MACD 在 0 轴下方——金叉属于下降趋势反弹行情，一直到 0 轴上才参与。

第五，MACD 在 0 轴上方——金叉死叉次数越多越好，牛股。

第六，MACD 在 0 轴下方——金叉死叉次数越多越差，熊股。

第七，MACD 将金不金——绿柱二次反身向下，必跌。

第八，MACD 将死不死——红柱二次反身向上，必涨。

第九，MACD 卖小——股价上涨，而后一波红柱没有前一波高，将下跌。

第十，MACD 买小——股价下跌或走平，而后一波绿柱没有前一波低，将上涨。

第十一，MACD 不三不四——跌破 0 轴趋势后不是第三浪就是第四浪，必将上涨。

第十二，MACD 高位缩头——股价大幅急涨后 MACD 远离 0 轴红柱缩短，快速收钱走人。

第十三，MACD 低位金叉——股价大幅急跌后 MACD 远离 0 轴，必涨，出现二次金叉更猛。

第十四，MACD 起死回生——上涨过程当中的洗盘回档死叉后一两天又迅速金叉，必涨。

第十五，MACD 不可救药——上涨之后进入回调，反弹 MACD 金叉一天后迅速死叉，必跌。

第十六，MACD 黄金坑——股价上涨一波后回调 MACD 死叉 7 天之内绿柱较短，又金叉，黄金坑必涨。

第十七，MACD 火烧连营——红柱持续超过两个月，大牛。

《曹刿论战》中说，一鼓作气，再而衰，三而竭。在股市中，任何一次重要头部和底部的形成，市场都会提供两次或两次以上的机会给我们入市或出场机会。“大红”之后是“小红”，“大绿”之后是“小绿”。当经历一波下跌后，股票处于最低价，此时 MACD 上显现的是一波“大绿柱”，此时不应考虑进场，而应等其第一波反弹过后（出现红柱），第二次再探底、MACD 出现“小绿柱”（绿柱明显比前面的大绿柱要小），当小绿柱走平或收缩时，意味着下跌力度衰竭，此时为最佳买点。

上涨时的卖出也同样。当第一波拉升起来时（MACD 上显现为大红柱），不应考虑出货，应等其第一波回调后，第二次再冲高时，MACD 上显现出“小红柱”，上涨动力不足，这时考虑离场出货不迟。

此方法的口诀为：买小卖小（买在小绿柱、卖在小红柱），前大后小（即前面是大绿柱或大红柱、后面往往为小绿柱或小红柱）。投资者可对照深证综指，检验此法的可靠性。

【重要信息延伸阅读】

中央政治局会议开稳增长“药方”——释放7大信号（2）

来源：中国新闻网

信号五：房地产要建立长效机制

会议提出，要完善市场环境，盘活存量资产，建立房地产健康发展的长效机制。

中新网记者注意到，这是时隔1年多，中央政治局会议上重提房地产。上一次提到房地产的中央政治局会议是2013年12月3日，当时会议提出“做好住房保障和房地产市场调控工作”。“房地产市场情况发生了变化，2014年以来，房地产投资增速放缓，市场分化明显，中央政治局会议重提房地产，释放出保持房地产市场稳定的信号”。国家信息中心经济预测部主任祝宝良认为。

北京大学经济学院教授、发展经济学系主任曹和平指出，如今经济下行，人们预期转向，房地产在全国范围内出现下行趋势。从此番表态来看，短期有可能继续出台鼓励购房的税收和信贷政策，以消化住房库存，而长期有利于房地产市场治本的政策也可能加快出台步伐。

信号六：强调三个“没有变”

会议提出，中央坚持国有企业改革方向没有变，依法保护民营企业产权方针没有变，坚持对外开放和利用外资政策也没有变。

祝宝良表示，这个表态间接回应了国企合并的传闻，也给担心被国企挤压的民资、对反垄断有疑虑的外资吃了个“定心丸”。曹和平表示，三个“没有变”是强调政策的连续性，在当前大力反腐和改革的形势下，强调经济领域里的重大政策保持不变，有利于稳定市场预期。

信号七：干部要掌握五大新本领

会议提出，在新常态下，各级领导干部领导经济工作要摆脱旧的路径依赖，掌握认识发展趋势和准确分析经济形势、营造良好市场环境、发现和使用经济人才、保护产权和知识产权、维护社会公平正义等新的本领。

专家表示，如果各级政府没有根据新常态及时转换思路，在结构调整、升级换代、模式转变、创新创业上没有主动作为，没有充分激发市场主体积极性，没有大力为市场主体发挥作用创造良好环境，那么在资源环境约束加大、劳动力等要素成本上升的新常态下，完成经济增长目标会有很大的困难。

第八节　投资心经——必赢之道

一、股票投资的口诀和盘口秘诀

1. 股票投资口诀

(1) 连续大涨后，不能买进；连续大跌后，不能卖出。

(2) 长期跌以后，出一根周阳线，坚决全部杀入。长期涨以后，出第一根周阴线，坚决全部卖出。

(3) 盘整之后跳空向上，闭眼买进。年线下变平，准备捕老熊。年线往上拐，回踩坚决买。

(4) 年线往下行，一定要搞清。如等半年线，暂作壁上观。深跌破年线，老熊活年半。价稳年线上，千里马亮相。

(5) 要问为什么，牛熊一线亡。半年线下穿，千万不要沾；半年线上拐，坚决果断买。季线如下穿，后市不乐观。季线往上走，长期须多头。月线不下穿，光明就在前。

(6) 股价踩季线，入市做波段。季线如被破，眼前就有祸。

(7) 月线上穿季，买进等获利。月线如下行，本波已完成。价跌月线平，底部已探明。

(8) 二十线走平，观望暂做空。二十线上翘，犹如冲锋号。突然呈加速，离顶差一步。

(9) 十天庄成本，不破不走人。

(10) 短线看三天，破掉你就闪。长期往上翘，短期呈缠绕。平台一做成，股价往上蹿。

2. 股票盘口秘诀

(1) 上有盖板，而出现大量隐形外盘，股价不跌，为大幅上涨的先兆。

(2) 下有托板，而出现大量隐形内盘，为拥有大资金的机构出货迹象。

(3) 外盘大于内盘，股价不上涨，警惕拥有大资金的机构出货。

(4) 内盘大于外盘，价跌量增，连续第二天，是投资者最后一次出货的机会。

(5) 内外盘都较小，股价轻微上涨，是拥有大资金的机构锁定筹码。轻轻地托着股价上走的时候。

(6) 外盘大于内盘，股价仍上升，看高一线。

(7) 内盘大于外盘，股价不跌或反有微升，可能是拥有大资金的机构进场。

二、看透筹码集中度的技巧

股票筹码集中程度的变化趋势，是追踪主力资金建仓与出仓的重要指标。对于筹码的持股分布判断是股市操作的基本前提，如果判断准确，离成功就不远了。判断持股分布主要有以下几个途径。

1．通过上市公司的报表

如果上市公司股本结构简单，只有国家股和流通股，而前 10 名持股者中大多是持有流通股，有两种判断方法：一是将前 10 名中所持的流通股累加起来，看掌握了多少，这种情况适合分析机构的介入程度。二是推测 10 名以后的情况，有人认为假如最后一名持股量不低于 0.5%，则可判断该股筹码集中度较为集中，但庄家有时亦可做假，他保留前若干名股东的筹码。如此一来，就难以看出变化，但有一点可以肯定，假如第 10 名持股占流通股低于 0.2%，后面更低，可判断集中度低。

2．通过公开信息制度

股市每天都公布当日涨跌幅超过 7% 的个股的成交信息，主要是前五个成交金额最大的营业部或席位的名称和成交金额数，如果某股出现放量上涨，则公布的大都是集中购买者。如果放量下跌，则公布的大都是集中抛售者。这些资料可在电脑里查到，或于报上见到。假如这些营业部席位的成交金额也占到总成交金额的 40%，即可判断有庄进出。

3．通过盘口和盘面来看

盘面是指 *K* 线图和成交量柱状图，盘口是指即时行情成交窗口，主力建仓有两种：低吸建仓和拉高建仓。低吸建仓每日成交量低，盘面上看不出，但可从盘口的外盘大于内盘看出；拉高建仓导致放量上涨，可从盘面上看出；庄家出货时，股价往往萎靡不振，或形态刚好时又跌下来，一般下跌时都有量，可明显看出。

4．通过超高换手率

如果某只股票在一两周内突然放量上行，累计换手率超过 100%，则大多是庄家拉高建仓，对新股来说，如果上市首日换手率超过 70% 或第一周成交量超过 100%，则一般都有新庄入驻。

5．通过量价形态

如果某只股票长时间低位徘徊（一般来说时间可长达 4—5 个月），成交量不断放大，或间断性放量，而且底部被不断抬高，则可判断庄家已逐步将筹码在低位收集。应注意的是，徘徊的时间越长越好，这说明庄家将来可赢利的筹码越多，其志在长远。

三、控制好仓位是股票投资长寿秘钥

刚刚开始股票投资的时候，一般比较喜欢听股评，除了订报以外，还将广播中、电视中的股评节目列出时间表，每天坚持收听或收看。一则想听听专家的建议，二则也想学点投资之道。那时候有两位比较出名的股评大师，一位姓赵，往往喜欢看多，我们股民都喜欢称他“多哥”；还有一位是女股评家，常常喜欢看空后市，大家称她为“空姐 ”。

刚开始股票投资的时候，我们没有多少投资经验，信奉不要把鸡蛋都放在一个篮

子里，就胡子眉毛一把抓，买了一大堆股票却总也不涨，心里那个急啊。这时候，我们就研究“多哥”和“空姐”的股评，我们怎么听都觉得“多哥”说得十分在理。而“空姐”整天就知道说风险，要小心，虽有点道理，但都听她的话，那不如干脆不做股票投资了。我们对股友说：就“空姐”这种水平也能当股评家，我们都比她强。但是，行情始终不温不火，我们股票投资的第一年有些亏损，很多股票被套牢。年底的时候突然家里有急用，必须动用股票市场里的钱。只好不管亏损多少，将所有的股票一股脑全部抛出。此后，一段时间虽然不能投资股票，但我们仍然十分关心股票市场，并且坚持看股评节目。可是，自从空仓以后，我们对股评越看越觉得不对劲，越看越觉得有问题。

我们发现“多哥”只会讨好股民。他明知道一般股民都盼着股票涨，所以故意迎合我们的心理，他的股评永远看涨。在大盘涨的时候，他说要涨；指数跌去几百点，他仍然是说要涨。等到有一天大盘终于涨起来了，他就会说：你看，我们说股票市场要涨的吧。盲目相信他的话，只会被套。又过了段时间，我们重新积累资金，再次入市，买进很多股票。可是，自从满仓以后，我们又感觉空姐的股评比较空洞、比较落后。就这样，几年下来，我们一会觉得多哥说得在理，一会又觉得空姐的话有道理，到最后连我们自己都分不清到底该信谁的了。

直到有一次，看到疑邻盗斧这个成语典故，才恍然大悟。原来并不是“多哥”与“空姐”谁对谁错的问题，而是自己满仓买进很多股票时，总是希望股票市场能上涨，所以，觉得“多哥”说得对。可是，将所有股票卖出空仓的时候，总是希望股票市场跌下来，所以，又觉得“空姐”说得对。归根到底，是自己的仓位情况影响了自己的思维。

从那以后，我们不再崇拜任何股评大师，而是加强资金管理，加强对个股基本面的分析，合理安排持仓股份和仓位结构，并坚持独立思维。因为，股票市场中真正影响自己投资思维的是自己的仓位状况。所以，我们在投资过程中非常重视仓位控制。我们的仓位控制技巧主要是：当市场中充满着各种不确定因素时，无论多么看好某只股票，都不要一次性地满仓买入，而是以适当的部分资金先完成早期建仓，当确认研判正确时，再不断顺势增加买入。

当发现研判有误时，则及时果断退出。为了能够控制风险，处于盈利状态时，我们依据原来的操作计划，逐渐地分期分批获利了结。处于亏损状态中，并确认趋势转弱时，一种办法是一次性果断清仓离场；另一种办法是等待下跌缩量时，再分别多次在低位加仓，摊低买入成本。通过这种方法使自己在不利局面中可以尽量少受损失或不受损失。

为了能达到上涨时手中持股可以获利，下跌时有资金可以低位买进，我们的每笔最大交易资金不超过总投资资金的1/3，当市场处于强势时，将持股仓位增加到3/4，但最高不超过90%；当市场处于弱市调整中时，将空仓资金调到3/4，但不绝对空仓。

四、学会放弃八种股票

放弃一些机会，才有可能获得更好的机会。许多人明白道理，可是实际操作时难，股票投资也是如此，我们要把风险防控始终放在第一位。下面提出八种情况需要放弃的股票。

（1）学会放弃肯定是正确的，一只股票走了好几天的上升通道后，才被大家发现并被推荐，这时你应该放弃要买它的想法。因为一旦随后开始回调，运气好调整一星期，运气不好调整一个月，这时你的头脑会很乱，割肉还是守仓你已没法冷静判断。

（2）股票的走势历来都是急速拉旗杆之后进行旗面整理，运气好是上升三角形整理，运气不好是下降三角形整理。被套是肯定的。但随后走势刚好相反，整理到三角形末端，前者往往向下突破，后者往往向上突破。道理很简单：欺骗性。所以如果没有在拉旗杆前第一时间介入埋伏，那么看到旗杆后的第一个想法就是：放弃。此时放弃等于逃过一劫。

（3）舆论关注的股票要放弃。一是舆论不可能关注正在跌的股票（除非可以做空），它毫无谈论价值。二是舆论肯定关注涨得好的股票，这样可以宣传自己的实力（大家也有相信的理由）。于是个人投资者在舆论的推波助澜中丧失了对此股的分析，即使有些许怀疑也把它压下去了。于是我们可以看到往往放大量的大阳线竟然都是头部，这再次证明股票市场存在的欺骗性。

（4）没走出底部的股票要放弃。有些股票的走势像“一江春水向东流”，你在任何一个预测的底部介入，事后看都不是底。我们认为月线测底的准确性很高，20 月均线可以作为牛熊分界线，任何在它之下走的股票都要放弃。有的股票上市不足 20 个月，如果你拿不定主意也要放弃。这就是我们一再强调的所谓长线选股的重要性，也是大家股票投资输赢的关键因素。

（5）移动筹码分布图上筹码很分散的股票要放弃。筹码分散意味着主力吸筹不够，仍然会震荡，很容易回落，此时进去若运气好便参加横盘，若运气不好只能下跌被套牢。就算是黑马，你早已精神崩溃，只好割肉逃命了。

（6）量能技术指标不良的股票要放弃。有些股票图形好像有潜力，但量能指标很差，此时你要相信量能指标，千万不要被股价的外表所欺骗。幻想股价没有量的支持而上涨，那只是一厢情愿。

（7）前期大幅炒高的股票要放弃。即使目前回落了，你也不要碰。山顶左边的 10 元与山顶右边的 10 元价值是不同的，出货前与出货后的 10 元价值是不同的。在山顶右边的每一次接货都是自寻死路。

（8）你觉得未来没有成长性的股票要放弃。经过你的综合判断这只股票成长性不高，后来它开始上涨，于是你推翻了自己的想法又追进去了，如果它又跌了，你就会后悔当初的冲动。所以不要随意推翻自己当初的判断。

你还要放弃很多东西，就像主力放弃 80%、只炒 20% 的股票，所以你把以上几点都叠加在一起选股，你会发现找不出几只好股票。这就对了，其实股票投资就像摸奖，大部分的东西都是“障眼法”的需要，因此，你要练就火眼金睛。

五、股票交易的十三条投资铁律

第一，只买上升轨道中的品种，不买处于下降轨道的；如果一直在上升轨道，就永远持有，永远不要卖出。

第二，在上升轨道的下沿买进，然后持有，到上升轨道发生明显的变化时卖出。

第三，局面变复杂看不清时，千万不要进去。柿子捡软的捏，投资也一样。

第四，不要把所有的钱一次性买进同一只股票，即使你非常看好它，且事后证明你是对的，也不要一次性买进。总有可能以更低的价格买得或者有更好的机会买进。

第五，如果误买了下降通道的品种，赶紧卖出，避免损失扩大。如果没有损失，也要赶紧退出观望。

第六，不是处于上升通道的，不要看，不管它将来怎样，也不要陪主力去建仓，没时间陪他们耗着。

第七，赢钱时加仓，输钱时减码，如果你不想死得快而想赚得多的话，这是唯一的方法。

第八，不要相信业绩，那只代表过去，而不代表将来。

第九，股票投资是投资未来，而不是投资过去。

第十，不要幻想老是去做短线，每天进进出出。频繁进出，唯一受益的是证券公司，你不会有那么高的水准，你也不是拥有大资金的机构。不要买太多的股票，最好不要超过 5 只。

第十一，跌了很多了，不是你买入的理由，永远不是，还可能更便宜。

第十二，涨了很多了，也不是你拒绝买入或者卖出的理由，还可能涨得更高。

最后一点，投资不是你生活的全部，你还有你的家庭，还有你的事业，还有你的爱情，他们比你的投资更加宝贵。多陪陪他们，少陪陪股票。钱是永远赚不够的，但很多东西一旦失去了，就永远不再回来。

六、做好股票把握“八个一定”的技巧

我们都明白羊吃草、狼吃羊、虎吃狼、大鱼吃小鱼、小鱼吃虾米，这是一个生物链，是一个亘古不变的定律。投资股票的个人投资者必须承认：散户就是小草、就是虾米，散户要改变被吃掉的危难求生存，必须做到“八个一定”。能做到，就是迈开了成功的第一步。

1. 一定要尊重技术

股市充满陷阱，是智慧较量之地，是技术含量很高的场所。进行股价套利的最重要手段就是技术分析，当然题材分析、基本面分析与主力分析也具有不可或缺的辅助作用，但唯有技术分析是一项综合的实战技术。

2. 一定要做强势股

强势股必有主力在运作，强势股赚钱效应凸现，是散户“坐轿”的好股票。不买落后股，不买平庸股，全心全力锁定强势股。

3. 一定要选成长性好、有题材的股票

股市是个绝对讲业绩的场所，买股票买的就是业绩，买的就是未来，业绩是股市永恒的题材，业绩才是硬道理。一只股票的含金量高不高，取决于上市公司的成长性。企业的内在价值决定股票长期价格的波动方向，企业的价值决定股票的长期价格。价值投资是股市真正的王道。

4. 一定要按照趋势投资

做股票说到底就是做趋势，赢就赢在识趋势。开口、闭口是趋势转向信号，图形包含了一切信息，在操作中永远不要和趋势作对。买涨势中的股票是最安全的，均线多头排列是个股最强的攻击趋势形态。

5. 一定要做波段

有句股谚：“短线是银，长线是金。”其实，“波段操作是钻石”。按波段操作可实现收益最大化。

6. 一定要设立止损点

设立8%止损点，以免失手时扩大损失面。因重挫一次要很长时间才能复原，费时费力失财更易搞坏心态。股票市场不缺机会，缺的是机会来了，却因深套而无能为力。

7. 一定只做一只股票

只要股票选得好，只做一只足够。不仅船小好掉头，也有利于高抛低吸做T+0。

8. 捏住了好股票一定要有耐心

短期抛售获利的机会或许正是失去长期赢利的大机会。利润是忍耐的结果，耐心等待是获胜之道。只要趋势不转向，切勿犯“多动症”，穷折腾易折腾穷。

【重要信息阅读】

基金预期牛市格局未改　关注“大国崛起”主题投资

2015年05月04日07：58　采编：东方财富网

尽管对后市依然看好，但是不容否认的是，不少个股或许已经达到了历史高点，至少可以说上涨空间已经被此前涨幅所消化。对于接下来看好的板块，在业内人士看来，关注大国崛起相关主题，以及国企改革板块，将是获取超越市场的机会。

博时基金研究部总经理王俊认为，作为过去三十多年全球最成功经济体，中国已积累了巨大的经济体量、工业能力和资本实力，传统经济增长动力的衰减抑制了资本回报率，中国开始进入资本输出时代。诸如“一带一路”国家战略的实施，不仅能有效消化国内过剩工业能力和资本，也将重塑全球金融贸易格局。据了解，博时丝路主题基金已经获批待发。

在业内人士看来，随着“一带一路”战略进入落实阶段，有可能点燃继1993年、21世纪初入世和2009年“4万亿”之后的第四次投资热潮，“一带一路”概念涉及的建筑工程、交通运输、交运设备、钢铁有色、国防军工等都将长期受益。

除了“一带一路”等，国企改革也是基金关注的重点。进入深水区的国企改革领域，毫无疑问是经济稳增长的最大后备力量，有业内人士认为将是年内A股市场最大的风口，或许也是未来三年最大的风口之一。目前众多基金均将火力对准国企改革，其中博时基金将于2015年5月4日发行的国企改革主题基金，投向明确为国企改革治理优化、业绩改善、资产重估等带来的投资机会，以及未来潜在的由国企分类治理、民营资本进入新领域等新契机。

摩根士丹利华鑫认为，中国南车和中国北车复牌后的表现，引发投资者对其他央企进行整合的猜想，也将带热投资者对国企改革的热情。“一带一路”与国企改革是A股市场两大重要的主题方向，前者主题由于标的相对明确，过去半年多来的表现仅次于“互联网+”。后者标的散乱、相关该公司启动改革的时点难以把握，难以形成板块效应，但就个股来说，国企改革主题是未来相当长时间均值得深挖的重要方向。

不过，在业内人士看来，大类资产配置中长期转向股市的趋势仍在途中，主板的估值水平与泡沫高点仍有较大空间，但是创业板整体估值无论从绝对数还是相对值都超越了历史泡沫顶点的水平，投资者需要予以警惕。

第九节　股票投资123

一、股票投资三要诀

没有在股票市场上赚到钱，不能总是怨天尤人。投资是一场战争，你相信战争的胜负全凭运气吗？答案是否定的。

好的开始是成功的一半，进入股票市场前，必须要有周详的计划，不能只靠匹夫之勇，更不能只靠运气。

投资之前，要谨记“狠、忍、准”三大要诀，事前分析大势，形势有利时，进攻要狠，形势不利时要忍。

我们认为，只有身家过亿的人才有资格分散投资，个人投资者一定要集中火力，才有机会赚大钱，把鸡蛋放在太多篮子里，很容易手忙脚乱。

投资者永远要记着“买什么、何时买、买多少、何时卖”，要么赚100%以上、要么便15%止损离场。先不要看能够赚多少，先看你能够赔多少。所谓兵贵神速，股票市场用兵应速战速决，有机会便全力进军，在最短的时间内赚取最大利润。

我们就是一个个人投资者。没有研究团队，不认识拥有大资金的机构大鳄。

阅读财务报表也是成功投资者必做的功课。我们认为财务报表与武侠、言情小说一样精彩，因为其背后是一家家鲜活的公司。当你把看书、阅读报表当作一种习惯时，你离成功投资就很近了。

如能找出正确的投资领域，其他一切便变得简单容易了。

有人把自由看作比生命还重要，想实现财务自由，不付出努力，指望购入资产、长期持有便能一劳永逸，无异于痴人说梦。

世间财富分配永远是二八分化状态，要想成为那 20%，就要勇敢地抓住趋势，在不断实践中取得成功。

我们主张趋势投资，也是尽力发挥性格上的优点：热爱求知、是非分明。股票投资如做人，不付出怎能有收获。但我们做事欠缺精细，故宁愿捕捉经济与行业大势，绝不强求自己选股能力胜人一筹。我们不追求事事完美，但我们渴望不犯大错。巴菲特处事精细，而不理会市况去投资，因为他有选股的大智慧，所以他的投资哲学未必适合你我。股票投资就是要在反复的实践中，不断总结出适合自己的方法，看大势，挣大钱。

二、股票市场五警言

在股票市场数百年的狂风恶浪中，人们从无数次成功的喜悦和失败的痛苦中总结、提炼出许多宝贵的箴言警语。这些箴言警语虽然不是放之四海而皆准的公式，不足以使恪守者永远立于不败之地，但它们凝聚着先人的经验和智慧，仍然被千千万万股民接受和认同，并使许许多多的股民变成了富翁。

警言之一：何时买卖比买卖何种股票更重要

选购和出售股票的两个最重要的考虑因素就是买卖的对象和买卖的时间，即在何时买进或卖出何种股票。拿两者比较，不难理解，买卖的时间比买卖的对象更值得购股者认真考虑，对于那些专门从事股票买卖的投资者来说尤其如此。对象相对来说是比较容易选择的。然而你所想买进或卖出的股票未来的价格如何变化，却难以预料。这也是最让投资者劳神的问题。价格的变动当然是经过一段时间后才发生的，因此，恰当的时间买进或卖出最需要仔细揣测琢磨。买涨还是买跌，卖涨还是卖跌？大致的办法是，在股价刚开始上升时就买进，当价格上升到一定程度时就脱手。价格上升就买进，这是大多数人都想这么做的，只是你不要因为疏忽而错过了购买机会就行。关键是价格升到什么地步就应该出手。在这一点上没有什么一成不变的公式。但有一点要切记：不要贪心不足，追求完美，一心想等价格上涨到最高时才出手。因为什么时候才是价格上升的极限实在太难把握了。如若不记住这一点，可能会落得个鸡飞蛋打。

警言之二：人弃我取，人取我予

这是许多股票市场高手的成功秘诀。股票市场行情的长期变化是与整个社会的经济周期波动相吻合的，即当经济从繁荣走向衰退时，股票市场价格也就同时普遍下跌；当经济从萧条走向复苏时，股票市场行情也一起上升。

股票市场本来就是整个经济活动的一个重要组成部分。所以有时是股票市场变化引起整个经济发生波动，有时则是经济中其他部分的波动引起股票市场波动。股票市场行情变化与经济的这种关系，表现在股票市场中就是交替出现的抛售股票和抢购股票。一般情况是，当经济出现衰退迹象时，人们就开始出售股票，这时众多的普通股票投资者将股票视为一块烫手的山芋，纷纷尽快脱手。但是，高明的股民此时此刻则表现得临危不乱。他们往往逆潮流而动，愿意购进一些股票。

股神巴菲特说：“当人们情绪激动造成卖风狂盛时，正是股票投资的大好机会。”

当然，运用人弃我取、人取我予的方法是要有一定胆识的。逆风而行，不按常理出牌，这不是每个投资者都能做好的，不过你应该尽可能去尝试。

警言之三：贮存股票可以获得最大利润

不要以为股票投资就是反复炒才能发财。其实，有不少耐心的投资者通过长期贮存股票也发了大财。

对于贮存股票，巴菲特的回答是：“‘速成致富’的计划是行不通的。这个观念不仅可以应用到各行各业上，也可以应用在股票市场中。”多年前，当他进入股票市场时，一位极成功的经济学家忠告他：“在低价的时候买进股票，价格越低越好，然后把持住你的股票，观察整个大局趋势，不要理睬平常的波动，眼光要着眼长期，把眼光尽可能放远一些……”当巴菲特 1932 年首次买入潮水石油公司的股票时，价格低到每股仅 2. 12 美元，后来在股票市场中，它的价格稳步上升。但到 1938 年价格又下跌了，但他不但守住原有的股票不放，而且还买进更多。此后数年中，他的信心被证实了，股票价格增加了许多倍，而且他和其他所有的股东同时还收到了可观的股息分红收益。

这些例子说明长期贮存股票的好处。然而，贮存股票一定要选准股票，那种没有发展前景的股票一定不要留在身边。由于贮存的时间相当长，每个投资者应该在购入该股票时认真了解股票所属行业以及该行业所处的发展阶段，最好是贮存那些新型产业中的高科技公司，因为这种公司最有发展前途。此外，贮存股票后要沉住气，你要坚信，经济兴衰是周期交替的，抢购之后难免出现疲软，低谷之后必有高峰，这是规律。而且，这种交替变化的总趋势在整个经济生活中是必然的。

警言之四：心平气和，涨跌不惊

金钱对人们的魅力不用多说，在股票市场上有发了大财的，一夜间成了暴发户，也有赚小钱的。发大财的人并不一定都是些沉溺于金钱的贪心者，世间的事情往往很奇怪，越想发横财越发不了，那种做梦都想发财的人，往往不能如愿以偿。所以，一个明智的股票投资者在进行每一笔买卖之前最好能自觉地进行心理调整，对各种可能出现的结果都做好思想准备。股票市场从某种意义上说，是一种智慧的“博弈”，你不可能每一步棋都走得万无一失，自然也就不要坚持每一笔交易都会赚钱。当然，若把得失看得淡若清风，你也就不必来股票市场了，至少你就不能充分利用机会。不过，对更多的人来说，你要记得别把事情看得太重，要洒脱一点，如果你过分执着，渴望一夜发财，非把可以赚到的钱挖掘得山穷水尽不可，那你就容易背上沉重的心理包袱，从而陷入犹豫不决、畏首畏尾、左顾右盼的心境。尤其是不能追求完美，在股票市场追求完美容易跟自己过不去，产生赌气的心理。一气之下，往往该住手时不住手，该脱手时不脱手，极易做出大进大出的举动，这样很可能导致财毁人亡。

所以，聪明的投资者总是心平气和，涨跌不惊，既善于当机立断，也能够沉得住气，这样即使遇到山穷水尽，也会有柳暗花明的幸运。

警言之五：不要经常操作股票

这一忠告是针对个人投资者普通股民而言。再聪明的人也算不过市场，因此，你就不必每天煞费心机、绞尽脑汁来做各种技术分析，技术图形也会骗人，过于关心股票市场可能会把你弄得疑神疑鬼、神经兮兮，到头来很可能适得其反，不仅发不了财，反而会亏损老本。你应该懂得反复操作一个股票几十次后，如果你的钱没有变化，说明你已经挣了百分之百，那挣的钱给国家和证券交易所交了税和佣金了，你已沦落为一个打工族了。

三、六个股票投资技巧

买股票主要是买未来，希望买到的股票未来会涨。股票投资有几个重要因素——量、价、时。时即为介入的时间，这是最为重要的，介入时间选得好，就算股票选得差一些，也会有利润。但介入时机不好，即便选对了股也不会涨，而且还可能会被套牢。好的开始即成功了一半，选择买入点非常重要。把握以下时机，在好的买进点介入，不仅不会套牢，而且可坐享被抬轿之乐。

（1）股价稳定，成交量萎缩。在空头市场上，大家都看坏后市，一旦有股票价格稳定，量也在缩小，可买入。

（2）底部成交量激增，股价放长红。盘久必动，主力吸足筹码后，配合大势稍加力拉抬，投资者即会介入，在此放量突破意味着将出现一段飙涨期，出现第一批巨量长红宜大胆买进，此时介入将大有收获。

（3）股价跌至支撑线未穿又升时为买入时机。当股价跌至支撑线（平均通道线、切线等）止跌企稳，意味着股价得到了有效的支撑。

（4）底部明显突破时为买入的时机。股价在低价区时，头肩底形态的右肩完成，股价突破短线处为买点，W底也一样。但当股价连续飙涨后在相对高位时，就出现W底或头肩底形态，以少介入为妙；当圆弧底形成10%的突破时，即可大胆买入。

（5）低价区出现十字星。这表示股价已止跌回稳，有试探性买盘介入，若有较长的下影线更好，说明股价居于多头有利的地位，是买入的好时价。

（6）牛市中的30日移动均线处。需要强调的是，股指、股价在箱体底部、顶部徘徊时，应特别留意有无重大利多、利空消息，留意成交量变化的情况，随时准备应付股指、股价的突破。有效突破为“多头行情”“空头行情”；无效突破为“多头陷阱”“空头陷阱”。

把握卖出股票的以下六个关键时机，可以令广大散户感觉到卖出股票并不太难。

（1）大盘行情形成大头部时，坚决清仓全部卖出。上证指数或深综指数大幅上扬后，形成中期大头部时，是卖出股票的关键时刻。不少市场评论认为抛开指数炒个股，这种提法不科学。只关注个股走势是只见树木不见森林。根据历史统计资料显示：大盘形成大头部下跌，90% ～ 95% 的个股都形成大头部下跌。大盘形成大底部时，有 80% ～ 90% 的个股形成大底部。大盘与个股的联动性相当强，少数个股在主力介入操控下逆市上扬，这仅仅是少数、个别现象。要逮到这种逆市上扬的“庄股”概率极低，因此，大盘一旦形成大头部区，是果断分批卖出股票的关键时刻。

（2）大幅上升后，成交量大幅放大，是卖出股票的关键。当股价大幅上扬之后，持股者普遍获利，一旦某天该股大幅上扬过程中出现卖单很大、很多，特别是主动性抛盘很大，反映主力、大户纷纷抛售，这是卖出的强烈信号。尽管此时买入的投资者仍多，买入仍踊跃，但很容易迷惑看盘经验差的投资者，有时甚至做出换庄的误判，其实主力是把筹码集中抛出，没有大主力愿在高价区收集筹码，来实现少数投资者期盼的“换庄”目的。

成交量创下近数个月甚至数年的最大值，是主力卖出的有力信号，是持股者卖出的关键，没有主力拉抬的股票难以上扬，仅靠广大中小投资者有限的资金是很难推高股价的。上扬末期成交量创下天量，90% 以上形成大头部区。

（3）上升较大空间后，日 *K* 线出现十字星或长上影线的倒锤形阳线或阴线时，是卖出股票的关键时机。上升一段时间后，日 *K* 线出现十字星，反映买方与卖方力量相当，局面将由买方市场转为卖方市场，高位出现十字星犹如开车遇到十字路口的红灯，反映市场将发生转折。股价大幅上升后，出现带长影线的倒锤形阴线，反映当日抛售者多，若当日成交量很大，更是见顶信号。许多个股形成高位十字星或倒锤形长上影阴线时，80%～90% 的机会形成大头部，是果断卖出的关键时机。

（4）股价大幅上扬后公布市场早已预期的利好消息是卖出的关键时机。

（5）股价大幅上扬后，除权日前后是卖股票的关键时机。上市公司年终或中期实施送配方案，股价大幅上扬后，股权登记日前后或除权日前后，往往形成冲高出货的行情，一旦该日抛售股票连续出现十几万股的市况，应果断卖出，反映主力出货，不宜久持该股。

（6）该股票周 *K* 线上 6 周 RSI 值进入 80 以上时逢高分批卖出是关键。买入某只股票，若该股票周 *K* 线 6 周 RSI 值进入 80 以上时，几乎 90% 构成大头部区，可逢高分批卖出，规避下跌风险为上策。

四、股民牛市亏钱七大原因分析

中小个人投资者在股市中投资不理想，除了资金实力弱、信息不对称等客观原因外，也有其分析能力差、缺乏耐心等主观因素。大概可以归结为以下几个原因。

（1）“初生牛犊型”。此类投资者入市不久，“涉世不深”，没有经历过熊市深套割肉出局的血腥场面，对股市风险的杀伤力知之甚少，且最容易被市场人士所左右。致命之处在于这山望着那山高。看了一个股 10 元，还想看 20 元，看了大盘 5 000 点，还想看 7 000 点……结果追高在 6 000 点，最终犯了方向性错误。

（2）“短线奔波型”。此类投资者每天忙着追涨杀跌，交易日不买进卖出几次就觉得不过瘾。赚些散碎银子全交给了券商。跑进跑出多了，频繁操作，有可能看起来每次都挣钱，实际上挣不了大钱，交易所喜欢这样来回奔波的投资者来“打工”。

（3）“自作聪明型”。此类人士有一定的股市经历，什么场面都见过，“心态极好”，但因为手中持有的股票连他自己也没有搞清楚买入的时机是好是坏、是高是低，于是跟着市场人士的吆喝，对后市盲目乐观，唱多号角永不离口。心想反正是摆着不花的钱，权当股市是银行，不获大利，绝不取款，套住了也绝不割肉，一副典型的“忍者神龟”的德行。有一位要好的朋友2007年在所谓业内人士推荐下买了当时的振华重工（600320），30多元买入，现在只有不到6元钱，一不小心变赚钱为亏钱。

（4）“提前抄底型”。此类投资者高位翻空，成功逃顶，暗自庆幸自己没接住最后一棒。但往往晚节不保，在市场人士一片唱多声中，自作聪明，以为底部就在眼前，逆市操作，殊不知在刚刚确立的下降通道中接过了庄家的筹码。2006年中国船舶（600150）由10元爆炒到300元，之后从2007年的300元一直成自由落体，许多投资者提前抄底，结果，在自由落体运动中输得体无完肤，边坐滑梯边大喊冤枉。

（5）“人性的弱点型”。此类高手炒股颇有心得，操作也非常准确，往往能在急跌时抢到廉价筹码，但此类投资者最大的毛病就出在一个“贪”字上。贪得无厌，获利一倍都还嫌少。当股票上涨时，不卖！现在凭啥要卖。“301088”中国神华创造的“神话”就让众多散户抱定侥幸心理等待反弹，心中默念这次再上去就坚决卖了。殊不知股票像乘了电梯，怎么上去的又怎么下来了。此类投资者于是一咬牙：赚了钱都没卖，凭什么跌下来要卖。于是，下定决心长线持有。“贪”字多一笔，变成了“贫”字。

（6）“麻木不仁型”。此轮回调行情被权重股满仓套顶的中小散户不在少数，他们眼睁睁看着别人在新热点题材上挣大钱而自己无所作为，只能高唱：让我一次套个够。有一位教授级的炒股朋友，在134元高位买入中国平安，跌到60多元了，损失达20多万元，但这位仁兄淡定得好像钱不是他的，居然无动于衷。问他后市该怎么动作，是不是换仓弥补损失？他说管他呢，反正头都砍了再砍手脚也不痛，就当这几十万打了水漂吧。

（7）“小钱挣大钱赔型”。常常发生在刚入市的朋友，想炒股试一试，一开始投入数千元很短时间就挣了几百元。认为炒股好，自己能够掌握了，于是就又筹集了数十万元杀入股市，结果大赔了。对这类投资者，常常提醒他们的是“股市是一个捡小便宜吃大亏的地方”。我怕你不听指挥小钱挣、大钱赔。

纵观2007年、2009年的牛市，能做到中长期持有的能成为赢家，能在波段操作中进退自如的也能成为赢家，而那些涨到波段高位时贪婪、跌到波段低位时恐惧的投资者却成了最大的输家。

【重要信息阅读】

5月掘金图：紧扣大金融与地方国企　券商看好五机会

2015年05月01日08：06　采编：东方财富网

随着大盘的震荡走高，在指数出现翻番行情后部分券商态度谨慎。从券商看好的5月机会来看，弃“小”抓“大”成为普遍观点。具体来看，对于5月机会的研判，券商普遍看好银行、券商、军工、家电以及国企改革等五大机会。

机会1：银行　“洼地效应”显现，市净率仅1.3倍

除了宽松货币政策持续以外，地方债务平台置换、券商牌照改革等均有利于银行业整体的估值修复，再加上4月份再次超越市场力度的全面降准和定向降准齐发，以及后续可能的降息，业内认为银行板块依旧存在估值修复空间。

国海证券分析师代鹏举认为，目前银行体系仍对经济起到核心支撑作用，金融改革一定不全是利空政策，信贷资产证券化的快速推行是最好的例证。同时鉴于管理层此前对金融行业改革的表述，后续可能会有存贷比放松等行业利好政策出现。此外，地方债置换规模扩大将进一步缓解地方债危机，压制银行板块的风险因素在逐渐减轻和被消化。

作为A股估值最低的板块，银行板块的“洼地效应”逐步显现。目前银行板块市盈率不足8倍，市净率约1.3倍，显著低于沪深300指数的估值水平。在牛市行情中，银行股低估值的优势将逐渐凸显。在投资标的的选择上，代鹏举指出可遵循“催化剂+低估值”的逻辑，建议关注“一带一路”政策重要载体中国银行，公司海外业务布局广泛，跨境人民币清算业务多年保持全球同业第一，公司受益于“一带一路”和“人民币国际化”政策环境，海外业务进入历史上最快、最好的发展时期。

机会2：国企改革　地方国企深化改革，二级市场大有可为

在中国经济和资本市场所面临的一系列变革之中，国有企业的改革无疑是最重要的方向之一。投映在A股市场上，从2013年的三中全会以来，国企改革不仅仅是一个主题性的投资策略，更是一个对改革思路的整理和认知的过程。过去半年中，利用资本市场的平台，多样化的改革在迅速推进，而未来随着国企改革纲领性文件的推出，这一进程将继续深化。中银国际证券分析师张戬指出，改革的重要方式是引入私人资本进入国有经济领域，而资本市场是重要交易平台，将私人资本引入国有经济领域一方面可以发挥私人部门资金的优势，更重要的是通过引入外来约束触发国企经营上的变革。私人资本进入国有经济领域既可以通过非二级市场上的竞标参与，也可通过二级市场完成。考虑到本届政府一直强调做大做强资本市场、强化资本市场对经济的支持能力，相信本轮国企改革中二级市场大有可为。

国企改革主题投资驱动因素在于改革方案出台刺激、个体案例持续不断及混改预期下的资产注入和跨集团整合带来的股价暴涨。方正证券分析师郭艳红表示，机会短期集中于资产证券化，中长期在于激励机制变革等。关注央企中的信息技术、核电、科研院所、军工等领域，地方国企建议关注上海、广东、福建、浙江、山东、重庆等国企，特别是广州、上海、南京市属等国企或将带来更多惊喜。

机会3：军工　近期反复走强，“军改”大旗拉开帷幕

政策红利释放、确定的内生增长和资产整合注入预期将使军工股具备中长期价值。方正证券分析师韩振国指出，随着国企改革“1+N”顶层设计方案出台预期增强，以及各大军工集团推进科研院所改制与资产注入整合的预期，市场借此机会对军工股进行重估正是应有之意。二级市场上，军工板块整体涨幅不大，振荡市中资金关注度出现明显提升。

安信证券分析师邹润芳建议二季度重配军工。邹润芳指出，国家意志+军民融合是军工板块主要看点。国家意志主要就是主战装备的重要性提升、实战训练和国产化要加快。工信部发布《军民融合深度发展2015专项行动实施方案》，军民融合上升为国家战略，军工信息化、新式武器列装、定价机制改革、民参军使很多企业显著受益，建议选择确定性高的公司。同时军工仍是牛市第一方阵。

近日，中航工业与上交所签订战略合作协议。在招商证券分析师王超看来，中航工业与上交所合作是中国资本市场支持军工行业现代化的路径创新。双方将在军工资产证券化、互联网金融创新、军工企业IPO、再融资及重组并购等领域开展全面合作；中航工业集团下属金融企业将与上海证券交易所共同推进发行场内货币基金、军工产业股票ETF、军工债券ETF等创新产品。王超认为，此次合作意义重大，中航工业资产证券化进程驶入快车道，将为军工集团改革指引方向，强烈推荐关注“中航系”股票。

机会4：家用电器　一季度业绩靓丽，绝对估值仅23倍左右

当前市场风格切换背景下，家电龙头高增速、高分红及低估值属性提供了极强的安全边际。长江证券分析师徐春表示，在央行降息、降准及地产托市政策背景下，家电板块基本面及估值双重提升预期持续增强；同时报表披露季较好的业绩表现及市场风格切换或将驱动估值步入新一轮提升区间。

从近期披露的2014年年报及2015年一季报来看，一线白电、厨电龙头的业绩较为亮眼，而上游零部件企业及二三线品牌业绩呈现明显放缓的趋势，行业出现结构性的分化。华融证券表示，在当下大牛市的背景下，受益于房地产政策的宽松指向，家电行业“低估值+业绩好”的属性将会被市场重新认识。

除基本面可圈可点外，家用电器板块在本轮大行情中涨幅明显偏小。据业内人士统计，从2014年11月行情启动至今，家用电器行业跑输沪深300指数约20%，在所有行业涨幅榜中排名靠后，明显属于滞涨板块。渤海证券分析师安伟娜表示，从绝对估值来看，家电板块整体的绝对估值23倍左右，仅高于银行，位居倒数第2位；从业绩来看，在行业整体承压的背景下上市公司多数保持了较为稳定的增长，白电三大龙头增速在20%以上。作为低估值滞涨的消费类蓝筹、家电板块的优势愈发凸显。

机会5：券商　牛市带来收入增长，已有长期投资价值

从支持资本市场改革和国家产业转型的角度看，业内人士认为未来3—5年内将是证券行业跨越式发展的转型期，金融改革将为券商提供一个优秀的发展平台。而在市场环境整体转好的基础下，券商净资产收益率有望整体步入上升新周期。在诸多利好消息的推动下，券商板块值得投资者长期关注。

2015年成交量暴增，对券商盈利能力提升明显。同时创新业务逐渐贡献利润，券商业绩普遍出现靓丽表现。就目前已披露一季报的多家券商来看，收入规模以及净利润普遍出现大幅增长。

平安证券分析师缴文超指出，经过2012—2014年的创新变革，证券公司业务模式发生重大变革，经纪业务下降，资本中介业务上升，收入结构走向多元化。2015年，以两融和股权质押为代表的资本中介业务将成为证券公司重要的盈利增长点。牛市行情有望延续并带来经纪、投资业务收入大幅增长，新三板的繁荣为证券公司带来新的业务机会。此外，社会直接融资成本的下降和净资本监管的放松也对该行业形成实质利好。

参考文献

[1] 吴晓求. 证券投资学 [M]. 北京：中国人民大学出版社，2009.

[2] 李向科. 证券投资技术分析 [M]. 北京：中国人民大学出版社，2001.

[3] 任淮秀. 证券投资学 [M]. 北京：高等教育出版社，2003.

[4] 邵宁，秦培景. 证券投资分析 [M]. 上海：复旦大学出版社，2009.

[5] [美] 博迪，等. 投资学精要 [M]. 初晨，等译. 北京：中国人民大学出版社，2010.

[6] 曹凤岐，等. 证券投资学 [M]. 2 版. 北京：北京大学出版社，2000.

[7] 常巍，薛誉华. 金融危机再思考 [M]. 北京：中国经济出版社，2009.

[8] 戴志敏. 证券投资学理论、实践与案例分析 [M]. 杭州：浙江大学出版社，2009.

[9] 程少锋. 证券交易实务 [M]. 杭州：浙江大学出版社，2007.

[10] 丛树海. 证券投资分析 [M]. 上海：上海财经大学出版社，2003.

[11] 丁忠明，黄华继. 证券投资学 [M]. 北京：中国金融出版社，2006.

[12] 刘德红. 股票投资技术分析 [M]. 北京：经济管理出版社，2009.

[13] 刘德红，刘恩，马晓贤. 证券投资学 [M]. 北京：清华大学出版社，2007.

[14] 费方域. 现代证券组合理论 [M]. 上海：上海三联书店，1994.

[15] 葛正良. 证券投资学 [M]. 2 版. 上海：立信会计出版社，2008.

[16] 何小峰，黄嵩. 投资银行学 [M]. 北京：北京大学出版社，2008.

[17] 胡海鸥，等. 证券投资分析 [M]. 3 版. 上海：复旦大学出版社，2011.

[18] 霍文文. 证券投资学 [M]. 北京：高等教育出版社，2008.

[19] 李英. 证券投资学 [M]. 北京：中国人民大学出版社，2012.

[20] [美] 理查德 A. 德弗斯科，等. 定量投资分析 [M]. 劳兰君，王祺，译. 北京：机械工业出版社，2012.

[21] 徐国祥. 证券投资学 [M]. 上海：上海三联书店，2008.

[22] 刘春雨，鲁俊海. 证券投资学 [M]. 厦门：厦门大学出版社，2011.

[23] 刘彦文，王敬，兆文军. 证券投资学 [M]. 大连：大连理工大学出版社，2011.

[24] 刘绮涛，周丽君. 证券投资分析 [M]. 北京：经济管理出版社，2011.

[25] 陈泽聪，杜小敏. 证券投资分析 [M]. 厦门：厦门大学出版社，2009.

[26] 蒋鸿雁. 国际金融市场操作实务 [M]. 北京：经济出版社，1997.

[27] 金建栋，吴晓求，朱仁学. 股票债券全书 [M]. 北京：北京理工大学出版社，1992.

[28] 中国证券报社. 上市公司速查手册 [M]. 北京：新华出版社，2002.

[29] 张宗新. 金融资产价格波动与风险控制 [M]. 上海：复旦大学出版社，2005.

[30] [英] 亚历·克·埃灵厄. 投资的艺术 [M]. 方军，译. 北京：机械工业出版社，2001.

[31] 王瑞兰，朱立芬. 证券投资学 [M]. 上海：立信会计出版社，2006.

[32] 包明宝. 泛投资基金 [M]. 北京：经济管理出版社，2000.

[33] 金丹，王刚. 股市百家实战技巧 [M]. 北京：中国对外翻译出版社，2001.

[34] 中国证券业协会. 证券投资分析 [M]. 北京：中国财政经济出版社，2012.

[35] 中国证券业协会. 证券发行与承销 [M]. 北京：中国财政经济出版社，2009.

[36] 中国证券业协会. 证券交易 [M]. 北京：中国财政经济出版社，2009.

[37] 中国证券业协会. 证券投资基金 [M]. 北京：中国财政经济出版社，2009.

[38] 徐洪才. 期货投资学 [M]. 北京：首都经贸大学出版社，2008.
[39] 徐涛. 股票市场与货币政策 [M]. 上海：复旦大学出版社，2008.
[40] 杨德勇. 证券投资学 [M]. 北京：中国金融出版社，2010.
[41] 张亦春. 现代金融市场学 [M]. 2 版. 北京：中国金融出版社，2007.
[42] 赵昌文，俞乔. 投资学 [M]. 2 版. 北京：清华大学出版社，2012.
[43] 丛材海. 证券投资分析 [M]. 上海：上海财经大学出版社，2002.
[44] 中国证券业协会. 证券市场基础知识 [M]. 北京：中国财政经济出版社，2003.
[45] 文宗喻，冷汇卿. 产权证券化与创业板融资 [M]. 北京：中国金融出版社，2000.
[46] 唐能通. 短线是银 [M]. 成都：四川人民出版社，1999.
[47] 唐能通. 短线是银之二——短线高于实战股谱 [M]. 成都：四川人民出版社，1999.
[48] 张龄松，罗俊. 股票操作学 [M]. 中国大百科全书出版社、台湾证券出版社股份有限公司，1999.
[49] 劳安德瑞·史荣佛. 并非有效的市场——行为金融学导论 [M]. 赵英军，译. 北京：中国人民大学出版社，2003.
[50] 贝政新，等. 机构投资者发展研究 [M]. 上海：复旦大学出版社，2005.
[51] 贝政新，等. 基金治理研究 [M]. 上海：复旦大学出版社，2006.
[52] 贝政新. 投资银行学 [M]. 上海：复旦大学出版社，2003.
[53] [美] 本杰明·格雷厄姆，等. 证券分析 [M]. 6 版. 徐彬，等译. 北京：中国人民大学出版社，2009.
[54] 霍文文. 金融市场学教程 [M]. 2 版. 上海：复旦大学出版社，2010.
[55] [美] 赖利，等. 投资分析与组合管理 [M]. 8 版. 李伟平，译. 北京：中国人民大学出版社，2010.
[56] 李子白. 投资银行学 [M]. 北京：清华大学出版社，2005.
[57] 林俊国. 证券投资学 [M]. 3 版. 北京：经济科学出版社，2006.
[58] 刘少波. 证券投资学 [M]. 广州：暨南大学出版社，2002.
[59] [美] 罗斯·马奎斯. 金融市场学 [M]. 10 版. 陆军，等译. 北京：机械工业出版社，2009.
[60] [美] 琼斯. 投资学：分析与管理 [M]. 李月平，陈宏伟，译. 北京：机械工业出版社，2008.
[61] 饶育蕾，刘达锋. 行为金融学 [M]. 上海：上海财经大学出版社，2003.
[62] 丛树海. 证券投资分析 [M]. 上海：上海财经大学出版社，2003.
[63] 丁忠明，黄华继. 证券投资学 [M]. 北京：中国金融出版社，2006.
[64] 施兵超. 金融衍生产品 [M]. 上海：复旦大学出版社，2008.
[65] 万闰华. 中国证券市场问题报告 [M]. 北京：中国发展出版社，2003.
[66] 万解秋，贝政新. 现代投资学原理 [M]. 上海：复旦大学出版社，2003.
[67] 汪昌云，等. 投资学 [M]. 北京：中国人民大学出版社，2009.
[68] 汪玲. 资本市场 [M]. 北京：电子工业出版社，2003.